幼儿园课程研究丛书
南京师范大学学前课程研究中心组织

YOUERYUAN QINLI KECHENG

幼儿园亲历课程

赵春霞／著

南京师范大学出版社

图书在版编目（CIP）数据

幼儿园亲历课程 / 赵春霞著. -- 南京 : 南京师范大学出版社, 2024. 12. --（幼儿园课程研究丛书）.
ISBN 978-7-5651-6784-3

Ⅰ. G612

中国国家版本馆CIP数据核字第2024AB4748号

书　　名	幼儿园亲历课程
丛　书　名	幼儿园课程研究丛书
丛书组织	南京师范大学学前课程研究中心
作　　者	赵春霞
责任编辑	王　瑾
出版发行	南京师范大学出版社
地　　址	江苏省南京市鼓楼区北京西路72号（邮编：210024）
电　　话	(025)83598919(总编办)　83598867(编辑部)　83598312(营销)
网　　址	http://press.njnu.edu.cn
电子信箱	nspzbb@njnu.edu.cn
照　　排	南京凯建文化发展有限公司
印　　刷	南京凯德印刷有限公司
开　　本	787毫米×960毫米　1/16
印　　张	21.5
字　　数	379千
版　　次	2024年12月第1版
印　　次	2024年12月第1次印刷
书　　号	ISBN 978-7-5651-6784-3
定　　价	55.00元
出 版 人	张　鹏

南京师大版图书若有印装问题请与销售商调换
版权所有　侵犯必究

在行动中充实新经验

幼儿园"亲历课程"的构建

最近,我读到了一本好书:《幼儿园亲历课程》。作者是江阴市华士中心幼儿园园长赵春霞。这本名副其实的专著出自一位幼儿园园长,实属不易,我很惊喜,很赞赏。

这不是捧场的话,从头到尾看一遍,书中闪烁着独特的光彩,这独特光彩是实践与理论的交相辉映,是现实与未来的对接与激荡。书中的话语触动我的心灵。我为江苏幼儿教育界能有源自本土实践的著作,深感自豪,为江苏幼儿园课程游戏化结出这样的果实,倍感欣慰。事实证明,江苏幼儿园课程改革、教育改革正在不断深化,成果丰硕,几乎是一种"涌现"的现象。这本书的出版,再次证明一个逻辑:改革才能出高质量,研究才能出人才,实验才能有思想的跃升。华士中心幼儿园就是一个典型,赵春霞园长正是一个优秀的代表。

我个人一直以为,写序是很自在的事,虽有规定性,但不必拘泥,心里怎么想,序就该怎么写,真诚,应是作序的核心要义。因此,我先将这本书各部分的"题记"抄录如下。

第一部分:灌木丛中的小草啊,哪怕一片叶子也要向着日光洒下的方向。我们亦如那小草般执着向着明亮那方,追寻着幼儿教育的真理。

第二部分:一只瓢虫从卵到成虫需要经历六次孵化和蜕变——这是小二班孩子们的研究发现。亲历课程也如瓢虫一般经历了数次孵化和蜕变,逐渐在实践探索中找到了自己的方向。

第三部分:一切的现在都孕育着未来,未来的一切都生长于它的昨天。充实地度过"现在"的过程中,就在改变过去,并从中产生出未来。和孩子们在一起，充实现在的时光，未来就此展开。

第四部分：现在，每个孩子都是成长的主角，我们不能反其道行之。为此，教师、家长和每一个与孩子成长有关的人都需要自我修炼，更新智慧，携起手来，形成为了孩子着想的情怀。

不必多做阐释，诗一般的语句从内心流淌出来。幼儿教育首先是一种浓郁的情感，幼儿园原本就是一首诗，是诗的王国，没有诗称不上幼儿园，诗情画意是幼儿园最生动的情境。用诗意表达一项研究成果，无疑是将研究、实验当作美的历程。

值得注意的是，在诗的深处是理性的审思和合理的逻辑：幼儿教育要朝着明亮那方，追求真理——真理在实践探索中，在孵化与蜕变中——和孩子在一起就会有未来——为了孩子，大家携起手来。如果，将这些理念统整起来，便是虞永平老师所概括的："在儿童行动中充实新经验。"而儿童的行动需要课程支撑，这样的课程叫作"幼儿园亲历课程"。

"在儿童行动中充实新经验"，这是个幼儿教育的命题。在亚里士多德那里，命题被视为判断的基本单位；在康德那里，命题可以将知识分类，并呈现出观点和思想，总之，一个学术体系需要一系列命题。我以为，华士中心幼儿园正是用这一命题，通过实践探究，努力构建起"幼儿园亲历课程"的课程体系，而这一体系的核心是让儿童行动起来，成为"行动中的儿童"，儿童在行动中才会生长并充实新经验。当然，这不是一个纯理论体系，而是在实践中生长起理论，"行动""亲历"就凸显了儿童为本的理念，闪耀着实践品格。华士中心幼儿园的园长和老师们是有理想、有理论追求的行动主义者。

"幼儿园亲历课程"体系有一个整体设计，而原初的整体设计在充分实施以后，进一步深度凝练，整个过程是一个实践—反思—改进—再实践—再反思—再改进的过程。从书的结构与表达来看，整本书逻辑自洽、层次清晰、简洁明了，没有添枝加叶，更没有"花哨"。全书十章，章章相对独立，又互相紧密联系，层层深入，体现了关联性和提升性。这一切的主轴是：儿童在课程亲历中的成长性——成长性是目的，是贯穿始终的主线；课程要为儿童经验的丰富、为儿童的成长服务。

在理论溯源部分，华士中心幼儿园从儿童生命成长的整体性着眼，他们认为，所谓完整发展意味着儿童真正成为儿童，他们提出需要关注三个要义：承认差异、激发潜能；融入生活世界；幼儿发展即经验生长。课程体系建构不是就体系而谈体系，而是有个核心价值观的指引。引起我们关注的，是他们厘清了亲历课程中经验的两个方面问题：一是从意义的角度来理解，经验在幼儿的生活里;经验是多样的、全面的;经验具有普适的共同性,又具有独特的个性;经验是连续的、生长的。二是从行动中实现经验生长的角度来理解,行动是幼儿基本的学习方式,行动基于兴趣,行动具有目的性,行动是连续的,行动是具身的,行动伴随着反思。我以为,华士中心幼儿园活化了"经验"和"行动"这两个经典概念。

与此同时,他们又从学习本质的角度,厘清了何为亲历学习,何为亲历课程。他们认为:① 学习是"意义炼制活动"。② 亲历学习的特质是充分的感知体验,自主的探究思考,自由的表达表现。③ 亲历学习的逻辑是以幼儿为本,兴趣是行动的信号,有意义的行动。他们特别提出,"资源意味着学习的可能",这是很有见地的理论主张。④ 亲历课程核心理念是在亲历中学习,其要义是,课程因幼儿的兴趣而生长,需要积极的互动关系,教师应是幼儿学习的旅伴,要着眼幼儿整个生活世界。我以为,华士中心幼儿园深化了"亲历课程"的特质和理念。

在亲历课程内容、实施与评价部分,华士中心幼儿园也有他们的见解和主张:其一,十分注重关系的重构。他们注重交互——幼儿与自身生活交互、与自然环境交互、与人文社会交互。其二,十分注重内容组织,包括一日生活组织、不同年龄生活活动的内容组织、区域活动内容组织、主题活动内容组织。内容组织让儿童在结构化的内容中学习,获得完整经验生长。其三,十分注重课程资源的开发、利用。关于户外环境中自然资源建设,那些暖棚、小池塘、迷你果园、饲养区……让儿童在亲历自然中自由生长。我以为,华士中心幼儿园让亲历课程结构化、具体化、操作化了。

我没有去描述那些鲜活、生动的案例,书中很多,也很精彩,它们都闪着眼睛对我微笑;还有那些具体的计划,那么细致、周到,它们都蕴含着深意。这些,恰恰是最可贵的。华士中心幼儿园的精心,让亲历课程以最美的姿态在我们面前展现。

亲历课程,必定走向教育的本质与未来。亲历课程,为幼儿园课程建设提供了一个样本。我们应珍视,应研究,应发挥它的示范和引领作用。

感谢江阴市华士中心幼儿园。

成尚荣

2025 年 1 月

自　序

继 2023 年 4 月亲历课程的活动样例《行动中的儿童》出版后,《幼儿园亲历课程》也即将出版。这是我们立足《幼儿园教育指导纲要(试行)》(以下简称《纲要》)、《3—6 岁儿童学习与发展指南》(以下简称《指南》)等进行教育教学改革探索,形成的具有江阴市华士中心幼儿园特质的课程体系与实践模式。

亲历学习的源起,最早要追溯到 2000 年,我们因创建江苏省示范性幼儿园而进行课程改革,在华东师范大学教科院教授建议下进行方案教学实践,学习方案教学理念。对方案教学案例进行迁移与创新,幼儿园也产生了一些不错的实践案例,比如"蜂的王国""油菜花开了""神舟五号上天了"等。在此过程中,教师的教学行为发生了转变,开始关注幼儿的特点、兴趣、经验等,我们提出让课程追随孩子,变刚性课程为弹性课程,变教师主导课程为师幼共建课程。

然而,该课程实践遭遇了重重困难,一方面是教师的专业基础薄弱,部分教师未能理解"让课程追随孩子"的内涵,也未把握方案教学的精髓,导致形式大于内容;另一方面教师队伍调整,大量新教师及中小学转岗教师加入进来,为了稳定教学质量,我们放慢了改革步伐,使用更易于教师实施的、以集体教学为主的主题活动文本。直到《指南》颁布,明确指出幼儿的学习是以直接经验为主,在生活和游戏中进行的,我们开始研究区域游戏,调整区域空间、研讨游戏材料、观察幼儿游戏,再次关注幼儿的兴趣和需要,探索个别化学习,改变以集体教学为主的学习方式。

2014年,华幼迎来了一个革命性的改革契机,我们立项江苏省幼儿园课程游戏化建设项目。该项目旨在推动幼儿园从自己的实际出发,在学习和实践中探索适合本园的实施途径和策略,不断转变观念,切实以儿童为本来建设幼儿园课程。我们再次思考"让课程追随孩子",以"自由、自主、愉悦、创造"的游戏精神审视课程现状,重塑教育观念,改进教育实践。从游戏切入改造一日生活,调整作息安排、减少集体教学、增加游戏时间、执行弹性作息,教师可根据幼儿活动需要调节作息安排。再次追随儿童,在实施共性主题文本过程中去发现本班幼儿实际兴趣,生发微课程;研究追随策略,形成预设生成结合的课程计划与实施模板;摆脱教材文本,回到幼儿真实的生活世界,教师捕捉幼儿在一日生活中的兴趣需要生发探究活动;更尊重幼儿的主体地位,让幼儿在一日生活中创造经历,关注可能生活、链接真实生活、利用关键生活事件,逐渐形成了"亲历学习"雏形。

2020年,"亲历课程"立项成为江苏省基础教育前瞻性教学改革实验项目。该项目是在省级项目建设基础上遴选的提升项目,也是聚焦基础教育课程教育教学改革理论的前沿性、实践的突破性、重大问题的针对性展开,体现江苏特点、中国特色、全球视野要求的项目。这是对我园亲历学习建设成果的极大肯定,也是继课程游戏化建设项目后在课程改革之路上的又一重要契机,促使我们去进一步思考"亲历学习"的内涵,建构"亲历课程"的模式,并在实践中不断修正完善。在这个过程中,我们捋清了几个核心概念:"亲历""亲历学习""亲历课程";辨析了几个关键问题:"儿童生命成长"的本质、"亲历"与"幼儿学习"的关系、"亲历课程"与《纲要》《指南》等的关系;确立了几个重要观念:儿童观、教育观、教师观、课程观。在此基础上凝练了亲历课程的主要理念,完成了亲历课程的整体架构,梳理了亲历课程的实践经验,为本书的形成奠定了基础。

本书分四个部分共十章。第一部分是亲历课程的理论溯源,第一章表明亲历课程的价值追求及对"完整""经验""行动"的园本化理解;第二章阐释亲历学习的内涵、逻辑和特质;第三章介绍亲历课程的定义、依据、理念和架构要素。第二部分是亲历课程的组织设计,用三章介绍目标、内容、资源这些亲历课程中相对静态的建设经验,呈现《指南》目标转化为亲历课程目标的路径,将幼儿生活世界经价值研判变学习内容的过程,多种课程资源的建设与利用方法。第三部分是亲历课程的实施与评价,第七章主要介绍了实施的取向、路径、原则及三种主要活动类型(生活活动、区域活动、主题活动)的实施策略;第八章主要介绍的是亲历课程评价的观念、方法等内容,重点聚焦学习活动评价的闭环过程。第四部分是亲历课程的协同保障,第九章介绍课程管理,包括教研行动、课程运行过程的管理、课程保障机制的建设、课程改革实践的引领;第十章介绍在课程中起重要助力作用的家长、社区与幼儿园的共建。

对于我们而言,本书既是一次总结,又是一个新的起点,其中必定有不完善之处,欢迎读者批评指正。我们也将继续深入实践探索,为每一个儿童生命完整成长而不懈努力!

赵春霞
2024 年 10 月

目 录

在行动中充实新经验:幼儿园"亲历课程"的构建/成尚荣 1
自序/1

第一部分 亲历课程的理论溯源/1
第一章 为了生命的完整成长/3
　第一节 理想的生命成长是完整发展/3
　　一、理解生命和成长/3
　　二、理解生命成长的整体性/5
　　三、亲历课程中的完整发展/9
　第二节 幼儿发展即经验的生长/12
　　一、经验的内涵/12
　　二、经验主义课程论的核心主张/16
　　三、亲历课程中的经验/17
　第三节 在行动中实现经验生长/19
　　一、人类早期的经验/19
　　二、行动是幼儿的学习方式/20
　　三、亲历课程中的行动/22
第二章 亲历课程的学习本质/25
　第一节 亲历学习的内涵/25
　　一、什么是亲历/25
　　二、什么是亲历学习/26
　　三、亲历学习的特点/27
　第二节 亲历学习的逻辑/29
　　一、学习的理念/29

二、亲历的关键/30
三、亲历学习的逻辑/32
第三节 亲历学习的特质/33
一、自主的探究思考/34
二、充分的感知体验/37
三、自由的表达表现/40

第三章 亲历课程的整体架构/46
第一节 亲历课程的定义/46
一、对课程的理解/46
二、对亲历课程的定义/47
第二节 亲历课程的依据/47
一、来自国家政策、文件的指引/48
二、来自教育理论的激发/49
三、来自国内外课程模式的启示/54
四、来自长期实践的积累和生发/55
第三节 亲历课程的理念/56
一、让幼儿在亲历中学习，课程因幼儿的兴趣需要而生长/57
二、立足积极的互动关系，教师是幼儿亲历学习的旅伴/59
三、为了生命完整成长，亲历课程望眼幼儿整个生活世界/61
第四节 亲历课程的组织架构/63
一、亲历课程的基本要素/63
二、亲历课程的组织架构/64

第二部分 亲历课程的组织设计/67

第四章 亲历课程的目标/69
第一节 亲历课程目标体系建构的现实需要/69
一、《指南》与亲历课程目标的关系/69
二、以《指南》为蓝本的课程目标改造需要/70
第二节 亲历课程目标体系建构的循证过程/72
一、亲历课程目标体系建构的前提/72
二、循证思维下的课程目标体系建构/75
第三节 亲历课程目标体系的应用与修订/89
一、课程目标体系的持续修订/89

二、亲历课程目标的有效应用/91
第五章 亲历课程的内容/98
　第一节 亲历课程内容来源/98
　　一、在幼儿与自身生活交互中/99
　　二、在幼儿与自然环境交互中/101
　　三、在幼儿与人文社会交互中/104
　第二节 亲历课程内容选择/108
　　一、亲历课程内容选择的原则/108
　　二、亲历课程内容选择的方法/115
　第三节 亲历课程内容组织/118
　　一、亲历课程内容的组织/118
　　二、生活活动内容组织/119
　　三、区域活动内容组织/123
　　四、主题活动内容组织/130
第六章 亲历课程的资源/142
　第一节 课程资源的含义与类型/142
　　一、亲历课程资源的含义/142
　　二、亲历课程资源的类型/143
　第二节 课程资源的开发与利用/146
　　一、亲历课程资源开发与利用的原则/146
　　二、亲历课程实物资源的开发与利用/148
　　三、亲历课程活动资源的开发与利用/178
　　四、亲历课程信息资源的开发与利用/183

第三部分　亲历课程的实施、评价/185
第七章 亲历课程的实施/187
　第一节 亲历课程实施概述/187
　　一、亲历课程实施的取向/187
　　二、亲历课程实施的路径/188
　　三、亲历课程实施的原则/190
　第二节 生活活动的实施策略/194
　　一、生活教育环境创设/194
　　二、师幼共建生活秩序/203

三、生活活动中的学习/208
　第三节　区域活动的实施策略/211
　　一、观察幼儿与环境材料互动情况/211
　　二、催化幼儿经验生长的指导回应/215
　　三、促进区域中个体多元和谐发展/218
　第四节　主题活动的实施策略/221
　　一、捕捉幼儿的探究兴趣和需要/221
　　二、支持幼儿发起的项目式学习/223
　　三、丰富自主探究中的多样经验/225

第八章　亲历课程的评价/239
　第一节　亲历课程评价概述/239
　　一、亲历课程评价的观念/239
　　二、亲历课程评价的结构要素/241
　第二节　亲历课程环境与方案评估/244
　　一、亲历课程环境评估/244
　　二、亲历活动方案评估/248
　第三节　亲历学习过程与幼儿发展解读/253
　　一、关注一日生活，了解每个幼儿/253
　　二、聚焦学习活动，记录探究过程/259
　　三、着眼幼儿发展，多元视角解析/266
　第四节　基于评价的反思与改进/270
　　一、使用评价信息进行反思/271
　　二、基于反思改进教学策略/273

第四部分　亲历课程的协同保障/277

第九章　亲历课程的管理/279
　第一节　问题导向的教研行动/279
　　一、亲历课程的教研定义/279
　　二、亲历课程的教研模型/283
　　三、亲历课程的教研行动/286
　第二节　效率取向的课程管理/294
　　一、亲历课程运行过程的管理/295
　　二、亲历课程保障机制的建设/300

三、亲历课程改革实践的引领/302
第十章　园家社协同共建/306
　第一节　课程中的家长伙伴/306
　　一、家庭是重要的教育力量/306
　　二、家长在亲历课程中的角色定位/307
　　三、家长参与亲历课程建设的措施/312
　第二节　课程中的社区盟友/321
　　一、社区是重要的教育力量/321
　　二、与社区各方建立积极的合作关系/323
　　三、课程视角下的社区助力/325

后记/330

灌木丛中的小草啊,哪怕一片叶子也要向着日光洒下的方向。我们亦如那小草般执着向着明亮那方,追寻着幼儿教育的真理。

第一部分

亲历课程的理论溯源

第一章　为了生命的完整成长

第一节　理想的生命成长是完整发展

一、理解生命和成长

每个儿童都参与创造一个成人。① 这个事实表明儿童有一个明确的、可见的和最终的目的。对于儿童来说,成长的任务就是生命的完整发展。

那什么是生命?这是一个关乎人类的根本性问题。苏格拉底说,"认识你自己",这是所有人人生和事业的起点,而"认识生命"是人类对自身认知与理解的起点。

如同人类对自身的认知永远在探索中,对于生命的定义也没有统一的阐释,不同学科对人的生命的认识,可以归为三类:一类是生物学、生理学的认识,看到生命的生物性、生理性,人是一个自然生命体,与动物的生命有相同之处,也有人类生命的特殊性。第二类是社会学、经济学、政治学、伦理学的认识,看到的是文化、经济、政治和道德生活中的人,强调生命的社会性,把人视为文化人、经济人、政治人和道德人。第三类是心理学、哲学、宗教、文化等的认识,突出生命的精神性,把精神、理念、意识等看作人生命的根本特征,把人视为一个精神的存在者。而从教育学的角度看,"生命是能够自觉到自我成长的有机体"②,教育就是积极促成个体生命自觉地自我成长,使得人的生命不断丰富、提升,不断趋于完善的活动。

婴儿从呱呱坠地起,就整个地投入到了生活世界中,不断对环境和信息做出反应,以获取生命成长的各种能量。

儿童是人类生命延续的载体,认识"儿童"实际上是认识"人"的深化。③

---

① [意]玛丽亚·蒙台梭利. 童年的秘密[M]. 单中惠,译. 北京:中国长安出版社,2010:241.
② 朱永新. 拓展生命长宽高:新生命教育论纲[M]. 北京:商务印书馆,2022:5.
③ 张斌贤,等. "完整儿童"观念在美国的早期演变[J]. 比较教育研究,2020(11):42.

英国生物学家达尔文在1859年出版的《物种起源》引发了"生物有机体"概念的传播。"生物进化论"是对当时"神创论"的攻击,它证明了那些曾被看作固定不变的和完美无缺的东西是有起源的和会消失的,而非绝对永恒之物,点明了包括人类在内的生物都是进化而来的。在达尔文的语境中,生物具备有机性和整体性。此后,美国机能主义心理学的先驱詹姆斯指出,个体在对环境的主动反应中拥有各部分协同运作的整体机制。人本主义心理学之父马斯洛同样坚定地声明:"个人是一个一体化的、有组织的整体。"① 在他的动机理论中,受到促动的是一个完整的个人而不是个人的某个部分。在有效的理论中,不存在诸如肚子、嘴或生殖器的需要,而只有这个人的需要。到了19世纪末,"儿童是一个完整的有机整体,是在发展中的整体的人"②这一观点被提出。这是以生物学或儿童心理学为出发点,认为儿童是完整的生物有机体,他们身体的各部分机能间相互联系、协同合作。纽约普拉特学院院长亨德森同样在"有机整体"解释模式下认识儿童,在其1902年的作品《教育与广泛生活》中,他已经开始反复、直接强调"作为'整体的人'以及人与环境的相互作用"③。亨德森认为儿童是一个复杂的、多层面的有机体,儿童发展具有整体性特点。他提出,要实现儿童的有机发展,教育活动必须从"整体的人"的观点出发,达成身体、心灵和精神三者的统一。实现了有机统一,儿童的各个方面才能得到联合发展,才可能实现健康的人类有机体的培养目标。④

杜威在《心理学中的反射弧概念》中也曾提到,以人体的感觉和运动知觉为表现的反射弧之间是存在相互关联的,它们会共同构成一种整体性活动。反射和反射弧概念原本是生理学对有机体不随意运动的描述和说明,其中,反射是指人体通过神经系统对外界或内部的各种刺激所做出的规律性反应,即我们所谓的感觉刺激—运动反应的过程;而反射弧是指参与反射的全部神经结构,包括感受器、传入神经、神经中枢、传出神经和效应器,它是反射获得的结构基础。⑤ 对于杜威而言,心灵与身体构成了一个不可分割的整体。在杜威看来,"反射弧是心—身行为,这一术语涵盖的不仅仅是狭义的生理学意

---

① [美]亚伯拉罕·马斯洛.动机与人格[M].许金声,等译.3版.北京:中国人民大学出版社,2012:3.
② Catherine C. Ducharme. The Concept of the Child:1890—1940[R]. U. S. Department of Education, 1995:18.
③ 钱晓菲,张斌贤.以儿童为中心:有机教育学校实验[J].教育科学研究,2016(7):75.
④ C. Hanford Henderson. Education and the larger life[M]. New York: Mifflin, 1902:97.
⑤ 陈巍,殷融,张静.具身认知心理学:大脑、身体与心灵的对话[M].北京:科学出版社,2021:12.

义上的'反射'(例如,眨眼),而是每一个统一的行动,或者行为的完整部分,每一个行为都是特定经验的共同协调"(Dewey,1969)。杜威提出,儿童是一个"有机体",一个作为整体进行学习和行动的独特、完整个体,"完整儿童"观念的实现,需要密切关注儿童的个人经验,这是儿童建构个人认识的基础。他提倡将儿童各方面的不同经验联系起来,将教育与生活联系起来,进而得以借由这些经验之间存在的天然联系共同为儿童的整体发展提供养料。杜威的学生,设计教学法最杰出的代表克伯屈也认为:"人总是以整个的人对整个的情况做出反应的,在任何重要的经验中,人类机体都以一个有组织的整体来活动。"[①]在他看来,任何学习,既是知识能力的获得过程,也是品格、习惯、感情和态度的形成过程。

对生命有机体的认识,提醒教养者们在看待儿童的成长上,不能只强调生物学意义上的进步与改善,仅关注生理指标的测量,还应该关注儿童心智的发展,同时也认识到儿童的心灵和精神的价值,因而对儿童生命成长的理解必须深入到思想、情感、智力、道德、审美和身体等的共同发展上。

二、理解生命成长的整体性

(一) 生命成长先满足自身发展的需要

叶澜认为,人的生命是由自然生命、社会生命和精神生命整合起来的生命统一体。人的生命成长,就是个体在主动认识与改造对象化世界的生命实践中,通过自身的社会性成长,不断超越生命的自然性并赋予其社会性价值,同时在自我意识下,实现精神意义上的自我超越。[②] 回到儿童的生命成长,儿童的生命成长首先是满足自身发展的需要,这是人的本性。早在中国古代,儒家思想就认为"天命之谓性,率性之谓道,修道之谓教"。意思是上天所赋予命定的东西叫作"性",遵循本性叫作"道",按照道修养叫作"教"。

倡导自然教育的卢梭主张教育是一个自然发展的过程。他认为自然教育的目的是培养"自然人"(在现实社会中内心抱有美好生活信念的人)。教育有三个来源:自然(人的器官和能力的发展)、人(学习利用这种器官和能力发展)和事物(从周围事物和经验中所获得)。[③] 卢梭以自然发展为目标,指

---

① [美]威廉·赫德·克伯屈. 教学方法原理[M]. 王建新,译. 2版. 北京:人民教育出版社,2016:13.
② 张向众. 生命自觉:叶澜教育价值思想研究[M]. 北京:人民教育出版社,2022:40.
③ 张亚平. 自然主义教育观:回顾与价值[N]. 中国社会科学报,2020-11-2.

出了具体目标:1)以自然发展作为目标,使人们关注身体器官,关注对健康与强健的需求。2)自然发展的目标转变为尊重身体活动的目标。3)一般目标转换为关注儿童个体差异的目标。4)遵从自然的目标,意味着注意儿童爱好和兴趣的产生、增长与消失。诚如卢梭所言:"每一个个体天生便具有与众不同的性情……我们不分青红皂白地让拥有不同倾向的儿童进行同样的练习,对他们的教育破坏了他们的特殊倾向,只留下呆板的整齐一致。"卢梭的自然教育理论体现的是对人性、人本的尊重,强调在儿童教育中,应以自然的教育为中心,人和事物的教育处于服从地位。受卢梭思想影响,裴斯泰洛齐进一步提出"天性的自我发展"的观点,即在尊重儿童天性的同时,更要注重儿童内部自然力的发展。他还提出"教育心理化"这一实现路径。"教育心理化"有两层含义:教育的目的在于使人内在的能力得到培养和发展;教育教学过程要顺应儿童的心理发展规律,使儿童具有处于主动地位的知识和能力。杜威在继承前人思想的基础上将自然主义教育思想推向了实用化。他强调儿童的兴趣在教育中的重要性,认为"兴趣是任何有目标经验中各种事物的动力,不管这些事物是看得见,还是看不见"[1]。杜威认为兴趣是儿童行动的动机,教育要考虑每一个儿童的特殊能力、需要和爱好。

提到需要,就不得不到马斯洛的动机理论里去找一些线索。马斯洛在其著作《动机与人格》中写道:"大多数行为都是由多种动机促成的。"[2]"动机的研究在某种程度上是对人类生命成长的终极目的、欲望或需要的研究。"[3]他认为:"人是一种不断需求的动物,除了短暂的时间外,极少达到完全满足的状态。一个欲望满足后,另一个迅速出现并取代它的位置,当这个被满足了,又会有一个站到突出位置上来。人总是在希望着什么,这是贯穿他整个一生的特点。"[4]在马斯洛的动机理论中,人类动机是有层次的,人类的需求包括生理需要、安全需要、爱与归属的需要、尊重需要和自我实现需要,它们的层次高低分别取决于各自的紧迫性、强度和优先权。他认为,健康人的主要动力来自充分发展和实现自己潜能的需要。任何一个人,或者

---

[1] [美]约翰·杜威.民主主义与教育[M].魏莉,译.武汉:长江文艺出版社,2018:117.
[2] [美]亚伯拉罕·马斯洛.动机与人格[M].许金声,等译.3版.北京:中国人民大学出版社,2012:38.
[3] [美]亚伯拉罕·马斯洛.动机与人格[M].许金声,等译.3版.北京:中国人民大学出版社,2012:6.
[4] [美]亚伯拉罕·马斯洛.动机与人格[M].许金声,等译.3版.北京:中国人民大学出版社,2012:9.

说所有人,只要从饥饿、口渴和迫在眉睫的灾难中解脱出来,即满足了所有的优势性动机,更高层次的人类动机必定会显露。并且,马斯洛还提醒人们,高级基本需要要在生命早期得到长期的满足。比如,一个爱的需要在其生命早期得到满足的成年人,在安全、归属以及爱的满足方面,比一般人更加独立。

加德纳的多元智能理论为生命的充分发展和实现自己潜能提供有力的依据。加德纳把智能定义为一种"生物心理学的潜能,这种能力能够吸收信息来解决问题和创造一种文化所重视的产品,而且这种信息能够在某种文化中被激活"。加德纳认为多元智能不是独立存在的,是以复杂的形式一起工作的,每个人都有开发不止一种智能的能力,人与人的差别,主要在于人与人所具有的不同智能组合。多元智能理论让教育者认识到儿童有不同的学习倾向,当儿童遇到内在或外在刺激或信息的时候,他们的智能就被"激活"了。教师的作用就是帮助儿童有充分的经历认识并利用他们的智能,有充分的机会发现和探索他们的潜能。每个人都有最适合于他自己的发展,幼儿教育应当尽力帮助每个儿童获得最适合于他的发展。这样儿童就不仅仅是更有能力或对自己更有信心,而且会更积极、更投入地为整个团队甚至在以后为整个社会的利益工作。

(二)生命成长也须满足社会发展的需要

所谓社会,就是以共同的精神为共同的目标而共同劳作的一群人。共同的需要和目标,要求思想的不断交流和感情的和谐一致。柏拉图的教育哲学表达了一个事实:当社会中每个人都能按他的自然禀赋做有益于别人的事情时(或对他所属整体有贡献的事情),社会就能稳固地组织起来,教育的任务在于发现一个人的禀赋,循序渐进地加以训练,并应用于社会。柏拉图的教育哲学一方面充分认识到了社会组织的教育意义;另一方面,又充分认识到了教育儿童是社会布局的基础。个体的成长脱离不了社会,自有人类历史以来,人都是过着社会生活的,人不能离开社会而独立存在。

杜威在其著名的《我的教育信条》第一条说明什么是教育,开篇便说"我认为一切教育都是通过个人参与人类的社会意识而进行的"[①]。因为受教育的个人是社会的个人,而社会便是许多个人有机的结合。"如果从个人身上舍去社会的因素,我们便只剩下一个抽象的东西;如果我们从社会方面舍去

---

① [美]约翰·杜威.学校与社会·明日之学校[M].赵祥麟,等译.北京:人民教育出版社,2005:3.

个人的因素,我们就只剩下一个死板的、没有生命力的集体。"①他认为教育过程有两个方面:一个是心理学的,一个是社会学的。它们是平列并重的,哪一个也不能偏废;否则,不良的后果将随之而来。在杜威心目中,"儿童中心"是就心理的因素,即就方法论来说的,"社会中心"是就社会的因素,即就目的论来说的。在他看来,"一切教育最后问题是协调心理和社会的因素,这种协调要求儿童能够表现自己,而且在这样的方式中认识社会的目的"②。杜威提出了关于个人与社会关系的基本原理。在他的第二个信条说明什么是学校中,他认为学校主要是一种社会组织,学校是社会生活的一种形式。在这种社会生活的形式里,凡是最有效地培养儿童分享人类所继承下来的财富以及为了社会的目的而运用自己的能力的一切手段,都被集中起来。因此,教育变革是出于更大的社会发展的需要,"当学校能在这样一个小社会里引导和训练每个儿童成为社会的成员,用服务的精神熏陶他,并授予有效的自我指导的工具时,我们将拥有一个有价值的、可爱的、和谐的大社会的最强大的并且最好的保证"③。

中国现代幼儿教育奠基人陈鹤琴也认为,人必定在人与人之间相互发生关系,教育应该使整个关系正确而完好地建立起来,以通过这个关系参与共同生活,通力合作以谋控制自然,改进社会,使个人及全人类得到幸福。因此,活教育的目的是"做人,做中国人,做世界人",要具备条件第一是健全的身体;第二是要有创造的能力;第三是服务的精神;第四是要有合作的态度;第五是要有世界的眼光。陈鹤琴认为,"我们要爱国家,爱人类,爱真理,便要为国家服务,为全世界的人类服务,为真理服务,如果我们有知识和技能却不服务于社会,只知自私自利,就失去了教育的目的"④。

伟大的思想家马克思在其《1844年经济学哲学手稿》中指出,人是一个特殊的个体,并且正是他的特殊性使他成为一个个体,成为一个现实的、单个的社会存在物,同样地他也是总体,观念的总体,被思考和被感知的社会的自为的主体存在,正如他在现实中既作为对社会存在的直观和现实享受而存

---

① [美]约翰·杜威. 学校与社会·明日之学校[M]. 赵祥麟,等译. 北京:人民教育出版社,2005:5.
② [美]约翰·杜威. 学校与社会·明日之学校[M]. 赵祥麟,等译. 北京:人民教育出版社,2005:7.
③ [美]约翰·杜威. 学校与社会·明日之学校[M]. 赵祥麟,等译. 北京:人民教育出版社,2005:38.
④ 陈秀云,陈一飞. 陈鹤琴全集·第五卷[M]. 南京:江苏教育出版社,2008:61.

在,又作为人的生命表现的总体而存在一样。在马克思主义理论中,人类社会的进步与人的发展是一个相互制约、相互促进的统一过程,社会进步与人的发展是同步进行的。马克思提出了"人的全面发展"思想,并在《共产党宣言》中指出:"当阶级差别在发展进程中已经消失而全部生产集中在联合起来的个人的手中的时候……每个人的自由发展是一切人的自由发展的条件。"①马克思主义认为,"每个个人的全面而自由的发展"是人的发展的理想目标,也是共产主义社会的理想目标。中国共产党始终把"培养德智体美劳全面发展的社会主义建设者和接班人"作为教育的根本目标,坚持教育为社会主义现代化建设服务。幼儿教育应当努力为培养德才兼备,尤其是具有创新精神的新时代社会人才打下坚实基础。

三、亲历课程中的完整发展

(一)完整发展意味着让幼儿成为他自己

教育要促进幼儿完整发展,就是要理解幼儿的学习特点、尊重幼儿的学习方式、支持幼儿成为学习主体、满足幼儿的主体体验,让幼儿从自己出发认识世界,建构起自己的关于世界的认知体系,实现个体独立。

儿童的生命成长具有整体性,儿童身体的各项机能以一种相互联系、相互合作、相互增长的方式共同对外界刺激进行反应。要想促进幼儿的完整发展,就要让幼儿身体的各项感知觉功能都得到充分的刺激和锻炼。佛学中将"五蕴六识"用于解释人类思维和认知的过程及个体存在的运行机制,帮助人们感知和体验世界。"五蕴"中,色蕴指五官和身体感觉;受蕴指对外界刺激的感受和体验,如愉快、痛苦等;想蕴是对对象进行辨识和认知的要素,涉及对事物名称、形象和意义的识别;行蕴包括意愿、欲望、动机和习惯等;识蕴是对外界和内心经验的感知和认知。"六识"则是指六种不同类型的意识和知觉方式,用于接收和感知外界信息,其中眼识通过眼睛感知视觉信息;耳识通过耳朵感知听觉信息;鼻识通过鼻子感知嗅觉信息;舌识通过舌头感知味觉信息;身识通过身体感知触觉信息;念识通过思考、分析和记忆来综合处理感官信息,理解和感知外界事物,形成个体经验。

"五蕴六识"为我们理解幼儿作为生命有机体的完整发展提供了独特视角,启发我们可以从幼儿的感官入手,为幼儿创设可以充分调动他们各种感

---

① 庞世伟.论"完整的人"——马克思人学生成论研究[M].北京:中央编译出版社,2009:229.

知通道的环境和机会,让他们的身体感官机能协调运作。要做到这一点似乎不难,但实际上不论是教师还是家长都缺乏这方面的意识,在"六识"中教师常常会忽视鼻识、舌识和念识,只让孩子听、看、记;而家长们,尤其是爷爷奶奶辈家长,总是以爱的名义剥夺孩子动手的权利,认为孩子"不行、不会"。我们希望孩子们在自然中奔跑,去看蜗牛啃食栀子的嫩叶,去听雨滴落在伞上、风拂过树叶的声音,去闻大自然中的植物气味,去尝自己种植的蔬菜瓜果,去玩冬日的冰霜雪,打开身体投入世界,感知世界,联结世界。

(二) 完整发展意味着承认儿童发展差异并激发潜能

"完整"这个概念,就中文的语境来讲,可以包括两个层面,一个是"完",一个是"整"。"完"说的是完全、全面,"整"说的是整合、整全。这两者叠加起来,叫"完整"。① 讲到儿童发展的完整性,人们往往将其等同于儿童发展的全面性,理解为培养全面发展的儿童。从字面上看,全面发展似乎意味着一样都不能少,每个方面都要好。然而,如果我们再去研读《幼儿园工作规程》(下面简称《规程》)、《纲要》、《指南》等这些学前教育法规文件时,就会发现先前的理解或许是偏颇的。《规程》提出,"幼儿园的任务是:贯彻国家教育方针⋯⋯实施德、智、体、美等全面发展的教育,促进幼儿身心和谐发展"。可以看到,《规程》中提出的"全面发展"不是教育目的,而是教育的内容和方法,教育的目的是促进幼儿身心和谐发展。而《指南》明确提出:"以为幼儿后继学习和终身发展奠定良好素质基础为目标,以促进幼儿体、智、德、美各方面的协调发展为核心⋯⋯建立对幼儿发展的合理期望,实施科学的保育和教育,让幼儿度过快乐而有意义的童年。"《指南》中讲的是"协调发展"。所谓协调,指配合得当、相互支撑,并不是要求幼儿每一个方面都要发展得一样好,事实上这也是不符合实际的,因为人的发展包含太多方面且有个体差异,因此《指南》认为要建立对幼儿发展的合理期望,合理期望一定是建立在每个幼儿的已有发展基础之上,通过努力能达成的,而不是用一把尺子去衡量每个幼儿发展的各个领域。这也是《纲要》中指出的"幼儿教育应尊重幼儿的人格和权利⋯⋯关注个别差异,促进每个幼儿富有个性的发展"。

联合国教科文组织在1972年发布的报告《学会生存——教育世界的今天和明天》中有一个观点,认为人至少有三种样态,抽象的人、具体的人和未完成的人。作为教育主体的人,在很大程度上,是一个普遍的人。然而,作为

---

① 吴康宁于2022年12月8日在南京市实验幼儿园"指向完整儿童发展的形成性评价研究"(国家社会科学基金"十四五"规划2022年度教育学一般课题)开题报告会上的发言。

一个特殊教育过程对象的某一特殊个人则显然是一个具体的人。这种具体的人是生气勃勃的,有他自己的各种需要。另外,人永远不会变成一个成人,他的生存是一个无止境的完善过程和学习过程。人和其他生物的不同点主要就是由于他的未完成性。①

因此,我们认为,幼儿发展的完整性不是简单意义上的全面发展,反而是要在认识幼儿普遍发展规律的基础上承认幼儿的发展差异,努力去激发多元潜能。这要求教师发现幼儿的优势,也要关注幼儿的弱势,去促进每个幼儿在原有水平上发展,也要促进每个幼儿不同的发展领域在原有水平上发展;教师要利用幼儿的优势领域去带动他们的弱势领域,不同发展领域之间不要求发展到同等水平,但不同发展领域之间要能相互支撑,和谐进步。

(三) 完整发展意味着幼儿更好地融入生活世界

教育是一种唤醒人的生命意识,启迪人的精神世界,建构人的生活方式,促进人的价值生命实现的活动。其根本目的是为了人的生活,为了建构人生的生活方式,为了实现人的价值生命。② 为了人的生活而进行的教育,实质上是促使人类的生活方式通过个体生活方式的建构得到具体化,即通过个体人生价值观念和生活方式的建构,实现对人类文化和人类价值观念的继承、超越与创造。《学会生存——教育世界的今天和明天》报告中还提出,教育行动的目的之一是培养承担社会义务的态度。教育促使儿童进入一个道德、智慧和感情融洽一致的世界。这个世界由一整套的价值、对过去的解释和对未来的希望所组成,同时教育还提供了一个思想与知识的宝库,一份共同的遗产……有助于唤醒公民精神和对社会的责任感,有利于培养关心别人并帮助别人摆脱孤立状态。③ 可以这么说,教育既是为了个体的生活也是为了生活的社会。

无论是杜威的"教育即生活"从生活的角度看待教育,还是陶行知的"生活即教育"从教育的角度看待生活,都在强调教育就是生活,生活也是教育。因此,儿童的生命成长一定是通过他们的生活世界实现的。日本教育家小原国芳也说:"要实施自由的全人教育,教育者尤其要懂得儿童生活是什么,要懂得儿童的本性。"2021年11月,联合国教科文组织发布了《学会融入世界:

---

① 联合国教科文组织国际教育发展委员会.学会生存——教育世界的今天和明天[M].北京:教育科学出版社,1996:195-196.

② 郭元祥.生活与教育——回归生活世界的基础教育论纲[M].武汉:华中师范大学出版社,2002:172.

③ 联合国教科文组织国际教育发展委员会.学会生存——教育世界的今天和明天[M].北京:教育科学出版社,1996:189.

为了未来生存的教育》的报告。① 报告指出:面对人类造成的多重生存威胁,我们呼吁教育要围绕地球未来生存进行重新构想和调整。为此目的,我们提出从现在到2050年以后7项富有远见的教育宣言。提出这些宣言基于三个前提:第一,人类和地球的可持续性是一体的;第二,任何为了实现可持续发展的未来而继续将人类与世界其他部分分离的企图都是妄想和徒劳的;第三,若要从根本上重新构想我们在这个相互依存的世界中的地位和作用,就需要发挥教育的关键作用。为此,要彻底转变教育模式:从了解世界后再采取行动到学会融入并成为我们所在世界的组成部分。我们实现这种转变的能力决定了我们未来的生存。当下人类世界的生存现状对教育提出了如此呼唤,更加坚定了我们引导儿童更好地融入生活世界的信念。

幼儿的生活是整个的,幼儿的完整发展意味着生活的完整性。幼儿生活世界中的内容应该是丰富多元的,首先是与自己的链接,通过日常的真实的生活学习基本的生活技能,培养良好的生活习惯,适应不同的生活场景,形成自己的生活秩序,进行人格的自我建构;其次是与自然的链接,通过亲近自然中的动植物等感知自然与人类生活的关系;再次是与社会的链接,在与社会环境的互动中感知社会的物质文化、精神文化和制度文化与人类生活的关系;最后还要与未来进行链接,幼儿通过教师引导的亲身经历感知人与生活世界中的自然、社会等的关系,萌发让生活世界变得更加美好的意识并付诸行动。

第二节 幼儿发展即经验的生长

一、经验的内涵

经验是亲历学习的目的。理解经验有助于我们定位亲历课程中的经验,有助于我们更加有效地建构经验通道。

我们能追溯到的最早的关于"经验"的论证是安那克萨哥拉曾证明人之所以区别于野兽,在于人有"经验""记忆""智慧"和"技艺"。在古希腊人看来,经验系一堆实用的智慧,是可以用来指导生活事件的丰富的洞察力。比如,木匠、领航员、医师等逐渐积累的鉴别力或技巧即是经验。这里认为的经

---

① [澳]阿弗里卡·泰勒,等.学会融入世界:适应未来生存的教育[J].陕西师范大学学报(哲学社会科学版),2021(5):137-149.

验是个人或者群体在日常生活中,通过劳动和其他活动与外部事物发生联系而获得的相关信息和体验。① 通过经验的传递和积累,个人或群体可以获得处理具体问题的技能,并形成某些行为习惯。古希腊思想家的观点趋向于认为经验是一种知识或技能的主观的实践结果。亚里士多德将这种通过许多个体的记忆而从许多个别的知觉推导出来的经验称为经验的普遍性。"概念的普遍性就是一种本体论上的在先东西,经验对于概念的形成有贡献。"② 按照亚里士多德的看法,正是通过这种经验普遍性才产生真正的概念普遍性和科学的可能性。

英国的洛克、爱尔兰的巴克莱和英国的休谟是经验主义的代表者,他们认为知识是由后天的经验所产生的,通过个体感官的经验形成个体的知识。③ 洛克假定人的心灵是一张白纸,上面没有任何标记,没有任何观念,人类所有的知识和观念都是后天形成的。他提出经验分为两种,第一种是感觉,这是观念的外在来源,是感官把事物诸如硬、冷、甜等性质从事物传到我们心中的;第二种是反省,这是观念的内在来源,我们通过内在的知觉、怀疑、信仰、推理、认识等活动获得和感觉不同的观念。在经验主义者看来,感觉经验是认识的来源,是主体关于世界的最初认识,理性是在感觉经验基础上的抽象和概括。

胡塞尔从现象学角度强调经验的本体论。他认为"经验在最初的严格意义上被定义为与个体的直接关系"④。他同样将感性知觉作为某种外在的、指向单纯物理现象的东西成为一切连续的经验的基础,他说:"此世界是在简单经验中从最低层被给予的作为感性上可直接把握的基底。每一简单经验,换言之每一具有一简单基底的存在意义的经验,都是感性的经验——存在的基底是物体,即这样一个身体,它在经验的一致性中显示着自身并具有其真实有效的存在。"⑤胡塞尔将自然界视作一切其他物之根基的层阶,因此他认为生活世界就是一切经验世界的基础。胡塞尔还提到了经验视域:"每一经

---

① 蒋雅俊.论杜威的经验哲学与经验课程哲学[J].南京师大学报(社会科学版),2013(4):88-96.
② [德]汉斯-格奥尔格·伽达默尔.诠释学Ⅰ:真理与方法[M].洪汉鼎,译.北京:商务印书馆,2010:496.
③ 简楚瑛,等.幼教课程模式——理论取向与实务经验[M].2版.台北:心理出版社,2003:566.
④ [德]胡塞尔.经验与判断[M].李幼蒸,译.北京:中国人民大学出版社,2019:13.
⑤ [德]胡塞尔.经验与判断[M].李幼蒸,译.北京:中国人民大学出版社,2019:34.

验有其经验视域,有其实际的和被规定的认知行为内核,有其直接自所与的规定性内容,但是在被规定的如是存在的此内核之外,在真正'自存在'所与者的内核之外,此经验有其视域。这意味着:每一经验指涉着这样一种可能性——而且这是自我的一种'能力化'。"①我们将之理解为经验的个体差异。

在伽达默尔的诠释学经验理论中,我们比较感兴趣的是经验的"辩证性"。这一理论似乎是对传统观念中经验的挑战。传统观念认为经验是确定的、可重复的。"经验只有在它不被新的经验所反驳时才是有效的(ubi non-reperitur instantia contradictoria),这一点显然表现了经验一般本质的特征,不管我们是在讨论现代意义上的科学的经验活动,还是在讨论我们每一个经常所具有的日常生活的经验。"②伽达默尔并不否定传统经验中的一般本质特征,但他认为如果我们单从经验的结果来考察经验,那么经验产生的真正过程就被忽略过去了。这个过程事实上是一个本质上否定的过程。他指出经验可以从两种不同意义上来讲,"一是指那些与我们的期望相适应并对之加以证明的经验,一是指我们所'做出'(macht)的经验。后一种经验,即真正意义上的经验,总是一种否定的经验"③。伽达默尔认为经验的否定性具有一种特殊的创造性的意义,他称这种经验为辩证的经验,并引用了黑格尔的观点,"意识对它自身——既对它的知识又对它的对象——所实行的这种辩证的运动,就其潜意识产生出新的真实对象这一点而言,恰恰就是人们称之为经验的那种东西"④。在伽达默尔看来,黑格尔把经验设想为正在行动的怀疑论,正是经验的辩证要素最重要的见证人。伽达默尔认为经验的最终走向是"开放性"。"有经验的人表现为一个彻底非独断的人,他以为具有如此之多经验并且从经验中学习如此之多东西,因而特别有一种能力去获取新经验并从经验中进行学习。"⑤因此,经验的辩证运动的真正完成并不在某种封闭的知识,而是在于那种通过经验本身所促进的对于经验的开放性。

杜威关于经验的论述可见于教育哲学的语境中。他在《经验与自然》一

---

① [德]胡塞尔.经验与判断[M].李幼蒸,译.北京:中国人民大学出版社,2019:17.
② [德]汉斯-格奥尔格·伽达默尔.诠释学Ⅰ:真理与方法[M].洪汉鼎,译.北京:商务印书馆,2010:494.
③ [德]汉斯-格奥尔格·伽达默尔.诠释学Ⅰ:真理与方法[M].洪汉鼎,译.北京:商务印书馆,2010:499.
④ [德]海德格尔.林中路[M].孙周兴,译.北京:商务印书馆,2021:137.
⑤ [德]汉斯-格奥尔格·伽达默尔.诠释学Ⅰ:真理与方法[M].洪汉鼎,译.北京:商务印书馆,2010:503.

书中这样写道:"'经验'是一个詹姆斯所谓具有'双重意义'的字眼。好像它的同类词'生活'和'历史'一样,它不仅包括人们做些什么和遭遇些什么,他们追求些什么,爱些什么,相信和坚持些什么,而且也包括人们是怎样活动和怎样受到其他活动的影响的,他们怎样行动和如何遭遇,他们怎样渴望和享受,以及他们观看、信仰和想象的方式——简言之,经历的过程。'经验'指开垦过的土地、种下的种子、收获的庄稼,以及日夜、春秋、干湿、冷热等变化,这些为人们所观察、畏惧、渴望的东西;它也指种植和收割,工作和欢快、希望、畏惧、计划,以及求助于魔术或化学、垂头丧气或欢欣鼓舞地行动。它之所以具有'双重意义',这是由于它在其原初的整体中不承认在动作与材料、主观与客观之间的区别,而认为在一个不可分析的统一体中包括这两个方面。"① 杜威的经验概念既包括人们所作的、所遭遇的事情,也包括人们怎样做和怎样获得结果。概言之,经验就是主客体未分状态下的人的活动,是有机体与环境相互作用的过程与结果。杜威在《民主主义与教育》中还提到了经验的本质,他写道:"经验包含一个主动因素和一个被动因素,这两个因素以特有形式结合着……在主动方面,经验就是尝试——这个意义用实验这个术语来表达就再清楚不过了。在被动方面,经验就是承受结果。我们对事物有所作为,然后它回归来对我们产生影响,这就是一种特殊结合。经验这两方面的联结,可以测定经验的效果和价值。单纯的活动,并不构成经验。这样的活动只是分散、有离心作用、消耗性的活动。作为尝试的经验包含着很多变化,但是,除非变化是有意识的和变化所产生的一系列结果联系起来,否则它就是无意义的转变。"②在这里,杜威强调经验的本质是反思和实验。在《经验与教育》中,杜威又确立了经验的标准,他认为经验有两个标准,第一个标准是经验的连续性原则。"经验的连续性原则意味着每种经验都会从过去的经验中获取一些东西,又会以某种方式改变以后要经历的那种经验的性质。"③第二个标准是经验的交互作用原则。"这一原则赋予经验的客观条件和主观条件这两个因素同等的权利,任何正常的经验都是这两种条件的交互作用。"④杜威认为,连续性和交互作用这两个原则彼此纵横交错,环环相扣,它

---

① [美]约翰·杜威.经验与自然[M].傅统先,译.上海:华东师范大学出版社,2019:12.
② [美]约翰·杜威.民主主义与教育[M].魏莉,译.武汉:长江文艺出版社,2018:125.
③ [美]约翰·杜威.经验与教育(汉英双语版)[M].盛群力,译.北京:中国轻工业出版社,2016:21.
④ [美]约翰·杜威.经验与教育(汉英双语版)[M].盛群力,译.北京:中国轻工业出版社,2016:28.

们是经验的经和纬两个方面。这两个原则彼此积极地结合在一起,就可以用来衡量经验的教育意义和价值。

二、经验主义课程论的核心主张

历史上典型的经验主义课程范式主要有"浪漫自然主义经验课程范式""经验自然主义经验课程范式"和"当代人本主义经验课程范式"。在张华所著《经验课程论》中,我们可以对这几种经验课程范式的主张了解一二。

浪漫自然主义经验课程范式的代表人物是卢梭。卢梭的经验课程是儿童、自然、知识、社会四因素的整合。这四个因素是经验课程内容的基本来源,是经验课程开发的原点。"儿童即课程""自然即课程""知识即课程""社会即课程"始终贯穿于卢梭的经验课程。卢梭认为儿童即自然,儿童是自然的有机构成部分,儿童本身就是一个自然界。儿童的发展是其自然天性的展开,儿童自然天性的展开遵循自然规律。在卢梭的思想中,教育是一个自然过程,教师循自然而施教。"什么知识最有价值"是卢梭选择课程内容所考虑的中心问题之一,他非常强调知识的有用性:"问题不在于他学到什么样的知识,而在于他学到的知识要有用处。"卢梭倡导爱的教育,从"自爱"之心扩大到"爱一切人",爱把儿童与社会乃至整个人类真正统一起来。卢梭的经验课程也导出了其独特的发现教学论。他把发现视为人的天性,把兴趣与方法视为发现教学的基本因素,把自主的、理性的人格视为发现教学的目的,确立了活动教学、实物教学等教学形式。[①]

经验自然主义经验课程范式的开创者是杜威。杜威以其经验自然主义课程哲学将儿童、社会、学科知识这三个课程开发的基本向度真正统一起来。他消解了儿童与学科知识间传统的二元对立,揭示了"儿童中心论"与"学科中心论"共同的错误根源,认为儿童的经验与学科知识间具有内在的统一性。他消解了学校与社会之间传统的二元对立,认为学校既非与社会隔离的孤岛,也非社会的单纯模仿,而是真实的、提升了的社会情境。在一个真实的社会情境中,从儿童现实的心理经验出发,通过经验的不断改造,逐步达到学科所蕴含的逻辑经验的高度,这就是杜威关于课程开发的基本思路。课程与教学的统一、教材与方法的统一,是杜威经验自然主义课程哲学的内在要求。经验是主体与客体的统一,是主体与客体相互作用的过程与结果。把课程与教学割裂开来,就是割裂经验的主体与经验的客体之关系,课程就变成教师

---

① 张华.经验课程论[M].上海:上海教育出版社,2000:39-58.

借助外部教学手段向儿童强加的东西,教学就是对儿童的控制。课程与教学的统一、教材与方法的统一在本质上意味着向儿童提供经验生长的情境。杜威所创设的经验自然生长的情境就是主动作业。教育的内在价值就是真实的生活过程本身,杜威把这种价值称为教育的"唯一最终价值"。杜威还认为,教育应尊重每一个人的特殊性,尊重人的每一个发展阶段的特殊性,教育应当用内在的观点看待儿童,而不应当用比较的观点看待儿童。教育即生长,除了更多的生长,教育并不从属于任何外在的目的。这些都反映了杜威对教育的主体价值的尊重。①

当代人本主义经验课程范式又分"存在经验课程"与"批判性的经验课程"。派纳的"存在经验课程"的主体是"具体存在的个体"。在这里,个体是"具体的",而非各种观念的"抽象";是活生生"存在的",而非各种僵死的"目标";是完整的"超越性的自我",而非各种固定的"角色"或"其他人的客体化"。"存在经验课程"不是别的,正是这种"具体存在的个体"的"生活经验"的解释。这种"生活经验"是完整的个体的经验。格鲁梅特的"存在经验课程"确立了"自传",她认为课程的概念重建过程,本质上是学习者寻找教育经验意义的过程,是学习者"自己声音的安全回归"过程,通过对经验的"反省性分析"回归到"前概念的际遇","因为前概念的际遇是我们做出判断的基础"。在这里,学习者是课程的中心,课程可以被合理地看作主体性的解放。"批判性的经验课程"认为课程是一种反思性实践,反思性实践把知识视为社会建构过程,把课程看作师生共同参与的意义创造的过程,并建立在知识批判和社会批判基础上。②

三、亲历课程中的经验

我们重视幼儿的经验,也认为幼儿的发展是经验的发展,是幼儿真正需要的经验的发展。亲历课程中的经验既是过程也是结果,同样具有两种意义,一种意义将经验认为是亲历过程,指向的是亲历行动;另一种意义将经验认为是亲历过程中获得的认知、知识、技能,指向的是亲历行动后经过反思的结果。基于对经验内涵的理解以及对经验主义课程论主张的了解,我们对亲历课程中的经验还有以下一些思考。

---

① 张华.经验课程论[M].上海:上海教育出版社,2000:116-119.
② 张华.经验课程论[M].上海:上海教育出版社,2000:131-169.

(一) 经验在幼儿的生活里

杜威认为,教育是生活的需要,"教育在它最广的意义上就是生活的延续",而生活就是"个体的和种族的全部经验"①,所以儿童在生活中学习,也在学习中生活。经验并不是在真空中产生的,个体生活在世界中,意味着个体生活在一系列的情境中,经验总是个体与形成他的环境之间发生交互作用的产物。因此,作为教育者的我们一方面要利用生活环境引导幼儿获得经验,另一方面要创造生活环境丰富幼儿的经验。

(二) 经验是多样的、全面的

儿童的生命成长是完整的,儿童需要的经验也是丰富多样的,包含发展的方方面面。张雪门认为儿童的成长经验按性质可以分为三类:一是认知,二是知识,三是技能。根据其范围可以分为自然经验和人为经验,自然经验是随衣食住行的自然变化所获得的经验,这种经验是在生长上堆积的经验;人为经验是有目的地获得的经验,这种经验是有机的经验。我们既要让幼儿充分自主地获得自然经验,也要有目的、有计划地引导幼儿接触自然物、自然现象、人事界以及人类智慧所产生的文化等获得人为经验。

(三) 经验有普适性,也有主体性

经验,从一般意义上来说是可重复、可传承的,科学角度中的经验是经过验证的知识、概念等;历史角度中的经验是人类文明积累下来的文化等;生活角度中的经验是劳动中总结出来的方法、技巧等。这些经验在促进儿童成长中具有重要作用,因此教师要积极利用环境资源让儿童感知、探究、学习这些经验。同时,胡塞尔的"经验视域"也提醒我们要认识到经验的主体性。经验是每个个体的认知内化,个体的经验基础不同、感知通道不同、思维方式不同,获得的经验也会有差异性,因此,教师要关注儿童的个人经验,这是他们建构个人认识的基础;要关注每个儿童的经验过程,给予个别化指导;还要鼓励儿童分享交流经验,进而达成共同的态度倾向和认识,从个体推延至群体,最后形成文化。

(四) 经验是整个的、整体的

杜威认为"一个生机勃勃的经验是不可能被划分为实践的、情感的,及理智的,并且为各自确定一个相对于其他的独特的特征"②。的确如此,儿童是

---

① [美]约翰·杜威.民主主义与教育[M].魏莉,译.武汉:长江文艺出版社,2018:7.
② [美]约翰·杜威.艺术即经验[M].高建平,译.北京:商务印书馆,2010:64.

一个进行联合反应的有机体,会作为一个整体开展整体性活动,作为一个整体获取经验,同时作为一个整体对外部环境做出回应,主体内部各类经验之间产生关联,使主体的知、情、意、行等方面达到高度统一。因此,理解整个经验就是理解经验的两种意义,即既要让幼儿亲身经历、体验经验过程,又要让幼儿思考、总结过程经验。另外,因为幼儿的经验是在亲历过程中形成的,教师更要重视亲历过程的完整性(完整的过程中有开端,有发展,有完成),尽可能避免经验的碎片化。正如派纳所主张的,是完整的个体的经验。

(五)经验是连续的、生长的

根据杜威的说法,每一个经验,不管其重要性如何,都随着一个冲动而开始,冲动成为经验的开始,是因为它们来源于需要。我们可以这样认为,经验不仅源自幼儿成长的需要,更是为了满足幼儿成长的需要。然而,我们也要清醒地认识到,并不是所有的经验都具有教育价值。具有教育价值的经验,一定是幼儿成长真正所需要的,它既是从幼儿的经验中生发、深化出来的,又对未来的经验有启发意义;它既建立在幼儿已有经验的基础之上,又能引起幼儿的活动兴趣,促进幼儿渴望未来的经验。因此,教师的重要任务是在幼儿已有的经验中寻找不断的新的"冲动",促使幼儿不断生长新经验,满足成长需要。

第三节　在行动中实现经验生长

一、人类早期的经验

卢梭一再强调,人的教育在他出生的时候,在他会说话或能理解所学的东西之前就开始了。[①] 卢梭认为经验先于教导。在生命之初,当记忆和想象还没有开始发挥作用的时候,孩子只会注意到会影响他感觉的东西。他的感觉经验是他思想的原材料。他想触摸和把玩所有东西,这表明他正在进行非常必要的学习,他通过看、摸、听,尤其是将看到的和摸到的进行比较,用眼睛判断它们会导致他的手产生什么感觉,去学习感受物体的热、冷、硬、软、重、轻,去判断它们的大小、形状以及所有的物理性质。因此,卢梭在《爱弥儿》中

---

① [法]让-雅克·卢梭.爱弥儿[M].叶红婷,译.北京:台海出版社,2016:53.

写道:"当孩子离开包裹着它的胎膜时,在他开始第一口呼吸的那一刻,不要允许任何人给他另外的束缚,把他裹得更紧……把他放在一个垫得好好的大摇篮里,在那里他安全地随意活动。当他开始变得越来越强壮时,就让他在屋子里爬来爬去,让他充分运动和伸展他的小胳膊小腿。你将会看到他一天一天地获得力量。"①从卢梭这里,我们已经知道人类早期的经验与行动和感觉密切相关。

相隔近一个世纪的意大利伟大教育家蒙台梭利也强调儿童通过行动发展自我。她写道:"我们应该真诚地期待着儿童第一次朝着外界物体伸出小手的举动。这是儿童的小手第一次有智慧的举动,其最初的举动代表了他的自我要进入这个世界的努力,成人对这种举动应该表示赞美。"②由于儿童必须通过自身的运动和手的活动,才能发展自我,因此,儿童需要有一些能使他工作的物体,以便给他提供"活动的动机"。蒙台梭利还认为,儿童的运动不能归咎于一种偶然性。他是在他的自我意识指导下,对有组织的运动建立起必不可少的协调。依靠无数的协调经验,他的自我把他的内在精神和他的表达器官组织和协调起来。儿童必须能自由地决定和完成他自己的行动。为此,蒙台梭利甚至指出,当儿童的动作缓慢时,成人就感到不得不进行干预,以自己的行动代替儿童的行动。但是,在这样做的时候,成人并不是在儿童的最基本的心理需要上帮助他,而是在儿童想要由他自己做的所有活动上代替他。成人阻止儿童自由地行动,因此他自己成为儿童自然发展的最大阻碍。

二、行动是幼儿的学习方式

经验主义认为印象必须是亲自体验的,与直接的、第一手的知识来源越远,谬误的来源就越多,形成的观念就越模糊。经验本身,主要是包括存在于人与自然环境以及社会环境之间的主动关系。有时候主动力量在环境这边,人的努力遭受某种制止和偏转;而在另外一些时候,周围的事物和人的行为使个人的主动力量占据上风,所以,最后这个人所承受的结果就是他自己本来就想要做到的。③ 一个人所碰到的事和他所做出的反应之间建立了联系,他对环境所做的事和环境对他做出的反应之间建立了联系,正是在这种过程

---

① [法]让-雅克·卢梭.爱弥儿[M].叶红婷,译.北京:台海出版社,2016:50.
② [意]玛丽亚·蒙台梭利.童年的秘密[M].单中惠,译.北京:中国长安出版社,2010:94.
③ [美]约翰·杜威.民主主义与教育[M].魏莉,译.武汉:长江文艺出版社,2018:244.

中,他的行为和他周围的事物才真正获得了意义。他学会了了解自己和人与事物的世界。这也是认知建构主义的观点,皮亚杰认为儿童通过他们的经历来增进理解,他们通过积极的探索和参与来理解自身的学习,随着探究,他们加强挑战,摒弃和改变自己的思想和理论。

"墨辩"提出三种知识:一是亲知,二是闻知,三是说知。亲知是亲身得来的,就是从"行"中得来的;闻知是从旁人那儿得来的,或由师友口传,或由书本传达,都可以归为这一类;说知是推想出来的知识。① 陶行知先生认为亲知为一切知识之根本,闻知和说知必须安根于亲知里面方能发生效力。因此,他将王阳明的"知是行之始,行是知之成"改为"行是知之始,知是行之成",并提出了"教学做合一"的教育思想,强调儿童要亲自在"做"的活动中获得知识。和陶行知持同样观点的还有陈鹤琴,他认为儿童的世界,是儿童自己去探索、去发现的。他自己所求来的知识,才是真知识;他自己所发现的世界,才是他的真世界。举凡在学校里面各种的活动,各种的教学,都不应该直接告诉儿童结果,应该让儿童自己去实验、去思想、求结果。做了就与事物发生直接的接触,就得着直接的经验,就认识事物的性质。最危险的,是儿童没有做事的机会,没有思考的机会。

倡导"行为课程"的张雪门认为幼稚园教学法所根据的重要原理原则,只有一条便是行动,儿童怎样做,就是怎样学,怎样学就是怎样教。教学的过程,就是依着正确的行动过程。在他看来,幼稚园课程首先应注意的是实际行为,凡扫地、抹桌、熬糖、炒米花以及养鸡、养蚕、种玉蜀黍和各种小花,能够实际行动的,都应让他们实际去行动。从行动中所得的认识,才是真正的知识;从行动中所发现的问题,才是真实的问题;从行动中所获得的能力,才是真实的制驭环境的能力。他认为经验分为间接经验和直接经验,间接经验的获得须凭借言语、图画和文字去获得;直接经验的获得既不是由于言语,更不是由于书本,当然由于动作的行为。具体而言,儿童的经验是接触自然物和自然现象而得;接触人事界而得;接触人类智慧所产生的文化而得。经验获得有三个步骤。第一步是搜求经验:人本是好奇的,见了一件新的事物,就要问这是什么(认识),这是为什么(知识),怎样做的(技能),这是搜求动机。搜求的方法,或则凭着错误的试验,或则凭着模仿的试验,最有用的是采取有意的试验。第二步是构成经验:把许多得到的经验,循着次序,有条不紊地整理

---

① 江苏省陶行知研究会,南京晓庄学院.陶行知文集·上[M].南京:江苏凤凰教育出版社,2008:258-259.

起来,形成整个的经验;能够按照次序去反应相似的环境刺激,经验才算成功。第三步是改造经验:一种是环境变了,要想适应环境,就要唤起心身的反应;一种是心身变了,要想创造新环境,以适应心身。[①] 概括而言,儿童学习的经验不外乎三种原则:环境的刺激,引起反应;反应的倾向,发生动作;动作的结果,改造倾向。如此循环不息,经验便不断得以改造,每经一循环,儿童在成长历程上就进展了一步。

三、亲历课程中的行动

既然经验是通过儿童的行动产生的,那么行动的质量就影响着经验的质量。亲历学习符合《指南》中强调的学习方式,是以幼儿的直接经验为基础,在幼儿的日常生活和游戏中进行的,幼儿在直接感知、实际操作和亲身体验中获取经验。我们希望在经验和行动之间建立更加有效的联结,因此特别重视行动的过程质量,亲历课程中的行动具有以下一些特征。

(一) 行动基于兴趣

兴趣是生长中的能力的信号和象征。兴趣显示着最初出现的能力,是儿童已经发展到什么状态的标志。什么是兴趣? 第一,兴趣是有活力的、动态的、有推进力的,对任何事物感兴趣,就积极地关注和投入其中。第二,兴趣是客观存在的。兴趣包含着他所隶属的客体、目标或者目的,其本身附着于一个客体。第三,兴趣是主观的,意味着内部的自我意识、情感和价值。哪里有兴趣,哪里就有以情感的方式做出反应;哪里有兴趣,哪里就有内在实现的价值。[②] 兴趣的本质意义似乎就是:由于主体认可了某种活动的价值,而参与、专注或者完全从事于该活动。可见,兴趣的价值在于提供内部力量促使幼儿主动获得经验。因此,兴趣是幼儿亲历学习的起点。当然,教师须对兴趣进行价值判断,帮助幼儿将兴趣导向有助于发展的行动。

(二) 行动具有目的

亲历学习中的行动本质上是幼儿自主的行动,幼儿知道要做什么,为了什么而努力,即幼儿的行动是有目的的。这种目的一方面来自幼儿自身的兴趣,另一方面来自教师的导引。当行动具有目的时,第一,幼儿的主动性会增强,因为这是他想要做的事,没有什么比自己想要做更能激发人的主动性。

---

① 戴自俺.张雪门幼儿教育文集·上卷[M].北京:北京少年儿童出版社,2009:121.
② 李业富.经验的重构——杜威教育学与心理学[M].上海:华东师范大学出版社,2017:161.

第二,当行动具有目的时,活动就不是随随便便的行动,而是有了方向,对方向的预见影响着达到目的所经过的各个历程。目的在这里至少有三个作用:第一,它包含仔细地观察特定的情况,注意什么是达成目的的手段,并发现障碍。第二,它提出采取手段的恰当顺序,便于最适合地选择和安排。第三,在方法上做取舍,比较不同行动可能带来的后果,判断哪一种方法更有效。可以说,有目的的行动可以促进幼儿在活动过程中计划和思考,并不断调整自己的行为。因此,杜威把有目标的行为称之为发挥智能的行为。

(三) 行动是连续的

亲历学习追求经验的不断生长,因此行动是具有连续性的。这种连续性首先要对抗的是经验的碎片化。从幼儿兴趣出发的学习往往会随着幼儿兴趣的转移而中断或变化,这就会导致行动的虎头蛇尾,因此,我们要注意每一次行动的完整性,让每一次行动都包含完整的开始、经过和结果。行动的连续性也意味着对已有经验的改造和对关联经验的探索。克伯屈认为生长至少包括两个方面:一是经验内容的增加;二是经验控制力的提高。他认为"生长主要考虑的是更多的思维、更多的意义、越来越细的区分、更好的行动方式、更高程度的技能、更广泛的兴趣、更广泛更良好的组织"[①],因此,我们鼓励并引导幼儿通过不断对超出自己原有知识范围和能力水平的经验进行探索,使得经验日益丰富完善,对经验的控制能力也不断提高。

(四) 行动是具身的

我们已经知道儿童作为生物有机体,是以一种整体的方式与环境进行互动的。幼儿的学习本身就具有具身性,"孩子们在进学校以前,他们通过手、眼和耳来进行学习,因为手、眼、耳是孩子们行动过程的器官,他们从日常的活动中理解行动的意义"。一个放风筝的男孩,必须注视着风筝,注意放风筝的线对于手的不同压力。他的感官之所以是知识的通道,并不只是因为外界的事实凭感官被"输送"到大脑里,更是因为他所看见和接触的东西的性质和所做的事情有关,于是这些事物性质很快被他理解了。[②] 因此,任何把身体活动缩小到造成身心分离即身体和认识意义分离开来的方法,都是机械的方法。此外,人接收信息主要依靠五种不同的感觉——视觉、听觉、嗅觉、味觉、触觉,不同感觉能带来不同知觉体验,因此,幼儿对事物的认知必须要打开身

---

① [美]威廉·赫德·克伯屈.教学方法原理[M].王建新,译.2版.北京:人民教育出版社,2016:155.

② [美]约翰·杜威.民主主义与教育[M].魏莉,译.武汉:长江文艺出版社,2018:128.

体的全部感觉,通过具身体验获得相应的、完整的经验。这里的"具身"并非单纯的物理身体,而是涉及身体经验、身体的感知觉、身体运动系统及个体的情绪体验等多个方面,把心智根植于身体,把身体根植于环境(自然环境+社会环境),从身体与环境互动的视角看待学习。

(五) 行动伴随反思

反思是联结行动和经验的桥梁,只要我们有心弄清楚某个已经发生或未发生的行为的意义时,就有了反思的动机。一些学者认为深度学习有两条发展逻辑,一条是思维线,强调思维的深度,只有思维到达一定的深度,才能把握事物的本质和原理;另一条是迁移线,学生通过积极建构发展自己的心智世界,再通过反思将所获得的发展最终迁移到其他情境中。对于幼儿而言,反思是迁移机制。反思不仅是对过去经验的思考,更是指向未来的探究性和创造性获得,只有反思才能迁移,而幼儿已经具备反思能力。[①] 皮亚杰认为,反省有两种类型:无意识的反省和有意识的反省。无意识的反省是感知运动水平上的反省,幼儿不断尝试用各种物体进行实验;有意识的反省就是运算水平上的反省,也就是通过思考解决问题。亲历学习中注重将幼儿的无意识反省转化成有意识反省。在幼儿的行动过程中,我们提倡师幼"共同思考",也就是说教师以探究共同体身份参与幼儿行动,以适宜互动、平等对话去促进幼儿思考,提高幼儿思维的深度和行动的效果。在幼儿的行动完成后,我们提倡集体"反思回顾",教师发起学习共同体的交流,通过引导幼儿回顾反思行动过程表征经验、迁移经验,使幼儿通过同伴学习获得新发现,增长新经验。

---

① 叶平枝,李晓娟. 对幼儿深度学习的深度理解与现实审视及其促进[J]. 学前教育研究,2023(7):15-16.

第二章　亲历课程的学习本质

第一节　亲历学习的内涵

一、什么是亲历

"亲"指自我本体,意味着身心投入、伴随生命、融入成长;"历"具有过程性与动态性,表明了感受、体验与行动;"亲历"指亲身经历。经历,是歌德时代就已经常用的词。经历首先指"发生的事情还继续生存着"。根据伽达默尔的诠释,经历一词具有一种用以把握某种实在东西的"直接性的特征",这与那种人们认为知道、但缺乏由自身体验证实的东西相反,因为后一种人们知道的东西或者是从他人那里获得,或者是来自道听途说,或者是推导、猜测或想象出来的。① 如果某个东西不仅被经历过,而且它的经历存在还获得一种使自身具有继续存在意义的特征,那么这种东西就属于体验。② 因此,"亲历"在一定程度上可以理解为是人自身的体验经历。

"亲历"包含经历,但比经历更强调主体动机、主观感受与主动体验。经历可能是一个孩子在成人的指示下,去关上被风吹开的门。这个过程中孩子不是主动去关门,也可能并不清楚为什么要关门,因此,孩子只是经历了关门这件事,并没有特别的体验与感受。"亲历"则是一个孩子发现门被风吹开,吹开的门让孩子感受了温度的变化,继而主动去将门关上。这个过程中孩子知道为什么要去关门,且在完成关门后获得自我肯定与满足。可以说,"亲历"中更可能出现马斯洛所谓的"高峰体验"。

"亲历"不仅包含经历,"亲历"过程中还包含由自身发起的、运用身体感

---

① [德]汉斯-格奥尔格·伽达默尔.诠释学Ⅰ:真理与方法[M].洪汉鼎,译.北京:商务印书馆,2010:92.

② [德]汉斯-格奥尔格·伽达默尔.诠释学Ⅰ:真理与方法[M].洪汉鼎,译.北京:商务印书馆,2010:93.

官进行的诸多感知体验行动,包括:亲临——亲自到(某处)、亲自——自己直接(做)、亲耳——用自己的耳朵(听)、亲口——用自己的嘴(吃或说)、亲手——用自己的手(做)、亲眼——用自己的眼睛(看)、亲身——自己直接的(经验、感受等)、亲知——亲身知道。①

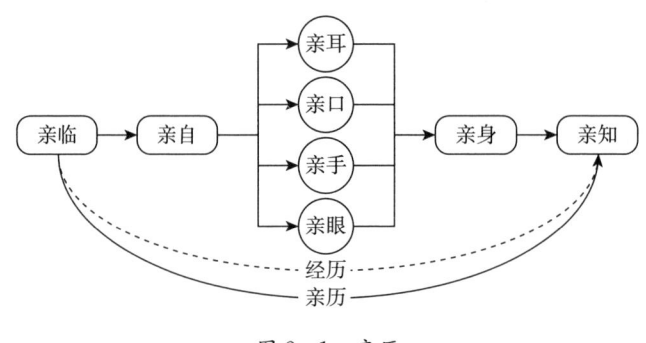

图 2-1 亲历

二、什么是亲历学习

亲历学习是通过亲身经历的学习,亲身经历的场域在真实的生活中,亲历学习也因此发生在真实的生活中,学习就是幼儿自身与生活世界中的各种环境、资源、材料发生积极的交互反应,就是幼儿对生活中的人、事、物等的主动探究。亲历学习就是幼儿亲近自己、亲近自然、亲近社会的过程。

亲历学习中的幼儿具有积极的主动活动的意愿,在不受限制或被鼓励的状态下,会充分调动身体的各种感官去体验事物,亲手做、亲耳听、亲口尝、亲眼看,运用耳朵感知听觉信息,运用鼻子感知嗅觉信息,运用舌头感知味觉信息,运用身体感知触觉信息,再由大脑通过思考、分析和记忆来综合处理感官信息,理解和感知外界事物,形成个体经验。亲历学习就是幼儿亲自尝试、亲力亲为、亲身体验的过程。

亲历学习中的幼儿在亲历过程中会遇到各种困难、挫折、挑战,但不会轻易放弃,能在教师的鼓励和引导下,不断尝试解决问题的方法。这种亲历过程伴随强烈的主观感受,幼儿在从失败到成功的经历中不断调整自己的情绪情感,最终获得愉悦满足。亲历学习就是幼儿自我挑战、自我调节、自我成长的过程。

---

① 中国社会科学院语言研究所词典编辑室.现代汉语词典[M].6 版.北京:商务印书馆,2012:1051-1052.

三、亲历学习的特点

1. 亲历学习具有主体性

主体性的本质,就是只有从外部,通过自身的创造,才能认识自己,而从内部永远无法认识自己。① 根据萨特所说,这种主体性存在两个层面:一是"非知"的,体现在无意识行动的直接性中的"主体性",其实指的是一种生命活动现象。另一个是有意识地选择和支配自己行动的主体性,它表现为对最初无意识行动的直接性进行反思后的行动。亲历学习的意义在于唤醒个体的主体性,即从无意识到有意识,自主地、有意识地在某种环境中主动行动的能动性。亲历总是个体的人的亲历,亲历学习表现为人与人的内在世界的协调过程,以及人与人的外在世界的交互过程。强调亲历学习就意味着教育要顺应主体的发展需要,突出幼儿在教育中应有的主体性地位和以人的发展为本的教育目的的定位。

2. 亲历学习具有主动性

杜威认为一切行为在根本上都是由各种与生俱来的本能和冲动产生的,行为人认可了某种活动的价值,而专注参与或完全从事于该活动。② 卡西尔认为人类的全部文化都是人自身以他自己的符号化活动所创造出来的,而不是从被动接受实在世界直接给予的"事实"而来的。③ 亲历学习正是行为人认可某种活动的价值,而产生有目的、主动性的行为表现,也是积极地、能动地感知外部世界,向着"理想"世界行进的过程。这是幼儿作为学习主体的亲身经历、亲心在场并身心主动投入的活动过程。

3. 亲历学习具有具身性

亲历学习是身体、大脑与心灵的对话。具身认知理论认为,身体与心智之间存在一种紧密联系。用发展心理学家泰伦等的话说,即"认知是具身的,认知源于身体与世界的相互作用。以此观点,认知依赖于主体的各种经验,这些经验出自具有特殊知觉和运动能力的身体"④。法国知觉现象

---

① [法]让-保罗·萨特. 什么是主体性[M]. 吴子枫,译. 上海:上海人民出版社,2017:62.
② 李业富. 经验的重构——杜威教育学与心理学[M]. 上海:华东师范大学出版社,2017:102.
③ [德]恩斯特·卡西尔. 人论——人类文化哲学导引[M]. 甘阳,译. 上海:上海译文出版社,2013:7.
④ 陈巍,殷融,张静. 具身认知心理学:大脑、身体与心灵的对话[M]. 北京:科学出版社,2021:104.

学创始人梅洛-庞蒂认为,"事物"的原初显现是在身体对世界的知觉中,这种基于身体与世界的关系而建立的身体经验是最原初的,因此认知的出发点不是意识对意向对象的构造,而是身体知觉与知觉对象的融合与渗透。世间一切事物皆因与身体发生了关系,成为身体知觉的对象,才具有了稳定的意义。

4. 亲历学习具有生活性

胡塞尔认为,返归经验世界即返归"生活世界",即这样的世界,在其中我们永远已经生存着,而且此世界为一切认知功能以及一切科学规定提供基础。① 哈贝马斯也指出:"交往行动者总是在他们的生活世界的视野内运动;他们不能脱离这种视野。作为解释者,他们本身与他们的语言行动同属于生活世界。"② 亲历学习从生活中来,在生活中开展,也在生活中结束。用郭元祥的观点加以解释,这是使人文化和人化,确立人的独立地位和主体地位的活动;是不断觉醒人的自我意识,反思自我的存在以及他所生存的社会,从而批判地建构自我,建构他理想的社会图式的活动;是使人能动地处理他所生存的生活世界的活动;直接参加幼儿对个体生活和社会生活的建构,融入幼儿的生长和生活过程的活动;是把幼儿引向可能生活,并对幼儿的生活具有魅力和生命感的活动。

5. 亲历学习具有情感性

亲历学习是在人与自我、人与自然、人与社会等关系联结中产生情感且生成意义的活动过程,情感性是亲历学习的根本性特征之一。人总是带有情感并在活动中不断挥发情感彰显存在状态的,人也总是在与外在世界交往的过程中萌生出各种各样的情感,带有情感的活动才体现出人的生存与生长意义。幼儿的亲历学习中,情感因素尤为明显,引发学习动机的是兴趣,支撑持续学习的是喜欢,整个学习过程是体验,直至获得满足。其中的情感一部分指向互动对象,因关系联结而对生活世界中的人、事、物等产生情感;另一部分指向自我感受,随着亲历行动中的意外、挫折、坚持、挑战、成功等引发的感情、愿望以及潜在的激情在学习行为中具有战略性地位,可以说,亲历学习就是丰富情感、传递情感、激发情感和享受情感的过程。

---

① [德]胡塞尔. 经验与判断[M]. 李幼蒸,译. 北京:中国人民大学出版社,2019:24.
② [德]哈贝马斯. 交往行动理论(第二卷)[M]. 洪佩郁,等译. 重庆:重庆出版社,1993:174.

第二节　亲历学习的逻辑

一、学习的理念

关于学习,瑞士日内瓦大学教授、国际著名生物学家和科学认识论研究专家安德烈·焦尔当在其《学习的本质》一书中写道:"'学习'在日常生活中是一个混合词,在不同情况下,它既可以指理解、认识、记忆、发现、经验获得,又可以指调动已有经验……同样,学习既可以指一个人获取一种社会已经掌握的知识,进而丰富一种概念,使它有新的改变,也可以指炼制一种全新的独特知识。"① 他认为,只有学习者才能炼制出与自身相容的特有意义。换句话说,学习者不是单纯的学习"参与者",而是他所学的东西的"创造者",别人永远不可能替代他去学。只有学习者才能学习,而学习只有借助学习者掌握的手段才能实现。但是他也认为,学习者并不是其知识唯一的、独立的创造者,学习者的所有认知都来自环境。更确切地说,它们都是与环境互动的结果。不过这些互动在大多数情况下需要一种媒介来促进每个个体的意义产生,陪伴学习者,对其原有概念形成干扰。这种媒介就是"他者",因此,学习者通过他的所是和他的所知,借由自身进行的学习,"他者"不能替代他的学习,但应该在场。②

在安德烈·焦尔当的观点中,首先主张的是学习者的首要地位,学习者是其自身学习真正的"创造者",并且每个学习者都有先有概念(我们理解为已有经验),要以学习者的先有概念为出发点;他也同样主张学习者所处环境的重要性,因为环境能刺激学习,并赋予学习以意义,原则上,学习是互动的结果;他还主张"他者"陪伴,因为如果没有他者的参与,学习者也是无法学习的,即使自学者也是如此。安德烈·焦尔当将学习看成是"一种意义炼制活动",并指出这种意义炼制的活动中要有动机,即学习欲望、学习兴趣、学习冲动;这种意义炼制的活动中要有"实践操作",即亲自动手、亲身经验、行动学习;这种意义炼制的活动中还要有"自我发问""和现实对质""与他人对质""自我表达""辩论协商"及"建立网络",即提出问题、挑战已有经验、合作学

---

① [法]安德烈·焦尔当.学习的本质[M].杭零,译.上海:华东师范大学出版社,2015:4.
② [法]安德烈·焦尔当.学习的本质[M].杭零,译.上海:华东师范大学出版社,2015:8.

习、表征经验、交流经验,在已有经验和现有经验间建立联结,实现对已有经验的升级、改造,完成意义炼制。

安德烈·焦尔当的学习理念实际上是对建构教学法的解构。建构教学法是在近现代占据主流的一种教育模型,裴斯泰洛奇、福禄贝尔、凯兴斯泰纳、德克罗利、蒙台梭利、费里埃尔,这些在20世纪初进行教育革新的教育家都是从这种模型中汲取灵感的。所谓建构教学法,它从个体自发的需求和"天然"的兴趣出发,提倡思想的自由表达、应变、自主发现和探索。个体不再满足于接收原始信息,而是要对其进行研究和选择。在这个教学中,重要的是个体要观察、要比较、要推理、要创造、要记录。① 建构主义学习理论的代表人物不得不提的是皮亚杰。皮亚杰强调儿童的主动学习,认为学习来自主体的活动,儿童是一个积极主动的学习者,在抑制干扰自然发展的社会环境中,负起改变的责任。另一个不得不提的是维果斯基。维果斯基重视儿童学习的社会文化,认为儿童与比他能力强的人一起活动可以促进行动关系的建立以及思维发展。皮亚杰与维果斯基的理论看似是对立的,一个强调自然的一面,一个看重社会的一面,但我们可以将两者看成是彼此互补的理论。格拉斯曼(Glassman,1994)曾经把他们共同的特性总结如下:②

(1) 有两条发展线——自然与社会。它们在思考的发展中不断地互动,每一条都很重要,想要了解认知的改变不能忽略任何一方。

(2) 发展是环境中经验的结果;逐渐的,孩子会通过内在的反应,在心智中转换他们的经验。

(3) 认知发展的路径包含了思想上主要的、质的转换。对皮亚杰而言,每个地方的儿童都经过四个阶段的发展;但对维果斯基而言,当儿童能用语言来沟通,教导能带领他们知觉并掌控其思想时,思想就可以激进地转换。

(4) 个人发展的步调可以受到社会周围环境的影响。

认同两人共有以及独特的特性能让建构性的对话产生,而延伸的、合一的观点也能在亲历学习中将两方面最好的特性融合。

二、亲历的关键

亲历是幼儿最重要的学习方式,这是由幼儿的年龄特征、认知特征、所持

---

① [法]安德烈·焦尔当.学习的本质[M].杭零,译.上海:华东师范大学出版社,2015:22.
② [美]劳拉·贝尔克,等.鹰架儿童的学习:维果斯基与幼儿教育[M].谷瑞勉,译.南京:南京师范大学出版社,2007:183.

经验的特征及其身心发展规律所决定的。《指南》在实施中应把握的一个重要方面就是理解幼儿的学习方式和特点,指出幼儿的学习是以直接经验为基础,在游戏和日常生活中进行的。要珍视游戏和生活的独特价值,创设丰富的教育环境,合理安排一日生活,最大限度地支持和满足幼儿通过直接感知、实际操作和亲身体验获取经验的需要,严禁"拔苗助长"式的超前教育和强化训练。亲历课程充分理解幼儿的学习方式和特点,是为了更好地实施《指南》而进行的实践探索,因而,将《指南》的学习与发展目标向现实生活转化是亲历的关键。

作为一个生命有机体,幼儿无时无刻不在现实生活世界中亲历,但不是所有时刻都在亲历学习。如果学习是一种意义炼制活动,那么亲历学习就是在亲历过程中进行意义炼制,意义即经验,我们将经验归结为《指南》的学习与发展目标,与亲历学习紧密联结。例如,《指南》的健康领域在身心状况发展中有一条目标是"情绪安定愉快",为了达成此目标,我们根据《指南》中的教育建议营造温暖、轻松的心理环境,提倡师幼共同生活,重塑师幼关系,教师以欣赏、鼓励、支持、引导等积极的态度陪伴幼儿,让幼儿形成安全感和信任感。为了帮助幼儿学会恰当表达和控制情绪,我们在幼儿园一日生活中为幼儿提供情绪感知、表达、调节的机会、环境和方法。小班幼儿在来园时要进行心情签到,当有生气或难过这样的情绪挂牌出现时,教师就会去关心挂牌的幼儿,询问原因,助其平复情绪;有些教师在教室里创设情绪小屋,引导有需要的幼儿在情绪小屋中自主调节不良情绪,鼓励幼儿做小伙伴的情绪调节员;有些教师还会引导幼儿对自己的情绪管理过程进行表征评价。又如,社会领域的社会适应目标之一是"遵守基本的行为规范",教师结合社会生活实际,把握活动时机对幼儿进行行为规范的引导,比如带幼儿去公园春游前,与幼儿讨论路途中的交通规则,在公园游玩的注意事项;组织幼儿看演出前,与幼儿讨论观演礼仪;教师还会与幼儿共同商议、制订班级生活规则,在此过程中提高幼儿对规则的认识和理解,帮助幼儿自觉遵守班级规则。再如,科学领域的科学探究目标之一是"亲近自然,喜欢探究",为达成这条目标,我们不断丰富幼儿园的自然环境资源,创造机会、提供工具让幼儿接触自然事物,鼓励幼儿以自己的方式观察、探索,珍视幼儿对自然事物的好奇、发现,支持幼儿持续深入探究。

由此可见,我们指的亲历是一种有意义的生活,这种生活经过了《指南》的学习与发展目标转化,是教师精心设计组织的,有利于幼儿学习的生活。所谓"转化"是将《指南》的学习与发展目标过程化、行动化,让它变成亲历学习的环境、内容、措施等来改造幼儿园一日生活,让幼儿的生活更具发展可能,促进幼儿在生活中亲历学习。

三、亲历学习的逻辑

我们也从建构教学法的教育模型中获取灵感,并吸取融合了有利于亲历学习发展的理论,从而建构起亲历学习的逻辑。亲历学习的逻辑本质上是主体与客体统一于活动,是幼儿与环境的相互造就,表现为"幼儿对环境资源产生兴趣,引起动机,发生互动行动,并因他者支持促进经验建构"。

在亲历学习的逻辑中,强调"以幼儿为本",珍惜幼儿的生命,尊重幼儿的价值,承认幼儿学习的主体性和主动性,满足幼儿的学习兴趣和发展需要,维护幼儿的权利,理解幼儿身心发展的规律和学习特点,促进每一个幼儿的全面发展。亲历学习是幼儿主动开启、积极投身的一段一段探究之旅、经验之旅、成长之旅。

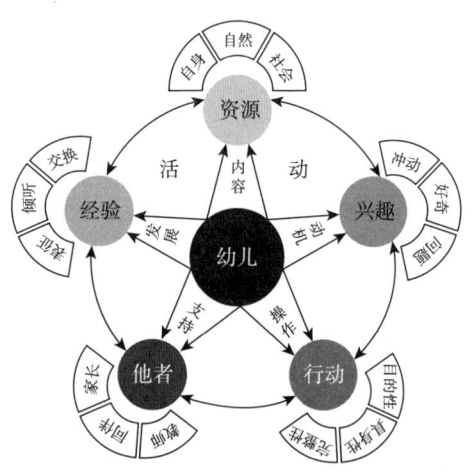

图 2-2 亲历学习的逻辑

在亲历学习的逻辑中,资源意味着学习可能,是活动内容的来源。资源越丰富,幼儿的体验越丰富,可能建构的经验越丰富。为扩充学习可能,资源应望眼整个生活,包括自身资源、自然资源和社会资源。自身资源指幼儿自身的生长与生活,包括自身的生长变化、生理需要及生活秩序等;自然资源指自然世界中存在的各种事物及其构成的生态教育环境,包括季节、天气、动植物、地形、地貌、自然现象等;社会资源指人类创造出来的生活事物、社会现象等所有社会活动资源,包括人类社会的生产、生活活动,人类社会的各种组织与机构,保存和展示人类文明成果的各类设施等。[①]

在亲历学习的逻辑中,兴趣是行动的信号,兴趣的价值在于唤醒幼儿行动的动机,提供内部力量促使幼儿主动获得经验。"没有动力就不会有学习!"这是人们的广泛共识,一个有动力的幼儿会表现出明确的行动愿望。动

---

① 韩志辉,张斌.回归真实,让幼儿园课程资源更具价值[J].幼儿教育,2021(10).

机如何产生？行为主义的领军人物斯金纳认为，学习如果经常遭遇失败就会失去动力，因此要给予一些外部刺激，如奖励和鼓励等；哲学家卡尔·罗杰斯认为动机的真正来源是人的内在需求，求知欲来自个体对自我发展的需求；建构主义认为动机来自个体的感知和期待，最重要的是要引发个体的兴趣，这种兴趣能带来一种力量，促使他自我超越。这些观点让我们重视幼儿的兴趣激发，认识到兴趣与发展需要相关。亲历学习的兴趣在幼儿与环境、资源、材料的互动中，会表现为冲动、问题和好奇等。兴趣分直接的和间接的，直接的兴趣在于彻底的自我满足，是幼儿的自我表达；间接的兴趣需激发幼儿和事物的内在联系，兴趣的中心在于事物的意义上，事物越有意义，也就越有重要性。

在亲历学习的逻辑中，行动是有意义的行动。行为的质量决定经验的质量，仅仅是行动往往是没有什么效果的，重复的浅表的行动难以生长经验，为了行动而行动甚至是有害的。因此，行动一方面必须充分地境脉化；另一方面，行动必须和学习特有的其他形式（表达、倾听、交换）联结在一起。[①] 亲历学习发生在真实的生活场景中，注重不断引发幼儿的兴趣，强化幼儿的行动目的，推进幼儿深度探究，促进幼儿完整性思维的建构，鼓励幼儿调动全身感官进行感知体验，因此，亲历学习中的行动具有目的性、具身性和完整性。亲历学习中尊重并欣赏幼儿的"自然"发展，即幼儿自发的行动，但也强调"社会"作用下的发展，即他者的参与。因此，在行动的过程中，还须有来自教师、同伴及家长等的支持，尤其是教师，是亲历学习中最为重要的他者，负有发现、陪伴、鼓励、引导等多种职责。幼儿在行动中的经验要通过各种方式表征表达，继而进行交流，倾听彼此，交换经验，经验在表征和交流的过程中会发生整合、重组，创造出新经验。

第三节　亲历学习的特质

儿童说："我是一个孩子，我有一双眼睛、一双手，我能说话，我更有一颗心。我有权玩耍、创造、想象，有权做鬼脸、翻跟斗、踩水塘，有权选择自己的朋友，有权说出自己内心的感受，也有权……"

所谓"儿童权利"是所有孩子都应该享有或可以实现的事。1989年联合

---

① ［法］安德烈·焦尔当.学习的本质[M].杭零,译.上海:华东师范大学出版社,2015:81.

国颁布的《儿童权利公约》(以下简称《公约》)确认儿童拥有基本的人权。《公约》中明确提出儿童享有的四大权利:"生存权""被保护权""发展权"和"参与权"。《公约》揭示了一个重要的理念:儿童是拥有完整自身权利的人,他们并非其父母的归属品,也不是任何决定的被动接受者。在18岁之前这一特殊且受保护的阶段,必须让儿童有尊严地成长、学习、玩耍、发展并成就自我。在《公约》的指引下,"倾听儿童的声音"成了全世界活动家和决策者广泛使用的强有力的口号。儿童作为"人"的权利、能力和需要被承认、被尊重,"自主的探究思考""充分的感知体验"及"自由的表达表现"被认为是幼儿寻求自身发展,渴望融入世界的本能、需要和权利在亲历学习中得到重视,同时也被认为是亲历学习的特质。

一、自主的探究思考

四月初的一天,孩子们带着豆豆和小铲子,到班级的种植地里种豆豆。在种豆豆的过程中,孩子们发现了土里有小虫子。宸宸说:"快来看呀,我的红豆豆旁边有只小虫子在爬。""这只虫子黑黑的,还有很多脚。"旁边的佳佳观察到了虫子的外形特征。听到有虫子,周围的小朋友纷纷围过来观看,胆子大的孩子伸手就要去抓那只虫子,不过没有成功,西瓜虫钻进土里,逃走了。"虫子看到我们这么多人,吓得逃跑啦!""这只虫子好像是西瓜虫,我在公园里也见过,妈妈告诉我它的名字的。""西瓜虫,真的好可爱。""西瓜虫是喜欢吃西瓜才叫西瓜虫的吗?"……

幼儿是天生的探究者,幼儿正是通过自发的探究,不断加深对这个世界的认识。苏霍姆林斯基指出:"儿童就其天性来讲,是富有探索精神的探索者,是世界的发现者。"[①]《苏菲的世界》的作者乔斯坦·贾德认为:"对于孩子而言,世上的种种事情都是新鲜而令人惊奇的,对于大人们则不然。大多数成人把这世界当成一种理所当然的存在。"[②]除了种植地里的西瓜虫,孩子们还会对草地上的蘑菇、山楂叶上的瓢虫、泥土里的蚯蚓、挂在遮阳棚上的冰凌、雨点打在芭蕉叶上的"嗒嗒"声等产生好奇。

"自主地探究思考"是幼儿的权利,也是幼儿的需要。在马斯洛的动机理论中,"基本需要的满足有一些直接的先决条件,包括在无损于他人的前提下

---

① [苏]B.A.苏霍姆林斯基.把整个心灵献给孩子[M].唐其慈,等译.天津:天津人民出版社,1981:32.

② [挪威]乔斯坦·贾德.苏菲的世界[M].萧宝森,译.北京:作家出版社,2007:19.

的言论自由、行动自由、表达自由、调查研究的自由、寻求信息的自由、防御自由以及集体中的正义、公平、诚实、秩序等。"①马斯洛还提出认识和理解的欲望是人的基本的认知需要。人在根本上有积极的、好奇的冲动,想要了解、理解生活的世界,并且这种了解和理解的需要在幼儿时期更为强烈。持相似观点的还有英国的迈·凯梅·普林格尔,她认为儿童有对于新体验的需要。"幼儿出生后完成的每一项任务也曾是一种新体验,例如学会随时移动四肢,或者把握、抓咬东西,以检查它们的材料、结构、味道以及形状。学会爬行、走路、跑步和爬高,都是新的体验,它们同时也为儿童的进一步探索开辟了一个更为广阔的天地。"②这里提及的新体验,以及其他许许多多尚未谈到的体验,为好动的正常儿童提供需要征服的新领域,使他们的生活成为一系列探究冒险。

探究发生的前提至少有两个,一是引起幼儿兴趣的环境,二是充分的自主活动时间。亲历课程重视环境资源的建设,我们从来没有停止过对环境资源的丰富、改造和更替,就是希望保持环境对幼儿的吸引力。为了让幼儿有充分的与环境交互的机会,我们在一日作息中设置大段自主游戏时间,幼儿在游戏中进行自发的探究;我们也设置了主题活动时间,幼儿在主题活动中参与教师有目的组织的探究。可以说,亲历学习就是一种探究性学习,是幼儿对其生活世界的探究,幼儿就在不断地生活探究中成长。

探究是一个问问题、设计假设、寻找答案的过程。按照杜威所说,探究是对任何一种信念或假设的知识进行的积极、持续、审慎的思考,而支持这种信念或知识的证据,以及这种信念或知识可能得出的进一步结果,便是这种思考的根据。亲历学习可以视作是幼儿对感兴趣的事物和现象的探究之旅,幼儿的探究起源于或围绕着一个使他们"好奇"的问题、情境或材料;要经历一个基本过程(发现问题—假设—验证假设—得出结论—表达与交流),运用一些一般的方法(观察、调查、实验、测量、资料分析等),开展一些基本的推理(归纳与概括、比较与分类、分析与综合等),尽管这些过程、方法与推理的细节、水平和程度有许多不同;要运用他们已经掌握的关于这个世界的经验,在观察的基础上对观察到的现象产生的原因作出解释,开展探究,并在探究过程中建立起新的理解,从而深化和增长自身的认知经验。

---

① [美]亚伯拉罕·马斯洛.动机与人格[M].许金声,等译.3版.北京:中国人民大学出版社,2012:30.

② [英]迈·凯梅·普林格尔.儿童的需要[M].禹春云,等译.北京:春秋出版社,1989:33.

孩子们在南瓜种植地里又有了新发现,南瓜茎上长了很多小尾巴,这些小尾巴是什么?教师知道这是南瓜须,也叫南瓜蔓,南瓜是藤蔓植物。教师认为直接说出这样一个名词,孩子不一定会理解,应该让他们自己发现南瓜须的作用。教师注意到了种植地里不止南瓜一种藤蔓植物,于是建议找一找种植地里有没有植物和南瓜一样也长着小尾巴。孩子们很快找到了中四班的黄瓜和大一班的葫芦也有小尾巴,黄瓜和葫芦已经搭架爬藤了。教师引导孩子观察并思考:"这些小尾巴有什么用?如果没有这些小尾巴会怎么样?"孩子们发现黄瓜和葫芦的小尾巴弯弯绕绕的,像电话线一样一圈一圈缠在竹竿上或者藤上。汐汐说:"我感觉像黄瓜的手,帮助黄瓜爬到架子上的。""葫芦的也是,那些小尾巴都绕在绳子上,如果没有小尾巴,葫芦藤会掉下来的。"博闻也说。孩子把"须"形容成"手"更加生动形象。几天后,南瓜的小尾巴紧紧地缠着草,也成了像葫芦须一样的"手"。对"须"的探究让孩子们知道了一个新名字"藤蔓植物",通过对南瓜、黄瓜和葫芦的进一步观察,孩子们总结藤蔓植物的茎是长长的、软软的、会爬的。他们联想到以前种过的丝瓜和扁豆,还找到了幼儿园里的其他藤蔓植物,如紫藤、葡萄和爬山虎等,并记录了它们的"手"。

案例选自《行动中的儿童》(南瓜的小尾巴)[1]

在"南瓜的小尾巴"这个故事片段中,孩子们进行了卓有成效的探究活动,他们对南瓜藤蔓产生了兴趣,通过对比发现不同植物藤蔓的形态特征,在观察与推理中了解藤蔓的作用,增长了关于藤蔓的经验。教师引导幼儿利用幼儿园内的种植资源做调查,启发幼儿对同类植物进行观察并推理、帮助总结共性特点,推动藤蔓植物这一新经验的巩固和提升。很显然,教师在幼儿的探究中起着重要的"推波助澜"的作用,教师在不断引导幼儿思考。事实上,幼儿的探究不管是自发的还是教师组织的,在其探究过程中都需要教师的支持来提高探究质量。杜威在《我们如何思维》一书中提道:好奇心最先表现为一种生命力的外流,一种丰富的有机体能的表露。随便注意一下一个婴儿的动静,就会看到他在不停地试探和摸索。他会吸吮、触摸和碰击各种物品,这样的活动很难说是智力活动,然而倘如没有这些活动,智力活动就会缺乏材料而变得苍白无力。在社会刺激因素的影响下,好奇心会发展到一个较高的阶段。当一个孩子不再能够从亲身接触物品而获得有趣感受,可是懂得了他可以通过问别人而扩充自己的体会容量时,他就会求别人给他提供他感

---

[1] 赵春霞.行动中的儿童[M].南京:南京师范大学出版社,2023:170.

兴趣的材料,此时一个新纪元就开始了。好奇心上升到体能层面和社会层面之上,就到了智力层面,此时是在观察事物和积累材料的基础上发现了问题,而加以思索。当问过别人后问题仍未解决,幼儿仍然将问题留在自己脑子里继续思索,想方设法寻求答案时,好奇心就上升到智力层面,成为推进思维的积极力量。也就是说,幼儿在认知世界的过程中不仅仅是经验的量的增加,更重要的是产生了质的差异,教师的作用就是使幼儿的经验有智慧的要素,从量的增加到质的变化。

我们可以这样认为,幼儿有意义的探究不仅需要成人提供时间、空间和资源,还需要成人与其进行互动,引其思考,助其在不断探究、不断思考中将好奇转化为有意义的经验。

二、充分的感知体验

在中国传统文化中,体验指的是"知行合一"。早在先秦时代,荀子就说:"不闻不若闻之,闻之不若见之,见之不若知之,知之不若行之。学至于行之而止矣。"① 南宋时期的朱熹也说:"知行常相须,如目无足不行,足无目不见。"② 明代大儒王阳明明确提出了知行合一,他说:"夫学、问、思、辨、行,皆所以为学,未有学而不行者也。"③

西方认为体验一词是从拉丁文"experior"得来,意为去证明(to prove)或是去验证(to test),一般指从感觉而非推理获得信息。④ 也有认为该词的词源是德文的"erleben",本意为"仍然活着"或"仍有生命",通常指"亲身体验过的或正在经历的、不再消失的永久性内容"。⑤ 在英文中,"experience"既具有动词的"去经历,亲自去做"的属性,也具有"经历后的结果、经验"等名词的内涵。

从中西方的体验概念来看,都含有"经历、经验、体悟"的基本内涵。但若从不同的领域去解读,体验还会有不同的意义。

哲学中的体验是"主体通过自身直接的活动认识和把握客体,并把对客

---

① 荀子[M].方勇,李波,译注.北京:中华书局,2015:109.
② 丁为祥.宋明理学的三种知行观——对理学思想谱系的一种逆向把握[J].学术月刊,2019(3):9.
③ 董平.王阳明哲学的实践本质——以"知行合一"为中心[J].烟台大学学报(哲学社会科学版),2013(1):16.
④ 左群英.体验教育论[M].北京:人民出版社,2023:40.
⑤ 朱小蔓.情感教育论纲[M].北京:人民出版社,2007:146.

体的认识纳入主体的身心之中,通过主体的内心体察而内化为主体体认、把握自身存在和外部世界的一种认识方式"①。体验是把握生命意义的一种方式,是一种精神认识的方法和一个体悟生命过程的历程。狄尔泰认为生命的起点和终点永远根植于我们对生命的意识和体验之中,即"生命在这里把握生命"②。海德格尔认为体验作为认知方式是一种"领会",体验是对存在的领会,离开了领会,存在是不可思议的。③

  心理学中的体验是一种特殊的心理认知与情感融入的活动与过程。它既由感受、理解、联想、情感和体悟等心理要素构成,又是建立在对事物真切感觉、知觉和理解等基础之上,对事物产生情感并且产生意义的过程。马斯洛在自我实现理论中提出的"高峰体验"充分展示了体验的心理活动特点,"这种体验可能是瞬间压倒一切的敬畏情绪,也可能是转眼即逝的极度强烈的幸福感,甚至是欣喜若狂、如痴如醉、欢乐至极的感觉……最重要的一点也许是,他们都声称在这类体验中感到自己窥见终极真理、事实的本质和生活的奥秘"④。这应该是一种极致的身心合一的认知感受,按马斯洛的说法,经历了"高峰体验"的人正是那些具有自我实现特征的人。

  体验也常常被用于审美领域。美感的获得通常是经由体验实现的。我国著名美学家、教育家朱光潜曾说:"美并不是天上掉下来的;一半在物,一半在你。"意思是"美不完全在外物,也不完全在人心,它是心物婚媾后所产生的婴儿"。⑤"心物婚媾"就是从外到内、从内到外的体验。或许也是阿恩海姆所认为的直觉与思维的整合,他认为"视觉形象永远不是对于感性材料的机械复制,而是对现实的一种创造性把握,它把握到的形象是含有丰富的想象性、创造性、敏锐性的美的形象"⑥。而到了杜威这里,艺术就是经验,经验就是体验。杜威认为艺术的意义是"在拥有所经验到的对象时直接呈现自身",他致力于恢复审美经验与日常生活之间的连续性,对于他来说,只要经验获得完满发展,就是具有审美性质的经验。他写道:"审美的敌人既不是实践,也不是理智。它们是单调、目的不明而导致的懈怠,屈从于实践和理智行为

---

① 庄穆.体验的认识功能初探[J].福建学刊,1994(6).
② 李红宇.狄尔泰的体验概念[J].史学理论研究,2001(1):80-89.
③ [德]马丁·海德格尔.存在与时间[M].陈嘉映,等译.北京:商务印书馆,2020:203.
④ [美]亚伯拉罕·马斯洛.需要与成长:存在心理学探索[M].张晓玲,等译.3版.重庆:重庆出版社,2018:107.
⑤ 朱光潜.谈美书简[M].北京:作家出版社,2018:50.
⑥ [美]鲁道夫·阿恩海姆.艺术与视知觉[M].滕守尧,译.成都:四川人民出版社,2019:4.

中的惯例。"①因此,具有整一性、丰富性、积累性和最后的圆满性的经验,就具有了审美的特质。如此看来,审美体验是一种最高层次体验,是超越一般经验和认识的情与境在心中交融的过程。

幼儿是一个生活着并成长着的体验者,幼儿以体验的方式触摸整个世界并以体验来整体把握这个世界。体验成为幼儿存在的本质和表现形式,幼儿通过体验来主导自己作为主体去主动"适应、调整、转化"而获得更好的适应和发展。幼儿体验的过程就是自我意识形成与发展的过程。因此,幼儿即他们自己,是一种主体体验性的能动的存在。该表述表明儿童观的几个方面:① 儿童是"体验者",即本体存在的人;② 儿童是"体验者",而不是其他"者",即儿童是认识与反省、感悟与理解活动中的人;③ 体验表明了活动及活动的过程,是动态的,儿童不是静止的存在,而是处于变化过程中的动态存在;④ 体验既是过程也预示着结果,儿童是体验者,儿童在体验中获得发展,儿童成长的方向从体验中获得并指示着体验过程;⑤ 体验总是与人的情绪情感等内心感受相联系,因而,儿童成为体验者不仅会使其获得身体力行的认知感受,还会获得心理感悟和精神成长。②

对于幼儿来说,体验就是生活。幼儿的生活世界里充满了情感、希望、想象、梦幻、冥思、灵异、欢乐、痛苦等,这是幼儿在生活中的体验感受,是生活展开的内涵,这些感受就是生命流动的表露,生命表现为在生活世界中的体验。幼儿只有通过体验才能真正融入生活世界,且只有通过对完整生活的体验才能充盈生命,成长为完整的人。因此,亲历学习中的教师以自然流淌的生活为源泉,利用生活世界中的各种环境资源和教育契机让幼儿进行情感体验、自然体验、审美体验、交往体验、劳动体验和节日体验等来不断丰富他们的生活经历,让幼儿完成自己的成长编码,丰富自己的生命特性。

对于幼儿来说,体验也是游戏。游戏是幼儿的本能活动,是幼儿的基本活动。福禄贝尔认为,游戏是幼儿内在活动本能的自发表现,是幼儿内部需要和冲动的表现,是幼儿内心世界的反映,也是幼儿精神、情绪和身体能量发展的重要途径。因此,福禄贝尔如此呼吁:"母亲啊,鼓励和支持儿童的游戏!父亲啊,保护和指导儿童的游戏!"③亲历学习中的幼儿通过游戏感知材料特性、体验社会角色、交往合作,体验困难、挫折、成功、满足,体验坚持、努力、勇

---

① [美]约翰·杜威.艺术即经验[M].高建平,译.北京:商务印书馆,2010:40.
② 伍香平.儿童体验论[M].杭州:浙江大学出版社,2021:47.
③ [德]福禄贝尔.人的教育[M].孙祖复,译.北京:人民教育出版社,1991:67.

敢、创造;也通过游戏体验社会生活中人与人、人与环境、人与未来之间的关系;通过游戏体验发现自我,建构起自己的经验世界,并体验到自己的意愿、情感、智慧和能量,从而提升自我。

正因为幼儿体验的方式是生活和游戏,因此幼儿的体验具有过程性,也具有具身性。幼儿主要是用身体来感知世界,用身体来思考,用身体的舒适程度来指挥身体的动作。幼儿还用身体来交往,用身体表达自己的情感和需要,身体就是幼儿存在的实体和形式。正如梅洛-庞蒂在阐述儿童心理发生的过程时所说:"身体对于儿童来说就是我,我就是身体,通过身体去感知世界并与世界进行联系。"①卢梭也说:"我存在着,我有感官,我通过这些感官获得对事物的印象。这个真理深深刻在我的心底,我不得不接受它。"②这就意味着幼儿的体验是全身心投入生活和游戏中,通过运用身体各种感官不断与环境中的各种事物进行交互反应,是身体、心灵与大脑的对话。

亲历是幼儿的直接性体验行为,因此我们尤为重视幼儿的体验。为了保障幼儿的体验权利,教师首先要充分认识幼儿的体验主体身份,尊重幼儿的体验想法、体验行动、体验感悟,让幼儿的身心在地,切不可将成人的认知灌输给幼儿,将成人的感受加注予幼儿。教师还应该在时间、空间、场域等方面加以重视,以促进幼儿的体验。这意味着幼儿要有充分的自由、自主的时间和空间,理论上幼儿生活的每时每刻都是在体验。我们从体验教育的角度考虑,将幼儿园的一日生活划分为不同类型的体验活动内容,比如生活劳动体验、游戏操作体验、主题探究体验、自然审美体验、传统文化体验等,设置适宜的体验时间,提供相应的体验场景。为了丰富幼儿的体验,我们还注重对体验环境与资源加以设计,充分利用园内与园外、自然与社会中一切幼儿感兴趣的内容材料,让他们的体验多姿多彩。

三、自由的表达表现

《公约》第12、13条指出:儿童有权对影响到自己的事情自由发表意见。大人应当认真听取、重视并思考儿童的意见。儿童也有权通过讲话、画画、写作或者其他方式自由地与其他人分享自己获取的信息、自己的想法和感受,除非这样会伤害到他人。这再次提醒我们,幼儿是一个独立的、完整的个体,有自己的思想、意见、愿望和感受,需要被看见、被倾听、被尊重、被肯定。

---

① 朱姝.基于梅洛-庞蒂具身现象学的儿童心理发生研究[D].吉林:吉林大学,2015.
② [法]让-雅克·卢梭.爱弥儿[M].叶红婷,译.北京:台海出版社,2016:450.

自由的表达表现是幼儿实现内在成长的需要。我国一些学者认为,发展需要指幼儿为了获得主体自觉性推动主体发展的需要。这一需要包括直接需要和间接需要两个方面。直接需要是指发展需要这一过程,间接需要是指通过这一过程所达到的结果。发展需要的各个层次都包括自我认同和他人认同两方面,自我认同就是自我实现,而他人认同主要就是指社会认同。两者的认同都是对幼儿需要的一种很大的强化,两者一致的认同是对幼儿发展最有利的环境。幼儿通过各种方式来表达或表现自己对事物的认识、自己的情绪态度与内在思考,这既是自我认同的发展需要,同时也是与他人交流,获得他人认同的发展需要。

我们将幼儿在亲历学习中的表达表现理解为表征自己经验的行为,鼓励幼儿使用图像、符号等记录、交流在活动过程中的发现、问题、想法等,以幼儿的视角、幼儿的方式呈现活动轨迹。这与学前心理学范畴内对"幼儿表征"的理解一致:"幼儿的表征是指幼儿使用大量的图像和符号来表达幼儿自己的记忆、想法、设想和感受,并运用这些图像和符号来与他人进行交流。"[①]对于幼儿而言,幼儿在对自己所做的事情的表达中看到自己的行为,并了解教师从他们所做的事情中发现的意义,感受到他们的想法被赋予价值,感受到成人把他们看作重要且独特的个人。因此,他们会意识到他们是真实"存在"的,看到他们说的和做的都是重要的,他们的声音会被听到,他们的行为会被看到,他们的作品会被欣赏。这是非常重要的价值体验。为了充分沟通并获得认同,他们的图像或符号必须能让其他人理解,因此他们会通过同伴学习、群体学习等不断修正、改进自己的作品,同时也会对想法进行筛选,去除那些过度的、不必要的或容易被误解的想法。这是一个可贵的主动学习的过程。幼儿表达表现的过程也是一个创造性的过程,当幼儿把他们脑海里的影像呈现出来时,也是在建构符号和多样性的编码体系。从一种语言转换到另一种语言,从一种经验转换到另一种经验,反思这些转换以及其他一些转换,幼儿就能调整和丰富他们自己的理论和概念体系,从而在思想和客体间建立新的连接,带来创新和变化。这是一个令人惊叹的创造的过程。

认知心理学表明:"表征系统是个有组织的系统,它将外部世界纳入个人观念中来,每个人的表征系统都在反映他的各种思维过程。"[②]作为对痕迹的

[①] 陈帼眉.学前心理学[M].2版.北京:人民教育出版社,2015:188-202.
[②] 经济合作与发展组织.理解脑——新的学习科学的诞生[M].周加仙,等译.北京:教育科学出版社,2014:28.

建构,幼儿的表达表现见证了幼儿已经走过的学习路径和过程。这提醒我们,关注幼儿的表达表现也是教师更好认识并支持幼儿发展的主要途径。作为教师,我们需要不断问自己:我们如何帮助幼儿体会到自己所做的、所遇到的和所体验到的经验的意义?亲历课程中的幼儿定位是有能力的、积极主动的学习者形象,幼儿成为环境主体、生活主体、课程主体及游戏主体,他们通过自由的表达表现呈现作为探究主体对生活世界的认知,这是充满哲学意味的儿童智慧。此外,每个幼儿都在表达自己对事物独特的认识和理解,即使是同一项探索和研究,每个幼儿的表达表现也是不同的。教师通过观察,解释幼儿的作品、行为及思想建构的逻辑,清晰、客观地认识幼儿,了解并尊重幼儿个体的差异性,理解他们获得知识经验的过程与步骤。表征让教师看见幼儿学习过程的特性和他们所使用的策略,这能帮助教师掌握与他们相处和交流的艺术,提供适宜的支持策略;也有助于教师反思学习是如何进行的,从而将教学建立在幼儿的基础上,而不是建立在教师想要教什么上。

幼儿有多种表征经验的形式,因此有"儿童的一百种语言"[①]之说。我们为幼儿创设利于自由表征的环境:第一是心理环境。教师与幼儿的关系是表征实施的关键因素,只有欣赏幼儿,才能为幼儿营造自由、自主的表征空间,高控状态下的幼儿很少有机会表达自己的问题、想法、观点、发现、创造等。第二是物质环境。我们在幼儿的活动空间中投放丰富的表征材料,方便他们以自己喜欢的、擅长的方式进行表征。比如在探究南瓜的课程中,有的幼儿会在玩沙画时去表现南瓜的生长形态,有的会用水墨画材画南瓜,有的用黏土等材料制作立体南瓜,也有幼儿用旧手机录下自己创编的南瓜种植故事,还有幼儿用音乐区的乐器自创南瓜歌。

我们珍视幼儿一切自由自主的表达表现,并引导幼儿进行更具多元发展意义的表征活动。

一是让幼儿成为艺术创造者。艺术是幼儿感性地把握世界的一种方式,是表达对世界认识的一种"语言"。幼儿将对世界万事万物的体验、感悟以绘画、雕塑、搭建、说唱、表演等形式进行的表达表现可以归纳为艺术创造类表征。幼儿进行艺术表征可以通过集体形式,由教师组织实施,比如艺术欣赏活动;也可以通过个别形式,在区域中自主进行,比如在建构区用积木等搭建,在表演区自导自演,在美工区绘画、做手工等。通过这类表征活动,教师

---

① [美]卡洛琳·爱德华兹,等. 儿童的一百种语言:转型时期的瑞吉欧·艾米利亚经验[M]. 尹坚勤,等译. 3版. 南京:南京师范大学出版社,2014.

可以更立体地理解幼儿的审美经验,创设更为丰富自由的艺术环境。

二是让幼儿成为科学探究者。记录是探究活动中的一个重要环节,是幼儿用图画、符号等独特的语言,记录自己探索和发现的过程,为幼儿依据事实进行思考和得出解释提供了有力的支持,可以促使幼儿更细致地观察,更认真地思考,更充分地交流。探究记录类表征有图画、符号、表格、简单的文字、数字、照片等多种直观形象的方式,广泛运用于主题、游戏探究过程中记录表征问题、观察发现、思考猜测、操作验证、结论等关键经验,也常用于记录表征动植物的生长变化等。通过这类表征活动,教师可以更清晰地发现幼儿的探究兴趣,引导幼儿形成明确的探究任务,为幼儿提供适宜的探究支持。

三是让幼儿成为文化创造者。规则是一种社会生活文化符号。幼儿的在园活动也是一种社会生活,也需要各种规则。规则不是教师制订的管控要求,而是教师与幼儿在生活中发现问题、共同解决问题的过程产物。教师引导幼儿参与规则的讨论与制订,幼儿通过图画和语言将自己的想法表征出来,与同伴进行交流、讨论、筛选,最终形成共同认可的规则,比如"班级公约""午餐公约""游戏规则""值日生规则"等,这些由自己参与约定而形成的规则最终才会内化成幼儿自己的行为规则。通过这类表征活动,教师可以更完整地了解幼儿的社会认知,引导幼儿存异求同。

四是让幼儿成为行动主导者。计划是行动的先导,是幼儿对活动结果和过程的预期和安排。由幼儿制订计划可以使他们发现,自己可以做出决定,并能根据自己的决定来行动。有了明确的计划,幼儿能随时评判行动进程,及时指导自己进行调节以完成预定的目标和内容。行动计划包括很多内容,与幼儿活动相关的有游戏计划、节日活动筹备计划、购物计划、出游计划、周末居家计划、访问计划、种植计划等。通过这类表征活动,教师可以更加直观地看见幼儿的愿望,实施教育活动时能真正从幼儿的需要出发。

五是让幼儿成为生活体验者。对于幼儿来说,回忆过去在他们的绘画表达内容中占有重要位置。幼儿常用绘画语言记录自己印象深刻的经历、表达自己的情绪和情感。绘画日记是最典型的生活记录类表征。在放学前的固定时段,幼儿通过图画、符号和语言记录一天中的某个片段、某个事件及自己在园的心情,这些记录帮助幼儿复盘一天的在园生活,让幼儿认识并表达自己的感受与情绪,尤其为性格内向、不善用语言表达的幼儿提供表达通道,也帮助教师去更好地发现、理解每个独特的个体。通过这类表征活动,教师可以更自然地走近幼儿的内心世界,回应幼儿的心理需要。

童年的秘密就在幼儿的表达表现中,解密的钥匙也在幼儿的表达表现中。不信？那就一起来读一读这首诗。

《不，就是一百种》[①]

罗里斯·马拉古奇

儿童

由一百种组成。

儿童有

一百种语言，

一百只手，

一百种思想，

一百种思维方式、

游戏方式、说话方式。

一百种，一百种方式

聆听、惊喜和热爱，

一百种喜悦

去歌唱和理解，

一百个世界

去探索，

一百个世界

去创造，

一百个世界

去梦想。

儿童有

一百种语言

（一百又一百），

但有人偷走了九十九种。

就是学校和文化

把他们身心分离。

他们告诉儿童：

不动手而思考，

[①] [美]卡洛琳·爱德华兹,等.儿童的一百种语言:转型时期的瑞吉欧·艾米利亚经验[M].尹坚勤,等译.3版.南京:南京师范大学出版社,2014.

不动脑而行动，
只听不说，
理解了也毫无乐趣，
喜爱与惊奇
只属于复活节和圣诞节。
他们告诉儿童：
在已知的世界里探索。
一百种中，
他们偷走了九十九种。
他们告诉儿童：
学习与玩耍，
现实与幻想，
科学与空想，
天空与大地，
理智与梦想，
都是
水火不容的。

因此他们告诉儿童
没有一百种。
儿童说：
不，就是一百种。

第三章　亲历课程的整体架构

第一节　亲历课程的定义

一、对课程的理解

关于课程,据不完全统计,迄今为止在人类历史上有百余种对课程的定义,在众多对课程的界定中,进步主义教育的代表人物——杜威的观点对我们影响较大。杜威认为:"所谓课程,就是把知识灌注在儿童的生命里,转换成操纵儿童生活和成长的动力,或者叫做寻找儿童从现在走向未来成熟的阶梯。"[①]在杜威看来,儿童和儿童的生长发展是课程的目的。课程应在儿童已有经验的基础上,寻找新的生长点,让儿童在经验中,在情绪、情感的体验中,在手脑并用的活动中,在主动参与中,获得与已有经验相互联系着的新经验,从而实现经验的深化与扩展,亦即实现生长和发展。杜威的课程观与亲历学习内涵如此契合,也让亲历课程定位于幼儿获得各种有益经验的过程,致力于在幼儿的已有经验和新经验之间架设促进幼儿主动建构的动态通道。

张雪门认为:课程是经验,是人类的经验,用最经济的手段,按有组织的调制,用各种的方法,以引起孩子的反应和活动。幼儿园的课程是什么?就是给三足岁到六足岁的孩子所能够做而且喜欢做的经验的预备。张雪门的"行为课程"与我们的亲历学习强调了同一个核心观点,即幼儿在行动中学习。

陈鹤琴的"活教育"同样也强调行动,注重于大自然、大社会,以实际生活为出发点,观察事物,调查情况,从事实验,通过这许多活动的课程——"做"的课程,幼儿获得实际的知识、真实的经验。

南京师范大学虞永平教授认为:幼儿园课程一定是与幼儿操作、探究、交往、感受等行动联系在一起的,是与幼儿的现实生活联系在一起的,幼儿是在

---

① 蒋雅俊.杜威《儿童与课程》研究[M].福州:福建人民出版社,2017:95.

生活中,尤其是在行动中学习的。课程是一个引领幼儿经验的体系,是一系列鼓励幼儿做事的机会,是一个幼儿与教师和同伴真实的生活过程,是一个幼儿不断生发兴趣并满足兴趣的过程,是一个教师和幼儿不断协商、交流和共同活动的过程。概括而言,课程就是做事,做符合幼儿需要、适合幼儿天性的事,做幼儿力所能及、能感受挑战的事,做幼儿能感受到趣味、有思维参与的事。这也是我们所追求的课程实施的理想样态。

二、对亲历课程的定义

在亲历课程建设初期,我们对它的价值定义并不清晰,只是认为这是一种特别符合幼儿认知特点的学习方式,幼儿在这样的课程中自由、自主、创造、愉悦。提出"亲历",是想以此来改变教师本位的课程样态,彰显幼儿的主体地位,表明幼儿的学习方式,提醒教师尊重幼儿的学习特点,以儿童为中心。随着研究实践的深入,我们又对亲历学习的意义产生了思考:亲历的结果是什么?幼儿每时每刻似乎都在亲历,这些亲历是否就是我们想要追求的亲历?带着问题,我们对亲历及亲历学习的内涵进行再研究,也梳理了亲历学习的逻辑与特质。我们关注到经验,经验既是亲历的过程也是亲历的结果,幼儿通过亲历行动不断丰富有益经验,这些经验如同养分滋养生命,让幼儿不断成长;行动的质量决定经验的质量,经验的质量决定成长的质量,我们也意识到真正有助于幼儿成长的课程不仅应该尊重幼儿的主体地位,而且要重视教师的主导作用。在对"行动""经验""成长"这三者关系深入思考的过程中,我们越来越清晰地意识到亲历课程要追求幼儿生命成长的完整性,这不是口号,而是我们正在为之积极探索、努力实现的理想课程。

基于以上种种,我们认为:亲历课程是通过创设、利用环境资源丰富幼儿的生活世界,通过追随幼儿与生活世界中资源环境的交互反应生成活动,通过支持幼儿的主动探究、亲身体验和积极表征建构经验,通过导引幼儿的亲历过程促进有益经验不断生长,实现幼儿生命完整成长的教育活动的总和。

第二节 亲历课程的依据

在介绍亲历课程时,我们常常被问到它的独创性是什么,甚至拿一些名字相似的幼儿园课程来作比较,让我们阐释不同。说实话,我们并没有在此方面进行深入思考与准备。我们收集了国内外比较有影响的课程文本进行学习,发现广受推崇的课程其实理念大同小异,差异在于实践形态。这个发现让我们意识到课程改革最重要的是"找准方向、找对理论、找好方法、立足自身",要常常去思考"为谁培养人,培养什么人和怎样培养人"这个教育的根本问题,找到适合自己的教育方法,不能为了追求所谓特色、所谓独创而进行课程改革,那样的课程改革很有可能会误入歧途。

一、来自国家政策、文件的指引

方向在哪里?我们学习党的十八大、十九大、二十大报告:从十八大到二十大,党始终把教育放在优先发展的位置;始终推进教育改革,发展素质教育,建设高质量教育体系;始终坚持立德树人根本任务,培养德智体美劳全面发展的社会主义建设者和接班人。二十大报告中明确提出了加快构建新发展格局,着力推动高质量发展的基本思想与方法:必须坚持人民至上,必须坚持自信自立,必须坚持守正创新,必须坚持问题导向,必须坚持系统观念,必须坚持胸怀天下。这六个必须也是我们进行幼儿园课程改革的基本思想和方法。我们登录中华人民共和国教育部门户网站,浏览所有与幼儿教育有关的文件,学习《国家中长期教育改革和发展规划纲要(2010—2020年)》《"十四五"学前教育发展提升行动计划》《中国儿童发展纲要(2021—2030年)》《教育部、国家发展改革委、财政部关于实施新时代基础教育扩优提质行动计划的意见》等政策性文件,其中《"十四五"学前教育发展提升行动计划》提出的一项基本原则是:"推进科学保教。坚持以幼儿为本,遵循幼儿学习特点和身心发展规律。坚持以游戏为基本活动,保教结合,因材施教,促进每名幼儿富有个性的发展。推动幼儿园和小学科学衔接,为幼儿后继学习和终身发展奠定基础。"《中国儿童发展纲要(2021—2030年)》提出的基本原则更加重视对儿童应有权利和需要的关照,比如"坚持对儿童发展的优先保障、坚持促进儿童全面发展、坚持保障儿童平等发展、坚持鼓励儿童参与"。《教育部、国家发展改革委、财政部关于实施新时代基础教育扩优提质行动计划的意见》将提升保育教育质量列为重大行动,指出要"深化幼儿园教育改革,坚持问题导向,改进保育教育实践,促进高质量师幼互动,引导带动每所幼儿园不断提高保育教育质量"。这些文件精神让我们更加认识到幼儿园课程改革的迫切性、科学性和时代性。

我们重点研读《规程》《纲要》《幼儿园管理条例》《指南》《幼儿园保育教育质量评估指南》(以下简称《评估指南》)等,这些指导性文件无不强调贯彻党的教育方针:以幼儿为本,遵循幼儿学习特点和身心发展规律,以游戏为基本活动,注重幼儿发展的整体性和连续性,保教结合、因材施教,促进幼儿身心和谐发展,为幼儿后续学习和终身发展奠定良好素质基础,其中"以幼儿为本"是核心理念。

在我国,以幼儿为本的价值取向和理念自2001年《纲要》颁布以来,越来越清晰。第一,以幼儿为本就是要承认幼儿学习的主体性和主动性。《纲要》指出:"幼儿园的教育活动,是教师以多种形式有目的、有计划地引导幼儿生动、活泼、主动活动的教育过程。"2022年颁布的《评估指南》直接明确:"相信每一个幼儿都是积极主动、有能力的学习者。"第二,以幼儿为本就是要尊重幼儿的学习兴趣和发展需要。2016年颁布的《规程》指出:"教育活动内容应当根据幼儿的实际水平和兴趣确定。"《纲要》则提出:"善于发现幼儿感兴趣的事物、游戏和偶发事件中所隐含的教育价值,把握时机,积极引导。"第三,以幼儿为本就是要理解幼儿身心发展的规律和学习特点。2012年颁布的《指南》指明了幼儿学习与发展的具体方向,并强调要理解幼儿的学习是以直接经验为基础,在游戏和日常生活中进行的;幼儿的经验是通过直接感知、实际操作和亲身体验来获取的。

对报告和文件的学习让我们更加坚定亲历课程的建设与实践方向:要努力站在最有利于幼儿生命成长的立场上,承认幼儿学习的主体性和主动性,尊重幼儿的学习兴趣和发展需要,理解幼儿身心发展的规律和学习特点,关注幼儿学习与发展的整体性,培养身心和谐发展的社会主义建设者和接班人。

二、来自教育理论的激发

在亲历课程理论建构与实践的过程中,我们搜集、阅读大量相关书籍,很多观点和理论都给予我们灵感,其中影响较大的有以下这些。

(一)杜威的教育思想

1. 教育即生活

杜威提出:"教育是生活的必须。"教育是一种培养人的社会活动,是一种特殊的生活方式,从一开始就源于生活,在生活中发展,并以促进生活水平的提高为目标。杜威的"教育即生活"认为教育必须依赖于生活并改善现实生活,通过教育来使儿童获得更好的发展,具备构建美好生活的知识和能力。杜威还提出"学校即社会"。他在《我的教育信条》中论述"什么是学校"时指出:学校主要是一种社会组织。教育既然是一种社会过程,学校便是社会生活的一种形式。儿童学习的过程实际就是他的生活过程,教育要以儿童为中心,以儿童的生活经验为内容,在他看来,最好的教育就是从生活中学习,从做中学。

"教育即生活"的观点更加坚定了亲历课程的生活化方向,为亲历课程的内容选择与判断提供了依据:课程内容要与幼儿真实生活紧密结合,让幼儿在活动中,在学校生活中得到满足和乐趣;也影响了亲历课程的价值定位:幼儿园课程成为幼儿生活和社会生活的契合点,从而使教育既合乎儿童需要亦合乎社会需要,有益于儿童发展和社会改造。

2. 教育即生长

杜威提出"生长"是生物的根本特征。"生长"是人生的目的,因而也是教育的目的。"教育即生长"要求在教育中要考虑儿童的本能或先天的能力;要发展儿童应付新情境的首创精神;要"尊重儿童时期","尊重生长的需要和时机"。"学校教育的价值,它的标准,就看它创造继续生长的愿望到什么程度;看它实现这种愿望提供方法到什么程度。"这就是说,教育的中心任务就在于促进儿童的生长,一切都从儿童的需要出发,以促进儿童的生长为重心。

"教育即生长"提示我们在亲历课程实施的过程中,要关注并满足幼儿的生长需要,在生长的每个阶段,都以提高幼儿的生长能力为目的;要理解幼儿的生长和发展依赖经验的扩充与扩展,生长的过程就是有机体生命活动的过程;要注重幼儿内在的生长能力展开的过程,要"让儿童的本性实现它自己的使命"。

3. 教育即经验改造

杜威认为,"成长的理想形成了这样的概念:教育是经验继续不断地重组和再造。教育随时都有立即的目标,只要行为是有教育功用的,就是达到了立即的目标即直接转变经验的性质"①。就是说经验是动态性的,教育发生在过程中、生活中、行动中。幼儿的生长就表现为经验的生长,亲历本身就是经验的动态形式,亲历过程就是幼儿经验生长的过程,也是幼儿学习的途径与方式,同时也提醒我们要关注幼儿的一日生活,观察幼儿的言行举止,了解幼儿的兴趣和需要,捕捉教育契机。

"教育就是经验的改造或改组。这种改造或改组,既能增加经验的意义,

---

① [美]约翰·杜威.民主主义与教育[M].魏莉,译.武汉:长江文艺出版社,2018:69.

又能提高后来经验生长的能力。"①杜威认为经验是一个不断前进、不断变化的过程。经验的意义增加也表明了无意行动与有意行为之间的关系与连续性。这提示我们在课程实施时要了解幼儿的已有经验,同时要不断寻找新的生长点,从发展视角转换幼儿行为,让幼儿获得与已有经验相互联系的新经验,从而实现经验的深化和扩展,亦即实现生长和发展。因此,亲历课程是一种依据幼儿的兴趣和需要生成和生长的课程。

(二)具身认知理论

从哲学的立场来看,Gallese(2005)借用了 Merleau-Ponty 的话表达了自己对"具身"一词的理解,"我们说因为身体具有'行为模式',所以身体是一种奇特的对象,它使用自身的某些部分作为世界的通用符号系统,借此我们可以寓居于整个世界上,'理解'这个世界并且发现其中的意义"②。从认知科学的立场来看,Varela(1991)曾对具身认知有过最具统摄性的定义,"使用具身这个词,我们在意突出两点:第一,认知依赖于经验的种类,这些经验来自具有各种感知运动的身体;第二,这些个体的感知运动能力自身嵌入在一个更广泛的生物、心理于文化的情境之中"。即心智嵌入身体,身体嵌入情境与社会。具身认知强调认知主体的身体对认知活动的影响。同时,它也更加注重认知主体所处的实时环境对认知活动的影响,并将认知主体所处的环境视为认知系统的一部分。

具身认知理论佐证了亲历学习的特点,即亲历学习是身体、心灵与大脑的对话;具身认知理论也帮助我们更好地理解《指南》所强调的幼儿的认知方式和特点;重视环境的作用,将建设环境资源,丰富幼儿的生活世界、学习环境作为课程建设的重要基础;认识到"我"是具身化的存在。自我产生于一个不断进行着的过程中,同时身体的自我觉知区分了自我感和非我感。这表明"我"在认知上的个别性、独特性,亲历课程尊重幼儿的个体差异,在课程的组织和实施上充分考虑了幼儿的个体化发展需要。

(三)建构主义理论

1. 认知建构主义

对亲历课程而言,皮亚杰理论中意义最为重要的是"个体经验的主动建构"。皮亚杰认为,知识不是被动吸收的,而是由认知主体主动建构的。当幼

---

① [美]约翰·杜威. 民主主义与教育[M]. 魏莉,译. 武汉:长江文艺出版社,2018:69.
② 陈巍,殷融,张静. 具身认知心理学:大脑、身体与心灵的对话[M]. 北京:科学出版社,2021:62.

儿面对新的信息时,如果在他们的经验中没有建立起与自己相关的理解和知识,他们可能不能立即理解,这有助于创造和构建他们的内部心理表征,或者称为"图式"。因此他将学习视为一个主动建构的过程,儿童是学习的主体。儿童不是简单被动地接收信息,而是主动地建构知识的意义,这种建构是无法由他人来代替的。亲历课程中的幼儿是积极主动的学习者。只有在把学习看成是一种在幼儿自发的身体活动和思维活动之间建立联系的活动时,幼儿的兴趣和能力才能得到最有力的支持。

2. 社会建构主义

以维果斯基为代表的社会建构主义尤其强调我们所生活和我们构建知识所依赖的世界的重要性。维果斯基认为儿童的发展更多的是他们与周围他人建立起的关系的总和,而不只是个体发展的过程。在参与活动的过程中,学习者通过与比他们更成熟的成员合作,可以完成他们独自所不能完成的任务。这种通过合作所能达到的水平和独自完成能够达到的水平之间的差距,就代表了学习者的最近发展区。为了更好地促进个体的发展,使个体的最近发展区变成现实的发展水平,社会建构论者提出了支架式教学的主张,通过支架(教师或有能力的同伴的帮助),儿童顺利穿越最近发展区,以获得更进一步的发展。亲历课程中虽强调幼儿的主动学习,但也重视教师、同伴和家长等在幼儿个体发展中的指导影响作用。因此,亲历课程提倡构建发展共同体,通过教师、同伴、家长等为幼儿发展提供支架,让幼儿在与周围他人的互动中增长经验。

3. 认知表征理论

布鲁纳认为认知表征是指个体经知觉而将其外在环境中的物体或事件转换为内在心理事件的过程,人类获得知识的过程就是对事件进行认知表征的过程,任何表征都依赖一定的结构,即表征方式。个体通过三种方式来表征他们的世界:动作表征、映象表征和符号表征。第一个与动作行为有关,第二个与图片和表象有关,第三个与文字符号有关,这三种表征方式具有年龄特征,随着年龄的发展而发展,但也是相互整合在一起的。认知表征理论让我们认识到表征对于幼儿认知发展的意义及表征的多样化,也启发我们通过表征的视角来认识幼儿的认知发展情况,了解幼儿进行问题解决活动时所采用的策略。因此,亲历课程中重视幼儿表征,鼓励幼儿积极的、多样化的表征,并将表征作为幼儿发展评价的重要线索。

(四) 多元智能理论

加德纳把智力定义为人在特定情景中解决问题并有所创造的能力。他提出,每个人都同时拥有相对独立的九种智能。这九种智能以不同方式、不同程度的组合使得每个人的智力各具特点,这就是智力的差异性。这种差异性是由环境和教育造成的。尽管在各种环境和教育条件下个体身上都存在着这九种智能,但不同环境和教育条件下个体的智力发展方向和程度有着明显的差异性。在正常条件下,只要有适当的外界刺激和个体本身的努力,每个个体都能发展和加强自己的任何一种智力。加德纳的理论告诉我们每个幼儿都有多种发展可能,他们需要多样化的环境与机会来发挥天分、展现特长。因此,亲历课程中积极创设了能促进不同智能发展,满足不同幼儿发展需要的个别化活动区域。

加德纳的理论还影响亲历课程的评价观。因为每个人的智力都有其独特性,且每一种智力都有多种表现方式,所以不能用统一的评价标准来评价幼儿。由多元智能理论衍生出的"多彩光谱评价方案"为我们提供了很好的评价实践参考。亲历课程将个别化活动区域作为主要的学习基地之一,将学习与评价一体,评价为促进幼儿发展服务。同时,通过对幼儿在活动过程中的活动风格检核,教师能发现每个幼儿的强势智能和弱势智能,并促进幼儿用强势智能去带动弱势智能发展。

(五) 生态系统理论

布朗芬布伦纳认为儿童在一个层层叠叠的环境、关系、影响中发展,在他的生物生态学模型中,儿童生活中动态的相互联系的影响因素可概括为五个系统:微观系统,指家庭、学校、同伴、社会中的联系和活动,与儿童有直接交互关系的环境;中间系统,是儿童直接环境/微观系统中的人之间的联系;外部系统,通过邻里、家庭、朋友等亲密关系间的心理连接从而影响儿童;宏观系统,包含社会文化、生活方式、价值、信念、资源和期望等影响儿童和家庭的一切;时间系统,影响发展的、贯穿童年的事件和经历等。该模型囊括许多直接与间接影响儿童生活的因素,强调识别影响儿童生活因素的重要性;也提出影响是双向的,强调儿童应被视作对自己发展更重要的影响因素。该理论让我们更加细致地去思考亲历课程中的多种作用因素,客观全面看待每个幼儿的发展;也更加重视环境资源和相互关系的建构,尤其是通过与家庭、社区等建立积极的互动关系,与它们形成教育同盟,获得更为广泛的教育支持,拓展幼儿的学习空间。

三、来自国内外课程模式的启示

在亲历课程实践的过程中,我们也借鉴了国内外一些比较有影响的课程模式,如瑞吉欧·艾米利亚幼儿教育经验,让我们知道儿童有一百种语言,这种教育经验强调通过系统的符号的呈现来促进儿童的智力发展,教师鼓励儿童通过多种途径和用他们自己的语言来探索周围环境和表达自己。瑞吉欧教育经验让我们关注幼儿的表征,重视幼儿的表达与表现,在幼儿亲历过程中给予更多表达自己思想、愿望及经验的途径,教师通过观察、倾听、记录、解读幼儿的表征过程进行有效回应,支持幼儿的探究学习。又如高瞻课程经验中的"学前教育机构质量评价系统"和"学前儿童观察评价系统"为我们建构亲历课程的评价体系开阔了思路。

陈鹤琴的"活教育"和张雪门的"行为课程",这是两个对我们课程实践影响较大的教育经验。陈鹤琴的"活教育"以幼儿为中心,将幼儿看作幼儿教育的出发点和归宿,用活的教材、活的方法、活的榜样、活的教育培养做人、做中国人、做世界人。陈鹤琴说,幼儿园应该是没有围墙的校园,教师和孩子们可以随时随地向大自然发起进攻。"活教育"是使儿童与社会打成一片,和自然界紧密地呼吸在一起,注意社会上一切的活动,了解一切的变化,帮助社会,把意见贡献给社会,并且要尽力改造社会。我们深以为然。"活教育"的"十七个教学原则"在今天看来仍然先进,其中"大自然、大社会就是我们的活教材""凡是儿童自己能够做的,应该让他自己做""鼓励儿童去发现他自己的世界""注意环境,利用环境""儿童教儿童"等被积极运用于我们亲历课程的实践中。张雪门的"行为课程"以"生活"为课程基点,以"行为"为中心,通过"做学教合一"的手段,使儿童获得基本经验,从而为进一步发展奠定坚实的基础。"行为课程"给了我们两个重要启示,一是幼儿的课程内容须取材自生活,应在生活中展开。张雪门编制的课程根据自然生长的原则规划利用人事界、自然界中的资源,以儿童的生活经验为中心进行选择,将美术、音乐、故事等教材进行统整,是具体的整个的活动。这为亲历课程的内容选择拓宽了视角,同时也明确"儿童先有了生活,然后有教材的需要;不是有了教材,再去引起儿童生活做机械的反应"。二是幼儿在行动中学习,课程是幼儿的生活实践。张雪门认为儿童通过行为获得直接经验,通过行为奠定生长基础,"教师应完全抛弃了成人主观的成见,切切实实注意幼童需要而给以满足,并时时注意他们的困难,加以解决和帮助"。教师需做好"计划上的指导、知识上的指导、技术上的指导、兴趣上的指导、习惯上的指导和态度上的指导"。这六项课程实施中的教师指导责任也提示我们在组织实施亲历课程时如何成为一名有准备充分的教师。

四、来自长期实践的积累和生发

在前面,我们已经提到对亲历课程的认识是一个不断实践、探索、思考、深化的过程,这也是我们的课程观不断转变、修正的过程,这个过程包含四个阶段。

(一)阶段一:课程不是一个个集体教学活动

在很长一段时间里,我们认为课程就是集体教学活动。即使课程是以主题形式开展的,我们也依然将课程审议的重心放在集体教学上,所谓主题课程不过是主题帽子下的集体教学拼盘。这时候的观念里课程是知识,课程的目的是让幼儿获得知识;课程也是计划,教师依赖文本教材,依赖年级组备课。教师虽然在选择教材内容时会考虑幼儿的兴趣和需要,但未将幼儿当成课程的主体。后来我们开始改造主题活动,逐渐摆脱固化文本,教师去观察幼儿、解读幼儿,将幼儿视为课程的创生者,让幼儿参与课程的发生与发展。教师转变了对幼儿的认知,认同幼儿是积极主动的学习者;也转变了对课程的认知,意识到课程来源于幼儿的生活,课程要追随幼儿的兴趣和需要;教师看到了幼儿的学习,认识到幼儿的学习是通过自己的亲身经历进行的。

(二)阶段二:课程是幼儿主动活动的过程

当我们理解幼儿的学习方式是直接感知、实际操作、亲身体验时,我们也从强调达成学习目标转向强调学习过程本身。我们积极改造环境,让环境去激发幼儿主动活动的兴趣;开展关于游戏空间规划、游戏资源材料的研究,使游戏环境有了颠覆性的改变;不断丰富园内的动植物资源,让充满生命力的自然环境去吸引幼儿;调整作息与环节,让幼儿有更多时间与环境充分互动,自主探究。这个时候对于课程的理解已经发展为活动了。那么,活动是亲历的目的吗?我们发现有些教师为了活动而活动,比如在区域中投放看起来新颖但不适合幼儿年龄特点的材料,在课程中设计看起来热闹但发展价值并不大的内容。我们认为教师缺乏发展意识,因此引导教师去关注幼儿活动中的经验,发现经验、解读经验、促进经验,教师也因此认识到幼儿活动的目的是生长经验。

(三)阶段三:课程是幼儿获得经验的过程

当我们从关注幼儿的活动经历转向关注幼儿在活动经历中的经验时,我们开始研究儿童表征,重视幼儿在亲历学习中的多样表征。教师通过解读表征作品及表征行为看懂幼儿的行动,理解幼儿行动经验发生与发展的逻辑,从而发现个体认知学习差异。我们着手评价体系建设,聚焦幼儿行为表现的经验识别和回应支持,将《指南》进行分解,与幼儿的行为进行匹配,对幼儿发展的关键经验逐渐加深了认知和理解。我们借鉴多彩光谱、高瞻课程评价体系等开发园本化观察评估方法与工具,引入幼儿评价及家长评价,以期更全面立体地了解幼儿。这个时候,我们对课程与幼儿发展的关系又有了新的认知与理解,也因此去加强幼儿活动经验发展的预研究,将课程审议的重心转至幼儿兴趣、经验上,并与活动进行可能性链接,形成课程行动地图,来帮助幼儿更好行动、更好发展。

(四)阶段四:课程是促进幼儿完整经验的全部

理解幼儿的生命成长是课程建设的关键,我们不断进行相关文献研究,也在此基础上不断丰富亲历课程内涵,确立对"幼儿完整性发展"的园本理解,从意识到幼儿在课程中发展转向重视幼儿发展的完整性。为了促进幼儿发展的完整性,我们不断进行实践策略的研究,也因此认识到课程是促进幼儿完整经验的全部,不仅包括有组织、有计划地实施的显性课程,还包括非正式的和无意识的学习经验,如物质环境、组织制度和心理文化等。我们从更整体、更全面的视角看待课程,也因此更为系统地推进课程改革深化,通过抓牢、抓好课程审议,开展以问题为导向的课程教研来保障课程实施质量,从环境、关系、内容、活动过程、评价等方面进行持续优化,以提高幼儿完整发展的可能性。

亲历课程承载着华幼人对幼儿教育的美好愿望,如何让愿望变成现实?我们认为要知行合一,理论和实践相辅相成,使课程内涵得以不断发展与丰富,为此,我们一直努力学习着、思考着、实践着。

第三节 亲历课程的理念

课程理念就是课程设计者蕴含于课程之中,需要课程实施者付诸实践的教育教学信念,它是课程的灵魂和支点。幼儿园课程理念就是在设计幼儿园课程时需要实施者付诸实践的幼儿园教育教学的信念。[1]

---

[1] 虞永平,原晋霞.幼儿园课程[M].北京:高等教育出版社,2014:36.

亲历课程开始的实践微不足道却也意义非凡。我们不断从经验中总结出一些理论性的原则,用于指导实践。随着实践研究的深入,这些理论性原则被不断修正、完善,我们对此乐此不疲,始终保持自我革新的态度。

一、让幼儿在亲历中学习,课程因幼儿的兴趣需要而生长

通过亲历建构经验,幼儿的主动学习就是与环境的相互作用,这是亲历课程的核心观点。对于相互作用,胡塞尔这样认为:"对只是被知道而不是被直观到的实存进行演绎,这是行不通的。"① 认知发展理论揭示了幼儿的认知特点,儿童"建造"或者是"构建"他们的知识世界,他们通过自己与人、物、事及观念的直接经验探索出世界是如何运作的。以维果斯基为代表的社会建构主义认为儿童的发展更多的是他们与周围他人建立起的关系的总和。社会互动和参加真实的文化活动,均是儿童发展的必要条件。② 幼儿的心智发展处于动作性思维和具体形象思维阶段,幼儿对世界的感知是具体的、感性的、直观的、个人的。对于幼儿来说,学习就是行动。亲历课程中幼儿通过自身与生活世界中的人、事、物等发生积极的交互反应,从而获得经验生长。

让幼儿在亲历中学习的前提是,相信幼儿是有能力的、积极主动的、独特的学习者。儿童是有能力的个体,这一点已经为大量与儿童有关的研究所证明。神经科学研究证明儿童的大脑像科学家一样在运转。在很小的时候,儿童就已经发展出许多有关这个世界的理论,并根据自身经历不断对这些理论进行修正。③ 早期认知发展心理学家也已经发现儿童是主动的"意义建构者",他们通过感知、操作、思考、表达和创造理解和改造世界。④ 后认知发展心理学研究进一步证明,儿童具有不断发展着的关于内心世界和外部世界的"朴素理论"。⑤ 哲学家们承认儿童时期思考的伟大,即儿童时期离哲学的思考最近,儿童都是伟大的"哲学家"。⑥ 毕加索则认为儿童是天生的艺术家,

---

① [德]胡塞尔. 现象学的观念[M]. 倪梁康,译. 北京:商务印书馆,2018:49.
② [美]劳拉·贝尔克,等. 鹰架儿童的学习:维果斯基与幼儿教育[M]. 谷瑞勉,译. 南京:南京师范大学出版社,2007:8.
③ 经济合作与发展组织. 理解脑——新的学习科学的诞生[M]. 周加仙,等译. 北京:教育科学出版社,2014:42.
④ 魏婷,鄢超云. "儿童的视角"研究的价值取向、方法原则与伦理思考[J]. 学前教育研究,2021(3):5.
⑤ 鄢超云. 儿童的朴素理论及其学前教育意义[J]. 上海教育科研,2003(4):15-17.
⑥ 陈乐乐,孙蓉鑫. 作为"根据"的儿童与"伟大成人"的诞生[J]. 学前教育研究,2022(3):21.

还有人提出儿童是天生的科学家、诗人等。相信幼儿是主动且独特的学习者,就是要尊重幼儿在课程中的主体地位,让幼儿享有课程的决策权和行动的主导权,幼儿能够与教师一起讨论,决定课程的研究主题及行进方向,也能够自主选择、确定自己的活动内容和活动形式。相信幼儿都是主动且独特的学习者,就是要认识到每个幼儿的独特性。加德纳认为人与人的差异在于他们各自独特的智能轮廓[①],多彩光谱的研究证实,每个儿童都至少在一个领域具有相对于他人或是相对于自己的智能强项。[②] 因此要尊重幼儿的发展差异,相信每个幼儿都有自己擅长的学习领域,去发现每个幼儿的优点,发现每个幼儿能做的和感兴趣的,创设多样化的环境和机会让幼儿充分、自由地发挥多元智能。相信幼儿都是主动且独特的学习者,还要帮助幼儿建构这样的积极自我认知。亲历课程中幼儿在前、教师在后,教师从主导者转向支持者、陪伴者和欣赏者,正是幼儿成长为有能力、有自信的学习者的过程。

让幼儿在亲历中学习,就要去了解幼儿的兴趣和需要。苏联教育家赞可夫说过:"了解儿童,了解他们的爱好和才能,了解他们的精神世界,了解他们的欢乐和忧愁,恐怕没有比这一点更重要的事了。"[③]真正以儿童为主体的课程一定是从了解儿童开始的。杜威提出,真正的课程程序可以表述如下:第一,我们必须把注意力集中在儿童身上,研究找出孩子们的实际兴趣所在,找出孩子们的实际认知水平,他们有能力做什么事情。第二是理解、确定儿童表现出来的兴趣的价值。第三是挑选和决定教学材料,并且使其适应学习的过程。[④] 所谓教学内容就是从其对幼儿发展的导向角度看幼儿的现实经验,而方法是将内容变成各个个体的现实生活经验,我们可以将其概括为"对幼儿的兴趣的发现—判断—回应"的螺旋生长过程。

我们注重发现、引导幼儿的兴趣和需要。幼儿的兴趣发生在一日生活中,会通过语言、动作、表情、眼神等各种不同的方式自然而然地表露,这些偶发的兴趣如果没有得到及时回应或有效支持,很可能转瞬即逝。教师通过陪伴、观察活动中的幼儿,通过倾听他们的想法和愿望,捕捉他们的这些兴趣。当幼儿的兴趣被激发出来时,他们就会主动去学习,他们通过不断的实践,建

---

① [美]霍华德·加德纳. 多元智能新视野(纪念版)[M]. 沈致隆,译. 杭州:浙江人民出版社,2017:67.
② 陈杰琦,等. 多元智能的理论与实践:让每个儿童在自己强项的基础上发展[M]. 方钧君,译. 北京:北京师范大学出版社,2015:27.
③ [苏]赞可夫. 和教师的谈话[M]. 杜殿坤,译. 北京:教育科学出版社,1980:30.
④ 李业富. 经验的重构——杜威教育学与心理学[M]. 上海:华东师范大学出版社,2017:43-45.

构自己关于世界的知识,教师要做的是对幼儿内在的学习动机做出判断和回应。这意味着教师在判断幼儿的需要时应该根据具体的活动场景、具体的幼儿需要而回应;意味着内容的选择应该和幼儿现有的经验能力和需要相关;意味着教师以一种是能够懂得意义关系和必要性的方法呈现新的材料,意味着将它放在幼儿生活的范围内加以发展。

二、立足积极的互动关系,教师是幼儿亲历学习的旅伴

亲历学习本质上是一种互动性学习,是幼儿与自我、与自然、与社会积极交互的过程。互动关系的构建对于亲历课程的实践非常关键。一方面,各种社会环境因素直接或间接地影响、作用于幼儿发展的方向、性质、速度和水平;另一方面,幼儿也通过对环境的主动选择、相互作用等影响环境,从而主动地参与自身的社会化过程中。同时,前文已提到,在布朗芬布伦纳的生态系统理论中,个体的发展与多层次、多类型环境系统的关系有关。因此,我们要将互动论和系统论结合起来思考,首先关注的是社会互动关系的构建,包括师幼、幼幼、家园、园社、亲子关系等,我们试图构建一种共同体关系,这也是为幼儿的发展共同贡献力量的支持系统。① 师幼共同体。教师首先关注的是幼儿可以做什么,然后才是教师可以做什么;通过与幼儿积极对话,了解幼儿的兴趣、想法和愿望等,努力让幼儿成为生活、学习的主人;相信、尊重幼儿,也在必要时引导、帮助幼儿;幼儿尽可能地参与环境创设、规则决策、问题解决、学习讨论、活动策划等生活和学习的事务,他们并不是被动的接受者、操作者。② 幼幼共同体。重视幼儿与同伴关系的建构,鼓励同伴交往、同伴关爱、同伴学习、同伴互助。引导幼儿合理判断,自主解决同伴间的小矛盾小冲突;倾听同伴的想法和意见;为集体中的他人服务,建立积极的伙伴关系。③ 家园共同体。积极探索家园协作、教育同步的有效策略,通过家长更全面、客观地认识每个独特的幼儿;也利用各种渠道让家长了解课程动态,向家长传递课程理念,发动家长提供课程助力,吸引家长卷入课程探究,为幼儿的发展助力。④ 园社共同体。幼儿园管理者及教师熟悉周边社区资源,与社区重要单位、部门、个人建立长期的合作与联系,需要时能为幼儿园的活动开展提供帮助,也能成为幼儿开展园外活动的基地。

除了社会互动关系,我们还重视幼儿与物质环境互动关系的构建。亲历学习是充分利用环境资源的学习。在亲历课程中,环境资源包括园外和园内的,园外的环境资源以挖掘、收集为主,需要时发生作用;园内的环境资源包括室内和户外,是幼儿产生兴趣、发生探究、形成经验的主要源地,它既可

能被幼儿直接操作利用,也可能被教师用来对幼儿产生影响。因此,不仅要丰富环境资源,还要打通环境资源与幼儿联接的通道,让幼儿亲近资源;让幼儿处在环境资源之中,有充分的时间,足够的自由接触资源、研究资源,按自己的意愿与资源互动;更要明确幼儿既是环境的享受者,也是环境的探索者、共建者,理解幼儿在环境改造中的学习,尽可能让幼儿参与环境的探索、设计与改造;教师本身也是资源,是潜移默化的文化资源,教师对资源的好奇与敏感,在很大程度上引发幼儿对资源的好奇与敏感,促使课程的生发与生长。

  在亲历课程的全部互动关系中,师幼关系最为重要。教师是幼儿亲历学习的旅伴,教师支持陪伴幼儿,同时也在与幼儿的共同亲历中实现自身成长的进阶。教师是幼儿发展的重要他者,这一点已成共识。随着教育改革的推进,幼儿教师的角色职责也发生了变化,从传统观念中的知识传授者向着多元的角色演变。有学者认为"根据0—6岁这一阶段儿童发展的年龄特点,应突出认识教师是幼儿的养护者、榜样者以及沟通幼儿与社会的中介者等角色"[1]。全美幼教协会的一些学者提倡"成为一名卓越的教师",并指出卓越教师要在五个关键"相互关联"的实践领域做出决策:创建充满关爱的学习共同体;开展促进发展和学习的教学;规划课程以实现重要目标;评估儿童的发展和学习;与家长建立互惠的关系。[2] 安德烈·焦尔当还认为教师是"一名导演"[3],导演必须创造学习条件,让学习者成为主角。这些观点都表明,教师正在从显性教到隐性导,更强调成为幼儿学习的支持者与促进者。亲历课程中的教师更像是幼儿的旅伴,亲历是师幼共同经历的学习过程,教师陪伴和支持的意义在于:一是有目的地为幼儿创造开启学习的环境条件,让幼儿自己找到路口;二是不急不躁跟随着幼儿的节奏,用信任、欣赏、鼓励伴随学习之旅,让幼儿能够满足地生活;三是观察、倾听、对话,设身处地地考虑幼儿行动的意义,必要时引导探究方向,成为幼儿内心世界的回应者。这种陪伴和支持正如北京师范大学刘焱所说:"一个专业化的幼儿教师,既要像心理研究者一样与幼儿交往与相处,又要像教育家一样思考教育的方法与策略。"

  我们坚信幼儿是天生的学习者,但也清楚要使他们获得真正的学习和最

---

  ① 庞丽娟.教师与儿童发展[M].北京:北京师范大学出版社,2001:46.
  ② [美]Carol Copple,Sue Bredekamp. 0—8岁儿童发展适宜性教育[M].刘焱,等译.3版.北京:中国轻工业出版社,2021:21.
  ③ [法]安德烈·焦尔当.学习的本质[M].杭零,译.上海:华东师范大学出版社,2015:156.

佳的发展,还需要为他们提供高质量的保育和教育。这就意味着教师要成为教育实践的研究者,通过反思性实践去有效支架幼儿的学习。教师探索有效支架不仅成就了幼儿,同样也成就了自己,每一次有效支架都是教师的一次专业成长,而专业成长还会提升教师的教育成就感和幸福感。檀传宝认为,教师的幸福感就在于教师能够在教学中获得价值的一种主动性的教育状态。① 哲学家冯友兰说:"人与动物不同,在于人做某事时,他了解他在做什么,并且自觉在做。正是这种觉解,使他正在做的事对于他有了意义。他做各种事,有各种意义,各种意义合成一个整体,就构成他的人生境界。"② 因此,我们提出亲历课程中的教师要有"为了幼儿的教育信念、追随幼儿的教育视界、支持幼儿的教育机智"。总之,幼儿的发展有赖于教师的发展,教师的教育理念和教育行为直接决定着幼儿的行为与发展;同时幼儿的发展也会影响教师的发展,教师的成就感和幸福感很大程度上来自于幼儿,教育的成就感和幸福感有利于教师自觉提高自己的教育素养。

三、为了生命完整成长,亲历课程望眼幼儿整个生活世界

亲历课程旨在引导幼儿更好地感知、体验、理解这个世界,促进其生命完整成长。人类个体的存在是一个整体性的存在。哲学人类学从"完整的人"出发,把人作为生物人和文化人的统一进行把握,并在研究视野上从观察者和被观察者自身的双重角度来说明"人是什么"和"人在存在中的地位"诸问题,为人的全面发展研究提供新的理论生长点。③ 从本质上说,人是一个身体、情感和精神和谐发展的有机整体。"完整的人"的发展首先意味着智力与人格的协调发展,还意味着个体、自然与社会的和谐发展。④ 我国的教育方针是培养德智体美劳全面发展的社会主义建设者和接班人,我国的学前教育强调促进幼儿的全面和谐发展。幼儿教育无论是作为人类的一种活动还是作为一种社会现象,它都是一个整体。夸美纽斯明确提出:"学校里面所给的教育应该是周全的""人人都应该受到一种周全的教育"。裴斯泰洛奇也宣称:教育的目的不是别的,就是"促进人的一切天赋能力或力量的和谐发展"。亲历课程将促进幼儿生命的完整成长作为价值追求,符合我国的教育发展要

---

① 檀传宝.论教师的幸福[J].教育科学,2002(1):39-43.
② 冯友兰.冯友兰追问人生[M].北京:新世界出版社,2012:1.
③ 韩庆祥,亢安毅.马克思开辟的道路——人的全面发展研究[M].北京:人民出版社,2005:62.
④ 钟启泉.课程的逻辑[M].上海:华东师范大学出版社,2008:3-5.

求,也符合幼儿的生长发展需求。在人生初期,全面和谐地发展是十分重要的,任何一方面的发展都依赖于其他方面的相应发展,任何一方面的偏废都会伤害幼儿整体的发展。①

人的完整性根植于生活的完整性。人生活在世界中,生活的世界是人的世界,人与世界的其他构成——自然、社会亦是彼此交融的有机整体。亲历课程培养幼儿对自然及社会的"共通感"。沙夫茨伯里等把"共通感"理解为对共同福利的感觉,但也是一种对共同体或社会、自然情感、人性、友善品质的爱。厄廷格尔认为"共通感"是一种对于生命的真正幸福所依赖的东西的自然渴望。② 我们认为是个人将自己视为集体、社会、自然、国家,乃至地球的一部分,承认人与世界万物的相互依存、相互作用的关系。因此,亲历课程中的幼儿通过置身于生活世界中的探索和思考,感知人与社会、人与自然的生活关联,知道自己是生活世界中共生共长的一员。正如怀特海在《教育的目的》中所写,教育是有用的,因为去理解这个世界是有用的——好的教育,能让人更好地理解这个世界。③ 怀特海所说的"理解"是对既联系着过去,又包含着未来的现在的理解。用博尔诺夫的观点进一步说明,教育的一项不可推卸的责任就是唤醒儿童处在沉睡状态的"本源性"道德意识,正是这种唤醒使一个人有可能真正认识自己和自己所持的世界,同时也可能理解自己存在的处境、生命的历史和未来的使命,使自己成为一个具有自我意识和充满生命希望的人。④

亲历课程望眼幼儿的整个生活世界。生活是人在自然和社会之中,通过享受、占有、内化和创造人类物质文化、精神文化、制度文化,围绕人的生命存在和发展、实现人的价值、生命的能动的活动。⑤ 仓桥物三认为,幼儿教育并不是教育的生活化,而是生活的教育化,幼儿园的真谛就是立足于幼儿的生活,并在此基础上让幼儿的生活真正如流水般地连续地流动起来。⑥ 杜威也曾指出,生活是个体的和种族的全部经验,生活包括了习惯、制度、信仰、胜利

---

① 李季湄,冯晓霞.《3—6岁儿童学习与发展指南》解读[M].北京:人民教育出版社,2013:39.
② [德]汉斯-格奥尔格·伽达默尔.诠释学Ⅰ:真理与方法[M].洪汉鼎,译.北京:商务印书馆,2010:30.
③ [英]怀特海.教育的目的[M].庄莲平,等译.上海:文汇出版社,2012:4-5.
④ [德]O.F.博尔诺夫.教育人类学[M].李其龙,等译.上海:华东师范大学出版社,1999:12.
⑤ 郭元祥.生活与教育——回归生活世界的基础教育论纲[M].武汉:华中师范大学出版社,2002:146.
⑥ [日]仓桥物三.幼儿园真谛[M].李季湄,译.上海:华东师范大学出版社,2014:4,99.

和失败、休闲和工作。亲历本身就有生活意味,生活就是发展,而不断发展、不断生长,就是生活。生活是基础,幼儿是主体,课程是联系幼儿与生活的桥梁。就生活对课程来说,生活是课程产生的源泉,它为课程提供了丰富的素材,也是课程产生、实施、评价的重要途径。因此,亲历课程与幼儿的真实生活相联,幼儿的活动过程,就是课程展开的过程,也是幼儿的生活过程,它来源于生活,又高于生活,最终回归生活。

在胡塞尔提出的"生活世界"理论中,生活世界是建构科学世界的基础,生活世界是一个比科学世界更具基础性和本源性的世界。在他眼中,生活世界具有四个基本的特征,即非课题性、奠基性、主观相对性和直观性。与生活世界的四个特征相呼应,教育也应该满足人们在形象中感受生活以及自然地生活的内在需求。生活世界是我们"经验"到的世界,因此,亲历课程根据幼儿自然的发展规律设定目标,从以自然态度面对的生活世界中寻找内容,以向现实经验的还原为指针确定实施的策略。生活中的一切,都可被视为学习资源,一方面理解幼儿是生活的主体,幼儿的学习是同幼儿的生活紧密联系在一起的,生活是幼儿学习的内容,也是幼儿学习的过程,幼儿在生活中学习更好地生活。另一方面利用幼儿感兴趣的生活事物引导幼儿进行观察、探索、发现、表达、交往、欣赏等活动,获得多样经验。此外,亲历学习把挫折也视为必然的东西,存在主义认为挫折是一种新的生活经验,一种存在的经验。幼儿时时刻刻都在完整地体验着生活,无法回避各种挫折,也不应当回避,而是用课程视角看待各种特殊事件,在幼儿遭遇某些特别事件时引导他们,启发他们,让他们从中获得有益经验,向好的方面发展。

第四节 亲历课程的组织架构

一、亲历课程的基本要素

亲历课程主要由课程目标、课程内容、课程实施与课程评价这四个必要因素构成。

课程目标是指幼儿园课程要达到的预期结果。亲历课程目标延续幼儿园育人目标:悦纳自我、亲近自然、融入社会、完整生长,幼儿的发展主要考虑三个关系:一是与自身生活的关系,二是与社会世界的关系,三是与自然环境的关系。在具体建构中,以《指南》为蓝本,将《指南》中的幼儿学习与发展目标结合领域核心经验及本园幼儿发展特点进行园本化改造,形成"亲历课程目标体系",教师在实际运用中再将"亲历课程目标体系"进一步班本化、生本化。

课程内容是指可以达成课程目标的教育经验。亲历课程的内容来源于幼儿的生活世界,在幼儿自身需要的生活里,在幼儿感兴趣的人文社会和自然环境中。主要内容是幼儿与自身生活的互动、与自然环境的互动、与人文社会的互动;内容选择依据生活性、整体性、目的性、适宜性、兴趣性、基础性的原则。课程资源的建设是保障课程内容的重要举措,亲历课程偏重对实物资源、活动资源、信息资源进行收集,开发与利用,以不断丰富课程内容。

课程实施是帮助幼儿获得经验、达成课程目标的过程。亲历课程的实施路径主要是三种类型的活动:生活活动、区域活动、主题活动。在现实中,这三类活动常常会发生交互、融合、转换,主题活动中还会生发出项目活动;活动组织方式有集体、小组及个别化等。课程实施还应遵循一定的原则,根据课程理念,亲历课程在实施过程中遵循有目的活动、多通道感知、完整性思维、连续性经验的原则。

课程评价是对课程的价值作出判断的过程,这个过程是针对课程的特点和组成要素,通过收集和分析系统、全面的相关资料,科学地判断课程的价值和效益的过程。亲历课程的评价主张多主体评价,教师、幼儿、管理者、家长等从不同视角共同关注幼儿发展及课程质量。亲历课程的评价是过程性评价,关注课程开展的方方面面,在整个教育过程中进行;是表现性评价,通过观察在不同活动场景中的幼儿和教师的行动表现来识别幼儿的发展经验和教师的支持能力;是多元性评价,承认和关注幼儿的个体差异,避免用统一的标准评价不同的幼儿,强调每一个幼儿都是独特的、有能力的个体,让教育去发掘每一个幼儿的特点和发展可能;是发展性评价,以发展的眼光看待幼儿,既要了解现有水平,更要关注其发展的速度、特点和倾向,为促进每个幼儿在其原有基础上持续、全面的发展提供适宜的帮助和指导。

二、亲历课程的组织架构

以上四个要素中,课程目标是选择课程内容、实施课程及评价课程的主要依据;课程内容的选择和组织决定着幼儿园课程目标能否达成,也影响着幼儿园课程的实施方式;课程实施的途径、方法及组织形式等既由课程目标和课程内容决定,同时也会影响课程目标的达成;课程评价既要判断课程目标是否达成,同时也要监控课程目标确定、课程内容选择和组织及课程实施的全过程,以确保及时发现问题,及时调整课程,更好地促进幼儿的发展。因此,亲历课程的这四大要素之间是相互影响、相互作用的关系。亲历课程的组织结构如图3-1所示。

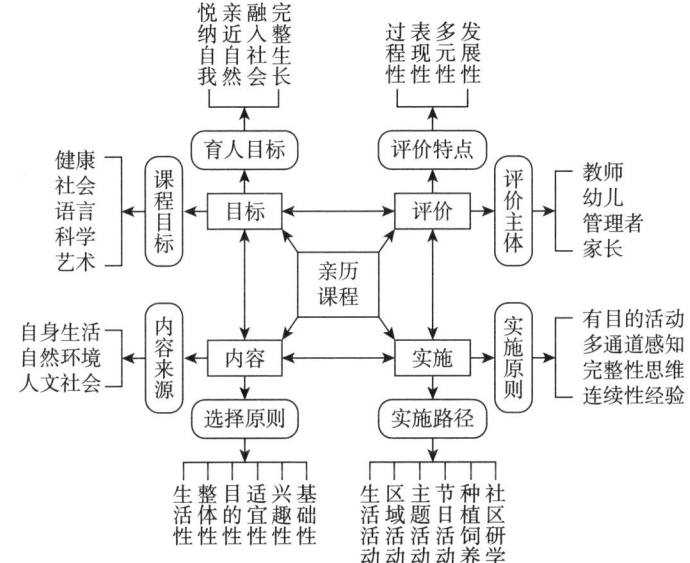

图3-1 亲历课程的组织架构

一只瓢虫从卵到成虫需要经历六次孵化和蜕变——这是小二班孩子们的研究发现。亲历课程也如瓢虫一般经历了数次孵化和蜕变,逐渐在实践探索中找到了自己的方向。

第二部分

亲历课程的组织设计

第四章 亲历课程的目标

第一节 亲历课程目标体系建构的现实需要

一、《指南》与亲历课程目标的关系

作为达成学前教育目标的重要载体与手段,幼儿园课程的发展水平在很大程度上决定了学前教育现代化的水平。① 课程园本化是一个使幼儿园课程不断适合本园幼儿的过程。幼儿园根据《规程》《纲要》《指南》的相关精神,结合幼儿园自身的课程基础与状况,充分利用幼儿园周边的相关资源,形成相对合理、适宜的园本课程体系。从操作层面来看,课程园本化的第一步就是课程目标的园本化。只有符合幼儿实际需要和发展水平的课程目标才能合理地诠释课程理念并助推课程理念的实现。②

幼儿园课程目标是对幼儿在一定学习期限内学习效果的预期,是幼儿园教育目标的具体化,也是幼儿园课程运行的"指南针",是课程设计的核心。③ 在整个教育体系中,确定课程目标具有举足轻重的作用。因为课程目标是教育活动的灵魂,它不仅有助于指明教育活动的方向,有助于教育活动内容的选择与组织,而且是教育活动实施依据与评价的重要准则。

课程目标与教育目的、教育目标是有内在联系的,在教育系统中,教育目的、教育目标、课程目标、教学目标等构成了一个有机的整体。④ 如果按照层级来划分,可以依次划分为以下五个层次的目标:教育方针、教育目的、课程目标、年龄阶段目标、教学目标。五者是从宏观到微观、从概括到具体、从一般到个别的过程,在相关课程论的表述中,五个层次的目标在国家颁布的文

---

① 张斌,虞永平.守正与创新:指向中国式学前教育现代化的幼儿园课程改革[J].学前教育研究,2023(6):11-19.
② 马春玉.与幼儿发展连接:幼儿园课程理念落实的关键[J].学前教育研究,2020(4):95.
③ 虞永平,原晋霞.幼儿园课程[M].北京:高等教育出版社,2014:39.
④ 王春燕,秦元东.幼儿园课程概论[M].3版.北京:高等教育出版社,2019.41.

件中能找到来源(见图 4-1)。

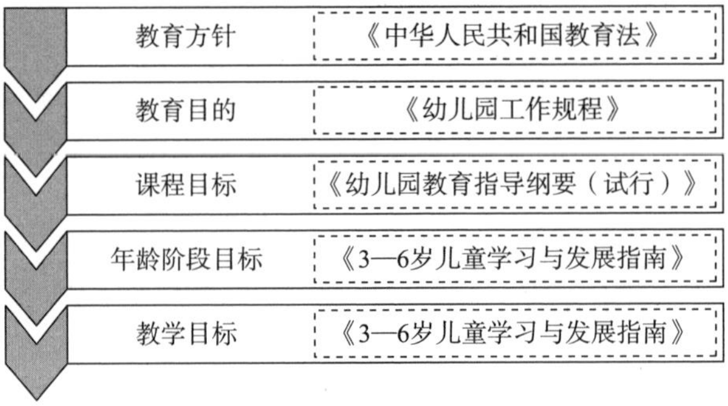

图 4-1 幼儿园教育目标的层级结构

层级	来源
教育方针	《中华人民共和国教育法》
教育目的	《幼儿园工作规程》
课程目标	《幼儿园教育指导纲要(试行)》
年龄阶段目标	《3—6岁儿童学习与发展指南》
教学目标	《3—6岁儿童学习与发展指南》

国家层面制定的教育方针、教育目的等要经过一系列转化,才能成为幼儿园具体的课程目标。教育部于2012年印发的《指南》提出了一整套幼儿学习与发展的目标体系,并配合目标提出了有针对性的教育建议。从学前教育政策的延续性来看,《指南》是对《规程》《纲要》的延续与深化,是深入贯彻《纲要》,将其理念转换为教育实践的桥梁。《指南》更具操作性,我们将其作为亲历课程目标的来源,成为教师制定教育活动目标的必要基础,也是教师用来识别不同幼儿发展水平、能力倾向,从而及时做支持的重要依据。

二、以《指南》为蓝本的课程目标改造需要

《指南》一直以来都是教师开展课程以及支持幼儿发展的重要依据。但随着亲历课程建设与实践的持续深入,我们发现将《指南》作为课程目标是远远不够的。《指南》中的发展目标虽然大致涵盖了五个领域内适合学龄前儿童的学科内容,但这些内容是最基本的普适性学科知识,而全国各地的幼儿园差异较大,难以做到完全适配。[①] 具体的课程实施中,教师需要更加细致、更具操作性的理论支撑,才能应对复杂多变的教育情境,因此我们引入了核心经验(也称关键经验)这一更加微观、细致的概念作为补充,这有助于领域间横向和纵向的进一步整合。

核心经验指关于幼儿掌握和理解某一学科的一些至关重要的概念、能力或技能,核心经验既是可迁移的知识,也是能力,更是学习品质,是跨越不同

---

① 刘霞. 创生取向下幼儿园园本课程目标的建构与实现[J]. 教育导刊(下半月),2021(10):7.

内容、学习活动的共同要素。对幼儿发展核心经验的系统认知,架构起了《指南》中幼儿学习与发展目标和幼儿园教育工作实践的桥梁,帮助教师掌握不同年龄阶段、不同经验水平幼儿的学习状态,根据不同学习经验水平来建构幼儿教育活动目标。为此我们将相关内容("幼儿园领域课程指导丛书""核心经验与幼儿教师的领域教学知识丛书")整理为"幼儿发展核心经验参考资料库"(以下简称"资料库"),作为对《指南》的拓展和延伸,教师可以在教育教学过程中进行参考和应用。核心经验的学习让教师能够从更多的维度看待幼儿发展,把握各领域的发展关键点。而在"资料库"的应用过程中,教师们也遇到了以下两个方面的问题。

(1) 真实教育情境错综复杂,幼儿各领域发展不平衡且存在较大个体差异,教师难以在活动过程中及时查找相关依据,并对幼儿做出准确的判断和支持。《指南》指出:"幼儿的发展是一个持续、渐进的过程,同时也表现出一定的阶段性特征。每个幼儿在沿着相似进程发展的过程中,各自的发展速度和到达某一水平的时间不完全相同。"因此幼儿的发展是不平衡的。从班级整体来看,幼儿在同一领域的发展水平存在个体差异。从幼儿自身来看,同一个幼儿在不同领域的发展也存在不平衡性。"资料库"的局限性也因此显现,即教师无法在其中找到具体、可操作性的指引。这也进一步导致了教师们对各领域核心经验的理解不够统一,对幼儿的发展水平识别存在争议。

(2) "资料库"中不同领域核心经验与《指南》的建构逻辑不同,导致教师难以掌握并对幼儿及时做出支持。例如《指南》语言领域是从能力的角度出发建构了语言发展目标,而"资料库"则是从语言学习的内容类型出发,将领域核心经验划分为口头语言、书面语言和文学语言三个类别,这种划分方式虽然丰富了语言领域的教育内容,但也增加了教师理解和应用的难度。对于其他领域,不同参考资料的划分方式也存在类似问题,同时也涉及《指南》中未包含的内容。这种情况不仅给教师带来了困惑,也使教师无法合理整合《指南》与"资料库",影响教学与支持的连贯性。

这些问题让我们越来越强烈地意识到直接将《指南》所提出的目标作为园本课程目标是不适合的。当然,抛弃《指南》"另起炉灶"编写园本课程目标也是不合适的,原因是在建构的过程中很可能偏离更加上位的教育目的,而导致无法达成育人目标。在幼儿园园本课程目标体系的建构过程中,如何结合本园的实际情况贯彻、落实《指南》的相关要求,成为核心问题。针对上述问题,有研究者认为以《指南》为蓝本建构园本课程目标是较为适宜的方式[①],也有研究者直接在《指南》的基础上进行分解和细化[②]。但当前研究并没有回答"细化的具体逻辑"以及"如何支持教师掌握并应用"这两个关键问题。因此我们萌发了以《指南》为蓝本,结合领域核心经验来建构更为细致实用的园本课程目标体系的设想。核心经验作为教师设计活动的上位思考和逻辑起点,不仅可以帮助教师明确教学目标和重点,还能够促进教师对幼儿发展水平的准确识别和支持。通过学习核心经验,教师可以更好地理解《指南》中的目标,并在此基础上制订更具针对性和操作性的课程目标,从而为后续课程目标体系的制订奠定坚实的基础。

第二节 亲历课程目标体系建构的循证过程

为了保证目标建构的科学性和教师理解的深入性,我们引入了循证思想,同时在建构的过程中应用了幼儿发展领域核心经验以及目标分类学的相关理论。具体来看,循证体现在每个具体目标都要有具体证据,如幼儿发展、学科知识。教师在内化的时候也是通过循证教研的方式,即将真实教育案例作为证据,和目标体系对应,在此基础上进一步做生本化的应用。这有助于教师进一步内化《指南》,快速掌握和应用基于《指南》编写的园本课程目标体系。园本课程目标体系与《指南》的耦合也保证了其在建构过程中不会"走偏"。无论是目标应用或是目标建构,循证都支持着课程目标的不断完善,也促进教师不断深化和掌握目标体系。

一、亲历课程目标体系建构的前提

幼儿园教师始终是园本课程建设的重要参与者,没有教师对课程目标的理解和对课程建设的参与,园本课程建设就无法顺利推进。[③] 只有让教师参与到园本课程目标体系的建构中,才能确保教师更好地掌握课程目标,进而推进课程建设。

我们认为让教师参与建构并合理应用目标体系有三个前提。一是要对

---

① 刘霞. 创生取向下幼儿园园本课程目标的建构与实现[J]. 教育导刊(下半月),2021(10):7.
② 幼儿学习与发展课程编委会. 幼儿学习与发展课程目标体系解读[M]. 武汉:长江少年儿童出版社,2014.
③ 甘露. 新型公办园加强园本课程建设的价值与途径[J]. 学前教育研究,2021(7):86.

儿童发展的各个阶段和特点有深入理解,能够把握好儿童的年龄特征和个体差异。二是要对作为目标制定基础的领域核心经验有一定了解。三是应认识到每个儿童都是独特的个体,有自己的兴趣和学习节奏,要顺应儿童全面发展的需要。我们通过三个方面的循证教研活动帮助教师有机地达成了上述前提。

(一) 以多元智能理论为循证基础

加德纳把智能定义为人在特定情景中解决问题并有所创造的能力。智能在每个人身上以不同方式、不同程度的组合使得每个人的智能结构各具特点,这就是智能的差异性。[①] 因此幼儿都有多种发展可能,他们需要多样化的环境与机会来发挥天分、展现特长。多元智能理论能够以具象的方式引导教师从不同领域全面、客观地看待幼儿。在多元智能理论的指导下,教师收集有关幼儿发展的各类信息,如视频、音频、照片、表征作品等,形成多模态证据库,并加以分析,旨在深入了解每个幼儿的智能构成及其优势和弱点。这个过程使教师从之前较为笼统的认知转向对幼儿特性的更全面和准确的把握。通过这种方式,教师能够从多元的角度看待和理解幼儿,为每个幼儿提供更贴合其个人发展需要的支持。

(二) 以领域核心经验为观察分析框架

教师在收集幼儿发展证据的过程中,应当特别关注那些与核心经验直接相关的表现和行为,这些核心经验跨越不同的学习领域,涵盖至关重要的概念、能力或技能。因此我们鼓励教师将领域核心经验与幼儿智能发展相链接,形成班本化的多元观察框架。这个框架是对《指南》领域的进一步丰富,具体结构如图 4-2 所示。

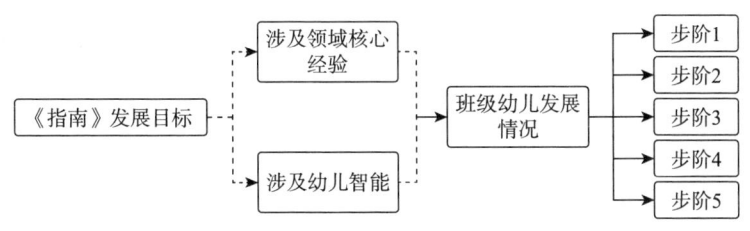

图 4-2 多元观察框架结构图

---

① 陈杰琦,等.多元智能的理论与实践:让每个儿童在自己强项的基础上发展[M].方钧君,译.北京:北京师范大学出版社,2015.

观察框架只是一个平台,教师可根据实际教育情境进行灵活设计。例如教师可以为不同的主题定制不同的观察框架,有偏向性地融入不同主题的领域内涵。教师可以通过此框架系统地识别和分析幼儿在各领域具体活动中的优势和需要改进的地方。而对这些领域核心经验进行进一步分层,则意味着将它们细化成针对不同能力幼儿具体可操作的学习目标,这有助于教师更精准地识别班级中幼儿的个体差异。这一步骤不仅是对核心经验的班本化应用,也为教师提供了一个具体的指导,帮助他们根据每个幼儿的独特智能构成和学习需求,设计和调整教学策略。

(三) 以循证对话共议促认知建构

有关幼儿学习的证据、教师教学方法与策略的证据、评价方法与工具的证据构成了理论与实践证据库,在循证教研活动中发挥着重要作用。而教师在调用证据库的过程中会慢慢形成个人对于证据的认知,长久之后教师就会出现话语体系上的差异,证据也随之个人化、经验化。因此教师群体需要对证据库中的各类概念、幼儿发展核心经验等内容形成集体认识,才能在教研活动中进行有效交流,之后逐步发展为对证据的理性认识。

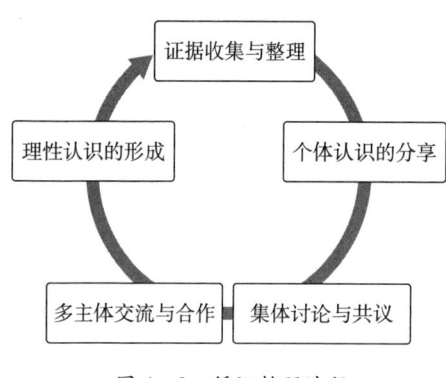

图 4-3 循证教研过程

循证教研是多主体对话共议的过程。在循证教研中,多元主体如新手教师、普通教师、资深教师、教研员、专家等,基于证据与数据,融合自身专长经验进行思考和对话,这是有理、有据、有思的言说过程,将有效避免经验权威的宰制。[1] 为此我们设计了如下教研流程:① 教师收集和整理与幼儿学习、教学方法和评价工具相关的证据,构建证据库。② 教师分享自己对证据库中内容的理解和认识,包括对幼儿发展核心经验的看法。③ 教师群体通过讨论和对话,就证据库中的概念和内容形成集体认识,解决认识上的差异,形成集体意识。④ 不同角色的教育工作者(如新手教师、资深教师、教研主任等)基于证据和数据进行交流和合作,融合各自的专长和经验。⑤ 通过对话共议,促进对证

---

[1] 吴雨宸,宋萑,徐兴子.循证教研:指向教师实践性知识生成的教研转型[J].教师教育研究,2023,35(1):16.

据的理性认识,避免经验权威的影响,确保教研活动的有效性和科学性。

以上三个方面的努力是目标体系建构最终能够落实到幼儿个体发展的重要前提。

二、循证思维下的课程目标体系建构

先前对于理论与实践证据库的应用,能够确保目标的建构都能指向幼儿发展核心经验,成为有价值的目标。将《指南》目标体系进行园本化是一个持续渐进的过程,为此我们基于幼儿园的育人目标——悦纳自我、亲近自然、融入社会、完整生长,对原有目标体系进行调整和梳理,以形成科学、系统的园本课程目标体系,从而指导亲历课程的深度建设。

(一)对《指南》的再分析

在正式开始建构园本目标体系前,我们先从两个角度对《指南》进行了再分析和再研究。一方面是充分利用由领域核心经验等幼儿发展相关信息构成的"资料库"作为幼儿经验发展的依据,另外一方面是将马扎诺的新目标分类法作为幼儿心智发展的依据。

1. 从核心经验完整性的角度

从横向上看,《指南》目标基本涵盖了幼儿领域发展核心经验,但通过对比,会发现仍有部分课程开展会涉及,但《指南》中未充分体现或缺乏深入探讨的领域核心经验。例如,健康领域核心经验从宏观上看在《指南》中均有涵盖,但动作能力方面的目标缺少与其他领域的整合和延伸。社会领域中"自我意识"相关的核心经验在《指南》中有渗透但缺乏进一步探讨。语言领域中的辩论以及文学语汇相关核心经验在《指南》中有涉及但层次低且不明显。科学领域中的数学相关核心经验在《指南》中的覆盖并不全面,《指南》主要涉及"数概念与运算""几何与空间"两方面的核心经验,而"集合与模式""比较与测量"则涉及较少。《指南》虽然涵盖了艺术领域三大核心经验"感受美""表现美""创造美",但音乐、美术等艺术形式的相关具体要素并没有融入阶段发展目标中。

从纵向上看,每一条学前儿童学习与发展领域核心经验都能转化为不同年龄段的具体目标,是有层次的。《指南》中多数目标都能指向某种幼儿领域核心经验,并且不同年龄段的目标都有一定层级关系。但仍有部分目标是"孤立的",相关核心经验仅仅在一个年龄段出现。例如"文学语言"核心经验在语言领域5—6岁目标"能初步感受文学语言的美"上有所体现,但在其他年龄段并未有相关内容的涉及,而实践中文学语言经验在更低年龄段也会有所涉及,特别是一些诗歌及散文活动是有相关经验渗透的。再如"模式"核心经验在《指南》科学领域5—6岁目标"能发现事物简单的排列规律,并尝试创造新的排列规律"上有所体现,但在其他年龄段没有相关内容体现,而从教学实践上看,幼儿对于"模式"经验的获得并不局限于5—6岁。

通过深入理解《指南》中各领域核心经验的覆盖情况,我们可以在亲历课程目标建构中更加准确地定位需要加强和拓展的领域,以确保幼儿在各个发展领域都能获得全面和均衡的支持。此外,对《指南》中目标连贯性和跨年龄段覆盖的分析,也将指导我们设置更加合理和连贯的亲历课程目标体系,促进幼儿在不同年龄阶段的顺利过渡和持续发展。

2. 从思维结构完整性的角度

为了使教师对先前证据库有更全面的把握,我们引入了马扎诺的新目标分类法。运用新目标分类法能为园本课程目标的建构提供清晰严谨的理论框架。马扎诺提出了目标分类的二维模型,一维是思维(心智过程),分为六个维度;另一维是知识,有三种类型。①

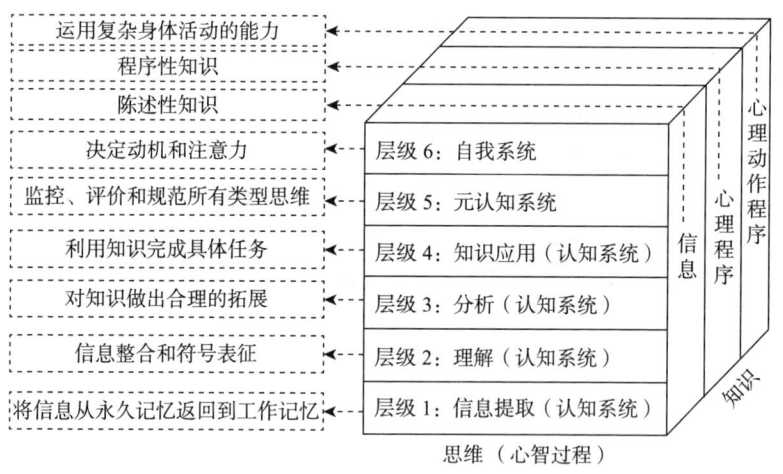

图4-4 马扎诺目标分类的二维模型

基于该二维模型,我们对《指南》中各个领域的目标进行了分类。需要注

---

① [美]罗伯特·J.马扎诺,约翰·S.肯德尔.教育目标的新分类学[M].高凌飚,吴有昌,苏峻,主译.2版.北京:教育科学出版社,2012:15.

意的是,相当一部分目标涉及一个以上的思维水平或知识类型,因此图中的统计数量是大于《指南》中的目标数量的,统计结果如图4-5所示。

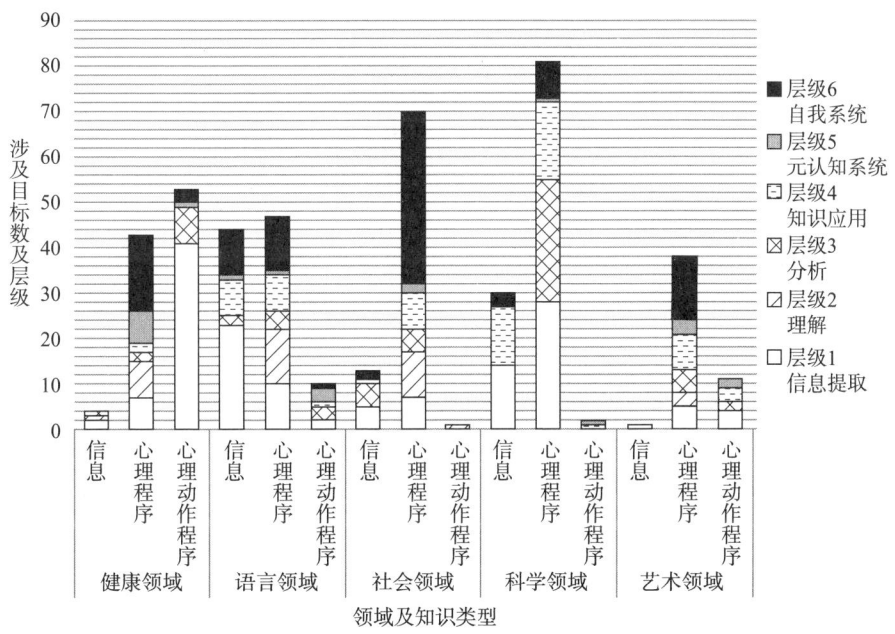

图4-5 《指南》目标分类统计

进一步分析得知:

(1)目标的领域侧重性与差异性。《指南》中各领域对不同认知层级以及知识类型的重视程度不同,反映了不同领域培养的侧重点。例如,健康领域目标在心智过程上主要涉及层级1信息提取,知识类型则主要集中在心理动作程序,强调幼儿的动作发展和习惯养成;科学领域目标在心智过程上集中在层级2理解、层级3分析、层级4知识应用上,主要涉及的知识类型则是心理程序,由此科学学习强调幼儿的观察、分析和推理能力;社会领域较为特殊,心智过程上主要涉及层级6自我系统,知识类型则主要集中在心理程序,因此该领域主要强调自我认知、情绪调控和社交决策方面的能力。在构建亲历课程目标时,应当认识到每个领域内目标所依托的思维层级和所包含的知识类型之间的比重各有不同,这种差异性要求在建构课程目标时确保目标的多样性和适宜性。

(2)目标的发展连续性与跨领域融合。《指南》对目标的设定不仅体现了各领域内部目标之间的递进关系,也揭示了跨领域之间的发展连续性。例如,语言领域的目标在心智过程上涉及从层级1信息提取到层级6自我系统的全方位发展,旨在从基础的语言知识构建到高阶的自我表达和社交交流能力,形成了语言学习的完整发展链。这些能力不仅在语言领域内部形成连续性发展,而且与社会领域的目标相互融合,共同促进幼儿在社交和情感表达上的成长。此外,艺术领域在心理程序的重视提供了情感和创造力培养的机会,与科学领域的观察分析能力相互补充,促进了幼儿在思维灵活性和解决问题上能力的提升。这种跨领域的融合和互补,为幼儿提供了一个整合学习体验的平台,使其在不同领域间的学习经历能够形成互联和支持,推动幼儿走向全面均衡的发展。

通过再分析《指南》,我们明确了亲历课程目标建构的基础和方向。"资料库"和马扎诺的新目标分类法,为构建科学、系统的亲历课程目标体系奠定了坚实的理论基础。

(二) 亲历课程目标建构的路径

亲历课程目标体系以《指南》为基础进行建构,在保持《指南》结构不变的前提下进行深化与拓展,如图 4-6 所示。一级目标主要来自《指南》,以及根

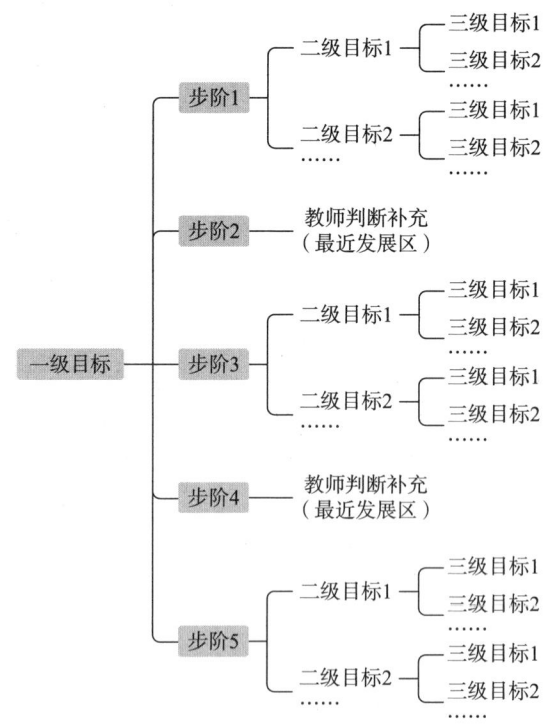

图 4-6 亲历课程目标体系结构

据领域核心经验补充了一些目标。二级目标来自《指南》中的各年龄段具体发展目标以及"资料库"中有关领域核心经验发展轨迹的相关内容。三级目标是二级目标的进一步拓展,根据领域核心经验要点以及教师的实践形成。此外,目标体系没有采用小班、中班、大班来体现幼儿发展的层次,而是使用了发展步阶1—5来体现。其中步阶1、3、5有具体内容,步阶2和步阶4相当于幼儿最近发展区,由教师根据班级幼儿实际发展情况进行灵活判断。

亲历课程目标体系虽然不分年龄段和上下学期,但是它能在学期班级计划中由教师进行班本化、生本化,以体现幼儿不同阶段的发展目标。由于幼儿发展的不平衡性,这种非线性的课程目标更具灵活性,教师在使用上更加开放。即使我们将年龄段改为发展步阶1—5,教师也能基于对《指南》的认识,知晓不同步阶的目标主要指向哪个年龄段。这样一来,教师就不会被年龄段所束缚,更能客观地判断班级幼儿处于哪一个发展步阶,以及幼儿个体各领域处于哪一个发展步阶,提高了教学支持的精准性。同时,我们选择从幼儿的角度来表述目标,指明幼儿通过学习应该获得的发展。[①] 具体而言,亲历课程目标分为两个部分:目标主干和相应例子。在目标主干中,我们将"幼儿能够"("幼儿"两字在实际目标表述中省略)作为主语,再加上一个动词短语和它的宾语。动词短语陈述该目标涉及的心智过程,宾语陈述心智过程所聚焦的知识类型。例如以下为健康领域中的一个园本目标主干:"能够在户外活动时根据天气情况自主选择合适的活动强度。"该目标指向的是信息类型的知识"天气情况"在层级5(元认知系统之目标设定)上的心智过程。目标主干后进一步举例:"在炎热天气中选择轻度活动,或在寒冷天气中进行更积极的运动以保持体温。"例子相当于目标的操作性定义,使教师更好地理解该目标,并为教师进一步转化目标奠定基础。

具体而言,亲历课程目标建构存在以下两个操作路径。

1. 基于《指南》深化领域核心经验

学科(领域)是各类知识的最主要载体,也是课程目标的基本来源之一。学科的一般教育功能主要用以满足个人生活需要和社会生活需要。[②] 在学前教育阶段,园本课程目标应该突出学科的一般教育功能,重视幼儿在日常社会生活中对该门学科知识的需要。[③] 核心经验对各领域的学习起到了至

[①] 侯莉敏.幼儿园课程与教学理论[M].北京:高等教育出版社,2016:56.
[②] 高孝传,等.课程目标研究[M]北京:教育科学出版社,2001:68.
[③] 刘霞.创生取向下幼儿园园本课程目标的建构与实现[J].教育导刊(下半月),2021(10):8.

关重要的作用,因此要基于《指南》,深化和拓展领域核心经验对目标体系的渗透。

在实践层面,我们先将《指南》中每一条二级目标拓展为多个园本课程目标,这些课程目标符合上级目标的阐述,同时将适宜的领域核心经验融入其中。例如将科学领域"感知和理解数、量及数量关系"步阶5中的目标"初步理解量的相对性"进一步拓展为两个园本课程目标:① 能够理解10以内数与数之间的大小关系的相对性(7比5大2,反过来,5比7小2)、传递性(因为5比3大,且7比5大,所以7比3大)。② 能够按大小、长短、高矮、粗细、厚薄、宽窄差异对10个以内物体进行"正向排序"和"逆向排序"。这样一来,两个拓展的园本目标就实现了对数学核心经验"量的比较"中三条核心经验要点(确定属性特征是量的比较的重要前提;语言可用来识别和描述特定的属性;量的比较具有相对性、传递性)[①]的全覆盖。再如将语言领域"具有初步的阅读理解能力"步阶1中的目标"能听懂短小的儿歌或故事"进一步拓展为两个园本课程目标:① 能够在听完短小的儿歌或故事后,通过表情、动作或简单语言表示理解。如通过笑、鼓掌或重复故事中的关键词来响应。② 能够对听到的儿歌或故事提出简单的问题或发表简短的看法,展现出对所听内容的兴趣和基本理解。例如问"为什么?"或说"我喜欢这个故事"。这样就覆盖了语言领域"前阅读"核心经验中的两条核心经验要点,即"阅读内容的理解和阅读策略(预期、假设、比较、验证)的形成"以及"阅读内容的表达与批判"。[②]

同时,我们整体审视课程目标架构,从横向上看有无可以进一步拓展的子领域。例如从数学学科的角度看,《指南》中对"集合与分类"和"模式"相关核心经验涉及较少。但这两类核心经验在数学学习中也占有重要的比重。因此我们结合幼儿发展轨迹方面的证据[③][④],拓展了"感知初步的集合与分类"(如表4-1所示)以及"感知模式并应用"(如表4-2所示)两个子领域,以此保证幼儿数学经验的完整性,也为教师的教学目标制订提供更加有力的抓手。

---

① 黄瑾,田方.学前儿童数学学习与发展核心经验[M].南京:南京师范大学出版社,2015:204-205.

② 周兢.学前儿童语言学习与发展核心经验[M].南京:南京师范大学出版社,2015:219-220.

③ 黄瑾,田方.学前儿童数学学习与发展核心经验[M].南京:南京师范大学出版社,2015:30-36,66-69.

④ 张俊.幼儿园数学领域教育精要——关键经验与活动指导[M].北京:教育科学出版社,2015:33,40-42.

第二部分 亲历课程的组织设计

表4-1 幼儿数学领域亲历课程目标(部分)

目标	感知初步的集合与分类(省略三级目标)				
发展步阶	步阶1	步阶2	步阶3	步阶4	步阶5
	1. 能够感知有限集合,并关注集合两端位置的元素: (1)…… (2)…… 2. 能够根据事物的表面特征(如颜色、形状)进行简单分类: (1)…… (2)……		1. 能够感知集合元素的数量,通过点数等方式数出集合中的元素数量: (1)…… (2)…… 2. 能够根据事物的内部特征进行抽象概括,依据具体情境和功用进行分类: (1)…… (2)……		1. 能够理解集合的包含关系,如全集与子集的关系: (1)…… (2)…… 2. 能够根据需要将不同集合进行比较和排序: (1)…… (2)…… 3. 开始根据本质属性对事物进行分类,能够抽象事物的多种属性或特征: (1)…… (2)……

表4-2 幼儿数学领域亲历课程目标(部分)

目标	感知模式并应用(省略三级目标)				
发展步阶	步阶1	步阶2	步阶3	步阶4	步阶5
	1. 能够识别基本的模式: (1)…… (2)…… 2. 能够模仿和复制简单的模式: (1)…… (2)……		1. 能够识别并描述模式中的单元和它们之间的关系: (1)…… (2)…… 2. 能够在模式中进行基本的扩展和填充: (1)…… (2)…… 3. 能够尝试用不同方式表现相同的模式: (1)…… (2)……		1. 能够创造自己的模式,并解释模式中的规则: (1)…… (2)…… 2. 能够比较和转换不同的模式,理解不同表征方式下的相同模式结构: (1)…… (2)…… 3. 能够将不同方式表现的模式进行整合和创新: (1)…… (2)……

2. 基于幼儿认知需要活化课程目标

马扎诺在大量的实践之后,确定了各思维系统在教学活动中的有效度,得出如下结论:有效度最高的是自我系统,这说明自我系统对学生学习的影响最大,其后依次为元认知系统、认知系统。① 一旦自我系统决定了关注什么,也就在一定程度上限定或确定了元认知系统、认知系统以及知识领域的运作。② 因此在教学过程中,幼儿的学习动机是决定学习效果的最主要因素。亲历课程目标以及教师进一步细化形成的班本目标甚至生本目标都要注意其是否能引发幼儿自我系统的介入,以激发幼儿学习兴趣和动机。例如我们将艺术领域—喜欢自然界与生活中美的事物—步阶5中的目标"乐于模仿自然界和生活环境中有特点的声音,并产生相应的联想"进一步拓展为两个课程目标:① 能够展现出在日常活动中听到特定声音(如鸟叫、雨声)后的模仿兴趣,通过用嘴巴或身体动作来模仿这些声音,即使不是非常准确,也能表现出乐趣和探索精神。② 能够在创意表达活动中(如绘画、讲故事或角色扮演),尝试使用模仿的声音作为灵感来源,创造或表演与这些声音相关联的艺术作品,展现出对声音的感知与联想能力。以上目标通过鼓励幼儿模仿日常生活中的特定声音并在创意活动中使用这些声音,触发了幼儿的自我系统。这种目标设计不仅激发了幼儿的学习兴趣和动机,还促进了幼儿在艺术表现方面的探索和发展,支持幼儿在兴趣驱动下主动参与学习,从而实现更有效的学习和发展。

同时,目标制订时也应当全面考虑幼儿在自我系统、元认知系统、认知系统三个层次的能力与需求③,使得幼儿在思维系统的各个层次都能得到发展。由于马扎诺新分类中的层次结构是意识性或可控性,而不是复杂性和难易性④,因此这些心智过程虽然有层级和水平之分,但并没有重要之分,每一个心智过程都很重要。例如我们将社会领域—遵守基本的行为规范—步阶3中的目标"知道接受了的任务要努力完成"进一步拓展为两个亲历课程目标:① 能够在接受任务后,持续保持专注和努力,直到任务完成,不轻易放弃,展现

---

① 黎加厚.新教育目标分类学概论[M].上海:上海教育出版社,2010:4.

② [美]罗伯特·J.马扎诺,约翰·S.肯德尔.教育目标的新分类学[M].高凌飚,吴有昌,苏峻,主译.2版.北京:教育科学出版社,2012:54.

③ 刘林琳.马扎诺教育目标分类学在小学数学教学设计中的应用研究[D].曲阜:曲阜师范大学,2020:28.

④ 盛群力.旨在培养解决问题的高层次能力——马扎诺认知目标分类学详解[J].开放教育研究,2008(2):20.

出坚持到底的态度。②能在面对困难或挑战时,寻求成人或同伴的帮助,但不放弃已接受的任务。以上目标通过鼓励幼儿在完成任务的过程中持续保持专注和努力,体现了自我系统的发展;同时,当幼儿面对困难时,他们会寻求帮助但不放弃任务,展现了元认知系统的应用;幼儿在完成任务的过程中需要运用认知能力来理解责任的含义和采取相应的行动,则体现了认知系统的综合应用。这种目标设置全面考虑了幼儿在自我系统、元认知系统和认知系统三个层次的能力与需求,确保了幼儿在思维系统的各个层次都能得到均衡发展。

附录:亲历课程目标体系(部分)

表4-3 艺术领域——感受与欣赏

一级目标	喜欢自然界与生活中美的事物				
发展步阶	步阶1	步阶2	步阶3	步阶4	步阶5
	1. 喜欢观看花草树木、日月星空等大自然中美的事物: • 能够在日常生活中指出并简单描述发现的自然之美。如指着开放的花说:"哇,好漂亮的花啊!" • 能够主动描述自己所观察到的自然事物的特点。如花草树木或日月星空的颜色、形状和变化,表现出对自然美的敏感性和认识。 2. 容易被自然界中的鸟鸣、风声、雨声等好听的声音所吸引: • 能够在听到自然界中的声音(如鸟鸣、风声、雨声)时,表现出明显的兴趣和注意力。例如转头寻找声音来源或询问成人这是什么声音。		1. 在欣赏自然界和生活环境中美的事物时,关注其色彩、形态等特征: • 能够关注并识别美丽事物的视觉特征。包括颜色、形状、质感、色彩组合和线条韵律等美学元素。 • 能够在艺术创作活动中,模仿和体现自然界和生活环境中事物的色彩和形态。 2. 喜欢倾听各种好听的声音,感知声音的高低、长短、强弱等变化: • 能够表现出对各种声音(如音乐、自然声音或日常生活中的声音)的喜爱和兴趣,并能够描述声音给他们带来的愉悦感受。如说出		1. 乐于收集美的物品或向别人介绍所发现的美的事物: • 能主动在生活环境中发现美丽的物品或场景。如一朵特别的花、一块有趣的石头,或是一幅美丽的风景画。 • 敢于与人分享发现的美,能用简单的语言向教师、同伴、家长介绍自己收集或发现的美丽事物。包括每件物品的特别之处,以及为什么认为它们是美的。 2. 乐于模仿自然界和生活环境中有特点的声音,并产生相应的联想: • 能够展现出在日常活动中听到特定声音(如鸟叫、雨声)后的模仿兴趣,通过用嘴巴或身体动作来

续表

一级目标	喜欢自然界与生活中美的事物				
发展步阶	步阶1	步阶2	步阶3	步阶4	步阶5
	• 能够在日常生活或游戏中识别并指出自然界的声音。如能够区分并说出"这是鸟叫"或"听，风在呼呼吹"。		"我喜欢听小鸟叫，它好像在唱歌"。 • 能够在日常生活和艺术活动中，感知并描述声音的高低、长短和强弱等特征。例如在听故事或音乐时，能够指出不同角色或乐器的声音变化。		模仿这些声音，即使不是非常准确，也能表现出乐趣和探索精神。 • 能够在创意表达活动中（如绘画、讲故事或角色扮演），尝试使用模仿的声音作为灵感来源，创造或表演与这些声音相关联的艺术作品，展现出对声音的感知与联想能力。

一级目标	喜欢欣赏多种多样的艺术形式和作品				
发展步阶	步阶1	步阶2	步阶3	步阶4	步阶5
	1. 喜欢听音乐或观看舞蹈、戏剧等表演： • 能够表现出对听音乐、舞蹈、戏剧表演的兴趣。例如主动要求再次听同一首歌或再次观看类似的表演。 • 能够在日常生活中识别并指出喜欢的音乐、舞蹈或戏剧元素。展示出对不同艺术形式的基本认知和偏好。 2. 乐于观看绘画、泥塑或其他艺术形式的作品： • 能够在观看艺术作品时表现出兴趣。例如主动靠近艺术作品观看，或是对		1. 能够专心地观看自己喜欢的文艺演出或艺术作品，有模仿和参与的愿望： • 能够在观看文艺演出或艺术作品时保持专注。例如能够在整个演出或观看过程中不易分心，对演出或艺术作品中的细节表现出兴趣和好奇。 • 在观看艺术作品后能够表达出模仿和参与的愿望。例如看完舞蹈演出后愿意尝试跳舞，或在欣赏画作后愿意画一幅类似的画，表现出对艺术形式的模仿兴趣和参与欲望。		1. 艺术欣赏时常常用表情、动作、语言等方式表达自己的理解： • 能够在艺术欣赏过程中，根据作品的不同内容和风格，自主表现出相应的动作、表情等。 • 能够在艺术欣赏后，用自己的方式总结或复述所看到或听到的艺术内容。如通过讲故事、绘画、动作或其他创造性方式，展现出对艺术作品的个人理解和感受。 2. 愿意和别人分享、交流自己喜爱的艺术作品和美感体验： • 能够主动向同伴、家

续表

一级目标	喜欢欣赏多种多样的艺术形式和作品				
发展步阶	步阶1	步阶2	步阶3	步阶4	步阶5
	作品中的颜色、形状等元素表现出好奇和关注。 • 能够在观看艺术作品后,用自己的话或简单的动作表达对这些作品的喜欢。例如指着一幅画说"我喜欢这个"或在看到泥塑作品时模仿其形状。		2. 欣赏艺术作品时会产生相应的联想和情绪反应: • 能够在欣赏艺术作品后,用自己的话描述所产生的联想。如看到一幅描绘大海的画后说"我好像听到了海浪的声音"。 • 能够在观看艺术作品时表达出相应的情绪反应。例如看到快乐的画面时表现出愉悦,或对于悲伤的场景展现出同情,从而反映出对艺术作品情感内容的初步理解和感受。 • 能够将观看艺术作品时产生的联想和情绪结合起来表达。例如在欣赏一幅画作后,不仅能描述联想起的事物或场景,还能表达这些联想带给自己的感受,如"这画里的小狗让我想起了我家的狗狗,我看到它就很开心"。		长或老师展示喜欢的艺术作品(如绘画、手工艺品)或描述在音乐、舞蹈等艺术体验中的感受。如"我今天听了一首很好听的歌"或"我看到一幅很特别的画"。 • 能够在小组讨论或集体活动中分享对艺术作品的看法和感受。例如在观看一场表演后,能够与同伴交流自己的观后感,或在欣赏活动中讨论自己对某个艺术作品的喜好。

表 4-4　艺术领域——表现与创造

一级目标	喜欢进行艺术活动并大胆表现				
发展步阶	步阶1	步阶2	步阶3	步阶4	步阶5
	1. 经常自哼自唱或模仿有趣的动作、表情和声调： • 能够在日常活动中，自发地哼唱简单的歌曲或音乐旋律，并表现出音乐带给他们的愉悦感。如在玩耍或休息时自然地哼唱。 • 在日常生活中，主动模仿感兴趣的动作或表情。如学小动物的举止或模仿机器人行走。 2. 经常涂涂画画、粘粘贴贴并乐在其中： • 能够在绘画和拼贴活动中自由地使用各种材料表达自己的创意和感受。例如自由地绘制自己喜欢的图案，或使用不同颜色和形状的材料进行拼贴创作。 • 能够在艺术活动后，表达对自己作品的喜爱，并能简单描述创作过程中的乐趣。例如告诉老师或家长"我用红色和蓝色的纸做了一只船"。		1. 经常唱唱跳跳，愿意参加歌唱、律动、舞蹈、表演等活动： • 能够在日常生活中自发地唱歌和跳舞，表现出对音乐的自然喜爱和对身体韵律的乐趣。例如在休息时间，听到音乐时自发地跟着节奏跳舞和摆动。 • 愿意积极参与集体歌唱、律动、舞蹈和表演活动。展现出对艺术活动的兴趣和参与意愿。 2. 经常用绘画、泥塑、手工制作等多种方式表现自己的所见所想： • 能够主动观察并选择感兴趣的对象，发挥想象力，运用多样的形式自主描绘和表现自己的所见所想。 • 能够简单描述作品的创作灵感和表达意图。例如能够向老师或同伴解释用泥塑制作的形状代表了什么，展现出对艺术表达的自我理解和沟通能力。		1. 积极参与艺术活动，有自己比较喜欢的活动形式： • 能够在参与各种艺术活动中，表现出对某一或几种艺术形式的特别喜爱。例如更偏好绘画、手工制作、音乐或舞蹈等，并能够在这些活动中表现出更多的热情和参与度。 • 能够在喜欢的艺术活动中展现出一定的技能和创造性。如在绘画时尝试不同的绘画技巧，或在音乐活动中愿意尝试不同的乐器，表现出对艺术表达方式的探索和兴趣。 2. 能用多种工具、材料或不同的表现手法表达自己的感受和想象： • 能够在不同艺术活动（如绘画、音乐、舞蹈、戏剧表演等）中选择并使用多种表现手法来表达自己的感受和想象。例如通过绘画表达一个故事，或通过舞蹈和音乐来表达自己的情绪和创意。 • 能够在艺术创作过程中，结合使用不同的材料资源。例如结合绘画和手工艺品创作，或在音乐活动中尝试不同的乐器和声音效果，以丰富和多样化的方式表达自己的艺术感受和创意。 3. 艺术活动中能与他人相互配合，也能独立表现： • 能够在参与艺术活动时，根据情境灵活地选择合

第二部分 亲历课程的组织设计

续表

一级目标	喜欢进行艺术活动并大胆表现				
发展步阶	步阶1	步阶2	步阶3	步阶4	步阶5
					作或独立完成任务。例如在集体绘画或舞蹈时,能够与同伴协调动作和想法,同时在需要独立表现时,能够自信地表达自己。 • 能够在参与艺术项目时,既理解团队合作的重要性,也能展现个人独特的艺术风格。例如在小组合作的戏剧表演中,能够与同伴协作发挥角色,同时在个人台词或动作上展现自己的创意和理解。

一级目标	具有初步的艺术表现与创造能力				
发展步阶	步阶1	步阶2	步阶3	步阶4	步阶5
	1. 能模仿学唱短小歌曲: • 对于理解的字词能够清晰地吐字发音。 • 能够掌握正确的歌唱坐姿。 • 能够掌握四分音符和八分音符。 2. 能跟随熟悉的音乐做身体动作: • 能够随着音乐做简单的身体动作,对幅度大的上肢动作的控制性较好。 • 基本能跟随音乐节奏动作,在成人的提醒下初步能对音乐的总体结构做出反应,如等待前奏、随着音乐开始		1. 能用自然的、音量适中的声音基本准确地唱歌: • 在有伴奏的状态下音准较好。 • 能够基本控制好自己唱歌的姿态,包括坐姿和站姿。 • 能逐步控制歌唱的发声,能使用较长的气息,按要求换气。 • 能较完整、准确地再现歌词,体现出听辨、理解、记忆和再认的能力,唱错字、发错音的情况有所改善。 2. 能通过即兴哼唱、即兴表演或给熟悉的		1. 能用基本准确的节奏和音调唱歌: • 能够准确唱出旋律的高低变化。 • 能够较好地控制好自己的歌唱状态,包括眼神平视、双肩放松。 • 气息保持时间较长,能按乐曲的情绪自然地换气,同时音量明显变大。 • 能记住更长、更复杂的歌词,理解词义。歌词的发音、咬字吐字清晰流畅。 2. 能用律动或简单的舞蹈动作表现自己的情绪或自然界的情景: • 能够在音乐律动或舞蹈活动中,通过不

续表

一级目标	喜欢进行艺术活动并大胆表现				
发展步阶	步阶1	步阶2	步阶3	步阶4	步阶5
	做动作，在音乐结束时做结束动作。 • 能做一些简单的联合动作，如边拍手边点头、边走步边做简单的模仿动作等。 3. 能用声音、动作、姿态模拟自然界的事物和生活情景： • 能够模仿简单的自然界事物和生活情景。例如模仿小动物的行为、模拟天气变化的声音（如风声、雨声）或表演日常生活中的简单动作（如吃饭、睡觉的姿态）。 • 能在音乐和律动活动中，用身体动作和声音表达对自然界和生活情景的感知。如在音乐节奏中模仿动物走路的姿势。 4. 能用简单的线条和色彩大体画出自己想画的人或事物： • 能用简单的线条表现人或事物的大致形象。 • 会根据自己的涂鸦结果来解释或讲故事。 • 能够开始给自己的涂鸦起名字。		歌曲编词来表达自己的心情： • 能根据不同的心情，通过简单的哼唱旋律来进行音乐上的即兴表达。 • 能对熟悉的歌曲歌词进行简单的变换、添加，以表达自己的想法。 3. 能用拍手、踏脚等身体动作或用可敲击的物品敲打节拍和基本节奏： • 能够初步掌握四分音符和八分音符的组合。对于二分音符、典型的附点节奏和三拍子节拍也能掌握。 • 能跟着音乐节奏做动作，并且能较自由地做连续的移动动作。 • 具备一定的随乐性，不仅能够合拍地跟着音乐节奏做动作，而且能够在同一首音乐的转换处以不同的动作节奏加以表现。 4. 能运用绘画、手工制作等表现自己观察到或想象的事物： • 能够在绘画或手工制作活动中，根据自己的观察或想象选择主题。如绘制家庭成员、宠物、生		同的动作和节奏表达自己的情感，如快乐时跳跃和挥手，悲伤时缓慢和低头。 • 能够根据音乐的节奏和风格，创造性地模仿自然界的各种情景，如通过舞蹈动作模仿雨滴落下。 3. 能自编自演故事，并为表演选择和搭配简单的服饰、道具或布景： • 能够基于自己的想象或生活经验创作简单的故事，并在角色扮演或小剧场活动中表演这些故事。 • 能够根据故事内容和角色的需要，选择和搭配合适的服饰、道具或布景。例如用手工材料制作道具，或布置简单的布景来增强故事的表现力和吸引力。 4. 能用自己制作的美术作品布置环境、美化生活： • 能利用不同材料创作简单的美术装饰作品，如用芦苇制作门帘、用竹子制作笔筒等。 • 能根据不同场合、节日需求，创作相关主题的美术作品来布置环境，如春节剪贴窗花、布置节气桌等。

续表

一级目标	喜欢进行艺术活动并大胆表现				
发展步阶	步阶1	步阶2	步阶3	步阶4	步阶5
			活场景或喜欢的故事人物，并能够使用不同的颜色和材料表达这些主题。 • 能够尝试使用不同的技巧和方法来表现自己的想法。如通过混合颜色、使用不同的笔触在绘画中表达感觉，或在手工制作中尝试不同的拼接和组合方式来造型。		

第三节 亲历课程目标体系的应用与修订

一、课程目标体系的持续修订

（一）建立证据反馈机制

反馈机制是园本课程目标体系持续修订的证据来源，它依赖于以下几个关键要素及其相互作用：证据收集，构成课程目标修订的证据基础，包括教师、幼儿、家长和专家的反馈，确保多角度的视野；证据解析，通过教研活动等形式对收集到的信息进行深入分析，识别目标实施的成效和问题；证据接受，决定目标调整的方向和内容；实践应用，将修订后的目标应用于教学实践中，并根据反馈进行实时调整；循环反馈，作为闭环机制，确保修订实施的效果能够再次被反馈回系统，形成持续的目标完善循环。

在这个机制中，各要素之间形成了一个封闭的循环结构，相互支撑和调节，确保园本课程目标体系能够灵活适应幼儿发展和教育实践的变化，实现持续的优化和发展，见图4-7。

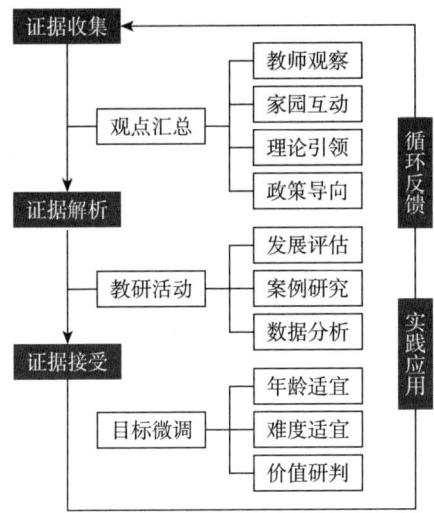

图 4-7 课程目标修订的证据反馈循环

(二) 证据导向的目标修订

目标体系是教师进行各类教育活动的重要参考证据,要通过发挥自身创造力和批判意识,对个体知识和理论证据进行评价与创新。[①] 依据证据收集和分析结果,我们对目标体系进行有针对性的修订,确保其始终基于幼儿的发展需求和园本课程的教育理念。总体而言,如果出现以下几个方面的证据,那就有必要对课程目标进行微调修订,不同的情况也有不同的修订方式。

(1) 不符合幼儿发展特点的证据:教师观察到课程目标与幼儿的发展水平、兴趣和需求不相符,例如目标过于简单或过于复杂,无法激发幼儿的学习动机。针对目标过于简单的情况,可参考幼儿相关领域发展轨迹,适当增加目标的复杂性和挑战性。针对目标过于复杂的情况,可以简化目标,将其拆分为更小的、更易于实现的子目标,确保幼儿能够逐步掌握。除此之外,也可调整目标所涉及的认知系统、元认知系统、自我系统思维加工水平,使其更适配幼儿能力发展。

(2) 教学实践中的问题证据:园本课程目标和实际活动目标存在偏差和

[①] 吴雨宸,宋萑,徐兴子.循证教研:指向教师实践性知识生成的教研转型[J].教师教育研究,2023,35(1):17.

不一致,目标达成效果不佳。针对此问题,首先要检视目标是否过于抽象或宽泛,使得教师将其转换为更具体的活动目标时存在偏误。接下来可以根据实践反馈调整课程目标表述以及紧随目标的例子,使其更加清晰具体。最后通过教研活动统一教师对目标的理解,提高目标应用的准确性。

(3) 家长反馈的证据:家长群体的观点一定程度上代表着幼儿园周边社区对幼儿教育的整体看法。可在符合幼儿领域核心经验发展轨迹的基础上,在课程目标中适当强化家长所关注的领域,如社交技能、阅读能力等。在此过程中,教师还应与家长进行有效沟通,解释课程目标的调整原因和预期效果,以及如何在家庭中支持幼儿实现这些目标,从而促进家园合作,形成教育合力。

(4) 最新研究和政策导向的证据:教育研究的新发现以及政策要求都会对课程目标的修订产生重要影响。幼儿园需要定期关注和评估教育研究的动态和政策变化,及时调整和更新园本课程目标,确保其能够反映教育趋势和社会需求。这种持续的修订过程不仅有助于提升课程的质量和有效性,也能够促进幼儿更好地适应未来的学习和生活挑战。

二、亲历课程目标的有效应用

亲历课程目标最终要作用于幼儿,因此需要教师组织实施各类教育教学活动来促进目标的达成,这个过程是亲历课程目标班本化、生本化的过程。

课程目标的班本化就是教师根据本班的实际情况,因地制宜地将课程目标转化为适宜本班幼儿经验、发展、智能特点的具体目标,不同班级实现目标的进度和侧重点是有区别的。班本化是针对全班幼儿,而生本化最终要落实到幼儿个体,指向具体的人。

(一) 课程目标体系的班本化路径

1. 作为班级计划制订的证据

班级计划是园本课程目标在特定班级和特定时间内的具体实施方案,它考虑了班级的具体情况、幼儿的实际需求和教师的教学特点,使园本课程目标体系更加贴近实际教学,更具操作性和针对性。目标体系在班级计划制订中发挥两个方面的作用。

一方面,目标体系可以作为了解班级幼儿整体发展水平的工具。学期初,教师对照目标体系,识别每一个幼儿各领域的发展状况,利用问卷工具进行汇总,就能得出班级幼儿各领域的整体发展情况。需要注意的是,由于不同幼儿各领域发展有一定差异,因此数据汇总后得出的"平均值"并不能代表班级幼儿的一般发展水平,教师还是要具体幼儿具体分析。这些数据将作为班级计划制订的基本依据(见表4-5)。

表4-5 某大班班级计划(科学领域部分)

	科学领域
发展情况	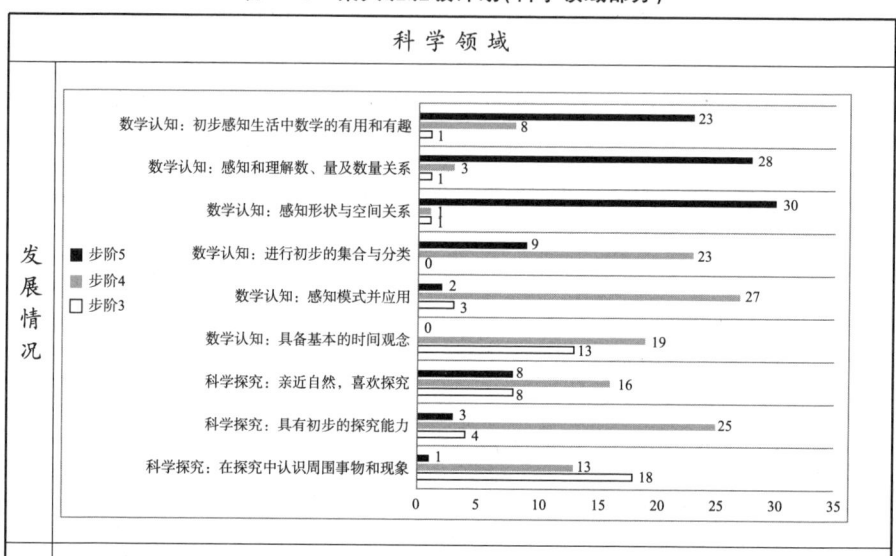
情况分析	大多数幼儿具有初步的探究能力,他们喜欢接触新事物,常常动手动脑探索物体和材料并乐在其中。他们对生活环境中的一切都感到好奇,在探索中认识周围事物和现象,感知和了解生活环境的变化对自己的影响,特别是在探索自然环境的过程中,学会了尊重和珍爱生命。本班幼儿的数学认知能力发展参差不齐。他们能感知生活中数学的有用和有趣。大多数幼儿能感知和区分物体的粗细、厚薄、轻重等量方面的特点,并能用相应的词语描述。大部分幼儿的空间概念、逻辑思维都有一定的发展,少数幼儿(如杨＊＊、平＊＊、徐＊＊)对基本的数概念的理解还存在较大的问题,也有能力强的幼儿已超过步阶5的数学认知水平。
发展目标	1. 能通过观察、比较与分析,发现并描述不同种类物体的特征或某个事物前后的变化。在成人的帮助下能制订简单的调查计划并执行。能用数字、图画、图表或其他符号记录。 2. 能发现生活中许多问题都可以用数学的方法来解决,体验解决问题的乐趣。能用简单的记录笔、统计图等表示简单的数量关系。 3. 尝试用标准单位进行测量,即为了与他人的测量进行比较,必须使用与他人一样的单位。 4. 具备具体的时间观念。能够理解和使用时间单位,理解时间的序列和历史性。能够参与复杂的时间规划和管理。 5. 能够理解集合的包含关系,如全集与子集的关系。能够根据需要将不同集合进行比较和排序。

第二部分 亲历课程的组织设计

续表

	科学领域
	6. 开始根据本质属性对事物进行分类,能够抽象事物的多种属性或特征。 7. 能够创造自己的模式,并解释模式中的规则。能够比较和转换不同的模式,理解不同表征方式下的相同模式结构。能够将不同方式表现的模式进行整合和创新。
具体措施	1. 利用散步活动,带幼儿一起探索校园的变化,为幼儿提供一些有趣的探究工具,如放大镜、镊子、显微镜等,用自己的好奇心和探究积极性感染和带动幼儿。和幼儿一起发现并分享周围新奇、有趣的事物或现象,一起寻找问题的答案,激发其好奇心与探究欲望。 2. 在一日活动中真诚地接纳、多方面支持和鼓励幼儿的探索行为。如在生活活动中认真对待幼儿的问题,引导他们猜一猜、想一想,有条件时和幼儿一起做一些简易的调查或有趣的小实验;在区域活动中多为幼儿选择一些能操作、多变化、多功能的玩具材料或废旧材料,在保证安全的前提下,鼓励幼儿拆装或动手自制玩具。 3. 在进行种植番茄的活动时,有意识地引导幼儿观察周围事物,学习观察的基本方法,培养其观察与分类能力。 4. 利用晨间签到活动,提高幼儿对时间的认知,会正确书写时间,培养准时不迟到的意识。 5. 利用植物角、种植地、节气桌,引导幼儿关注和了解自然,学习照顾植物、动物,引发幼儿爱护大自然的意识。在观察种植地番茄苗的生长变化过程中,培养幼儿科学探究的能力。 6. 开展亲子活动"生活中的数字"。和家长一起引导幼儿感知和体会生活中很多地方都用到数字,关注周围与自己生活密切相关的数字的信息,体会数字可以代表不同的意义。鼓励和支持幼儿发现、尝试解决日常生活中需要用到数学的问题,体会数学的用处。 7. 改进科学区域活动。在活动中,有针对性地弥补一些科学、数学认知技能,如关于"量"的认知、"标准测量的运用""集合的认知"。

另一方面,教师能够根据班级幼儿整体发展情况的分析结果,确定需要重点关注和加强的领域或具体目标。例如,如果分析发现班级中大多数幼儿在社交技能方面的发展相对滞后,那么教师就可以在班级计划中安排更多促进社交互动和合作的活动,如小组合作游戏、角色扮演等。同时也要考虑到班级中已有较好发展的领域,保持和进一步加深这些领域的活动。此外,针对一些幼儿在特定领域表现出的特殊才能或兴趣,教师也可以适当调整班级计划,提供更多相应的学习机会和挑战,以促进每个幼儿的个性化发展。

2. 作为班级环境的创设证据

班级环境的创设除了要追求视觉审美价值,还要具有促进探索与发现、支持社交与合作、培养自主与自律、激发想象与创造等重要教育价值,目标体系就是实现这些教育价值的重要指引。因此班级环境的创设要有利于课程目标的达成,两者协调一致,不可分割。

例如,在班级环境方面,为达成适应能力和空间感知能力的相关目标,可引入可变动或是模块化的空间设计,让幼儿参与空间布局的调整,体验不同的生活环境布置;为促进幼儿自然观察和探索能力的发展,生活环境可以融入更多自然元素,如设置室内小花园、小鱼缸或观察窗,让幼儿在日常生活中亲近自然,观察植物生长或动物行为;为了支持幼儿情绪管理和自我调节能力的发展,可以在小班生活环境中设置一个舒缓角落,配备柔软的垫子、抱枕、安抚玩具等,提供一个安静和舒适的空间,让幼儿在情绪波动时有一个撤退和平静的地方。

再如在区域游戏环境方面,为了促进幼儿综合能力的发展,可以设计跨领域探索区,将艺术、科学和语言等不同领域的元素结合起来,鼓励幼儿在游戏中进行跨学科的探索和创造。为了培养幼儿对规则的理解和遵守,可以创设互动规则墙,使用可拆卸的图标和文字卡片展示当前的游戏规则。幼儿可以在游戏前参与选择和摆放规则卡片,这样既能参与规则的制订,又能增强自己对规则的记忆和遵守,最终让规则成为游戏的一部分,帮助自己在日常游戏活动中自然地学习和实践规则。另外,针对各类有领域倾向的游戏区,教师都要在目标体系中找到相应证据作为环境创设的基础。

3. 作为课程内容选择的证据

园本课程目标体系与课程内容之间存在密切的关系。目标体系为课程内容的选择提供了明确的方向和框架,确保课程内容能够精准地反映教育理念、满足幼儿的发展需求。课程内容的有效实施和反馈又可以促进目标体系的不断完善和调整,以更好地适应幼儿的成长和社会的变化。

从实践层面来看,每一个主题课程及其目标都有一定领域倾向性,例如"探访和平街"偏向社会领域;"小瓢虫变身记"偏向科学领域;"我们的幼儿园地图"偏向数学领域。[①] 因此,为保证幼儿获得经验的完整性,教师要站在更高的时间维度(如学期、学年)来审视课程目标的选择,确保课程内容应覆盖目标体系中不同方面和层次的学习目标,以适应幼儿的多元发展需求,从而避免全年的主题课程只涉及部分领域目标导致幼儿发展"瘸腿"的情况。

---

① 赵春霞.行动中的儿童[M].南京:南京师范大学出版社,2023.

此外，要想支持幼儿取得学习的成功，很大程度上取决于个体对某一任务已掌握的知识量，即已有经验的多少[①]，因此教师在应用目标体系选择课程内容时也要将幼儿已有经验纳入考量。目标体系可以作为识别幼儿经验的分析框架，帮助教师了解幼儿已有经验的发展情况，从而选择更加适宜的课程内容。

4. 作为课程质量评估的证据

目标体系为课程质量评估提供了明确的标准和参照。通过对照目标体系，评估者可以系统地检查课程内容、教学方法和学习成果是否符合预设的教育目标，从而评价课程的有效性和合理性。课程审议是目标体系应用于课程质量评估的有效路径，主题活动、生活活动和区域活动，都有课程审议的介入。

首先，目标体系为课程审议提供了一个统一的框架，确保课程设计和实施的各个环节都以幼儿的发展需求为核心，从而实现课程内容与教育目标的一致性。在主题活动、生活活动和区域活动的审议中要围绕目标体系进行全面的评估，确保活动的设计和实施能够有效地支持幼儿在各个领域的成长。

其次，目标体系的应用促进了课程审议过程的系统性和科学性。通过对照目标体系，评估者可以更加客观地识别课程中的优势和不足，制订针对性的改进措施，从而提高课程质量。同时，目标体系还为课程审议提供了明确的标准，有助于评估结果的可比较性和可操作性。

最后，目标体系的应用也促进了课程审议的持续性和动态性。随着幼儿发展需求的变化和教育理念的更新，目标体系本身也会不断调整和完善。因此，在课程审议过程中，评估者需要定期回顾和审视目标体系，确保课程设计和实施始终紧跟幼儿的发展需求和教育的最新趋势，实现课程的持续优化和创新。

（二）课程目标体系的生本化路径

1. 作为不同需要幼儿的支持证据

目标体系生本化的前提是教师要对照目标体系，对班级每一个幼儿的每一个领域都进行识别，了解幼儿个体的发展情况。在实践中，我们可以在不

[①] 盛群力.旨在培养解决问题的高层次能力——马扎诺认知目标分类学详解[J].开放教育研究,2008(2):10.

同的活动当中去关注不同幼儿的个体需要。

例如,在生活活动中教师可以对照目标体系,重点关注自理能力较弱的幼儿,了解该幼儿当前的发展水平,识别导致幼儿自理能力弱的原因主要来自哪方面,并从多个角度给予支持。如给予适当鼓励以提高其自信心,激发其自我系统,从而使其具备生活自理的动机;提供生活游戏任务单,让幼儿完成一些生活自理相关的任务,激发其元认知系统,从而使其对自己的情况,以及接下来该怎么做有进一步的认识;进一步聚焦幼儿生活自理领域比较薄弱的具体方面,定位后分析判断实现该目标最近发展区,据此制订相应支持策略。

再如,在区域游戏活动中,可重点关注"偏区幼儿"。教师要意识到幼儿的发展是具有一定倾向性的,幼儿往往会选择其擅长领域的区域,因为在这里幼儿能发挥强项,取得一定成就。但这种有意识的"偏区"行为往往会导致该幼儿在某些领域的"瘸腿",因此跨领域的支持是非常有必要的。如果在幼儿薄弱领域与其强项领域之间"搭建桥梁",即通过把幼儿薄弱领域的相关学习隐藏在幼儿认为有意义且感兴趣的任务里,就会激发他们的学习兴趣。[①]因此教师可以参考目标体系中属于幼儿强项的领域内容,利用这些内容引导其参加其他领域的学习。例如某幼儿擅长观察植物(科学领域),但对视觉艺术毫无兴趣。那么教师就可以引导幼儿将观察的植物用不同类型的美术工具和材料进行记录,并做相应的支持和指导,这样就能让该幼儿在不知不觉中获得美感体验和美术能力的发展。

又如在课程实施过程中,有些幼儿在涉及的主题领域中表现出特别突出的能力。教师应在主题活动中为其提供更深入和拓展的学习机会,制订符合其认知需求的生本化发展目标。同时,应注重各领域发展的均衡,虽然主题课程有其明确的领域侧重点,但也应适当渗透其他领域的相关发展目标。此外,教师还应考虑如何让这些幼儿的优势带动其他幼儿的发展,如鼓励能力突出的幼儿分享自己的经验,通过讲故事、展示作品等方式,向其他幼儿展示他们的探索过程和成果。这样不仅可以让能力突出的幼儿进一步巩固自己的经验,还可以激发其他幼儿的学习兴趣,提高他们的参与度。

2. 作为幼儿发展的评估证据

对幼儿发展的评估不仅是一个衡量学习成果的过程,而且是一个深入了

---

① 陈杰琦,等.多元智能理论与儿童的学习活动[M].何敏,李季湄,译.北京:北京师范大学出版社,2015:11.

解幼儿内在发展动态的机会。通过将课程目标体系作为评估的基准,教师可以运用观察记录、幼儿作品分析等多样化评估方法,捕捉幼儿在各个领域的发展情况,洞察幼儿在实现这些目标过程中的思维发展、情感态度和个性特点。

教师需要深入分析评估数据,对照目标体系,揭示幼儿在各领域的发展状况及其背后的原因。这一过程不仅有助于教师针对性地调整教学策略,更能促使教师根据幼儿的发展特点和学习需求,制订更为个性化和富有挑战性的学习计划,使课程目标的实现更加贴合幼儿的实际发展。

通过定期的评估和对照目标体系的反馈循环,教师不仅能够持续优化教学内容和方法,还能够逐步构建一个更加适应幼儿发展需求的课程体系。这一过程促进了教师的专业成长,也为幼儿提供了一个充满挑战和支持的学习环境,使他们在实现课程目标的同时,能够不断探索自我,发现潜能,实现完整发展。

3. 作为家园共育的交流证据

课程目标体系不仅是教师教学的指南,也是家长参与幼儿教育的依据。教师需要向家长清晰地解读课程目标体系,让家长了解幼儿在幼儿园中应达成的发展目标,以及这些目标对幼儿未来学习和生活的意义。通过共享课程目标体系,家长可以更好地理解幼儿园教育的方向和重点,从而在家庭教育中作出相应的支持和配合。

将课程目标体系应用于家园共育,意味着教师和家长需要围绕共同的教育目标展开合作。教师可以根据目标体系,为家长提供具体的家庭活动建议和资源,帮助家长在家中创设与课程目标一致的学习环境,如开展与幼儿园课程相衔接的阅读、科学探索等活动。同时,还应鼓励家长分享家庭教育的经验和成果,以及幼儿在家中的学习表现,这些信息对于教师调整课程目标和教学策略具有重要参考价值。

课程目标体系在家园共育中的应用还体现在对共育成效的评估上。教师可以定期收集家长对幼儿在家庭学习情况的反馈,以及家长对课程目标实现情况的评价,这些反馈信息可以作为评估家园共育成效的重要依据。通过对照课程目标体系,教师和家长可以共同评估幼儿在家庭和幼儿园中的发展情况,及时发现问题并调整教育策略,从而更有效地促进幼儿的全面发展、和谐成长。

第五章　亲历课程的内容

第一节　亲历课程内容来源

　　幼儿园课程内容是指依照幼儿园课程目标选定的、通过一定的形式表现和组织的基础知识、基本情感态度和基本行为方式。① 对于教师和幼儿而言,课程内容是实现课程目标的手段,主要解决的分别是"教什么"和"学什么"的问题。在对幼儿园课程内容的认识上,存在三种不同的取向:一是课程内容即教材的取向,将课程内容看作是向儿童传递的知识和技能,这些基础知识和基本技能在一定程度上反映人类文化遗产中的精华,又是发展中的儿童适应未来社会生活所必需的。二是课程内容即学习活动的取向,关注儿童的活动,强调课程与社会生活的联系,强调儿童在学习中的主动性。三是课程内容即学习经验的取向,把课程内容看成是儿童的学习经验,注重课程内容与儿童发展特征相符合。② 在我们看来,这三种取向各有所长,并不矛盾,且不论是教材还是活动,最后都要转化成幼儿的经验才是真正实现目标,故而应全盘考虑,相互联系,协调平衡。可以这么说,亲历课程以活动为课程内容的主要载体,课程的内容(幼儿需要学习的态度、知识、技能和行为方式)分别蕴涵或组织在活动的基本结构——活动对象和活动过程中。幼儿通过参与课程活动接触这些内容,最终通过内化而积累学习经验,促成自身的发展。

　　亲历课程之"亲历"根植于幼儿的生活世界,幼儿生活的内容涉及整个生活世界,生活内容具有整体性,着眼于自我、自然、社会之整体有机统一的人的体验与经验。亲历课程的本质是幼儿与自身生活的交互、与自然环境的交互、与人文社会的交互,是幼儿有意义、有价值、高质量的生活。幼儿在幼儿园和家庭中就是处在自己的生活世界中,在过着自己的生活。因此,亲历课

---

① 虞永平.学前课程价值论[M].南京:江苏教育出版社,2002:196.
② 朱家雄.幼儿园课程[M].上海:华东师范大学出版社,2003:151-152.

程的内容主要来源于幼儿真实的、现实的、完整的生活世界。

一、在幼儿与自身生活交互中

一日生活是幼儿在幼儿园一天的全部经历,是幼儿生命充实与展现的历程,是个体在参与、体验与创造中,利用环境自我更新的历程。一日生活的内容即幼儿在园的全部生活。如果从作息的角度,可视为幼儿在园生活安排的所有环节;如果从活动的角度,可视为幼儿源自自身生命成长的需要所开展的一切活动。①

幼儿以自己的生活为主要学习对象,又以自己的生活为主要学习途径,并以更好地适应生活为学习目的,即为了学会生活、通过生活来学习生活,学习与生活相互交融,学习、生活、发展三位一体。生活的过程就是学习的过程,幼儿的学习在其日常的吃、喝、拉、撒、睡、玩、交往、探究等活动之中发生着、进行着。身体动作的发展、安定愉悦的情绪管理、生活秩序的建立、良好生活习惯与生活能力的培养、生活情趣的感受、生活挫折的化解、安全防护意识的增强等大都发生在生活中。

一日生活中蕴藏着巨大的教育价值和丰富的发展契机,但这只是提供了一种可能性,如果教师不去发现和利用,发展契机就会消失,教育价值也不可能自然实现。因此,亲历课程要求教师带着发展的意识去感应幼儿的生活活动,以课程视角审视幼儿在园的每一个生活环节,将教育融入生活,在幼儿的日常生活中发起教育活动,主要有以下几方面的内容。

(1) 利于幼儿构建积极自我的内容。这部分的内容旨在帮助幼儿感知自己、悦纳自己、成长自己。具体有引导幼儿感知、表达并调控自己的情绪,如"高高兴兴上幼儿园""我不乱发脾气了"等活动;另外还有引导幼儿评价自己并树立成长小目标,如"夸夸我自己""我的新本领"等活动。

(2) 利于幼儿动作发展的内容。幼儿动作的发展是身体机能发展状况的重要表现,并与幼儿心理的发展具有内在的关联。不仅如此,幼儿动作的发展还是适应社会生活必备的基本能力。3—6岁阶段,是幼儿动作发展关键阶段,是快速灵敏素质发展敏感期。因此,不仅要在一日生活环节中安排户外体育游戏内容,还要组织能激发幼儿运动兴趣的特别活动(我们就在公园开展过"华幼微微马"活动),更要利用生活中一切机会让幼儿灵活身体,勤

---

① 李季湄,冯晓霞.《3—6岁儿童学习与发展指南》解读[M].北京:人民教育出版社,2013:215-216.

动手。例如小班教师利用一日生活中的餐点环节,引导幼儿自己剥水果、鸡蛋、虾、各种坚果等,幼儿在不知不觉中探索剥的方法、练习剥的动作、掌握剥的技能。

(3) 利于幼儿养成良好生活习惯的内容。幼儿从小养成良好的生活习惯是维护和促进身体健康的积极方式和重要途径。当下,幼儿良好生活习惯的培养因家庭经济宽裕且家长溺爱等原因不容乐观;此外,从家庭到幼儿园,因生活环境的变化,幼儿的生活习惯也随之发生变化。因此,幼儿园的吃、喝、拉、撒、睡不仅是满足幼儿身体机能的需要,更是培养幼儿良好生活习惯的教育内容。例如《指南》在培养幼儿生活与卫生习惯中有一条目标是关于饮用白开水的。从愿意饮用到主动饮用,不贪喝饮料,在有些成人看来是多么简单的事情,事实上如果不加以引导,幼儿真就想不到主动饮水。小班生活课程"我的身体要喝水"就是引导幼儿从"要我喝水"到"我要喝水"的教育内容。

(4) 利于幼儿提高生活自理能力的内容。美国心理学家马斯洛指出,对幼儿的包办代替"包含着对儿童自己的力量和选择缺乏信任和尊重,这在本质上是藐视,而这可能促使儿童形成自卑的感觉"。幼儿要成为一个独立的人,需要从学习生活开始,生活自理能力便是人类适应社会生活最基本的能力之一。为指导幼儿做好个人生活管理,学习服务自己和他人,我们设计了"我会自己上厕所""我是值日生"等活动;为引导幼儿参与劳动、学习整理,我们设计了"整理,我可以""劳动日"等活动;要引导幼儿逐步树立时间观念,学会按时作息、自主安排,我们设计了"和迟到说再见""我的活动计划"等活动。

(5) 利于幼儿形成生活文化的内容。生活文化既是生活氛围,也是幼儿与同伴、教师在一起生活的过程中产生的需要共同遵守的生活约定与生活规则。我们主张自主、友爱的生活氛围,引导幼儿关心身边的人、事、物,尤其要关爱一起生活的同伴与教师。班级生活中的生活约定和生活规则也不是教师制订的管控要求,而是因共同生活的需要而产生,幼儿作为约定和规则的遵守者、执行者,必须先是制订者。因此,我们的生活文化是师幼共同商议、协调、认同、行动的产物,如"自主餐点约定""我的奖贴怎么办"等活动。

(6) 利于幼儿感受生活情趣的内容。艺术的最高境界恐怕是生活的艺术。林语堂在其著作《生活的艺术》中将中国人的闲情雅趣、生活的浪漫优雅归结为生活的享受。我国当代著名美学大师朱光潜也说过,"知道生活的人就是艺术家,他的生活就是艺术作品"。感受生活情趣,体验生活之美是亲历课程中一个重要的美育内容,如引导幼儿一起精心美化生活环境、去欣赏自然世界中的美好、沉浸式体验传统节日活动以及如"做客日"等幼儿园自己的非常态生活等。

(7) 利于幼儿化解生活挫折的内容。博尔诺夫提出了非连续性教育的观点,他认为:"在人类生命过程中非连续性成分具有根本性的意义,同时由此必然产生与此相应的教育之非连续性形式。"①他把危机、唤醒、号召、告诫和遭遇等视为非连续性的教育形式。非连续性教育思想让我们更加关注幼儿生活中遭遇到的各种挫折,从课程的意识、发展的目的等方面利用这些偶发性的、生成性的教育资源,支持幼儿以自己的力量回归本源,成为一个具有自我意识和充满生命希望的人,如因幼儿的怕黑话题引发的"勇敢者之夜"等活动。

(8) 利于幼儿增强安全防护意识与技能的内容。较强的自我保护意识和能力有助于幼儿适应新环境,避免发生危险和伤害。因此要增强幼儿自我保护的意识和能力,比如引导幼儿了解校园、社区、交通等环境中的安全要求,学习保护自己;引导幼儿学会求救的方法,指导幼儿在遇到危险时,能提供必要的信息,选择有效的求助方法,如知道向成人求助或拨打求救电话等。

二、在幼儿与自然环境交互中

自然是生活世界的重要组成部分,人也是自然的产物,地球上的每一个人都应该与自然建立和谐共生的关系。爱德华·奥斯本·威尔逊(E. O. Wilson)提出了"热爱生命的天性"理论。该理论认为,我们与自然的内在关系从我们人类出现起便已经存在了,忽视这种关系会危及人类的生存。根据该理论,里夫金认为"在与自然隔离的环境下养育孩子必然使其受到限制"(Rivkin, 1995:6)。勒夫最先提出的"自然缺失失调症"(Louv, 2005:34)就是用来描述与自然界脱节的儿童,他们会表现出诸如感官参与度减退、注意力不集中和身心疾病等症状。

幼儿与自然之间存在着天生的连通性,他们渴望在大自然中游戏。许多

---

① [德]O. F. 博尔诺夫. 教育人类学[M]. 李其龙,等译. 上海:华东师范大学出版社,1999:8.

研究都显示,自然在促进幼儿健康、幸福、和谐发展中的作用越来越明显。①一是自然与心理健康和幸福的联系。具有代表性的是卡普兰(Kaplan,1989)和他的"注意力恢复理论",该理论显示枝叶繁茂的绿地对人类大脑具有修复功能,原因是这个地方有激发人好奇心的魅力;让人有种远离了常规生活场景的感觉;使人觉得自己是某个广阔整体的一部分;是一个可以包容个人需要的地方。二是自然与身体和感官游戏之间的联系。从出生起,对大自然直接、亲密的感官体验——比如感受脚下的小草或是嗅一片枯叶的味道——对于儿童来说都是必不可少的。根据鲍戴尔(Borradaile,2006)和弗约托夫特(Fjqrtoft,2001)的研究,以森林为基础的项目可以增强体质,提高身体技能;儿童只有置身于"自然发生的感官刺激的海洋之中"(Elliott,Davis,2004:5),才能获得广泛的感官体验,促进感觉统合进程。三是自然与自主感和场所感之间的联系。自然材料的可操作性会帮助儿童形成自主感和场所感,从而营造出一种与自然之间的深层联系感。就像索贝尔指出的:"如果一个人在童年时可以塑造自己的小世界,那么在长大后他就会知道而且认为自己也可以参与大世界的塑造。"(Sobel,1990:12)除了上述三点,我们还必须要补充一点,即自然与科学认知之间的联系。幼儿科学学习即科学探究和数学认知的对象都是客观世界,是自然界中的事物和现象。大自然以及周围生活中的各种事物与现象最能引起幼儿的好奇心和探究兴趣,也是幼儿发现事物特征,概括、分类和寻求事物间关系等思维活动发生得最集中的领域。相对而言,儿童对自然界中事物和现象进行探索并形成解释的过程可以称之为儿童的"科学探究",儿童基于对自然环境中事物和现象的认识进一步形成的对其逻辑关系的理解可以称之为"数学认知"。②

幼儿还肩负着建设未来世界的使命。联合国教科文组织发布的《学会融入世界:为了未来生存的教育》报告,呼吁围绕地球未来的生存来重构教育。报告指出,在人类时代的关键时刻,人类的力量从根本上改变了地球的地理和生物圈系统,引发了一连串的生态危机,威胁到地球生命的未来,包括我们自己。随着碳排放增多,地球变暖,我们面临着洪水、干旱和火灾加剧的危机。随着我们持续砍伐森林、破坏栖息地并减少生物多样性,我们加速了物种大规模迁移和灭绝的发生,并为持续、毁灭性的人畜共患传染病创造了条

---

① [澳]朱莉·M. 戴维斯.幼儿与环境:致力于可持续发展的早期教育[M].孙璐,等译.南京:南京师范大学出版社,2018:46-47.
② 李季湄,冯晓霞.《3—6岁儿童学习与发展指南》解读[M].北京:人民教育出版社,2013:110.

件。报告呼吁,教育的新使命是通过教会我们在受损的星球上怀有敬畏之心且负责任地生活,以及学会如何通过共同生存来促进生态公平。因此,教育工作者应该为幼儿提供丰富的机会去了解自然和环境,引导和激发幼儿产生对地球的热爱。当幼儿在环境中拥有大量真实和愉快的体验时,他们对环境问题的兴趣、责任感最终会越来越稳固。正如教育家大卫·索贝尔所说,"在让儿童拯救自然之前,最重要的是让他们有机会与自然建立联系,学会热爱自然"[①]。

亲历课程将幼儿生活中的自然环境作为课程内容的主要来源之一,课程在幼儿与自然环境的互动中生发。这里的自然环境指的是非人造的、自然的、物质的世界,是幼儿能够在生活中感受到的真实自然,包括花、草、树木等植物;沙、石、水、土等自然物质;光、影、风、霜、雨、雪等自然现象;蚂蚁、蚯蚓、兔子、鸭子等动物;春、夏、秋、冬、冷、暖等自然变化。也就是说,在亲历课程中,与自然环境互动的内容主要源自幼儿与动植物的互动、与自然物质的互动、对自然现象的关注、对自然变化的感受。

从自然环境中产生课程内容还有一个根本的前提——幼儿要在自然中,即幼儿有充足的机会能自由、自主地与自然互动,有惊奇的自然体验生活。自然资源一定要与幼儿建立联系才会产生作用,这种联系是需要教师去加以设计与引导的。我们幼儿园内动植物资源丰富,为了让幼儿能经常看到这些动植物,我们将果树、香草园、动物饲养区、种植地等都规划设置在幼儿入园进班的必经之路上,这样幼儿就会主动去观察;我们将动植物的养护分配到班级,每个班都有一块种植地,每一棵果树都有班级认领,香草园、动物饲养区等每一个种养区都有班级承包。幼儿照顾动植物的过程就是幼儿生活的过程,也是幼儿学习的过程。各种课程就在幼儿照顾动植物的过程中,在花草中、果树上、种植地里生长出来了。例如幼儿通过观察、比较、判断、推理、试验、反思等方式自主解决问题,直观地感知橘子的成熟变化,获得直接经验,判断什么时候可以吃橘子,形成了课程活动"橘子熟了"。"可以养蜗牛吗?"这个课程活动是在幼儿饲养蜗牛的过程中逐渐生发的,幼儿对蜗牛进行了近两个学期的悉心照顾、持续观察与耐心记录,形成了厚厚的蜗牛日记。他们不仅发现并探究了蜗牛的粪便、触角、黏液等,还亲历了蜗牛受伤、修复、怀孕、产卵、孵化等神奇时刻,他们与蜗牛建立了亲密的关系,这是人类学习

---

① [美]帕蒂·博恩·塞利.儿童自然体验活动指南[M].肖凤秋,等译.北京:教育科学出版社,2017:6.

与自然界和谐相处的美好开端。

除了精心设计的自然环境,教师还要引导幼儿去感受自然物质、自然现象和自然变化。幼儿玩水、玩雨、玩霜、玩雪、玩冰,在玩的过程中,积极回应环境给予的刺激,感知自然环境下水的多样态,形成了"探秘水世界"的课程活动。"有趣的光影"则是从幼儿在户外活动时玩自己的影子开始的,幼儿探索自己的影子,探索树的影子,探索彩色的影子,探索各种造型的光影。而春、夏、秋、冬一年四季的变化中也蕴含着丰富的课程资源,幼儿积极感受四季的过程就是课程开展的过程。

三、在幼儿与人文社会交互中

社会建构主义主张,学习不是个人头脑中产生的活动,而是浸润在社会文化情境之中的活动。人从出生之日开始,便需要和周围的环境以及环境中的人发生交互作用,特定的社会环境、社会关系和社会文化构成了儿童身心发展的基本条件,也构成了其身心发展的重要内容。

郭元祥在《生活与教育——回归生活世界的基础教育论纲》一书中写道:儿童生活既是文化活动,更是人化活动。儿童生活同样要通过文化来展开,但与成人不同的是,儿童生活以享受文化、占有文化、内化文化为主。人类的物质文化、精神文化、制度文化是儿童生活的养料,儿童在享用、占有和内化人类积累下来的文化的过程中生长。儿童文化的过程,从根本上说是人化的过程。儿童享用和占有文化的根本目的不是为了愉悦身心、消磨时光,而是为了成长。[1] 这个观点启发我们在考虑课程内容时同样要着眼于社会文化。当然,对于幼儿生活而言,这些社会文化应该是具体的、生动的、形象的东西,能与幼儿当下的生活发生联系的。正如陈鹤琴所说,"儿童要认识世界,就必须与大自然、大社会接触,追究大自然、大社会的运动和发展"。亦如张雪门所言,"儿童的经验是从接触自然物和自然现象而得到的;接触人事界而得到的;和人类智慧所产生的文化相接触而得来的"。

我们将幼儿视作现在和未来的社会成员,通过引导幼儿关心生活中的人、讨论社会中的事、探索生活的社会环境、体验优秀的传统文化等,来感受生活的丰富多彩,充实生活意趣,激发生活热情,关心尊重他人,理解人与社会世界的关联,建立与社会世界的积极联系,形成初步的归属感。因此,人文

---

[1] 郭元祥.生活与教育——回归生活世界的基础教育论纲[M].武汉:华中师范大学出版社,2002:175.

社会同样是亲历课程的活动源泉。需要注意的是,幼儿在自身生活中的学习是本能需要,在自然环境中的探究是天性冲动,而对人文社会的关注体验则更需要教师有目的的引导。

(一) 引导幼儿关心生活中的人和事

作为社会中的一员,人的一生一直在群体中与各种各样的人打交道,正是在各种人际交往中,人们不断地发展自我、发挥潜能,为社会做出自己的贡献,儿童心理发展也是如此。[①] 我们鼓励幼儿去关心同伴、家人、朋友、教师及其他一些与自己发生关系的人,不仅有助于幼儿的人际交往能力与亲社会行为的发展,还有助于幼儿对社会角色的认知。比如对父母长辈关系的认知、对同伴关系的认知、对周围人关系的认知。《指南》中的3—4岁年龄段就有这么一条目标:"知道和自己一起生活的家庭成员及与自己的关系,体会到自己是家庭的一员。"我们小班在"妇女节"之际就以"家里谁过妇女节"为线索开展了"我爱我家"的家庭成员认知活动。对社会角色的认知还包括让幼儿知道有不同的社会职业,对不同职业的特征、贡献等有所了解,在对社会角色的认知中建立自己将来的社会角色期望。教师可以利用生活中的契机开展活动。例如中七班的幼儿发现新学期班级里多了一位教师,原来班上的赵老师还有一个月就要退休了,因此生发了"赵老师要退休了"课程活动,幼儿对"退休"进行了调查研究。教师也可以利用"劳动节"等契机开展关于社会职业认知的学习,可以引导幼儿调查家长的职业,可以引导幼儿调查幼儿园里的职业,还可以引导幼儿去了解为社会、为世界做出巨大贡献的人的职业。

除了关心生活中的人,幼儿还应对重大社会事件有认知。幼儿社会教育有一个重要特征,就是即时性。我们的生活世界中会发生一些重大的、影响人们生活的事件,作为社会中的一员,幼儿应该了解并在其认知发展水平上理解重大社会事件。如神舟飞船的发射及宇航员在天宫、北京冬奥会、世界杯、杭州亚运会等。这些重大的社会事件本身会引起幼儿强烈的兴趣与求知欲望,是很好的社会教育内容。当然,对于幼儿来说,不只是世界、国家层面发生的重大事件才有教育价值,一些发生在幼儿身边的社会事件同样也有教育意义。例如幼儿园附近的新世界商业广场上有了夜市,许多幼儿都去过,也自然形成了讨论话题。教师认为这个事件正好可以用来让幼儿学习数的

---

① 张明红.学前儿童社会学习与发展核心经验[M].南京:南京师范大学出版社,2018:105.

运算、买卖规则等,并扩大幼儿的交往范围,于是在幼儿园组织实施了"爱心集市"活动。

(二)引导幼儿探索生活的社会环境

探索生活的社会环境有助于幼儿形成初步的归属感。归属感作为一种情感体验,有其对象性的特征,即人们一定是对某个对象(人、地域、种族、群体和自然等)产生了依恋、认同、亲切等情感体验。幼儿归属感的发展主要呈现"由近到远、由小到大、由个体到群体、由熟悉到陌生、由具体到抽象"的特征。[①] 即幼儿首先体会到自己是家庭的一员;其次对所生活的社区进行了解;入园后感受到幼儿园里的温暖关怀;然后,从知道和了解自己家乡的建筑特色、风俗习惯到了解自己国家的民族和文化,热爱家乡和祖国;最后,知道世界上有不同的国家、不同的民族和不同的文化,要相互尊重、和平共处。在小班新生入园适应阶段,我们就有教师以探索幼儿园里的滑梯为课程内容,帮助幼儿在找滑梯、玩滑梯的过程中缓解分离焦虑,产生对幼儿园的归属感。

幼儿生活的社会环境中有多种场所。以我园为例,有家所在社区的居住场所,幼儿园、小学等学习场所,菜场、超市、商业街等生活购物场所,公园、游乐园、电影院等休闲娱乐场所,医院、邮局、银行等综合服务场所,消防中队、综合政务中心等执法场所,这些都可能与幼儿发生互动,不同场所能带给幼儿不一样的学习价值。例如幼儿探索幼儿园环境、绘制进班路线、制作幼儿园地图的过程就是在进行空间方位的感知学习。"电影院之旅"活动中幼儿在数座、选座、自制电影票的过程中就在进行计数和数符号的感知学习。"参观消防中队"活动中幼儿认识了很多消防实施设备,获得了消防安全知识,燃起了对消防员的崇敬之心。大班幼儿还开展了"探访和平街"活动,和平街是幼儿园门前的一条商业街,幼儿探索和平街的长度,因此学习了不同工具的测量,感知了长度守恒及传递性等测量概念;他们统计店铺,因此学习了统计方法,提升了合作能力;他们研究门牌号,因此知道门牌排列,认知了单双数;他们调查最老店铺,因此了解了和平街的历史;他们探访中药店,由此对中国的中医文化产生好奇;他们采访和平街上的人,因此感受到了社会群体的分工与协作……幼儿进行了大量的社会性交往活动,有与同伴的协商、交流、合作,更有与和平街上的店主、环卫工人、巡警等之间的交往互动,很好地锻炼

---

① 张明红.学前儿童社会学习与发展核心经验[M].南京:南京师范大学出版社,2018:264.

了交往技能，增强了交往自信。

（三）引导幼儿体验优秀的传统文化

传统文化是文明演化而汇集成的一种反映民族特质和风貌的文化，是各民族历史上各种思想文化、观念形态的总体表现。其内容当为历代存在过的种种物质的、制度的和精神的文化实体和文化意识。优秀传统文化是人类智慧的结晶，将优秀传统文化引入幼儿学习，不仅有助于幼儿增强文化自信，激发对国家和民族的自豪感、归属感，还有助于丰富幼儿的认知，体验生活的乐趣和美好。中国的传统文化种类多样。百度词条将中华文化分类为"神话传说、符号图腾、哲学及思想、宗教、服饰、汉字、文学、纪元与史学、教育、建筑、艺术、经济、著作、科技与学术、饮食、体育和竞技、医学、社会、风俗、礼仪"。在知乎上获得高赞的分类是"诸子百家、琴棋书画、传统文学、传统节日、中华诗词、中国戏剧、汉字汉语、传统中医、宗教哲学、民间工艺、中华武术、地域文化、民风民俗、衣冠服饰、四大雅戏、古玩器物、饮食厨艺"。

优秀传统文化是幼儿体验社会多元文化的重要途径。从以上资料可以看到，很多内容都与幼儿的生活密切相关，二十四节气体验活动，中秋节、端午节、腊八节等传统节日都应该在幼儿的生活中自然展开，作为社会领域学习的重要活动内容。

很多内容能作为材料资源丰富班级区域活动内容：益智区有棋类游戏；音乐区有器乐演奏、民乐欣赏、戏剧表演等；语言区有传统文化绘本阅读、书画体验等；美工区有民间艺术欣赏与创作；生活区有传统美食制作；建构区有民族特色建筑欣赏与建构等。一些内容可以渗透在幼儿一日生活中，例如户外运动时加入民间传统游戏，散步时运用适配的诗词描述看到的景象。不同内容也可以融于一个主题活动中，例如国庆节可以引导幼儿探索不同民族的服饰、美食、习俗，体验我国的多民族文化。

还有一些内容可以在适当的契机转变为课程内容。例如上面讲到的"探访和平街"活动，幼儿在测量和平街的过程中，发现了一家中药店，这家店有一股怪味道，店铺里的摆设也很奇怪，在中药店老板介绍下，幼儿认识了一个个小抽屉的药材，得知生活中经常吃到的枸杞是中药材，还有很多花也是中药材，于是展开了生活中的中药材研究，最终发现原来柠檬干、菊花、玫瑰花、陈皮干等都能做中药。

（四）引导幼儿欣赏优秀的文艺作品

文艺作品是一定的社会生活在文学家、艺术家头脑中反映的产物，包括文学作品和艺术作品两种。文艺作品在亲历课程中指音乐、美术、文学作品。这些优秀的作品也是人类文化的精华,在幼儿生活中,应该引入与幼儿当下兴趣相符的,适合幼儿欣赏的音乐、美术、文学作品,让幼儿进行创造体验、道德体验与审美体验等,陶冶幼儿的身心。

第二节 亲历课程内容选择

亲历课程来源于幼儿的整个生活世界,课程内容虽有预设,但生成占很大比重。我们认为不管是预设还是生成,都应依据一定的原则,确保预设或生成的具体内容真正适合幼儿发展。

一、亲历课程内容选择的原则

(一) 生活性原则

杜威说"教育即生活",幼儿是生活在现实世界中的,他们所接受的教育应该与社会生活紧密相连。"要把幼儿园的教育教学活动看做是教师与幼儿共同创造与经营的生活,而不是教师预设好了的呆板的摹本。"[①]课程内容与幼儿的生活联系越紧密,就越符合幼儿通过直接经验学习的方式,越能引发幼儿的情感共鸣,越有助于幼儿感知事物的特点,理解一些规律。反之,如果离幼儿的生活太远,幼儿无法亲身经历、直接感知,那么所谓经验都是口耳相传而来,对于幼儿来说,这样的经验就不能称之为真正的经验。从另一个角度来说,生活性原则下还要考虑资源的丰富性,资源越丰富,幼儿可能获得的经验就越丰富。所以,很多教材文本中的课程内容不能拿来就用,这也是为什么我们坚持亲历课程的内容来源于幼儿生活的一个重要原因。

亲历课程的内容是幼儿与自身生活的互动、与自然环境的互动、与人文社会的互动,讲究"顺时而为",这里的"时"指的是随着时光流淌而自然发生的,例如季节、节气、传统节日等,因此,我们在春季时开展"春天来了"等活动,在夏季时开展"好玩的水"等活动,在秋季时开展"秋叶飘、果儿香"等活动,在冬天时开展"天气冷了我不怕"等活动,在国庆节来临时开展"我是中国人"等活动,在春节来临时开展"过新年"等活动。除此之外,也讲究"顺势而

---

① [日]高杉自子.幼儿教育的原点[M].王小英,译.上海:华东师范大学出版社,2014:12.

为",这里的"势"指的是在地性资源,指幼儿生活周边的自然资源与社会资源,因此,我们开展了自然种植与全收获活动,例如"我们种了大米饭"等;开展了动物饲养与探究活动,例如"可以养蜗牛吗?"等;开展了社区探访与特色文化体验活动,例如"家乡传统美食记"等。还讲究"顺事而为",这里的"事"指的是在幼儿生活中发生的或引发幼儿兴趣的、重要的、有价值的事件,例如"鸡蛋去哪里了?""我要上小学"等活动。

我们认为亲历课程保有生活的自然性。仓桥物三在《幼儿园真谛》中指出:"既然以生活活力的整体发展为目的,就应该以生活为本位。不偏离生活的实质,不失去生活的自然性。"生活的自然性是幼儿期发展的重要条件。在仓桥物三看来,远离真实自然的生活,就会失去生活的实感。生活的自然性表面上看是很普通的字眼,可是,在教育的场合却显得如此的珍贵。保持生活的自然性是真正的幼儿园教育。生活的自然性并不意味着无目的、无计划、无组织,而是真正顺应幼儿的生活需要。《纲要》第三部分"组织与实施"中还提到一条原则,教育活动内容的选择既要贴近幼儿的生活来选择幼儿感兴趣的事物和问题,又要有助于拓展幼儿的经验和视野。这就是在提醒我们课程内容要基于生活而又高于生活。生活性原则不是简单地将现实的日常生活等同于课程,也不是要把课程全部都融入日常生活环节之中,而要因幼儿发展的状况,甚至是个体的发展需要和具体的情境而定。例如穿脱衣物这件事,在三个年龄段的午睡时间都在发生,但对于大班幼儿来说,已经很熟练,因此不具有课程的意义;而对于小班幼儿来说,却是生活所需,也是课程必须;对于还有一些中班幼儿来说,仍然是生活所需,课程必须。

(二) 整体性原则

《指南》中指出:"关注幼儿学习与发展的整体。儿童的发展是一个整体,要注重领域之间、目标之间的相互渗透和整合,促进幼儿身心全面协调发展,而不应片面追求某一方面或几方面的发展。"显而易见,幼儿发展的各个方面并非孤立存在的,而应该是相互联系的整体。因此教师在选择课程内容时要根据其整体性进行思考,切勿将其割裂而只取其一,如偏重智育目标而忽视其他方面,偏重语言和科学目标而忽视健康、社会和艺术,偏重认知和动作技能目标而忽视情感态度和学习品质目标。

亲历课程中的教育内容是全面的,相对划分为健康、语言、社会、科学、艺术五个领域,各领域的内容相互渗透,从不同的角度促进幼儿情感、态度、能力、知识、技能等方面的发展。另外这种整体性是相对的、灵活的,可以体现在一个阶段中、一个学期中、一个学年中,由生活活动、区域活动和主题活动共同完成,也就是说整体性原则并不等于平均,并不强求每个阶段、每种课程活动的课程领域都均衡,更不能为了追求平衡,强制割裂领域经验的连续性,或者削弱某些课程内容的优势发展领域。例如幼儿对风的探究活动内容偏重科学领域经验,大带小活动内容偏重社会领域经验,跳绳达人活动就偏重健康领域经验,因此还是从横线和纵线同时贯穿思考整体。整体性原则还要考虑发展的个体差异,课程内容的选择不仅要面向集体,还要照顾个体,根据不同个体幼儿的发展需要加以调整,让课程内容去支持每个幼儿的完整性发展。

(三) 目的性原则

所谓目的性,指的是选择的课程内容必须符合并有助于实现课程目标。可以说,目标为内容的选择提供了一个基本的范围和标准。因此,首先要有目标意识。选择内容要考虑选择这个内容可以实现哪些目标,这要求对备选的内容可能包含的教育价值进行大致分析,预测内容与目标之间是否有关联,是什么样的关联,是否还有关联更密切的内容等。当然,内容与目标之间并非是一一对应的关系。一项目标往往需要多项内容的学习才能达成,例如"能整理自己的物品"这一目标中,"物品"多种多样,有玩具、图书、衣物等,整理的方法也各不相同,这就需要开展不同内容的整理活动。

反之,一项内容中也常常涉及多项目标。例如我们大班有个"晨间签到"的活动内容,幼儿早上来园后要先在班级门口的签到处记录自己的到园时间,并写上自己的名字。根据规则约定,8点之后入园的就算迟到了。值日生会每天统计迟到的人数,提醒迟到的幼儿。这项"晨间签到"的活动内容中就至少包含了"早睡早起的生活习惯""按时入园的时间观念""对时钟、时间的认知""分类统计""会准确书写自己的名字"及"写画时姿势正确"等。再如图5-1[①],呈现的是小班幼儿在探究幼儿园里瓢虫的活动中所获得的经验,从多种经验可以看出,在这个课程活动中,至少涉及四个领域六个方面的目标。因此,在确定某一内容时还需要考虑"这一内容还可以促成哪些目标达成"。

---

① 赵春霞.行动中的儿童[M].南京:南京师范大学出版社,2023:75.

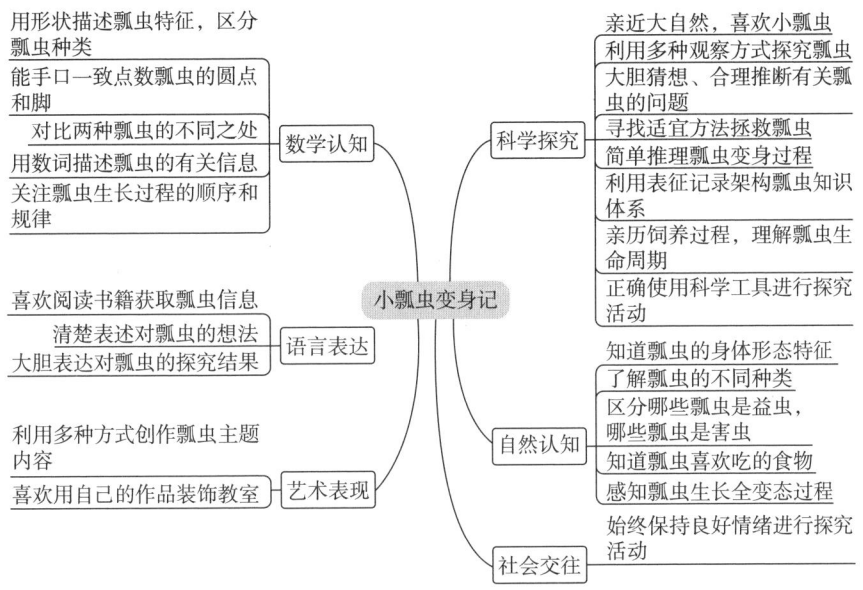

图 5-1 "小瓢虫变身记"课程经验图

（四）适宜性原则

在教育学中，对"适宜"含义的理解有两个方面：一是适应需要，二是促进发展。概括来说，就是"既适合幼儿的现有水平，又有一定的挑战性"①。《纲要》第三部分"组织与实施"中明确规定，教育活动内容的选择应既适合幼儿的现有水平，又有一定的挑战性。可见，在"最近发展区"的课程内容是适宜的。最近发展区考虑幼儿已经达到的发展水平的同时，也进一步考虑在成人和更具能力的伙伴帮助下幼儿将达到的潜在水平，适宜的课程内容处在两者之间。同一年龄段的幼儿既有共同的最近发展区，也有各自不同的最近发展区。《指南》及国内外有关幼儿发展的大量研究已经指出了幼儿的年龄特征及发展阶段，这为课程内容的选择提供了重要的依据。因此，了解本园、本班幼儿的一般发展是选择适宜的课程内容的前提。例如我园全园开展"新年好"活动，教师在选择和确定活动内容时充分考虑到了不同年龄段幼儿的认知特点，更考虑到了本班幼儿的兴趣和需要。

小班：听听年的故事，了解什么叫过年，知道今年是龙年，说说过年要做

---

① 王春燕，秦元东.幼儿园课程概论[M].3版.北京：高等教育出版社，2019：51.

什么事,和老师一起装扮教室(打扫除尘、贴春联、卷鞭炮),学说拜年祝福语,唱唱新年歌曲,画画新年愿望,做做新年礼物(包装新年糖果),尝尝新年美食(搓团圆)等。

中班:调查过年习俗,了解祭祀文化,了解十二生肖,知道今年是龙年,欣赏龙的文化,知道腊八节是过年的开始,师幼一起筹备班级里的腊八节,熬腊八粥、腌腊八蒜、蒸年糕、做米糖品新年美味,画年画、剪窗花、写福字、做灯笼布置教室,为家人朋友准备新年祝福,制订压岁钱计划等。

大班:了解元旦和春节的区别,欣赏表现龙的文化,调查中国各民族过年习俗,研究本地年夜饭的文化,商议确定班级的过年方案,讨论分工、准备材料、置办年货、布置教室,自主开展如班级新年联欢会、舞龙游园、给弟弟妹妹送福字、在班级吃年夜饭、邀请爸爸妈妈来幼儿园过年等活动。

"适宜性"还代表时机刚好。例如每年小班新生入园的第一个月里,我们大班都会去小班开展"大带小"活动,带小班弟弟妹妹找班级、和他们做游戏、教他们洗手、安抚他们午睡等,这是小班孩子入园适应需要的,又能促进大班孩子的能力提升。再如有一年九月刚开学不久,受台风"梅花"影响,幼儿园停课了。第二天,孩子们来到幼儿园,叽叽喳喳地讨论着。教师认为这个时候开展关于风的探究活动时机非常适切,因此从"台风"话题开始,进行了"测风力"活动、"辨风向"活动、"找风"活动、"听风"活动、"制风"活动等。

"适宜性"也表现在对孩子特殊需要的关照。例如一个新小班的教师注意到班上有一个孩子不愿意在幼儿园大小便,宁可拉在身上也不主动告诉老师或去厕所,因此联合家长开展了针对这个孩子的如厕教育活动。此外,同一年龄段的孩子虽有共同的最近发展区,但也总有些孩子的发展是在这个区之外,或上或下,这就要教师在选择课程内容时也要照顾到这些孩子的需要。例如一个大班的教师发现班上孩子的唱数能力差异很大,有些孩子轻松唱数到100,有些孩子不能到20,因此,教师不仅在区域活动时投放了百数表游戏材料,还利用生活中很多契机让孩子数数,数幼儿园柿子树上摘下的柿子,数餐点时所需的水果、饼干等。

(五) 兴趣性原则

兴趣是幼儿亲历学习的动力。兴趣具有一种动机力量,能使人进入一种"情感性唤醒状态",产生一种吸收信息、扩展自己的倾向,为观察、探索、追求和进行创造性努力提供可能性。幼儿基于自己的兴趣和爱好进行活动时,正是他具有最好的"学习"状态的时候。因此,"兴趣是最好的老师","关心幼所关心的事",这对教师来说,是比什么都重要的、最需要具备的素质。亲历课程关注幼儿的兴趣,从幼儿感兴趣的事物中选择具有较大教育价值的相关内容。一是预判兴趣而选择的内容。有些兴趣在意料之中,是教师对幼儿年龄特点的理解和把握,很多新奇的事物都对幼儿有着很强的吸引力,因此教师要善加利用这些课程资源。二是转化兴趣而确定的内容。有些课程内容从幼儿长远的发展来看是必要的,但不见得当时幼儿感兴趣,这就需要教师尽量把它们转化为幼儿的兴趣。亲历课程不断优化区域活动的环境创设和内容设置,就是在努力将各种对幼儿发展有益的活动内容变得有趣,更加吸引幼儿去主动操作。三是追随兴趣而生成的内容。追随兴趣的"追"是教师观察捕捉幼儿在游戏和生活中的兴趣;"随"是幼儿领路,教师跟随,也就是教师对幼儿兴趣进行筛选、价值判断,并作出支持回应的过程。

户外游戏时,澄澄发现了一条不太会动的蚯蚓,他提出要帮助蚯蚓,不然蚯蚓会死的。近半小时里,几个孩子一直在想办法给蚯蚓挖洞。其间,越来越多的孩子被吸引过来:蚯蚓吃什么?为什么不动?受伤了吗?是在生宝宝吗?孩子们对蚯蚓充满好奇。函函提议把蚯蚓带回教室里照顾,教师满足了孩子的要求。几天后,孩子们在雨天的户外场地上又发现了大蚯蚓,幼儿对蚯蚓的好奇和兴趣更浓,教师敏感地捕捉到了这个兴趣,迅速做出价值判断并回应,鼓励孩子们去寻找更多的蚯蚓,支持他们把蚯蚓带回教室。教师在教室里创设了蚯蚓探究区,方便孩子进行观察与研究。近四个月的时间,孩子研究了"蚯蚓是怎么走路的?""蚯蚓吃什么?怎么吃?"等有趣问题,观察到了"蚯蚓断了还在动""蚯蚓生宝宝了""蚯蚓冬眠了"等惊人发现。

(六)基础性原则

《纲要》指出:"幼儿园教育是基础教育的重要组成部分,是我国学校教育和终身教育的奠基阶段。城乡各类幼儿园教育应从实际出发,因地制宜地实施素质教育,为幼儿一生的发展打好基础。"幼儿园课程内容应该涉及人生发展最基本的问题,帮助幼儿学知、学做、学生活、学学习,其中,健康的生活方式、良好的行为习惯、终身学习与发展所必需的学习品质、积极适应社会生活的态度和能力尤为重要。

什么课程内容具有基础性?冯晓霞教授认为,判断所选内容是否具有"基础性"的参考标准,可以看它是否与儿童现在的生活、学习有直接关系,是否必须现在学,以后再学就失去了最佳时机;是否是文化或人类知识中的最基本成分,而且是今后学习所必需的基础;是否具有最大的应用性和迁移性;等等。①

基础性原则不仅仅强调"最基本的成分",它还强调"具有最大的应用性和迁移性"。"迁移与应用"是深度学习的特征之一,重视学习的迁移运用和问题解决,即在新情境下运用所学以解决问题。这个特征建立在"理解与批判""联系与建构"的基础上。布鲁纳认为对学科基本结构的学习有助于迁移。学科基本结构通常是指学科的基本概念、基本原理及其相互之间的关联性,是整体的逻辑呈现而非孤立的、碎片化的"成分"。由此,选择课程内容,教师心中首先要有"学科基本结构",之后在实施课程时,分析幼儿的经验状况,帮助幼儿在原有水平上获得提高。这实质也是幼儿园课程内容逻辑的内在要求与外在体现,这种逻辑性在下面的案例中得到了较好体现。

案例:螺蛳是蜗牛的亲戚吗?

天佑和淇豪在小池塘里发现了螺蛳,他俩大声叫起来:"你们快来看,这里有螺蛳,螺蛳头上也有触角。"一群孩子就这样被吸引了过去,这段时间对于蜗牛触角的研究让孩子们对有触角的动物特别敏感,螺蛳是最常见的水生动物,他们围着小池塘兴致勃勃地找螺蛳、观察螺蛳。逸洲问:"老师,螺蛳和蜗牛长得好像呀,都有壳,都有触角,螺蛳是不是蜗牛的亲戚?"教师马上用手机查了信息,得知螺蛳和蜗牛并不属于同一个生物所属科目,但并没有直接告诉孩子答案,提议可以带一些螺蛳回教室和蜗牛仔细比比。

螺蛳也进了饲养区,孩子们经常去观察,也经常自发讨论。"我吃过这个螺蛳。""我也吃过螺蛳,但没有吃过蜗牛。""蜗牛不能吃。""螺蛳的头上有个圆圆的盖子,蜗牛的头上没有盖子。""螺蛳只有两根触角,蜗牛有四根触角。""螺蛳在水里,蜗牛不在水里。""螺蛳吃什么?""肯定吃得和蜗牛不一样。"……

自由观察了一段时间后,孩子们对蜗牛和螺蛳的异同也有了一些认识,这些认识基本来自他们自己的观察,比较浅显,还没有解决"螺蛳是不是蜗牛的亲戚"这个问题。教师认为螺蛳是家长也熟悉的资源,可以让家长也参与进来,于是设计了一张调查表让孩子带回家,获取信息后和大家分享。

第二天就有一些孩子带回调查表分享调查到的信息。

梦涵:相同点是它们都有触角。不同点是螺蛳生活在水里,它经常在水里的石头上;蜗牛生活在陆地上,它喜欢在叶子上。

---

① 冯晓霞.幼儿园课程[M].北京:北京师范大学出版社,2000:58.

欣妍：相同点是当它们遇到危险,有人去捉它们,它们会躲到它们的壳里。不同点是蜗牛的眼睛长在触角上面；螺蛳的眼睛长在触角下面。

淇豪：相同点是它们都有壳；不同点是螺蛳吃水里的水草,蜗牛吃树叶、青菜、水果,它们吃不一样的东西。

忆宸：相同点是它们都会生小宝宝；不同点是蜗牛的壳和螺蛳的壳不太一样,螺蛳是屁股那边尖尖的,蜗牛是圆圆的壳。

小岩：相同点是它们都是软体动物门,腹足纲；不同点是蜗牛是柄眼目,螺蛳是中腹足目。我爸爸说它们不是亲戚。

教师发现,部分孩子收集信息时已经进行了过滤和拓展,并不是原有经验的复制。孩子对螺蛳和蜗牛有了更深入的对比了解,大多数孩子都改变了原来的想法,觉得螺蛳不能算蜗牛的亲戚,但也有个别孩子认为它们都是软体动物,有很多相同点,坚持原来的观点。

事实表明,越是基础的内容,越具有长远的发展价值,因此,基础性也就意味着发展性。

二、亲历课程内容选择的方法

亲历课程的内容具有在地性,包括有助于幼儿发展的基础知识能力、基本情感态度和基本行为方式。那么,如何在浩瀚、变化的生活世界中选择具体的课程活动内容呢？虽然明确了课程内容选择的原则,但还需要一些有助于选择的方法,我们在实践中将亲历课程的内容从远到近、由广到微划分为五个层级,形成了以下逐级筛选、层层聚焦的方法。

一级：首先明确幼儿的生活世界是课程内容源地,因此幼儿的生活世界为第一层级内容,是亲历课程最广泛也最根本的内容,从一开始就体现了生活性原则。

二级：为了便于教师把握幼儿生活世界的完整性,也便于课程内容的整体多样,我们将生活世界划分为"幼儿自身生活""幼儿感兴趣的自然环境"和"幼儿生活的人文社会"三个组成部分,这样就确定了第二层级内容,课程内容有了相对的选择范围,这样的分类也为促进幼儿的整体发展奠定基础。

三级：对于教师来说,三个组成部分的选择范围还是过于抽象、宏大,要再进一步聚焦,因此我们将幼儿"自身生活"所需要的学习内容划分为七小类,即"利于幼儿构建积极自我的内容、利于幼儿动作发展的内容、利于幼儿养成良好生活习惯的内容、利于幼儿提高生活自理能力的内容、利于幼儿形成生活文化的内容、利于幼儿感受生活情趣的内容、利于幼儿化解生活挫折的内容",概括起来就是"一日生活""认知自我""身体运动"及"安全教育"等方面的内容;我们又将"自然环境"根据环境属性大致分为"动植物""自然物质""自然现象""自然变化"四小类;同样,"人文社会"也被我们进一步划分为"社会成员""重大事件""社会环境""传统文化"四小类。如此就形成了第三层级内容,这样的分类使教师在选择课程内容时更容易关注课程内容的丰富与多样,更好地把握整体性原则,并将课程目标与课程内容进行大致匹配。

  四级:在第三层级划分中,课程资源已经比较清晰详细,课程内容也更为聚焦,具体的课程内容得以确定,第四层级内容也就是选定的要准备组织实施的课程活动内容。需要注意的是,这里的具体课程内容已经是既有预设的,又有生成的。比如小班的"高高兴兴上幼儿园"就是预设内容,而"好玩的滑滑梯"就是生成内容。教师在确定这个层级内容时要更加注重适宜性、兴趣性。

  五级:具体的课程内容要通过合适的途径(生活活动、区域活动和主题活动)组织实施,课程内容在具体实施的过程中还会根据幼儿的需要再预设或生成一个个更有发展指向性的、与课程目标更适配的、更具体的活动内容,这些便是第五层级内容。例如大班活动"我们种了大米饭",在实施过程中又产生了"种植水稻""照料水稻""收割水稻""光盘行动"等生活活动,"给稻米脱粒脱壳""制作米糕、米粉、五彩饭等米食品""用剩下的稻草制作稻草人等美工作品"等区域活动,"观察记录稻米的生长变化""参观社区中的稻米基地""比较种植地和稻米基地两地的稻米不同""调查各地的饮食文化"等主题活动。幼儿的经验就在这样一个个更为具体的活动中形成,课程目标也在这样一个个更为具体的活动中达成。可见,这个层级是落实目标、实现发展的最主要层级。

  需要保持警醒的是,亲历课程内容从幼儿的生活世界到具体的课程内容,不管其过程是预设的还是生成的,都必须进行价值研判,价值研判的标准即课程内容选择有六项原则:生活性、整体性、目的性、适宜性、兴趣性和基础性。因此,在课程内容选择的整个过程中,虽然在不同层级上会偏重某些原则,但不能顾此失彼。要知道,课程内容越符合以上特征,幼儿的发展价值最大。

第二部分 亲历课程的组织设计

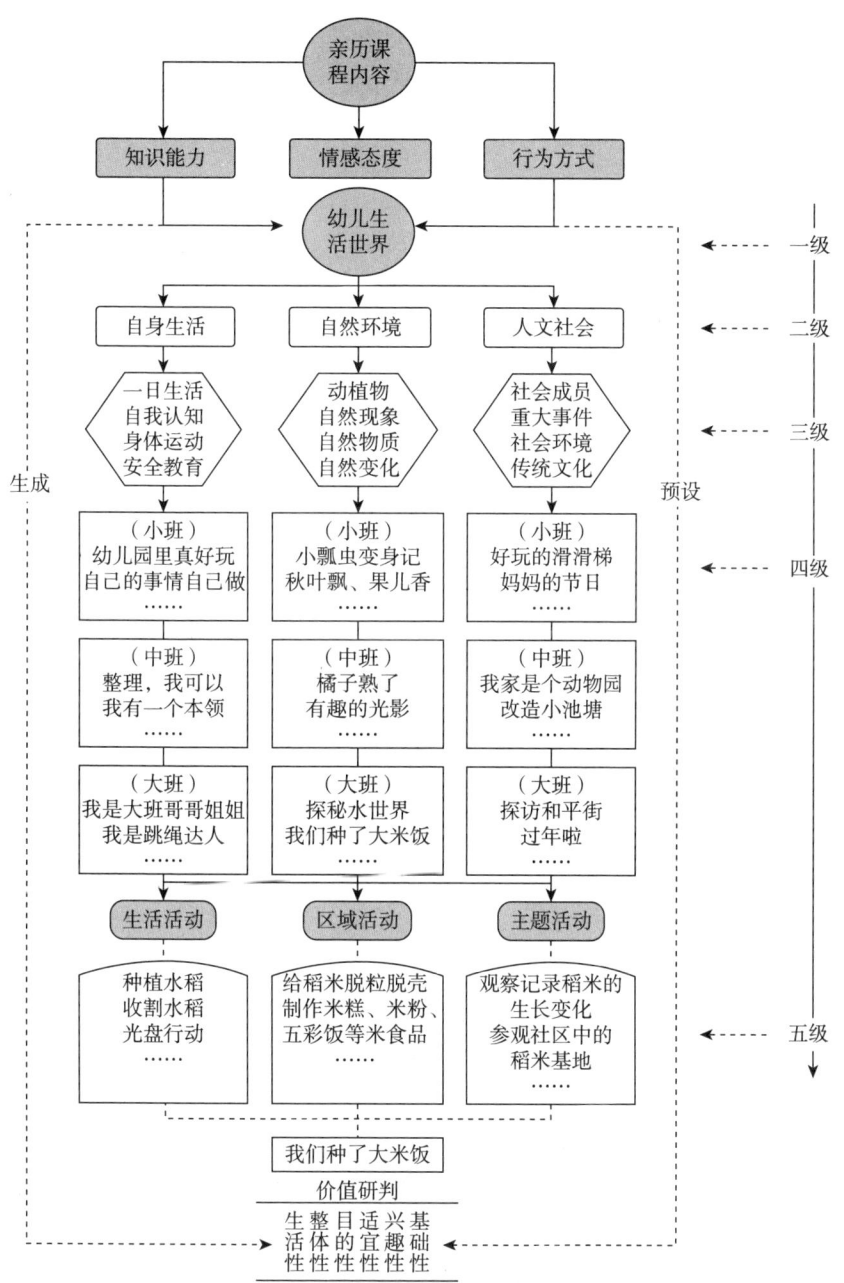

图 5-2 亲历课程内容选择流程图

第三节　亲历课程内容组织

一、亲历课程内容的组织

幼儿园课程的目标是帮助幼儿获得有益的学习经验,促进其身心各方面的发展。但"人类行为的一些重大改变,绝非一日之功。任何单一的学习经验都不可能对学习者产生非常深远的影响。比如在思维方式、基本习惯、起主导作用的观念、态度、长久的兴趣或喜好等方面的改变,都是极其缓慢的"[①]。只有通过经验的积累,才会使幼儿产生深刻的变化。为了通过课程使幼儿获得的学习经验产生积累效应,必须对课程内容进行精心组织。具体来说,幼儿园课程内容的组织是指合理安排课程内容的顺序和关系,使其有序化、结构化。[②]

早在20世纪四五十年代,就课程内容组织的问题,泰勒曾提出过三个基本准则,它们是连续性、顺序性和整合性。连续性是指课程内容如何直线式地陈述;顺序性是指课程的后续内容如何既以前面内容为基础,又为以后的内容打下基础;整合性是指各种课程内容之间的横向联系。我国也有学者提出,在泰勒上述三条准则之外,还应考虑平衡性,即考虑各领域课程内容的比重,以免影响幼儿发展的全面性。靳玉乐在《课程论》中还提出了弹性准则,指在对课程内容进行组织时,既要有统一性,又要有灵活多变性。再看课程内容的组织方法,从组织逻辑上看主要有伦理组织法和心理组织法:伦理组织法是指遵循学科知识的逻辑,根据知识本身的系统及内在联系组织课程内容的一种方法;心理组织法是指遵循学习者经验的逻辑,根据学习者的心理发展特点组织课程内容的方法。从组织维度看主要有纵向组织法与横向组织法:纵向组织法指的是按照课程组织的某些准则,以先后顺序排列课程内容的方法;横向组织法是打破传统的知识体系,使课程内容与儿童已有的经验连为一体的方法。[③] 以上课程内容组织准则和方法在我们组织亲历课程内容时产生了重要的指导作用。

课程内容的载体是课程活动,课程内容存在于各种课程活动材料和活动

[①]　[美]拉尔夫·泰勒.课程与教学的基本原理(汉英双语版)[M].罗康,等译.北京:中国轻工业出版社,2021:87.
[②]　虞永平,原晋霞.幼儿园课程[M].北京:高等教育出版社,2014:53.
[③]　王春燕,秦元东.幼儿园课程概论[M].3版.北京:高等教育出版社,2019:84-85.

过程中。不同的学习内容、不同的组织方法会产生不同的活动类型,不可能是单一的,因此,亲历课程有多种活动类型,生活活动、区域活动、主题活动、项目活动、节日活动等。这些活动类型对应的组织方法可能不止一种,例如区域活动主要运用心理组织法,以游戏的方式组织实施符合幼儿心理发展特点、经验、兴趣、需要的学习内容,但一些讲究学科知识逻辑的内容也会运用伦理组织法来组织设计。这些活动类型承载的学习内容既相对独立又互有联系,例如与幼儿自身生活有关的学习内容主要通过生活活动实施,但在区域活动中也会创设生活区投放生活技能练习的内容,生活学习的内容还可能转化为主题活动,主题活动中会生发出项目活动,节日活动可能通过主题活动形式开展。一些活动类型中会采用多种活动形式来组织学习内容,例如主题活动中就包含集体活动、小组活动以及个别化活动。可见,组织方法和形式要根据具体的学习内容而灵活采用。

课程内容组织需要系统思考,除了以上一些理论还要融入自己的课程理念,将内容设计成活动方案,便于课程实施,来看亲历课程中最主要的三种活动类型的内容组织。

二、生活活动内容组织

(一) 一日生活内容安排

一般意义上的生活活动是幼儿园一日活动中满足幼儿吃、喝、拉、撒、睡等基本生理需要的活动,包括入园、餐点、盥洗、喝水、睡眠、如厕、离园等环节。

生活活动是亲历课程的基本活动。幼儿在园的一日活动本质上是在园的一日生活,是幼儿学习生活经验和生活自理能力、促进交往和自我保护、培养生活情趣和规则意识、养成良好个性和健康生活习惯等的重要途径。要实现上述目标,就要合理安排好幼儿的一日生活环节。以下是我园中班年龄段在一年四季中的一日生活作息时间表(见表5-1)。之所以如此组织一日生活,我们有这样一些思考。

(1) 给予幼儿的生活环节相对固定但可调节。要帮助幼儿养成有规律的生活作息,幼儿的生活就不能过于随意、无序,要有一定的秩序;相对固定的生活环节有利于培养幼儿的秩序感,有利于幼儿掌控一日活动,自主调节活动节奏,不再被动等待教师的组织指令。一日生活的安排也是弹性的,教师有权根据幼儿的活动需要自行调整活动环节的顺序或时间,以实现最佳的学习效果。

表 5-1 中班一日生活作息时间表

	夏季 (9月,5—6月)		春秋季 (10—11月,3—4月)		冬季 (12—2月)	
上午	7:30~8:00	来园活动(签到、劳动、交流、桌面游戏等)	7:40~8:00	来园活动(签到、劳动、交流、桌面游戏等)	7:40~8:10	来园活动(签到、劳动、交流、桌面游戏等)
	8:00~9:00	户外运动游戏	8:00~9:00	户外运动游戏	8:10~9:10	区域游戏活动
	9:00~9:30	点心、盥洗、区域准备	9:00~9:30	点心、盥洗、区域准备	9:10~9:30	点心、盥洗、户外准备
	9:30~10:30	区域游戏活动	9:30~10:30	区域游戏活动	9:30~10:30	户外运动游戏
	10:30~11:00	分享活动(绘本阅读、艺术欣赏、主题交流等)	10:30~11:00	分享活动(绘本阅读、艺术欣赏、主题交流等)	10:30~11:00	分享活动(绘本阅读、艺术欣赏、主题交流等)
中午	11:00~12:00	午餐、餐后活动、散步等	11:00~12:00	午餐、餐后活动、散步等	11:00~12:00	午餐、餐后活动、散步等
	12:00~14:10	盥洗、午睡	12:00~14:15	盥洗、午睡	12:00~14:20	盥洗、午睡
下午	14:10~14:30	起床整理、盥洗、午点	14:15~14:45	起床整理、盥洗、午点	14:20~14:50	起床整理、盥洗、午点
	14:30~14:55	主题教学活动	14:45~15:10	主题教学活动	14:50~15:15	主题教学活动
	14:55~15:50	户外自然活动(种养、观察、记录等)	15:10~15:40	户外自然活动(种养、观察、记录等)	15:15~15:40	户外自然活动(种养、观察、记录等)
	15:40~16:00	离园活动(回顾、整理等)	15:40~16:00	离园活动(回顾、整理等)	15:40~16:00	离园活动(回顾、整理等)

(2) 给予幼儿的生活内容充实丰富。学校承担着教育发展的职责,幼儿园的生活应具有教育功能,幼儿在园的每一天都应该充实且有意义。我们以生活和游戏为基础,穿插不同形式的教学活动,将五大领域学习内容串联、渗透在一日活动中。既有以幼儿兴趣为主、以解决问题为主的内容,如主题教学等,又有以学科知识逻辑为主的内容,如分享活动等。室内外活动内容交叉变换,也将生活、运动、游戏与学习有机融合在一日活动中,让幼儿的生活丰富美好,有趣有益。

(3) 给予幼儿的生活节奏从容流畅。美好的生活应是如流水一般自然顺畅的,符合幼儿的生命节律,幼儿可以从容地从一个环节过渡到下一个环节,不必匆匆赶场子。因此,不能将一日活动环节划分得过于细碎,要去掉不必要的活动组织,保障幼儿每个环节都有适宜的活动时间,并考虑环节之间的自然衔接,尽可能减少幼儿的消极等待。

(4) 给予幼儿的生活作息顺应天时。一日生活还需顺应自然变化。我们制订了"夏季""春秋季"及"冬季"三季作息时间表,严格意义上讲,我们划分的这三季月份既不符合气象划分法,也不符合农历划分法,而是根据幼儿的生活作息及身体感觉等确定的。比如夏季日长,幼儿起得早,我们便把入园时间提前;秋冬季幼儿起得晚,入园也迟了,我们便把入园时间推后;冬季的户外运动游戏时段与其他两季不同,是因为早上冷,不适合户外活动,因此改为室内活动,到9:30—10:30,阳光正好灿烂,这时开展户外运动游戏更适宜。再如,夏季时幼儿身上的衣物少,午睡起床所需的穿衣整理时间短;而当天气渐冷,幼儿的衣物增多后,他们所需的穿衣整理时间就会变长,因此,夏季的午睡起床时间就比其他两季要少。

(5) 给予幼儿充分的自主活动机会。幼儿的学习特点决定了幼儿在一日活动中要有大量的直接感知、实际操作和亲身体验的学习机会。亲历学习的特质也要求幼儿在一日活动中要进行"自主的探究思考""充分的感知体验"及"自由的表达表现"。因此,我们在一日活动中安排了多段自主活动时间,如"桌面游戏""户外运动游戏"及"区域游戏活动"等,其中"户外运动游戏"及"区域游戏活动"都至少一小时,充分保障了幼儿的运动、游戏需要,这些活动的自主机制又保障了幼儿有充足的时间做自己喜欢的事情。

(6) 给予幼儿充足的自然互动时间。"与自然互动"是亲历课程的一大重要内容,亲历课程中的很多主题活动都是从自然中生发的。因此,幼儿要有充足的与自然接触的机会。我们在一日活动中安排了"户外自然活动"环节,就是为了让幼儿去亲近自然,让幼儿每天都去班级的种植地劳作,去照料班级的农作物、班级树,去观察、记录幼儿园里动植物的生长变化,去发现自然中的惊奇秘密。由此,丰富幼儿的学习内容,增加幼儿的生活乐趣。

(二) 不同年龄生活活动要点

幼儿良好的生活习惯、生活能力等的培养是一个连续的过程,是在日复一日的生活中循序渐进养成的。亲历课程重视幼儿与自身生活的互动,强调幼儿在生活中学习生活。我们充分利用一日生活环节组织生活学习内容,不同年龄段的生活活动要点如下。

表5-2 各年龄段生活活动要点

内容	小班	中班	大班
入园签到	心情签到:主动表达上学情绪,在引导下关心同伴上学情况	出勤签到:坚持上学,了解班级幼儿出勤情况	时间签到:按时上学不迟到,会写自己姓名
晨间劳动	对应标记挂自己的书包,擦自己的椅子	放好自己的物品,擦椅子及认领的桌柜	放好自己的物品,清理自己的责任活动区域
如厕盥洗	学习如厕方法,愿意在园如厕,餐前便后能洗手	自主如厕、盥洗,掌握正确的洗手方法	如厕、盥洗习惯良好,能把方法教给小班弟弟妹妹
进餐	自己进餐,不喜欢吃的也能尝一点,餐后漱口	自主取餐,不喜欢的少取点,不剩太多饭菜	合理取餐,在规定时间内吃完,基本光盘
饮水	在教师组织下愿意饮水,取水量适中	知道要多饮水,在提醒下主动饮水	知道一天的饮水量,主动饮水
午睡	适应在园午睡,知道睡不着不能吵到别人	按时午睡,睡不着时不影响别人	坚持午睡,睡不着时自主进行安静活动
穿脱衣物	学习自己穿脱衣服和鞋袜,在提醒下增减衣服	自己或相互帮助穿脱衣物,感受冷热增减衣服	知道根据温度穿衣,根据自己的冷热增减衣服
玩具归放	活动结束在提醒下按标识归放玩具材料	活动结束主动按标识归放玩具材料	活动结束主动有序归放玩具材料
值日生	主动帮助遇到困难的小伙伴,乐意做教师小助手	参与讨论、了解值日生工作,轮流担任值日生	根据班级需要,商议确定值日生分工,做好值日生
生活回顾	回顾一天中开心的事,知道自己有进步,和小伙伴友好相处	回顾一天中喜欢的事,说说进步和互相帮助的事	回顾一天中最想记录的事,说说自己和小伙伴的进步
离园整理	学习整理自己的着装和书包,认得自己的物品	学习分类整理书包,记得自己的物品	分类有序整理书包,记录布置的回家任务

(三) 生活教育的随机性

陶行知指出,生活教育是生活所原有,生活所自营,生活所必须的教育,教育的根本意义是生活之变化,生活无时不变即生活无时不含有教育的意义。这就要求教师要意识到生活教育的随机性,尤其是生活习惯、生活技能、生活经验等的习得都必须在真实生活中进行,教育契机就是在生活过程中产生的问题和变化。因此,生活活动中的教育除了计划中的内容,更多是随机引发的内容。

小班开学已有一个多月,从第二周开始,我们就从帮孩子取书包、背书包慢慢放手让孩子自己背。我注意到离园整理时,可可每天都是第一个出去整理,最后一个拿着书包回到教室来求助老师,还有几个孩子也一直要等着帮忙。经过观察发现原因可能在于孩子不会背书包。我将问题抛给孩子们,请会背书包的孩子在集体面前展示背书包技能,引导其他孩子观察,孩子们发现方法是:先将书包的反面贴着自己的肚子,小手是像穿衣服一样反方向伸入的。当下孩子们都掌握了这个秘诀,连那几个孩子也学会了,我还给他们的书包贴了提醒标识。但一周下来仍有个别孩子等待老师帮忙,问题又出在哪?原来家长从不让孩子自己背书包。于是,我以"书包该由谁来背"这个话题,与家长进行交流,帮助家长认识生活教育的价值,珍视孩子独立的愿望,从"自己背书包"开始鼓励孩子做力所能及的事,培养他们的生活自理能力。

终于,班上所有孩子都能自己背上小书包了。

三、区域活动内容组织

区域活动,也称为活动区活动、区角活动等,主要是幼儿自己的活动,自己的游戏,指以幼儿的需要、兴趣为主要依据,考虑幼儿园的课程目标,将活动空间相对划分为不同区域,幼儿自由选择活动区域与材料,在其中通过与活动材料、同伴等的积极互动,获得个性化的学习与发展。因此,区域活动的内容是通过区域材料呈现的,内容组织也可理解为区域规划与材料设计。

亲历课程中的区域活动是幼儿以游戏的方式进行个性化学习的重要途径,分为户外区域和室内区域,我们参考《指南》中的领域经验及幼儿园课程目标整体规划室内外区域,构成一个发展功能完整的多元智能学习空间,让每个幼儿都能在其中发挥优势、发展潜能。

(一) 区域经验规划

1. 促进身体动作发展

身体活动对幼儿的发展和健康十分重要。《指南》指出,幼儿阶段是儿童身体发育和技能发展极为迅速的时期,也是形成安全感和乐观态度的重要阶段。发育良好的身体、愉快的情绪、强健的体质、协调的动作是幼儿身心健康的重要标志,也是其他领域学习与发展的基础。室内区域由于空间的局限,适合幼儿通过操作摆弄游戏材料促进手的动作发展,教师通过创设生活区、木工区,让幼儿进行做点心、刺绣、缝纫、整理、锯木头、敲钉子等活动,来更好地促进精细动作的发展及生活技能技巧的培养。与室内相比,户外有更大的空间,更适合幼儿进行大动作活动。因此,在设计户外区域及活动内容时,应考虑幼儿基本动作发展的全部方面,包括走、跑、跳跃、投掷、平衡、攀登、钻爬等,还要考虑这些动作发展是在生动的、有趣的、富有挑战的情境中进行的。

2. 促进交往和建立自信

《指南》指出,幼儿社会领域的学习与发展过程是其社会性不断完善并奠定健全人格基础的过程。人际交往与自我认同对幼儿的社会性情感发展有着重要意义,因此,除了利用一日生活的种种契机帮助幼儿与他人建立积极、稳定的关系,区域活动中也应该充分考虑有利于幼儿社会性发展的内容。比如开放、自主的活动空间,对于材料,幼儿可以自由选择、自主归放;适宜不同能力层次发展的材料,幼儿可以获得成功;有展示幼儿作品的空间,幼儿可以感受到自己作品的意义;有增进幼儿责任感的环境和活动,室内可以是自然角的管理,户外可以是动物饲养区、种植地、果树等的照料,这些都有助于幼儿建立归属感与自信。开放、自由的环境同样有助于幼儿进行交往活动。教师要给幼儿提供共同游戏、合作游戏的活动环境;要给幼儿提供进行角色扮演的环境资源;要给幼儿提供多元文化尤其是中国传统文化的环境资源,让幼儿感受文化的多样和美好;当然也要利用社区活动扩大幼儿的交往范围,增强社会认同。

3. 促进认知与探究

认知神经科学的研究表明,在健康的环境中,幼儿的神经系统会在幼儿时期迅速发展。在幼儿园阶段,幼儿的认知发生了重大变化,3—5岁幼儿逐渐发展他们的心理表征能力、推理能力、分类能力、注意力、记忆力和其他认知能力。到了5—6岁,幼儿在思维上更灵活,拥有更强的类别抽象能力、推理和解决问题能力、注意力和记忆力,对世界的认知更丰富。[①] 因此,幼儿需要具有支持性的环境刺激来促进思维模式变得更加系统和有组织,只有经过大量的练习并得到充分的支持,这些能力才能巩固并进化。教师通过创设数学区和科学区来促进幼儿的认知发展,比如参考数学领域发展的关键经验来设计游戏材料,为幼儿提供适宜的科学试验操作材料。探究是认知学习的有效途径,教师要从探究性入手创设室内外环境,或利用环境材料导引探究性活动,鼓励幼儿自由尝试、探索问题的答案,鼓励幼儿使用书写、绘画、图表、图形和模型等各种表征方法记录他们的经验,这样可以让几乎所有的游戏区域都具有促进幼儿认知发展的功能,比如建构区中为幼儿探究数与量、提高空间意识与几何概念知识提供机会,有助于幼儿在努力表征建构对象时进行建构方法的科学探究;教师更要认识到一日生活中的各种教育契机,帮助幼儿进行基于真实问题解决的认知学习。

4. 促进阅读与书写

语言是交流和思维的工具。幼儿期是语言发展,特别是口语发展的重要时期。幼儿语言的发展贯穿于各个领域,也对其他领域的学习与发展有着重要影响:幼儿在运用语言进行交流的同时,也在发展着人际交往能力、理解他人和判断交往情境的能力、组织自己思想的能力。通过语言获取信息,幼儿的学习逐步超越个体的直接感知。幼儿语言学习与发展目标分为两部分,一是口头语言:倾听和表达,二是书面语言:阅读与书写准备。口头语言的发展需要教师在一日生活中创设自由、宽松的交流对话环境,让幼儿充分表达并得到积极回应。书面语言的发展则需要教师创设相应的物理环境来支持。根据近几年跨学科研究显示,儿童早期阅读和书写的关键经验由三个条块的核心经验组成:前阅读经验、前识字经验和前书写经验。[②] 教师可以据此规划语言区,比如将语言区划分为听、说、读、写四大功能区,投放与幼儿近期活动主题、探究兴趣相关的绘本,绘本内容最好有配套音频,输入耳机,便于幼儿自主倾听;提供手偶、故事盒等材料,鼓励幼儿表演故事,5—6岁的幼儿也可以自制表演道具;创设符合要求的书写区,让幼儿可以进行绘本创编、画字、写信、写毛笔字等活动;也可以提供一些文字操作游戏,比如象形字、找同

---

① [美]Carol Copple,Sue Bredekamp. 0—8岁儿童发展适宜性教育[M]. 刘炎,等译. 3版. 北京:中国轻工业出版社,2021:143,150,204.
② 周兢. 学前儿童语言学习与发展核心经验[M]. 南京:南京师范大学出版社,2015:011.

伴姓名、找地名等来丰富幼儿的前识字经验。需要注意的是,阅读和书写并不限于语言区,在教室的其他区域都可以投放与活动相关的绘本和书写材料,便于幼儿使用。户外区域中同样可以利用帐篷、户外书屋等创设阅读空间,投放与自然相关的绘本和书写材料,供幼儿自主阅读与书写记录。幼儿园中还可以同时使用图标和文字来丰富语言符号环境。

5. 促进艺术感受与表现

艺术是人类感受美、表现美和创设美的重要形式,也是表达自己对周围世界的认识和情绪态度的独特方式。美育是培养全面发展的人的一个重要教育内容。以康德、黑格尔等为代表的哲学家、美学家非常重视美学,他们认为"对美的鉴赏的愉悦才是一种无厉害的和自由的愉悦""审美带有令人解放的性质,它让对象保持它的自由和无限",他们达成的共识是:通过教育尤其是美育和体育来恢复人的自然天性即自然的、审美的、感性的部分,重塑人性的完整性。[①] 美育的根本任务是培养生活艺术家。因此,幼儿艺术领域学习的关键在于充分创造条件和机会,在大自然和社会文化生活中萌发幼儿对美的事物的感受和体验,丰富他们的想象力和创造力,引导幼儿学习用心灵去感受和发现美,用自己的方式去表现和创造美,成人充分理解和尊重他们对事物独特的感受、理解和表达方式。教师要在区域环境的设计上注重美感,尤其要美化角角落落,尽可能让幼儿置身于美的环境中;教师要使环境整洁有序,将材料进行艺术化摆放,秩序感的环境也能给人美感;教师要在室内外创设美工区,提供丰富的材料,让幼儿自主地对生活世界中感受到的美的事物进行表现和创造;教师可以适时提供各类风格的艺术作品引导幼儿欣赏,并尝试体验不同类型的艺术表现形式;教师要在室内外创设音乐区,提供适合不同年龄段幼儿使用的音乐材料,确保音效优质;提供适合幼儿操作的音乐播放设备,幼儿可以跟随音乐进行配乐表演;提供一些节奏图谱,幼儿可以自主练习节奏等。为了帮助幼儿在音乐区中的活动,教师需要进行一些有组织的集体音乐活动,帮助幼儿获得乐器使用和表演的技能技巧,还可以将音乐作为一日活动的组织信号,如在就餐时配以优美的抒情曲,在午睡时配以轻柔的催眠曲,潜移默化中促进幼儿对美的音乐的感知。

(二)区域内容设置

根据以上经验规划,亲历课程中的室内外活动区域内容设置如下。

---

① 庞世伟. 论"完整的人"——马克思人学生成论研究[M]. 北京:中央编译出版社,2009:13-14.

1. 室内区域

先对应领域经验确定不同年龄班的功能区,再参考学科关键经验为每个功能区制订基本活动内容,然后根据具体发展经验或目标为活动内容设计、投放、调整活动材料(这部分内容将在第六章中展开,这里不做赘述)。

表5-3 小班班级区域

区域名称	区域内容
生活区	美食制作、生活劳务(如卷袜子、叠衣服)等
美工区	涂鸦活动、手工活动、综合创作活动、欣赏活动等
科学区	光影探究、沙水游戏、自然生命观察、其他科学实验等
数学区	数量活动、模式活动、分类活动、排序活动、图形活动等
音乐区	器乐演奏、歌舞表演、音乐欣赏等
建构区	多种积木建构、自由建构、情境建构
语言区	视听活动、阅读活动、故事表演活动、语言游戏活动等
角色区	娃娃家、超市、医院、理发店等

表5-4 中班班级区域

区域名称	区域内容
生活区	美食制作、生活劳务(如叠衣服、拆装旧物)等
美工区	线描画活动、颜料画活动、立体造型活动、民俗工艺活动、欣赏活动等
科学区	光影探究、沙水游戏、自然生命观察、其他科学实验等
数学区	集合与模式、感数和计数、比较与测量、图形与空间等
音乐区	器乐演奏、歌舞表演、音乐欣赏等
建构区	多种材料建构、自由建构、主题建构
语言区	视听阅读活动、故事表演活动、语言游戏活动、写画活动等
角色区	娃娃家、超市、理发店、花店、美甲店等(根据幼儿想法开设)

表5-5 大班班级区域

区域名称	区域内容
生活区	美食制作、生活劳务(如编织、缝纫)等
美工区	创意绘画活动、立体造型活动、水墨画活动、民俗工艺活动、欣赏活动等
科学区	光影探究、沙水游戏、自然生命观察、其他科学实验等
数学区	集合与模式、感数和计数、比较与测量、图形与空间、数的表征系统、数的运算、逻辑推理、感知时间等
音乐区	器乐演奏、歌舞表演、音乐欣赏等
建构区	综合建构、主题建构、图片作品建构
语言区	视听阅读活动、表演活动、书写活动、语言游戏活动等
木工区	制作生活用品、制作游戏材料、创作木工装饰品等

2. 户外区域

与室内区域相比,亲历课程的户外区域中最主要的两大功能活动是运动与自然体验。我们在规划户外场地活动时充分考虑了幼儿动作发展的全面性及自然体验的多样性,规划了综合运动区、骑行区、攀爬区、足球区、跳跃区等,让幼儿进行充分的身体运动;规划了种植地、饲养区、小池塘、果园、草地等多处自然区域供幼儿进行自然活动。当然,户外区域也应当具有多领域经验发展功能,我们也设置了建构区、沙水区、阅读空间,并提供角色扮演材料、音乐活动材料、美术创作材料等让幼儿活动。但与室内区域不同的是,因户外场地的开放和环境的多变,户外区域的功能性更加综合,下面十张图片中的活动都发生在同一个场地。这说明,户外活动内容更具生成性,会随着天气、材料、植物变化等因素而改变;这也说明,只要教师心中有发展目标,就能利用场地资源组织各种活动。这还提醒教师要认识环境、资源、材料对于活动的重要性,要不断对环境进行适宜性改造,不断丰富环境中的资源材料,让幼儿的户外活动更加丰富。

第二部分　亲历课程的组织设计

(a) 发现蘑菇

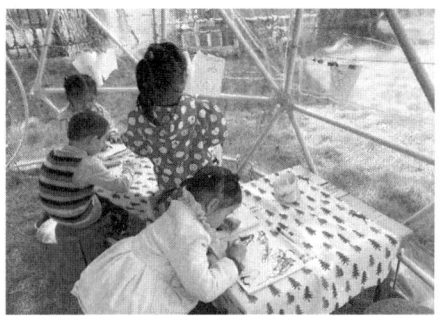

(b) 绘画

(c) 阅读

(d) 摘果

(e) 玩雪

(f) 角色扮演

(g) 玩水　　　　　　　　　(h) 探索声音

(i) 滑草　　　　　　　　　(j) 爬树

图 5-3　幼儿在户外区域活动

四、主题活动内容组织

(一) 主题活动编排

在幼儿园课程这个研究领域,使用"主题"一词,意指课程的某一单元、某个时段所要讨论的中心话题,通过对这些中心话题的讨论,对中心话题中蕴涵的问题、现象、事件等的探究,使幼儿获得新的、整体的、联系的经验。[①] 可以这样理解:第一,主题是其自身及相关内容的集合;第二,主题是一种围绕某个中心形成的教育内容的组织结构,它包含了一系列相关的教学活动、游戏活动、日常生活活动和其他活动;第三,主题在多个层面实现了幼儿园课程的综合,如幼儿发展层面的综合、学科领域层面的综合及各类教育资源的综

---

① 虞永平.学前课程与幸福童年[M].北京:教育科学出版社,2012:74.

合等。① 因此,主题活动可被定义在一定时间内,组织幼儿围绕某个中心话题进行的学习、探索、游戏,从而获得有益经验的系列活动。

亲历课程中的主题活动在组织和实施上弹性比较大,一是体现在主题活动的编排上,由预设与生成相结合,给生成留有空间,生成空间随幼儿探究能力的增强而扩大。预设主题一般是亲历课程实践中积累的经典主题,通过集体审议认为较有必要的活动,但教师在具体实施中仍会追随本班幼儿的兴趣和需要形成新的主题走向与活动内容;当生发了更有价值的主题时,预设主题也可以被替换。二是体现在不同主题活动的兼容上,有时一个主题还没结束,新的主题已经产生;有时一个主题正在进行,又插入一个节日主题;有时一个主题(如种植、饲养)断断续续时间很长,同时进行其他主题。三是体现在主题活动的时长上,有些主题活动内容不断生长,可能持续几个月;有些主题活动内容有时效性,1—2周就结束。四是体现在主题活动的生长上,亲历课程中的主题活动绝不是照本宣科,是随着幼儿的兴趣和需要而不断调整的、生长的,幼儿自己也常常在主题活动中生发项目探究活动。

(二) 主题活动计划

作为教育内容的一种组织形式,亲历课程主题活动的组织过程主要包括"主题选择—主题目标(发展经验)预设—主题研究网络预设—主题活动内容预设—实施过程中的方案调整"这样五个步骤,即便是生成性的主题活动,也需做好准备,例如中一班生成性主题活动"你好呀,小兔子!"。

表5-6 主题活动计划表

主题名称:你好呀,小兔子!

日期/周数:2023.10—2023.12(8周)

班级:中一班

备课要点	具体内容
幼儿已有经验	1. 看过兔子,知道兔子的基本外形特征:如四条腿、长耳朵、短尾巴、毛茸茸的身体等 2. 知道兔子喜欢吃的一些食物:胡萝卜、草,其他食物还不确定 3. 知道兔子会蹦蹦跳跳的 4. 知道兔子有点胆小但可能也会咬人 5. 大概知道兔子也是要生兔宝宝的(对于卵生还是胎生不了解)

---

① 虞永平,原晋霞.幼儿园课程[M].北京:高等教育出版社,2014:120.

续表

备课要点	具体内容
幼儿的兴趣点	1. 小兔子只喜欢吃萝卜吗？小兔子还能吃哪些食物？（根、叶、水果？） 2. 小兔子一天要吃多少的食物？要吃几顿？（喂食后提出） 3. 小兔子的眼睛是黑色的，还有其他颜色的眼睛吗？（在孩子印象中小兔子眼睛是红色的） 4. 小兔子的耳朵为什么这么长？有什么用？ 5. 为什么小兔子的尾巴是短的？为什么小兔子的尾巴有的不是圆的？（观察提出） 6. 小兔子的大便都是黑色和圆形吗？（观察提出） 7. 什么时候会生小兔子，是怎么生的？生出来的是小兔子还是蛋？ 8. 小兔子很胆小，很容易受到惊吓，为什么还会咬人呢？（经验提出） 9. 小兔子走路为什么会跳？会不会跳高？会不会站起来？ 10. 小兔子要不要睡觉？它在什么时候睡觉？怎么睡觉的？（姿势） 11. 小兔子会发出声音吗？它的叫声是什么样的？ 12. 冬天到了小兔子怎么过冬，它需要冬眠吗？（近期天气变冷提出）
主题目标	1. 通过观察探究兔子的外形特征、生活习性和生长特点 2. 主动探究、交流对于兔子的好奇与问题，验证自己的猜测 3. 喜欢兔子，学习饲养兔子的好方法，培养长期的责任意识
预设发展经验	一、健康领域 1. 通过喂养照顾兔子营造温暖轻松的心理环境，形成安全感和信赖感 2. 通过给兔子配置营养餐，了解动物也需要健康饮食，进而让自己不挑食不偏食，做到合理健康的饮食 二、语言领域 1. 在主题探索中，通过经常性的讨论活动，能积极表述自己的所看、所知、所想、所猜等，促进倾听与表达能力的发展 2. 通过提供大量与兔子相关的图书，激发阅读兴趣，促进阅读理解能力的发展 3. 能用图画、符号的表征方式记录自己对兔子的发现和想法，促进书面表达能力的发展 4. 喜欢把听过的故事或看过的有关兔子的故事（图书）讲给别人听，能大体讲出所听故事的主要内容 5. 能随着作品的展开产生喜悦、担忧等相应的情绪反应，体会作品所表达的情绪情感。愿意用图画和符号表达自己的愿望和想法 三、社会领域 1. 通过喂养、照顾、记录等经常性的合作探究活动，促进人际交往能力的发展 2. 能自主发起活动、制订喂养和照顾兔子的规则、认领照顾兔子的任务，促进社会适应能力的发展 3. 知道爱护身边的自然环境、小动物，注意节约资源

续表

备课要点	具体内容
	四、科学领域 1. 喜欢兔子,经常问一些与兔子有关的问题,能感知兔子的生长变化及其基本特征 2. 能对不同的兔子进行观察比较,发现其相同与不同;能根据观察结果提出问题,并大胆猜测答案 3. 能通过简单的调查收集关于兔子的信息,并用图画或其他符号进行记录 4. 通过对兔子的深度探究,促进科学探究能力的发展。基本了解兔子的外形特征如眼睛的颜色、毛的颜色、尾巴的长短、牙齿特点等;了解兔子的食物及量——了解兔子可以吃的食物和不可以吃的食物及兔子食物的量,帮助兔子设计健康食谱;了解兔子的生活习性——通过观察知道兔子会打洞,兔子会磨牙,兔子会跳等行为特征 **五、艺术领域** 1. 通过对兔子的绘本赏析、观看兔子的动态卡通画等活动,促进艺术感受与欣赏能力的发展 2. 通过对兔子的多种形式的美术创作,促进艺术表现与创造能力的发展
主题研究网络图(预设)	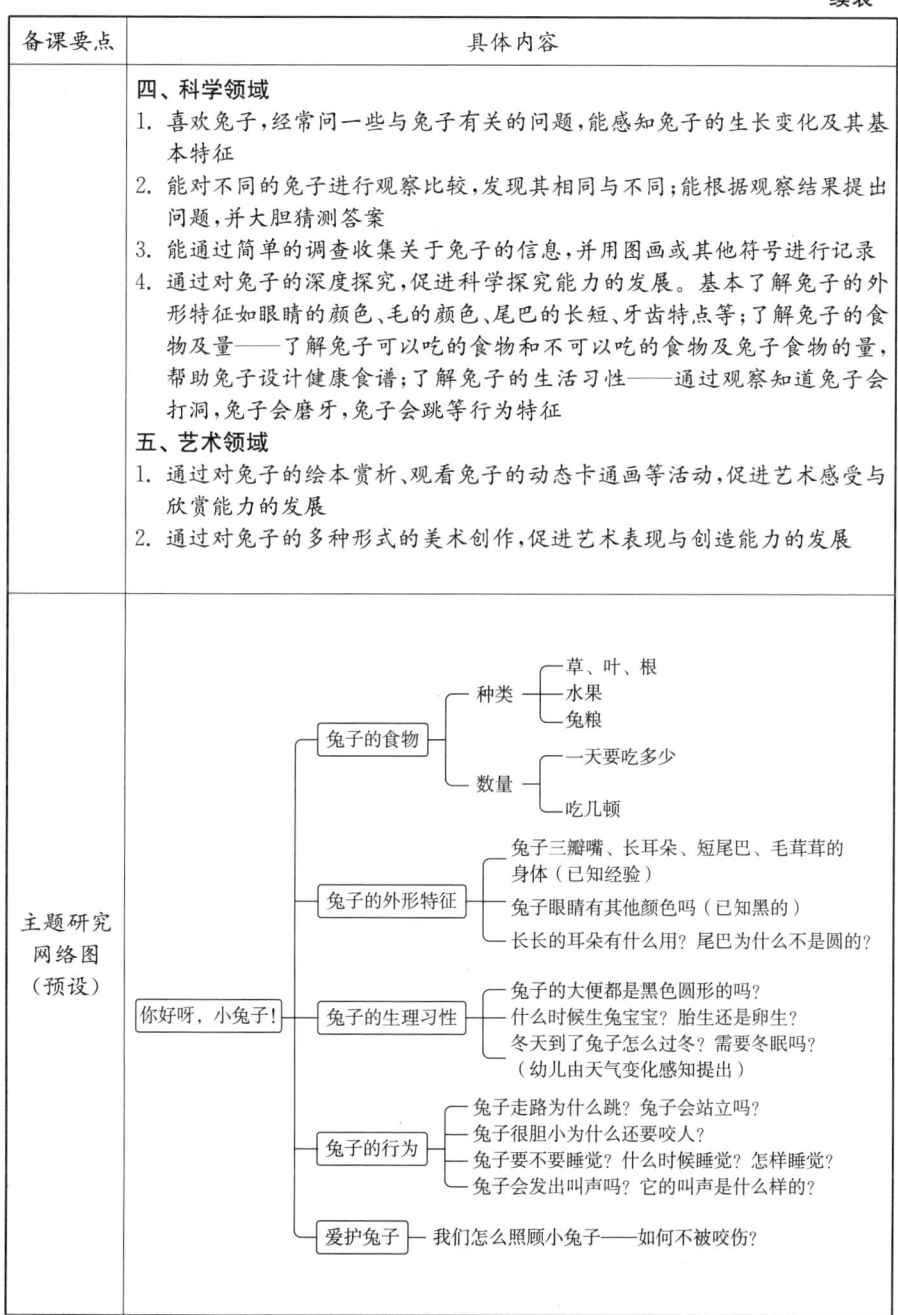

续表

备课要点	具体内容
区域材料提供	**语言区** 一、绘本欣赏：投放相关兔子的绘本，幼儿在舒适的环境里自主阅读，还可以将喜欢的画面故事画一画表征下来与同伴分享 二、创编兔子故事 1. 教师提供各种小摆件供幼儿根据情境创设兔子的故事场景 2. 根据场景将故事内容画下来 3. 不借助场景摆件幼儿自主创编兔子故事 **生活区** 一、兔子小厨房 1. 兔兔包子：提供面粉、酵母、胡萝卜、秤等材料，幼儿通过称重相应克数的面粉先揉、团，然后再制作兔兔包子 2. 兔子营养餐：提供兔子的食物（如胡萝卜、青菜、兔粮等）、秤、仿真刀等，幼儿根据营养单称量配餐 二、兔子手工部落 1. 兔子包包：提供毛根、珠子、吸管等材料，教师制作好的半成品包包框架。幼儿利用毛根、毛线或麻绳缠绕制作包身，然后进行装饰 2. 兔子小屋：提供各种毛线或其他材质的线，幼儿按照有规律的方式进行兔子屋的建造 **音乐区** 一、提供《小白兔》《小兔和狼》《小兔子乖乖》等图谱，幼儿根据图谱利用八音盒和空灵鼓进行歌曲演奏、打击乐演奏 二、蓝牙音响录制幼儿熟悉的歌曲，幼儿根据歌曲节奏选取喜欢的演奏乐器自由演奏 **数学区** 一、兔子自然物拼搭 1. 提供各种"自然拼搭"的图片 2. 将收集来的各种材料，如树枝、树叶、松果、石头等，结合木质积木进行有规律的拼搭（如 AB、AAB 等） 二、兔子食物数独 1. 提供操作底板（九宫格、十二宫格）和兔子食物操作卡片 2. 将兔子食物操作卡片摆放在地板上，注意按要求操作 三、小兔子种萝卜（数物匹配） 1. 提供有情境的小兔子种萝卜操作底板、骰子 2. 根据抛掷的骰子帮助小兔子种相应数量的萝卜 四、小兔子开车（感知理解量的传递性） 1. 提供小车、各种有重量的物品、各种小动物 2. 根据上车小动物的重量试试需要几个重的物品让小车动起来 **美工区** 一、创意泥工

续表

备课要点	具体内容
	小兔子的愿望 1. 幼儿自选喜欢的黏土颜色,粘出小兔子 2. 根据小兔子的愿望制作相关的物品 3. 两者组合,完成小兔子的愿望 小兔子穿新衣 1. 幼儿根据颜色自由选择黏土并粘出小兔子 2. 粘出小兔子的衣服或其他物品 小福兔 1. 幼儿用黏土先造型出小兔子的头部形状 2. 幼儿组装在福字上(能力强的幼儿也可以尝试做一做福) 二、剪贴画 兔子好饿好饿 1. 自由剪出兔子外形,剪一剪兔子爱吃的食物 2. 剪出的兔子和食物拼贴在纸上,进行画面的丰富 兔子小窗花 1. 先将长方形对折,然后画出兔子形状 2. 用剪刀剪下画出的形状 3. 再用荧光笔进行五官的装饰 三、水粉:可爱的兔兔 根据绘本《小兔的问题》进行水粉创作
建构区	一、小兔的家 材料:大木质积木、小型木质积木,其他辅助材料 玩法:观察墙面布置的拼搭图片,进行创意建构 二、中班的户外场地/我们的教室 材料:聪明棒积木、木质积木等各种积木,纸筒、棒冰棍等低结构材料,玩具小人 玩法: 1. 观察户外场地上的材料、器械,了解各场地的玩法,用多种材料搭建小朋友在户外场地上活动的场景 2. 观察班级教室里的布局,进行建构
科学区	一、光与影 幼儿选择透光材料自由拼搭图形,利用光源探索不同的影子及影子的变化 二、大嘴巴兔子 1. 将兔子放在草地上,投射器放在任意线上,勺柄指向兔子,选择一个小球放在投射器上,开始游戏 2. 用力按压勺柄弹射小球,投进兔子的嘴巴为成功,幼儿可以记录是在

续表

备课要点	具体内容
	哪条数字线上投射成功的 3. 替换不同大小的青蛙嘴巴提高游戏难度 三、瓶盖动起来 1. 用打气筒将气球吹大,一只手捏住不放气 2. 吹大的气球对准瓶盖,然后放气观察瓶盖的情况 3. 幼儿记录哪些瓶盖可以动起来
主题相关 文学作品	《小兔的问题》《走开,大黑兔》《兔子的心愿》《兔子喜欢做的事》《小兔子爱冒险》《100只兔子想唱歌》《我的兔子朋友》《兔子!兔子!兔子!》《12只兔子的家》《小兔子的日记》《五只兔子》《兔子好饿好饿》《兔子的家》《洞穴之外》《兔子的12个大麻烦》
主题相关 艺术作品 (音乐、 美术)	音乐:《小兔子乖乖》《兔子舞》《小白兔》《小雨点》 美术:凡·高油画《兔兔》《多彩的小兔》,油画《梧桐双兔图》,水彩画《野兔》,油画《喂兔子》,水墨画《兔》
主题教学 活动	第六周 语言:小兔子爱冒险 美术:水粉画多彩小兔 科学:兔子怎么打洞? 音乐:兔子舞 数学:兔子食物数独游戏 第九周 美术:剪贴画兔子好饿好饿 语言:小兔的问题 音乐:兔子快跑 数学:小兔子开汽车 社会:打扫兔子屋 第十一周 数学:小兔的身份证 美术:黏土兔子 语言:小兔子开铺子(儿歌) 音乐律动:兔子兔子你在哪? 科学:兔子一天吃几顿?	第七周 语言:12只兔子的家 美术:线描兔子 数学:小兔种萝卜 音乐:小兔子乖乖 综合:如何照顾兔子 第八周 科学:兔子洞 美术:兔子喜欢做的事 语言:小兔子的日记 音乐游戏:小白兔去散步 安全:如何靠近兔子们 第十周 数学:小兔子认识图形 语言:五只兔子 音乐:兔子跳跳跳 科学:兔子的耳朵为什么长 综合:给兔子割草

续表

备课要点	具体内容
	第十三周 数学：小兔子住新家 美术：水墨画兔子 语言：兔子的家 科学：兔子怎么过冬？ 音乐故事：森林小兔子 　　　第十二周 数学：小兔子玩方块 语言：兔子的12个大麻烦 音乐：小白兔 科学：兔子要睡觉吗？ 综合：胡萝卜地
家长参与活动	1. 和孩子一起阅读有关兔子的绘本故事，加深对兔子的了解 2. 和孩子一起调查了解兔子能吃的食物、兔子的生活习性。知道如何照顾兔子，怎样才不会被兔子咬到
主题研究网络图（实施生成）	你好呀，小兔子！ **兔子的食物** - 种类：草、叶、根；水果——哪些水果能吃（小零食）；兔粮 - 数量：一天要吃多少量；吃几顿适合 **兔子的外形特征** - 兔子三瓣嘴、长耳朵、短尾巴、毛茸茸的身体（已知经验） - 兔子眼睛有其他颜色吗？（已知黑的） - 长长的耳朵有什么用？尾巴为什么不是圆的？ - 兔子后脚为什么比前脚长？ **兔子的生理习性** - 兔子的大便都是黑色圆形的吗？ - 什么时候生兔宝宝？胎生还是卵生？ - 冬天到了兔子怎么过冬？需要冬眠吗？（幼儿由天气变化感知提出） **兔子的行为** - 兔子走路为什么跳？→ 兔子能跳多高？兔子会站立吗？ - 兔子很胆小为什么还要咬人——牙齿很厉害吗？ - 兔子要不要睡觉？什么时候睡觉？怎样睡觉？ - 兔子会发出叫声吗？它的叫声是什么样的？ - 兔子为什么住在自己的洞里？不住小木屋里？ - 兔子为什么啃无花果树皮？ **爱护兔子** 我们怎么照顾小兔子：协助阿姨打扫兔笼；合理喂食；不能欺负兔兔（如乱砸、乱踢等）

续表

备课要点	具体内容
主题改进思考	1. 引导幼儿自发深入地观察与探究：幼儿在照顾兔子的过程中已经由被动变主动，也会在照顾中进行观察—发现—思考—验证，但教师自身的观察意识还不够，幼儿的自发性观察行为还需加强培养，这样才可能生发更多有趣的课程活动 2. 调动家长资源，弥补经验发展短板：尽管考虑了幼儿的整体学习和发展需求，但在实施的过程中还是有所欠缺，如幼儿自主讲述的机会不够，部分幼儿在语言区得到的发展不足，因此教师可以采用家园配合的方式，开设餐前"我们的故事频道"，鼓励幼儿家长积极报名参与，准备与课程相关的绘本故事让幼儿带来分享，帮助幼儿提高语言表达能力、自尊、自信

从上表看出，在整个组织过程中，教师发挥着重要的主导作用，但亲历课程尊重幼儿的兴趣、想法和愿望，在组织时重视幼儿作为活动主体的参与，主题活动是师幼共建的产物。因此，主题活动的组织可以说是幼儿视角和教师视角的融合。

（一）主题活动组织的幼儿视角

1. 参与主题选择

在亲历课程的主题选择中，幼儿的兴趣是重要的依据。幼儿通过间接和直接的方式表达自己的兴趣，影响主题选择。间接的方式是教师预选主题，然后邀请幼儿对预选主题进行讨论，由此了解他们对该主题的已有经验及兴趣，为研判主题的可行性提供证据。如幼儿园门口有个公交站台，教师认为这是一个很好的课程资源，在与幼儿讨论后发现他们对此有较大兴趣，因此展开了"公交探秘之旅"。最直接的方式是幼儿发起主题，幼儿因对某些事物产生好奇而进行探究，教师因势利导展开活动。如"小瓢虫变身记"是幼儿在户外场地的山楂树上发现了瓢虫并带回教室饲养而产生的。而"你好呀，小兔子!"是师幼共生的主题，深入中班后中一班认领了饲养兔子的任务，因幼儿对兔子非常感兴趣，这个主题也就自然产生了。

2. 回应已有经验

当主题确定后，教师要与幼儿讨论关于主题的已有经验。比如通过对话，教师了解到幼儿已经对兔子有一些粗浅经验，比如知道兔子的基本外形特征；知道兔子喜欢吃胡萝卜和草；知道兔子走路是蹦蹦跳跳的；知道兔子有点胆小但可能也会咬人;知道兔子也是要生兔宝宝的,但不知道怎么生的。幼儿的这些已有经验,为教师预设主题目标(发展经验)做了铺垫。

3. 提供研究线索

主题活动讨论中,教师还要收集幼儿的兴趣点,这些兴趣点为教师预设主题研究网络及准备活动内容材料等提供方向和线索,让主题活动的开展更加贴合幼儿的兴趣和需要。直白地讲,主题活动就是幼儿去研究他们的问题和发现的过程。在"你好呀,小兔子!"主题中,教师收集到了幼儿很多有研究价值的兴趣点,这些兴趣点显现在预设的主题网络图中,也落实在主题活动内容中。如果是大班幼儿,教师还应该组织幼儿讨论主题研究网络,甚至让幼儿自己制订行动思维导图。如在"医院"主题开展前,教师鼓励每个幼儿通过表征表达自己的研究兴趣,并组织幼儿对所有的想法进行讨论、协商和筛选,最终形成幼儿自己的主题研究网络(见图5-4、图5-5)。

图5-4 每个幼儿的研究想法

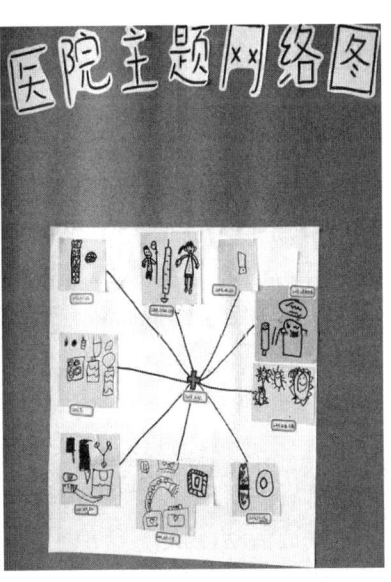
图5-5 幼儿形成的研究网络

(二)主题活动组织的教师视角

1. 课程意识

一个有课程意识的教师能以课程视角审视幼儿的一日生活,敏感捕捉幼儿生活中的各种课程契机。教师的课程意识越强,幼儿的学习机会越多,幼儿在园的生活质量越高。亲历课程的主题来源广泛，在自身生活中，在自然环境中，也在人文社会中，这就要求教师去陪伴幼儿、观察幼儿，从幼儿与生活世界的互动中发现学习主题。在"你好呀，小兔子！"这个主题中，幼儿照顾、观察、研究兔子，对幼儿来说，这个主题真的既是生活又是学习。

2. 儿童意识

儿童意识指教师在组织、实施主题活动时充分考虑幼儿的年龄特点、幼儿的学习方式、幼儿的兴趣需要，也指"你好呀，小兔子！"等主题中的儿童参与、儿童表达等。教师的儿童意识越强，主题活动越贴合幼儿的兴趣和需要，越能激发幼儿在活动中的主体性和主动性。

3. 资源意识

资源意识包括收集资源和利用资源。教师的资源意识越强，主题活动的内容越丰富，幼儿的发展可能性越大。主题活动中的资源可以分为区域材料资源、文学作品资源、音乐美术作品资源、家长资源等。教师在组织主题活动内容前要先收集各类资源，将资源转化成活动内容，适时引入幼儿的学习中，也要在活动过程中随着探究需要扩充资源。如有教师在开展"柿子"主题活动时引入了"柿染"非遗文化去丰富主题活动内容；再如大五班在开展"秋天的芦苇"主题活动时，幼儿发现从各个地方收集来的芦苇不一样，原来有些不是芦苇，是芦苇的近亲，荻花、芦竹、芒草和蒲苇，教师特意从古诗文中寻找相关的诗句让幼儿欣赏，如《题山居逸人》（十亩馀芦苇，新秋看雪霜）、《琵琶行》（浔阳江头夜送客，枫叶荻花秋瑟瑟）、《道中寄同舍》（风声卷芦竹，雪意满江天）等。

4. 发展意识

其一，发展意识指的是教师在组织主题活动时的目标导向、经验导向。即教师首先要意识到主题活动是为了促进幼儿获得经验、达成目标，不是为了活动而活动，因此在组织主题活动时要预设主题目标（发展经验）。其二，发展意识指完整发展的意识。虽然不同主题会有领域偏向，但教师要对主题的领域发展经验进行评估，在追随幼儿活动兴趣的同时适当导引，避免主题经验过于单一。其三，发展意识还指主题的生长性。亲历课程因幼儿的兴趣需要而生长，主题活动是一段开放的、变化的探究过程，虽预设了主题网络及活动内容，但它的作为应是旅行指南，而不是施工蓝图，课程实施过程中应根据幼儿实际的研究兴趣和活动情况调整主题探究走向，从而生成新的主题探究网络，促进经验的生长。如"你好呀，小兔子！"在实施过程中幼儿又有了新发现,对"兔子为什么不住在木屋里,要住在洞里?""兔子为什么要啃无花果树皮?"等产生了兴趣,从而生成了新的探究内容。这也意味着主题活动的组织不是一劳永逸的,要在实施过程中调整,即使主题活动结束也要进行改进反思,优化下一次计划组织。

第六章　亲历课程的资源

第一节　课程资源的含义与类型

一、亲历课程资源的含义

资源,根据信息资源学的观点,指自然界和人类社会中能创造物质和精神财富的各种客观存在或存在物。在《现代汉语词典》中,它指生产资料或生活资料的天然来源。可见,客观存在是资源的基本特点。

所谓课程资源,从广义来说,指有利于实现课程目标的所有因素,从狭义来说,是指形成课程的直接因素。[①] 课程资源是课程从设计、实施到评价的整个过程中可利用的一切资源的总和,包含影响学生发展和经验获得的所有因素。[②] 即课程资源就是课程开发过程中可资利用的一切人力、物力和自然资源的总和。它不仅包括形成课程的因素来源和必要而直接的实施条件,而且包括促成课程评价和持续改进的各种因素。课程资源不仅仅局限于学校内部,还来源于广袤的自然、社会、文化环境与幼儿的实际生活之中。

《纲要》在总则中明确指出:"幼儿园应与家庭、社区密切合作,与小学相互衔接,综合利用各种教育资源,共同为幼儿的发展创造良好的条件。"其中提到的"教育资源"其内涵实质是课程资源。在前面几章中,我们已多次提及资源的重要性。对于亲历课程来说,没有资源就没有课程,它是课程的重要载体和实现条件,是亲历课程得以由构想变成现实的基石。在亲历课程中,幼儿通过与资源互动产生经验,因此课程资源可能是学具,用来被幼儿直接操作;在亲历课程中,资源也是课程内容的主要来源,因此课程资源也可能是教材,被教师用来对幼儿产生影响;亲历课程开展中还受到家长、环境等的影响,因此课程资源还可能是助推幼儿亲历学习的各种因素。

[①] 吴刚平.课程资源的开发与利用[J].全球教育展望,2001(8):41.
[②] 侯莉敏.幼儿园课程与教学理论[M].北京:高等教育出版社,2016:86.

二、亲历课程资源的类型

课程资源纷繁复杂,种类丰富而多元,划分依据通常有以下几种。

表6-1 幼儿园课程资源的分类①

划分标准	类　型	呈现内容
功能	素材性资源	课标、大纲、教科书、声像、经验、创意、交流等
	条件性资源	设施、设备、场地、时间、时机、氛围、环境等
空间分布	园内课程资源	设施、设备、场所、师资、人文、资料、活动等
	园外课程资源	设施、设备、场所、人力、人文、生活、活动等
性质	自然课程资源	动植物、物产、气候、自然现象、生物链、规律等
	社会课程资源	家庭、社区、机构、行业、生活、节庆、习俗等
存在方式	显性课程资源	玩教具、设施设备、场地等
	隐性课程资源	氛围、师生关系、风气等

以上分类为我们开发和建设亲历课程的课程资源提供了参考,我们也在开展课程及实际使用课程资源的过程中梳理了较为重要的几种资源,根据物理特性和呈现方式,将它们相对分为实物资源、活动资源和信息资源。

(一) 实物资源

实物资源是幼儿看得见、摸得着的课程资源,是幼儿生活和学习的物质环境。这是亲历课程中最重要的资源,主要有三种。

1. 自然资源

这里的自然资源主要指的是幼儿在幼儿园内能感受到的自然环境和自然材料,如园内的草地、山坡、种植地、池塘等自然环境,花草树木及各种小动物等自然生命,沙水土石等自然物质,也包括风霜雨雪等自然现象等。自然资源是重要的课程资源,无论是动植物还是自然现象,都可以成为亲历课程的重要内容,认识自然、了解自然、融入自然本身也是幼儿园课程中的重要内容。

2. 材料资源

材料资源指实施课程所需要的物质材料,亲历课程中的物质材料分为四

---

① 侯莉敏.幼儿园课程与教学理论[M].北京:高等教育出版社,2016:88.

类：一是设备，指中大型活动器械、家具和较昂贵的物品，如灯桌、投影仪、沙水箱、智能音箱等；二是工具，指较小、较便宜的物品，如放大镜、剪刀、铲子、培养皿等；三是玩具，指特定的游戏物品，如积木、玩偶、娃娃家材料等；四是易耗品，指经常更换的物品，如颜料、毛根、笔、纸等。材料是亲历课程的重要保障，是幼儿学习的基本条件。从根本上说，幼儿的发展是在同包括物质材料在内的客观事物的相互作用中实现的。给幼儿提供丰富的、适宜的材料就是给幼儿创设适宜的学习情境，让幼儿获得经验。

3. 图画书资源

图画书资源是指提供给幼儿阅读的图画书。国务院颁布的《中国儿童发展纲要（2021—2030）》，提出未来要进一步加强儿童阅读的指导，培养儿童良好的阅读习惯，分年龄段推荐优秀儿童书目。还提出学前儿童的阅读兴趣培养及习惯养成，依托家庭亲子阅读，更依靠幼儿园体系支持，尤其是那些经济及文化欠发达地区的城镇和乡村。可以看出，图画书资源对于幼儿发展的重要性。在亲历课程中，幼儿通过阅读图画书获取更多有益的知识与信息，也通过与课程相关的图画书丰富课程内容。亲历课程中的图画书在收集和投放时根据幼儿的兴趣需要大致分为科普类、主题相关类、季节类、个体兴趣类、节气民俗类。

（二）活动资源

活动资源可转化为活动内容，活动资源内容广泛，以下三种是亲历课程中与幼儿生活关系密切的重要活动资源。

1. 节庆资源

节庆资源指适合幼儿在园生活中去感知体验的节日、节气、民俗活动文化等。节日一般指国家的法定节假日，有元旦、春节、清明节、端午节、劳动节、中秋节和国庆节，还有儿童节、妇女节这些与幼儿关系密切的节日，以及重阳节、腊八节、元宵节等这些幼儿应该了解的节日，当然也可以是幼儿园自己创设的节日。节气指中国的二十四节气。民俗主要指庆祝节日、顺应节气开展的传统活动，地域不同，庆祝方式不同，同一个节日不同地域的庆祝活动也是一种课程资源。节庆活动作为具有传承性的人类生活文化也是亲历课程必不可少的活动内容，幼儿活动的过程就是文化化的过程，这个过程可能造就传承并创造中国文化的人。

2. 社区资源

社区资源是指能够满足社区居民生活需求的一切自然物质资源和人为

的社会文化制度。亲历课程用社区资源拓展幼儿生活与学习的空间,扩充幼儿的学习内容。课程中的社区资源分为两大类:幼儿园周边的自然物质资源、社会物质资源。社区的自然物质资源是指社区中的山川河流、动植物等;社区的社会物质资源包括社区的物质设施与服务机构,具有一定的社会性,如菜场、小区、街道、超市、医院、银行、公交站、文化馆、敬老院等。这些与幼儿会发生联系的社会机构或社会设施,构成幼儿成长的社会物质背景。

3. 艺术资源

艺术资源指的是适合幼儿欣赏的艺术作品。根据表现形式主要分为音乐、舞蹈、诗歌、绘画、建筑、雕塑。美育是促进幼儿全面发展中的一个重要方面,具有"以美育人"的特殊性。有学者指出,美育是"培养美好性格的不可缺少的手段。事实证明,我们的审美教育,主要目的并不在于培养多少艺术家,也不仅在于培养人们的艺术欣赏能力,而更重要的是培养人们以审美的态度对待现实、对待生活。有人说美育的目的在于培养'生活的艺术家',这是十分恰当的"[①]。因此,艺术资源也是亲历课程资源的组成部分。

(三) 信息资源

信息资源指课程中的信息化资源,是课程实施中的辅助资源。亲历课程中比较重要的信息资源有以下三种。

1. 人力资源

人力资源一般指具有某种专业知识、技能的个人或组织,能为幼儿传授或提供某一种专业技能知识;在亲历课程中也指创造课程的人力,包括园内的教师、职工、幼儿和园外的家长、社区人士。教师作为幼儿园课程改革的关键性因素,当然是最重要的人力资源。兴趣、经验各异的幼儿不仅仅是教育对象,他们还是亲历课程中重要的人力资源。家长也是需要关注的人力资源,亲历课程的开展需要家长的支持。每个幼儿家庭都有各自的生活文化和教育文化,这是一种资源;每个家长都有各自擅长的技能,这是一种资源;每个家长都有各自的职业,这是一种资源;家长在课程开展过程中提供研究材料和信息,这是一种资源;家长陪伴幼儿进行课程活动,这也是一种资源;家长联系的广泛的社会资源,更是课程可以有序利用的教育资源。

2. 专识资源

专识资源指的是课程各类活动开展中所需的专业知识和经验,比如种植

---

① 曾繁仁. 美学之思[M]. 济南:山东大学出版社,2003:538-539.

活动中的种植知识、饲养动物时的饲养知识、主题探究中的相关知识等。这些专识资源以信息形式存在于书本和网络中,有的以经验形式存在于家长等人群中,在课程活动实施中具有举足轻重的作用,是其他课程资源所无法替代的。

3. 电子资源

网络信息技术的发展,为课程资源的开发利用提供了信息平台。电子资源按其呈现方式不同,大致可以分为数字视频、数字音频、多媒体软件、网站等。各种类型的电子资源是亲历课程获得高质量数字化、网络化课程资源的捷径。亲历课程中的电子资源还指存放在共享网盘中的在亲历课程实践中逐渐累积的主题活动方案、区域活动方案、课程故事等。丰富课程案例资源就是在充实课程内涵,每一个课程案例都是行动印记,一个个印记形成实践轨迹。课程案例的作用不是便于重复,而是为了优化,亲历课程既有生成,也有预设,不管是生成还是预设,都可以通过查阅、研究已有方案或课程故事来获得启发,为课程预设与实施做更好的准备。

第二节　课程资源的开发与利用

一、亲历课程资源开发与利用的原则

从理论上讲,课程资源是无所不在、无时不有的,它并不局限于幼儿园内部,而是来自广袤的自然、社会、文化环境与幼儿的实际生活,以多样性的存在状态和表现形式出现在我们周围。但是,并不是所有资源都会成为课程资源,且资源是外在的、对象性的存在,不会自觉进入课程领域,需要我们主体发挥意识的能动性去开发和利用。在进行课程资源的开发与利用时要先了解课程资源的特点,并确定园本课程资源开发与利用的原则。亲历课程的资源开发与利用具有以下几个原则。

(一) 课程资源的目标导向

课程资源的开发与利用是为了课程目标的有效达成,针对不同的课程目标应该开发并利用与之相适应的课程资源。一般说来,每一种课程资源对于特定的课程目标具有不同的作用和功能,不同的课程目标就需要开发并利用不同的课程资源。但是,出于课程资源本身的多质性,同一课程资源又可以服务于不同的课程目标,所以,课程资源的开发与利用就必须在明确课程目标的前提下,认真分析与课程目标相关的各种课程资源,认识和掌握其各自的性质和特点,这样才能保证开发与利用的针对性及有效性。

(二)课程资源的全面丰富

幼儿的发展是多领域全方位的,课程资源也应该是多领域全方位的。课程资源在开发与利用时就要注重多元性、丰富性、全面性。可以从资源的多种分类着手,既考虑素材性资源,也考虑条件性资源;既考虑园内资源,也考虑园外资源;既考虑自然资源,也考虑社会资源;既考虑显性资源,也考虑隐性资源;既考虑实物资源,也考虑活动资源和信息资源。全面丰富的资源还需由多样化的主体去开发,在课程资源开发中,除了教师,亲历课程充分重视幼儿及其家长、社区人士的主体作用。鼓励幼儿、家长、社区人士发挥自身优势,以主体的身份积极参与课程资源的开发实践。需要警惕的是,课程资源的全面丰富还应基于幼儿的兴趣和需要。亲历课程的资源应贴近幼儿的生活,适宜幼儿的发展,不能为了求多求全而去开发购置一堆不实用的东西,尤其是一些看上去"高级""先进",实则探究性不强的设备材料。因此,应充分挖掘来自幼儿现实生活的课程资源,充分挖掘幼儿园周围自然和社会中的资源。

(三)课程资源的交叉融合

课程资源虽有分类,但在使用时却是交叉融合的。任何一个活动都会灵活根据需要使用多种资源。比如"我们种了大米饭"这个主题活动最先开展的是种植活动,由社区农户提供秧苗,略懂水稻种植的教工在芒种时节指导种植,暑期中的生长照料则由值班的教工轮流帮忙;为了成功种出水稻,师幼多次查询水稻种植知识;水稻成熟后,教师带幼儿参观社区中的稻米种植基地;水稻收获时幼儿举办收割礼;水稻收获后,幼儿同家长收集各种粮食作物,研究稻米饮食文化。可以看到,在整个水稻探究过程中,不仅利用了自然资源,也利用了人力资源、社区资源、节庆资源、专识资源;在幼儿进行水稻相关区域活动时,还利用了艺术资源和图画书资源;任何一种资源本身还关联着其他资源,比如节气活动往往与自然有关,节日活动需要借助家长资源与社区资源。所以说,课程资源在开发与利用时都不可能是单一死板的。

(四)课程资源的更新改革

课程资源的开发与利用是一个持续更新、不断改进的过程。没有哪一种资源可以一劳永逸。首先,实物类资源本身有消耗,比如栽种的植物、饲养的动物会有死亡,操作性材料会有损耗。其次,一些资源具有时效性,比如家长资源一般时效周期是幼儿在园的三年,信息媒体资源一直在更新迭代,社区环境也在不断变化。再次,随着课程理念的转变、课程计划与实施能力的不断优化,教师对资源也会不断产生新的认识,不再满足原有的资源储备而去开发新资源。比如同一个节日活动,因对幼儿的发展定位不同,今年和去年的活动方案就不可能一模一样,活动方案不同所需的活动资源就不同。最后,对幼儿来说,材料资源长期不更新就会使其丧失活动兴趣,也就无经验学习可言,从这个角度来说,课程资源的更新代表着新经验产生的可能。我们不断优化、丰富幼儿园室内外的空间环境资源,就是为了让幼儿对在园生活充满好奇和期待。

(五)课程资源的经验转化

课程资源的根本价值在于有效利用、经验转化、促进发展。课程资源如何转化为幼儿的经验？一方面是要让幼儿与各种课程资源发生积极的互动,课程资源如果不作用于幼儿就失去了开发的意义,比如教师不能把资源材料当作环境装饰,而要引导和激发幼儿自主活动、自由游戏、自主选择和使用各类课程资源。另一方面要指导幼儿与各种课程资源进行有效互动,教师至少要关注并解决两种现象:一种是幼儿不知道如何使用资源,比如我们强调幼儿自主探究,但也发现有些资源材料如果教师不引导,幼儿就不会(比如乐器、高结构材料);另一种是简单重复地使用资源材料,简单重复就无法获得新经验,只有不断进行深度学习,才能获得新经验。因此,教师要认真研究幼儿的活动和经验,认真研究材料和活动、经验的关系,认真研究不同幼儿的活动水平和对材料的不同需要,只有这样才能真正有效地为幼儿提供适宜的资源材料和有针对性的指导。

二、亲历课程实物资源的开发与利用

实物资源是幼儿的活动操作材料,实物资源多种多样,凡是安全卫生的都可能成为幼儿的活动操作材料。《规程》第五章第三十条指出:"幼儿园应当将环境作为重要的教育资源,合理利用室内外环境,创设开放的、多样的区域活动空间,提供适合幼儿年龄特点的丰富的玩具、操作材料和幼儿读物,支持幼儿自主选择和主动学习,激发幼儿学习的兴趣和探究的愿望。"在亲历课程中,我们重点建设幼儿可操作的室内外活动环境,即户外活动环境和班级区域环境。

(一) 户外环境资源的建设

教育部印发的《幼儿园保育教育质量评估指标》明确提出幼儿每日户外活动时间不少于2小时,体育活动时间不少于1小时。毋庸置疑,户外是幼儿生活与学习的一个主阵地,我们一直在行动,致力于将户外环境改造成"一个有惊奇和秘密,有冒险与挑战,幼儿可以尽情撒欢、流连忘返的活动体验场"。

1. 将户外环境中的活动空间还给幼儿

华幼的园舍有两个特别之处,一是与小学(华士实验小学)相通,二是2/3的园舍由高中改建而成,因此原本的幼儿园户外环境中缺乏儿童气息,幼儿的活动场地单一,基本局限在塑胶场地上(图6-1深灰色部分)。我们打破固有的、僵化的活动场地概念,开始意识到"户外所有的安全空间都是可以利用的",着手将整个户外改造成为幼儿的活动场,并与小学协商,争取到不少共用场地,将与小学相通的劣势转化为优势,充足的活动空间极大方便了规划改造。改造后的户外环境与改造前相比,不仅幼儿的活动空间变多了(图6-2浅灰色部分均是后开发的),活动内容也更丰富多元。

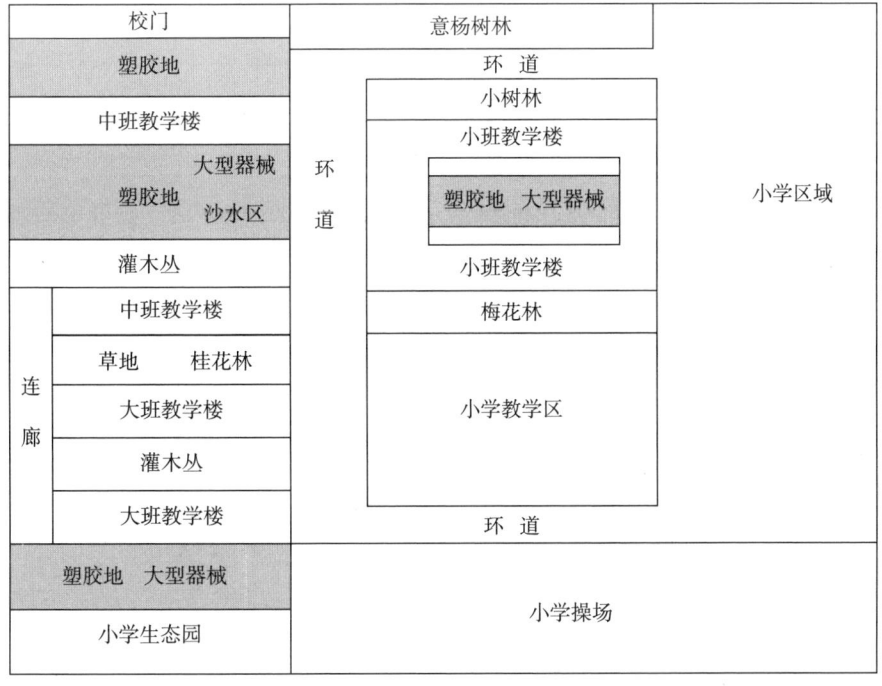

图6-1 户外环境改造前

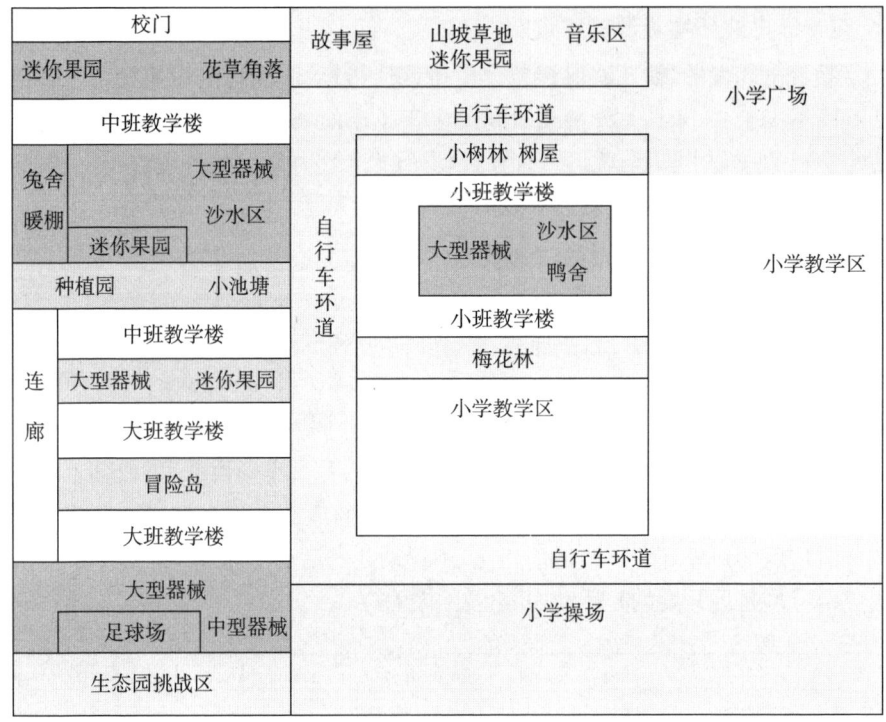

图 6-2 户外环境改造后

2. 规划户外环境中的运动功能

户外环境首先是幼儿的运动场,要能促进幼儿的身体发展。幼儿的身体发展包括两个重要方面:由大肌肉控制的动作发展和由小肌肉控制的动作发展。幼儿大肌肉动作,其中包括全身、腿部和手臂的动作发展;幼儿小肌肉动作,包括手指和手的动作发展。[①] 我们将这些动作发展分解为最基本的身体技能,如:奔跑、跳跃、平衡、躲闪、翻滚、旋转、投掷、攀登、钻爬、垂吊、搬运、搭建、骑行、抛接、推拉等。户外环境中要有充分机会让幼儿进行这些身体技能的锻炼活动,户外区域空间的改造、运动资源的开发与利用也要依据这些身体技能。比如,我们规划了综合建构区,提供梯子、油桶、纸筒、PVC 管、户外建构积木等让幼儿做各种搭建;规划了综合运动区,投放了跑酷运动材料让幼儿钻爬、跳跃、平衡走等;规划了骑行区,投放了脚踏车、平衡车、协力车让幼儿

---

① [美]贾尼斯·J.贝蒂.幼儿发展的关键指标与行为观察[M].郑福明,等译.8 版.北京:教育科学出版社,2023:149-150.

做各种骑行；规划了足球场让幼儿奔跑、躲闪等；规划了攀爬区，投放了各种挑战难度的攀爬架；投放射箭、舞龙、飞盘等材料供幼儿投掷、甩臂……户外运动器械和材料数不胜数，不同的器械和材料引发不同的身体动作，这类资源材料的开发可参照《江苏省幼儿园教育技术装备标准（试行）》，还可以充分利用幼儿园周边社区中的资源材料，比如纸筒、PVC 管就是最常见的社区资源。

在户外区域空间的改造、运动资源的开发与利用上还要注意动作发展的综合性和连贯性。幼儿运动绝不是枯燥的某个身体技能训练，而是在游戏情境中发生的多种身体技能的自然融合。因此，户外区域空间要充分利用场地优势进行综合性改造，让每一个场地都有多种身体技能锻炼的机会。比如由灌木丛改造的冒险岛，有壕沟、山坡、涵洞、迷宫、树屋，幼儿在灌木迷宫中穿行，攀爬树屋；在壕沟上跳跃、走平衡；在山坡上翻滚、滑行；当投放了玩具枪后又发生了追跑、躲藏等行为。

(a)

(b)

(c)

(d)

图 6-3　户外区域空间

3. 建设户外环境中的自然资源

福禄贝尔最初把幼儿园看作是"为孩子而建的花园"。幼儿园所在的华士镇古有"花市"之称,相传为吴王夫差种花之处。亲历课程中重视自然资源的建设,园内的绿化虽然不少,但植物种类不够丰富,以香樟、桂花、梅花、山茶、枇杷、意杨、灌木、玉兰、樱花居多,果树和花草很少。我们认为,幼儿园里每增加一种动植物资源就是增加一种课程资源,也是增加一个学习机会。我们持续不断地改造种养殖空间,开发自然资源,让户外环境富有生命气息。

(1)种植园。种植园由灌木丛和部分塑胶地改造而成,约有 120 平方米,划分到每个班级。我们梳理了适合本地种植、本园幼儿研究的农作物资源种植表(表6-2),并对一年四季种植的作物进行必要的统筹规划,保证种植地的植物种类多样,同一时节中,根、茎、叶、花、果这些植物的重点部分都可以关注到。春季有丝瓜、扁豆、南瓜、西瓜、香瓜等重点在果实的,有山芋、土豆、芋头等重点在根茎的,有韭菜、生菜、空心菜等重点在叶子的,有甜高粱、甘蔗等重点在茎秆上的,还有玉米、向日葵等重点在种子的;夏季插秧种水稻;秋季除了有常见青菜、萝卜、大蒜、油菜、白菜、豌豆、荠菜、蚕豆、菠菜等,还有紫甘蓝,以及紫色、绿色、白色的花椰菜等,光萝卜就有白萝卜、红萝卜、青萝卜、樱桃萝卜、紫萝卜、胡萝卜等不同品种,以支持幼儿进行比较研究,我们还收集过全世界 40 个品种的番茄种子进行对比种植。我们把种植的过程管理放手给幼儿,引导幼儿在种植活动中进行多样化、多方面的学习与劳动。为了促进幼儿的学习与劳动,我们在种植地开设了工具房,配备了适合幼儿使用的种植工具材料,提供了可以观察块茎类植物的专业种植桶、雨水收集桶,并在种植地里增加了蚯蚓筒,促进幼儿关注探究环境中的各种因素与种植的关系。

图 6-4 种植地

图 6-5 工具房

表6-2 农作物资源种植表(部分)

种植月份	适种作物	种植提示
二	土豆、生菜	1. 同一种作物也有多样性,比如荞麦有甜荞和苦荞;番茄有几十个品种,在种植时要考虑同种作物的多样性 2. 有些作物可以两季种植,比如生菜、秋葵;有些作物早种、晚种都可以,如大蒜、丝瓜、玉米,可根据预想收获时间倒推种植时间
三	黄瓜、早丝瓜、荞麦、高粱、小米、棉花、向日葵、空心菜、紫角叶、紫苏、慈姑、芋头、早玉米、长豆、四季豆、黄花菜、洋姜、花生、韭菜	
四	甘蔗、甜杆、番茄、香瓜、西瓜、南瓜、葫芦、西葫芦、冬瓜、菜瓜、茄子	
五	红薯、扁豆、秋葵、晚丝瓜	
六	水稻、黄豆、芝麻、赤豆、晚玉米	
九	萝卜、秋葵	
十	青菜、包菜、菠菜、白菜、香菜、芹菜、蓬蒿、茼蒿、大蒜、荠菜、金花菜、西兰花、羽衣甘蓝、冰菜、苦菊、芝麻菜、乌塌菜、雪里蕻、芥菜	
十一	油菜、豌豆、蚕豆、芦笋	
十二	莴苣、小麦	

(2)暖棚。暖棚的产生源于幼儿的火龙果种植。幼儿在种植地里种了火龙果,到了冬天,这种热带水果逐渐被冻死,幼儿提出希望有个像生态园里一样的暖房,可以保护不耐寒的植物,于是我们在种植园不远处搭建了暖棚。暖棚依围墙而建,以镀锌钢管为骨架,外覆薄膜,薄膜可以升降脱卸,便于夏天散温。暖棚里让幼儿直观感受到种植环境的差异,为幼儿的种植增加了很多可能,相继进行过冰菜、甜菜、柠檬、甜椒等对比种植;火龙果、三角梅等热带植物种植;草莓、西红柿、小黄瓜等反季节种植。现在棚内种植的是30余种可食用香草,暖棚也因此被称为香草园。我们将香草园植物梳理成资源活动表(见表6-3),帮助教师认识、利用好这些香草资源,开展各种活动。我们在暖棚中提供温度计、昆虫箱、地膜、阻根板、诱蝇灯等,不断改进暖房种植设施,比如自动灌溉系统,以应对暖房种植中浇水难等问题,让幼儿感受先进的种植技术设施的同时,更好地支持他们的种植研究活动。

表 6-3 香草园植物资源活动表

序号	植物名称	生长习性	活动建议
1	佩兰	多年生、喜温暖湿润、耐寒、怕旱、怕涝	1. 通过看、闻、尝、摸等多种方式感知香草的各个部分 2. 观察、比较香草植物的异同 3. 逐渐认识每一种香草植物，知道每种香草植物的名称 4. 了解香草的作用，根据功效作用尝试制作茶叶、饮品、草药、调料、糕点等 5. 观察香草的生长变化，捕捉契机开展探究活动 6. 认领香草，开展浇水、除虫、修枝等香草园劳动活动 7. 在照料香草的过程中去了解每一种香草植物的生长习性 8. 利用香草的花、叶开展一些区域活动，如拓印、插花、香包等 9. 探究香草园中的昆虫
2	茴香、菖蒲	多年生、适温 20—25 ℃、喜冷凉湿润、耐寒、忌干旱	
3	莳萝	一年生、生长适温为 20—25 ℃、喜温暖湿润、不耐高温及干旱或严寒	
4	马蓝	多年生、半喜阴、喜湿润、适温 15—30 ℃	
5	明月草	多年生、喜温暖、怕寒冷、适温 10—25 ℃、越冬温度不低于 5 ℃	
6	香妃草	多年生、喜温暖湿润、耐干旱、惧积水、半日照、忌高温暴晒、越冬温度 5 ℃ 以上	
7	香茅草	多年生、喜温暖湿润环境、耐旱耐瘠不耐寒	
8	甜叶菊	多年生、喜温暖湿润但忌渍、短日照、可耐 −5 ℃ 的低温、适温 20—30 ℃	
9	红脉酸模	多年生、适温 15—25 ℃、喜阳亦耐半阴、较耐寒、耐水湿	
10	留兰香	多年生、喜温暖湿润、全日照、耐热耐寒、忌涝、适温 25—30 ℃	
11	欧薄荷	多年生、喜温暖湿润、全日照	
12—17	水果味薄荷（奶油浆果、香橙、凤梨、香蕉、柠檬香蜂、苹果）	多年生、喜温暖湿润、全日照	
18	胡椒薄荷	多年生、喜温暖湿润、耐高温亦耐寒	
19	金钱薄荷	多年生、喜阴凉湿润、适温 18—25 ℃	
20	马蓝	多年生、半喜阴、喜湿润、适温 15—30 ℃	
21	花叶艾、青叶艾	多年生、繁殖力强、全日照、耐干旱亦耐寒	

续表

序号	植物名称	生长习性	活动建议
22	迷迭香	多年生、喜温暖、全日照、较耐寒、忌涝	
23	片仔癀	多年生、全日照、喜高温、忌涝	
24	玫瑰、肉桂、天竺葵	多年生、喜冬暖夏凉、最适温度为15—20℃、喜燥恶湿、浇水不宜过多	
25	糯米香茶	多年生、喜温暖湿润、喜阴忌强光	
26	咖喱草	多年生、全日照、忌涝	
27	欧蓍草	多年生、喜温暖、忌高温多湿、适温15—25℃	
28	芳香万寿菊	多年生、全日照、适温20—29℃、不耐高温	
29	藿香	多年生、喜高温湿润、全日照、忌严寒干旱	
30	紫骨	多年生、耐旱、耐晒但是怕湿	
31	芸香	多年生、喜温暖湿润、全日照、适温22—27℃、忌水涝	

图6-6 观察暖棚温度

图6-7 观察香草

（3）小池塘。小池塘在种植园旁边，原先也是灌木丛，现在是幼儿探究水生动植物的地方。一开始更像是水渠，经历了两次改造后，由三个回字形组成，幼儿可以观察到任何一个角落，我们还在边上投放了大水缸、大水盆等，并带幼儿种上荸荠、荷花、慈姑、茭白等；后来大四班的幼儿想要种植鸡头米，水缸不符合种植条件，需要更大的池塘，于是他们自己动手把池塘进行了改造，变成可以种养更多水生动植物的真正的小池塘。每年，挨着池塘的班级承担起改造、管理、研究的任务，这也使得池塘里的动植物品种不断更替、丰富。

图 6-8　小池塘改造前　　图 6-9　小池塘改造后　　图 6-10　水生植物种植区

（4）迷你果园。迷你果园形成源于2018年，那一年的大班幼儿想要给幼儿园送果树作为毕业礼物，每班一棵。这是一个非常棒的想法，既有共同成长的纪念意义，又能丰富园内的植物资源，于是幼儿园调整出一块绿植地作为果园。果树种下后成了幼儿最关注的植物对象，他们称自己班的果树为"班级树"，并为其建立"果树档案"，开始进行持续的观察记录、照顾管理等，因此也生发了"樱桃保卫战""柿子丰收季""蓝莓故事"等很多课程活动。如今植树节栽种毕业树已经成为传统，幼儿园里的迷你果园陆续改造而成，从一个增加到了四个，桃、李、梨、杏、柿、橙、橘、金橘、柚、葡萄、猕猴桃、杨梅、樱桃、石榴、桑葚、青梅、枣、山楂、板栗、无花果、核桃等28种适合当地种植的果树，一年四季，果树在变化，课程也在生长。

图 6-11　杏　　　　　图 6-12　猕猴桃　　　　图 6-13　樱桃

（5）花草角落。花草既能增强幼儿的审美体验，又能丰富幼儿的植物认知，是植物资源中的一个主要类别。我们在规划花草资源时，充分考虑了不同花草的花期、生长环境、生长年限及植株高度等，巧妙利用园内的角角落落，尤其是将以往不太美观的区域进行改造。比如在落叶树下种郁金香、洋水仙、紫色地丁等，用郁金香等的花期弥补落叶树的萧条；再如背阴处很多花草都长不好，很容易成为绿地死角，适合种植耐阴的二月兰、玉簪、矾根、天门冬、蕨草、石蒜、大吴风草等；光照好的角落适合种牡丹、芍药、月季等；栅栏隔断处适合种植攀爬类藤本植物，如爬藤月季、蔷薇、凌霄、铁线莲、络石等；围墙根可以套植风车茉莉、木香、鼠尾草、枸杞、月见草、格桑花、黑心菊等对土质要求不高的花草;草坪周边用各色绣球、芝樱等串边;我们还购置了一排种植箱专门种各种菊花。目前园内约有 400 余种花草,四季花开不断,幼儿处处都能发现美景,感受各种植物蓬勃生长的生命力量,各种植物也为幼儿提供了现成、自然、丰富的游戏材料。

图 6-14　各色绣球　　　　图 6-15　花境　　　　图 6-16　蔷薇花墙

(6) 饲养区。小动物也是深受幼儿喜爱的课程资源,随着园内植物资源的丰富,蝴蝶、瓢虫、蜜蜂等各种常见昆虫和蜂鸟鹰蛾等少见昆虫都在园内做客;蚯蚓、蜗牛、青蛙等小动物也寻常可见;还有很多小鸟栖息于园内;园内还常住 3 只猫。我们也规划了三个动物饲养区,一是水生动物饲养区,有螺蛳、鱼、龙虾、河蚌等;二是禽类饲养区,相继养过孔雀、珍珠鸡、科尔鸭;三是哺乳类饲养区,养着兔子。动物饲养区是幼儿最感兴趣的地方,我们将其规划在方便幼儿自主观察的区域中,促进幼儿与小动物的自由互动,当然,每个饲养区也都有班级认领、照料,也因此生发了"鸡蛋去哪儿了""我们班的鸭鸭""你好呀,小兔子!"等主题课程活动。

图 6-17　饲养区

4. 丰富户外环境中的多样化学习可能

我们希望幼儿可以从户外时光中有更多的受益,而且这种受益是多方面的,不仅仅是运动。户外环境中还隐含着多样化学习可能,需要进一步去开发与利用,我们一方面根据场地特性进行适当改造,丰富发展功能,比如将意杨树林改造成山坡草地(意杨林产生大量杨絮易致敏),开阔的草坪既给了幼儿游戏和运动空间,也给了幼儿期待和想象空间。草坪上有野花、野草、昆虫,雨过天晴后还会有蘑菇;栽种了杨梅、杏子、山楂等果树;没成活的大树也成了攀爬、游戏材料;草坪的一端设置了音乐区,安装了音乐器材;另一端设置了故事屋,提供了图书、手偶、装扮材料。另一方面根据时节景致灵活提供材料,比如在昆虫丰富的场地提供放大镜,让幼儿去有意观察;在花团锦簇的场地提供绘画材料,让幼儿去美术创作;在秋天的户外提供色卡,让幼儿去收集自然颜色……

图 6-18 改造前的意杨林

图 6-19 改造后的山坡草地

(二)室内区域资源的建设

这里的室内区域指班级中的活动区域。室内区域资源主要有空间、设施、设备与材料,是幼儿个别化活动的基础和物质保障,关系到活动的质量和效果。室内区域资源建设分为空间规划、设备配置与材料投放。

1. 区域空间规划

亲历课程的区域活动内容涵盖幼儿发展的五大领域功能,小班和中班的必要功能区有生活区、美工区、科学区、数学区、音乐区、建构区、语言区、角色区;大班的必要功能区有生活区、美工区、科学区、数学区、音乐区、建构区、语言、木工区。有些班级还会创设一些个性化的区域,如情绪角、私密空间、留白区等。其中每个功能区都还有再细分的活动空间,比如生活区包括美食区和劳技区,美工区包括欣赏区、手工区和绘画区,科学区包括生命区、沙水区、实验区和光影区,语言区包括视听阅读区、书写区、语言游戏操作区和讲演区。以上这些区域如何设置,如何变化隔断,蕴含了教师对教育资源的整合和调度的智慧,也反映了教师对幼儿需求、材料属性的专业判断和发展期待。

一是要利用教室内外一切可利用空间。区域空间的开发要从幼儿的活动需要出发,不能为了方便教师和保育员的组织整理而牺牲幼儿的活动空间。课程改革前,我们的区域只设置在教室左右两面靠墙处,前面空间留给教师,中间大部分空间用作集中活动,摆放桌椅。这样的空间利用显然不利于幼儿活动,狭小区域中的活动暴露出种种问题,最突出的问题是区域少且小,幼儿活动集中易相互干扰,于是我们将区域向中间拓展,扩大区域面积,只保留了一小块集中区,桌子全部进区域。很快大家发现中间的这一小块集中区如果在游戏时不加以利用,仅仅摆放椅子,不仅杂乱还影响区域之间的流动,于是我们进一步调整,将一些可地面操作又便于收放的材料移至此处。现在,教室外的走廊等也成为区域空间,空间足够了,区域才能变多、变大,幼儿才能分散活动。

二是根据区域活动特性安排空间位置。比如语言区必须在自然光线充足的地方;科学区中的光影设备及生活区中的食品加工设备都必须在有电源的地方;建构区需要的空间比较大,且建构作品需要展示保留;沙水区需要用水,一般靠近卫生间,方便取水;音乐区、角色区、木工区相对热闹,不宜与语言区、数学区等相对安静的区域相邻,我们一般将音乐区、角色区、木工区设置在教室外的走廊中。需要注意的是,有些功能区中包含小活动区,在规划安排时不一定要整区设置在一起,可以根据各小区活动内容与材料的特性合理灵活地利用空间,分开设置。

三是各区域之间相对独立又动线流畅。区域活动以幼儿的个别化活动为主,为了有助于幼儿专注活动,每个活动区要相对独立,用玩具柜和地垫等进行分割,让幼儿有活动区域范围。但这并不意味着要阻止幼儿与他人、他区的交流互动,因此除了私密空间等活动区是封闭式设计,其他区域一般都是开放式或半开放式设计,确保整个教室中的区域空间视觉通透,进到各个区的路线流畅,便于幼儿交流互动和教师的观察指导。

四是用多维度空间打造立体活动区域。在限定的空间里,如何呈现生动多样的活动场景?如何有效地使教室里的每一个角落都能成为活动天地?这就要改变以往单一的将桌椅平面摆放的区域格局,灵活地将桌面、地面和橱柜、自制屏风等组合设置成立体化的格局,墙、地、柜、门、窗、空中,甚至钢琴背面都利用起来,设置成活动和展示区域,利用多维度空间来提升每个活动区的空间效能和环境魅力。

图 6-20 室内区域规划

2. 区域设备配置

区域设备指各区域中的材料柜、展示架、操作桌椅及必要的设备器材,一般由幼儿园统一配置。首先,要有足够的材料柜、展示架、操作桌椅等,数量过少没有办法组合分割出各个活动区,且材料柜少则幼儿的活动材料也不可能丰富。我们每班平均有 20 个柜子(含展示架),20 张操作桌(含就餐桌),椅子按班级幼儿数的 120% 配备。其次,要给不同的功能区配置相应的设备器材,如音乐区中要有音质较好的演奏乐器和播放设备;生活区中要有小烤箱等烹饪小电器;科学区要有沙水桌、光影设备等;建构区要有充足的清水积木;语言区中要有试听设备和小沙发等;美工区中要有剪刀、胶枪、印刻器等工具;木工区中要有木工桌、台钳、锯子等木工工具。最后,在给不同的功能区配备设备器材时还要注意匹配不同年龄段幼儿的能力与需求,比如给音乐区准备演奏乐器,不是越多越好,要适合不同年龄段幼儿演奏,小班可以有八音按钟、八音木琴等比较简单的主乐器,辅助一些碰铃、沙锤、单响筒等小乐器;到了中班可以增加木舌鼓、空灵鼓等主乐器,逐渐增加双响筒、圆舞板、三角铁等小乐器;到了大班可以将八音按钟、八音木琴换成拇指琴、非洲鼓和小钢琴等,逐渐增加铃鼓、果壳铃等小乐器,教室中的钢琴也可以提供给幼儿活动使用。再以科学区中的光影设备为例,小班的光影区是灯桌,中班是实物投影,大班则是光影暗房和沙画箱。随着年龄增长,提供的设备器材越具探究性。

图 6-21　光桌

图 6-22　实物投影区

图 6-23　沙画箱

图 6-24　暗房

3. 区域材料投放

材料是最关键的区域活动资源，承载着幼儿的发展经验与发展目标。因此，材料不仅要丰富多样，而且材料的设计与投放必须是有目的的、精心准备的。教师在设计与投放材料前要对各个活动区的发展功能、各个活动区的主要发展领域核心经验有深入思考与了解；要去搜索各个活动区的活动资源；要去预设各个活动区的发展目标及具体活动内容。在以上基础上再去设计与投放材料，且材料不是一成不变的，而要随着主题更换、幼儿兴趣变化、幼儿探究需要等因素调整。具体来看一个小班的科学区环境材料创设。

小班科学区环境材料创设(3—5月)

一、科学区的功能

一是让幼儿喜欢探究,喜欢摆弄区域材料,对游戏内容感兴趣;二是使幼儿具有初步的探究能力,用各种感官仔细观察、探究感兴趣的事物,发现其明显特征;三是助幼儿在探究中认识周围事物和现象,如能感知和发现物体与材料的软硬、光滑和粗糙等特性。

当然,除了发展幼儿的科学能力,也发展了幼儿其他领域的能力。如健康领域,促进手部动作灵活协调,能使用简单的工具进行操作;语言领域,愿意讲述自己的探究过程和探究发现;社会领域,能与同伴一起友好游戏;艺术领域,能用艺术手法来表现自己的探索发现。

二、科学区的核心经验[①]

生命科学:

- 辨别各种动物和植物的基本、外显特征。
- 知道生物是由不同的部分组成的。
- 认识人体的外部特征及各部位的作用。
- 知道生物有各种需要。
- 知道生物有各种各样的行为。
- 知道动物和植物都会不断变化。
- 能将生物的特征与年龄建立联系。
- 感知周围的动植物是多种多样的。
- 开始理解在相似的环境中,可以找到相似的生物。
- 对生物进行基本的比较。
- 发现动物与植物需要环境中的水、空气和光才能得以生存。
- 感受动植物与人们的生活是相关的。

物质科学:

- 感知物体和材料具有软硬、光滑和粗糙等特性。
- 在操作中发现液体会流动。
- 感知液体的颜色、味道不同。

---

① 张俊.幼儿园科学领域教育精要——关键经验与活动指导[M].北京:教育科学出版社,2015:81-94.

- 尝试将不同的液体进行混合。
- 感知没有生命的物体自己不会动,需要被推、拉、扔或其他作用于它的动作才会动。
- 初步感知和体会推或者拉可以改变物体的位置和运动状况。
- 感知不同的物体放在水里,会产生不同的结果。
- 感知自然界各种不同的声音。
- 体验不同的声音代表不同的意义。
- 感知不同的物体会发出不同的声音。
- 感知光有明暗(亮度)。
- 发现光有不同的来源。
- 发现光能够产生影子。
- 感知磁铁能够吸铁。
- 感知有的物体热,有的物体冷。

地球与空间科学:
- 知道地球上有很多物质,包括岩石、土壤、水分、大气等。
- 认识到我们周围有空气,空气是看不见、摸不着的。
- 了解沙、石、土、水的基本特征。
- 感知各种天气现象。
- 感知和体会天气是会变化的。
- 体验常见的天气、气温的变化。
- 学习使用常见的表示天气的词汇。
- 认识到太阳和月亮存在于天空中。
- 知道太阳和月亮的位置是不断变化的。
- 知道和使用与天空特征有关的词汇。
- 知道人类生活在地球上。
- 感知和体验天气对自己生活和活动的影响。

三、科学区的基础性环境创设

对幼儿来说,科学就是一个发现的过程,他们通过探索性游戏去发现并认识周围的世界。科学区的环境是幼儿成为科学探索者的必备条件,因此我们要为他们创设一个适合探究的丰富环境。首先,科学区的创设要适合幼儿身心发展特点、认知能力和初级逻辑思维能力。其次,科学区有丰富的活动内容,涉及水、电、光等资源,选区尽量临近这些资源。再次,科学区位置需要保证安静、不受打扰,结合科学区的核心经验和活动内容进行合理分区。我班科学区分为四个区域：生命探索区、光影区、沙水区、综合科学实验区。生命探索区位于教室外走廊，幼儿每天来园都能关注，阳光充足、空气流通，适合动植物的生长，可满足2名幼儿活动。沙水区与生命探索区相邻，能满足1—2名幼儿游戏。光影区在教室前面，靠近电源，能满足1—2名幼儿自由活动。综合科学实验区位于教室的西南角，靠近光源和水源，不受其他区的影响，能满足4名幼儿操作活动。

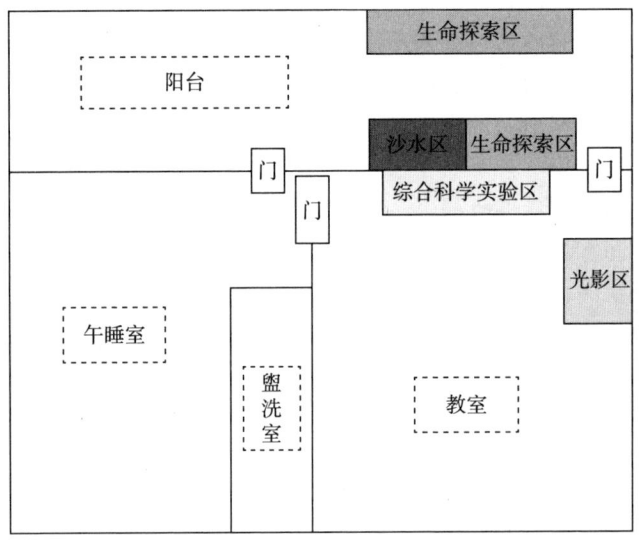

图6-25 科学区各区分布图

（一）光影区创设想法

在幼儿身边随处都可见影子，白天阳光下的影子，晚上月光和灯光下的影子，光与影的微妙变化隐藏着许多秘密。我们利用光影变化来进行富有创造性和趣味性的探索游戏，可以让幼儿在互动和探索中感知光影的变化。因此，光影区活动让幼儿能大胆猜想、自主观察、反复实验操作，从中寻找光与影之间的关系，发现光与影的奥秘，建构有关光与影的基本概念，有效提高观察能力、动手操作能力和语言表达能力。结合小班幼儿的年龄特点和五大领域的发展目标，我们开设了光影探索和镜子探索，旨在通过光影游戏让幼儿了解光影的基本原理，培养幼儿科学品质。

(a)

(b)

(c)

图 6-26 光影区

☆**材料投放**

光影环境：光影桌、暗箱、镜箱和两面镜，可以有效利用光源，让幼儿在室内外都能感受到光影的魅力。

多样化的材料如下。

(1) 光源：灯桌、手电筒、水晶台灯等。

(2) 镜子：镜箱、合色棱镜、三棱镜、凹凸镜、万花筒、双面镜、三面镜。

(3) 探索材料分透光材料和不透光材料两大类，透光材料如水晶积木、彩色正方体积木、水晶石、彩色鹅卵石、亚克力片、彩色玻璃纸、镭射纸、网纱等；不透光的材料如木块、树枝、木质圆圈、木片、石头等。这些材料可以在不同光源下产生不同的光影效果，激发幼儿的想象力和创造力。

(4) 自制光影游戏材料：蝴蝶飞飞飞——左右晃动手电筒，利用光线产生动态蝴蝶飞的效果；彩色的线——利用光源的近大远小观察彩色线条。

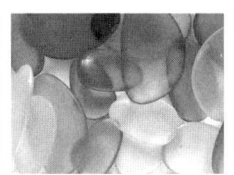

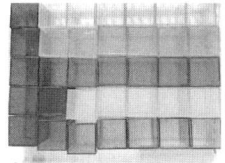

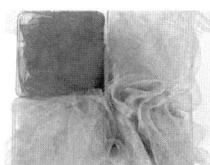

图 6-27　光影区材料

☆活动规则

玩光影：① 材料要整理干净；② 灯桌上不能放很多东西；③ 不能放水；④ 手电筒不能照眼睛；⑤ 不能敲打灯桌。

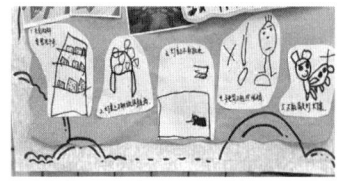

图 6-28　活动规则 1

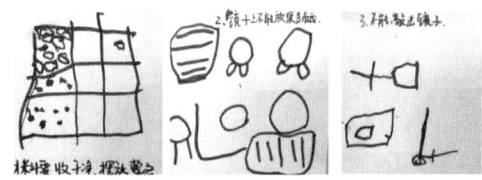

图 6-29　活动规则 2

玩镜子：① 材料整理摆放整齐；② 镜子上不能放很多东西；③ 不能敲击镜子。

（二）沙水区创设想法

沙水游戏为小班幼儿提供了一个直观、生动的感知环境，他们可以通过触摸沙子的质地、观察水的流动，对自然物质的特性和变化有初步的认识。这种直接的感官体验有助于他们积累大量的观察和分类经验，促进感知和认知发展。此外,沙水游戏需要幼儿进行挖掘、堆建、倒水等动作,能够锻炼他们的手部肌肉,提高动手能力和手眼协调能力。同时,沙水游戏也提供了一个自由、开放的环境,他们根据自己的想象构建各种形状和场景,培养自己的想象力和创造力。沙水游戏通常是多人参与的,在游戏中需要与其他幼儿进行互动和合作,也可能会遇到问题,如沙子散落、水流的方向等,他们需学会观察、思考和尝试解决问题,从而培养自己解决问题和自我控制能力。总之,沙和水对幼儿来说是一种具有多样性探索可能的综合性游戏材料,探索价值大,幼儿获得的经验多。

图 6-30 沙水区

☆材料投放

沙箱材料如下。

挖沙工具:铲子、漏勺、筢子、碗、塑形工具。

辅助材料:恐龙、房子、栅栏、管道、大树、瓶子。

自然材料:石头、树枝、木片、贝壳、松果等。

水箱材料如下。

自然材料:石头、树枝、木片、贝壳、松果。

生活材料:塑料瓶、玻璃瓶、PVC 管道、软管、瓶盖、泡沫球、吸管、海绵块、清洁球等。

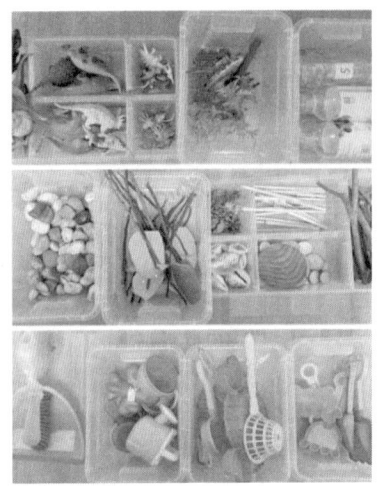 

图 6-31 沙箱材料

图 6-32 水箱材料　　　　　图 6-33 玩水规则

☆**活动规则**

幼儿都喜欢玩沙、玩水,在玩的过程中要遵守一定的规则:① 玩水时,不能把衣服弄湿;② 不能把水洒在外面;③ 不能把所有材料放进水箱;④ 用材料玩不同的游戏;⑤ 材料要整理整齐。

(三)生命探索区创设想法

二十四节气始于立春,止于大寒。小班幼儿天生对大自然充满着好奇,我班以二十四节气为线索,从幼儿最易感知到的自然入手,引导他们多关注自然,而班级的生命探索区是幼儿了解自然的重要途径,探索区内的动植物生长过程富含深刻的教育意义,所展现出的动态变化与互动特性,使得幼儿探索与发现的乐趣倍增。在细心观察和精心照顾的过程中,亲身感受动植物的成长轨迹,从植物的生长到开花结果,又或者枯萎、死亡,幼儿既能了解到动植物是有生命的,也能了解节气的改变对动植物生命会产生一定的影响,能激发他们的求知欲望,培养他们对自然事物、现象的浓厚兴趣,能提高动手实践、探究问题的能力。同时,幼儿在接触与照顾动植物的过程中,萌发出对它们的爱护之情,对大自然产生亲近之感,丰富了在幼儿园的学习体验,让幼儿真正在自然探索中了解动植物。为此,我们班开设了观赏区、水培区、饲养区、实验观察区。

☆**材料投放**

观赏区有多肉植物、当季花朵,满足幼儿喜欢美、欣赏美的天性;水培区提供蔬菜和花朵等水培植物,让幼儿了解到植物的根系作用;饲养区提供了蚕宝宝、小乌龟、小螃蟹,其中幼儿从三月开始饲养蚕宝宝,从一龄蚕到五龄蚕,从蚕宝宝吐丝结茧到蚕宝宝破茧成蛾,幼儿都是亲身体验,感受到饲养的乐趣;实验观察区提供小实验和可种植的植物,如魔术师紫甘蓝,通过倒热水让紫甘蓝释放天然紫色素来做各种实验。

图 6-34 观赏区 1　　　图 6-35 观赏区 2　　　图 6-36 水培区

图 6-37 饲养区　　　图 6-38 实验观察区

（四）综合科学实验区创设想法

《指南》在科学领域有三大目标，而二十四节气引导幼儿打开大自然之门，探究季节、天气、物候等自然现象与节气的关系，在节气小实验中了解不同的节气文化。大自然对于幼儿来说充满了神奇的魅力，解开大自然的小秘密也是让幼儿乐此不疲获得成就感的事情。科学探索既需要幼儿独立自主地学习和探索，也需要和同伴合作。他们每一次错误的尝试实际上就是对某种假设的否定，最后对假设的验证就是他们的研究发现。因此，在创设综合科学实验区时要让幼儿有探究兴趣和求知的欲望，能综合运用感官进行观察比较，发展感知觉、手眼协调、独立解决问题的能力，在探索中了解中国的传统文化。

图 6-39　综合科学实验区

第二部分 亲历课程的组织设计

四、科学区环境材料的发展变化

（一）生命探索区

表6-4 生命探索区材料与玩法

材料工具	玩法	经验发展指向
工具类：提供铲子、网兜、水壶、小喷壶等工具	幼儿自主帮小动物换水、给植物浇水、种植蔬菜	• 辨别和比较动物和植物的特征（如颜色、大小和形状） • 知道生物的不同组成部分对生物有不同的作用 • 开始理解植物也是生物，而一些会动的东西不是生物
工具类：提供放大镜、观察记录本、笔	幼儿通过观察动植物，探索发现并记录在观察记录本上	• 感知周围的动植物是多种多样的 • 开始理解在相似的环境中，可以找到相似的生物（例如，根据已有的经验或观察，期望在池塘里找到青蛙、鱼或者水草） • 对生物进行基本的比较（如哪个更高、更快等） • 发现动物与植物需要环境中的水、空气和光才能得以生存 • 感受动植物与人们的生活是相关的 • 知道生物有各种各样的行为（如觅食行为、自我保护行为）

续表

材料工具	玩 法	经验发展指向
材料类：观赏动植物、水培植物、水培蔬菜、种植绿豆		• 辨别各种动物和植物的基本外显特征（如颜色、大小和形状） • 知道生物是由不同的部分组成的（如植物有根、茎、叶子） • 知道生物有各种需要 • 知道动物和植物都会不断变化（例如，小兔子会长大） • 感知周围的动植物是多种多样的 • 开始理解在相似的环境中，可以找到相似的生物（例如，根据已有的经验或观察，期望在池塘里找到青蛙、鱼或者水草） • 对生物进行基本的比较（如哪个更高、更快等） • 发现动物与植物需要环境中的水、空气和光才能得以生存 • 感受动植物与人们的生活是相关的

材料调整：生命探索区会根据节气的不同，及时调整材料。如惊蛰过后，天气逐渐变热，我们在生命探索区里种植观察了平菇；春分时候我们在水培区更换了杏树枝条和喷雪花枝条。我们会根据蚕的大小来更换清理道具，一开始蚕宝宝住在小盒子里，后来蚕宝宝长大了，把蚕宝宝移到了蚕"别墅"里面；一开始用夹子帮助蚕宝宝，后来幼儿发现长大后用手帮助蚕宝宝更加方便。

第二部分 亲历课程的组织设计

图 6-40 生命探索区

（二）综合科学实验区

表 6-5 综合科学实验区材料与玩法

1. 大自然拟音师		
材料工具		不同形状的玻璃瓶、纽扣、鹅卵石、彩色球
材料价值		• 了解立春时期大自然有很多声音 • 尝试用不同的材料发出不同的声音
活动玩法		幼儿自己选择材料放入瓶子之中，去模仿大自然的声音，如用纽扣放在瓶中像是下雨
经验发展指向		• 初步了解上下摇晃装了物品的瓶子可以发出声音 • 聆听生活中不同的声音 • 感知没有生命的物体自己不会动，需要被推、拉、扔或其他作用于它的动作才会动
活动后续		根据一周的观察，幼儿对产生声音的需求更多了，于是请幼儿寻找不同瓶子来装材料，试试看可以发出什么样的声音

续表

2. 造风行动	
材料工具	打气筒、光盘、企鹅、毛根小蛇、扇子
材料价值	• 知道谷雨节气会刮风下雨 • 了解用打气筒打气可以吹出风 • 尝试用各种方式造风
活动玩法	幼儿用扇子、嘴巴、打气筒、光盘等通过扇一扇、吹一吹等方式造风，体会风可以使物体吹动
经验发展指向	• 初步了解风可以吹动物体的原因 • 感知速度快慢可以产生不同大小的风 • 认识到我们周围有空气，空气是看不见、摸不着的

3. 会跳舞的小蛇	
材料工具	吸管两根、毛根小蛇、一次性纸杯
材料价值	• 知道惊蛰节气小蛇会出洞 • 了解吹气可以让纸杯鼓起让小蛇转动
活动玩法	幼儿用嘴巴通过吸管吹气，让气体进入纸杯里，小蛇在鼓起的纸杯里转动

续表

经验发展指向		· 初步了解惊蛰会刮风下雨,蛇会出洞 · 培养幼儿的专注力和耐心。因为要想让小蛇灵活扭动,需要幼儿集中注意力,按住杯子,努力吹气保持耐心,不断练习和调整

4. 春分立蛋小游戏

材料工具	鸡蛋、食盐	
材料价值	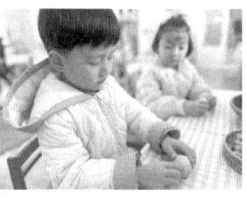	· 了解春分时候可以把鸡蛋立起来 · 尝试用盐让鸡蛋立得更稳定
活动玩法	幼儿根据操作步骤将鸡蛋立起来,很多幼儿操作起来有难度,放了盐就可以全部立起来	
经验发展指向	· 探索春分时候鸡蛋可以立起来的原因 · 感知鸡蛋立起来的方法和力度	
活动后续		根据一周的观察,我发现幼儿对于立蛋游戏玩法单一,很多幼儿只能玩一会,后期我们加入了其他不同的蛋例如鹅蛋、鸭蛋,也更换了其他摆放的材料,幼儿为此尝试到了更多的玩法

5. 花草拓印

材料工具		各类花草、橡胶头锤子、棉布、纱布、帆布包包、胶带
材料价值	· 了解清明时节有很多花开放了,可以用来做花草拓印 · 尝试用不同花草去拓印不同的布	

续表

活动玩法	在老师的帮助下挑选好想要的花草,老师帮忙把花草贴在想要印的布上,幼儿用锤子敲打白布,充分敲打后揭下白布,幼儿的花草拓印就完成了
经验发展指向	• 初步了解用锤子敲打花草可以染色 • 感知用生活中的颜色可以装饰白布

6. 彩虹雨

材料工具	色素、试管、油、水
材料价值	• 了解谷雨时节天空会下雨 • 尝试用不同色素进行水油分离实验,体验彩虹雨
活动玩法	幼儿自己在试管里面加入水和油,通过滴入喜欢的色素来观察彩虹雨
经验发展指向	• 初步了解色素会染色 • 感知彩虹雨发生的奇妙现象 • 感知各种天气现象(如阴、雨、晴) • 感知和体会天气是会变化的 • 体验常见的天气、气温的变化(如下雪天寒冷、晴天温暖)

7. 许愿瓶

材料工具	水宝宝、针筒、玻璃瓶
材料价值	• 了解春天下雨后会出现彩虹,而水宝宝会吸水的颜色像彩虹一样美丽 • 尝试用针筒通过压缩把水宝宝挤进瓶子

续表

活动玩法		幼儿根据操作步骤将水宝宝挤进玻璃瓶中
经验发展指向	• 初步了解色彩是多变的 • 感知用力可以将水宝宝压碎	

8. 花草印泥

材料工具	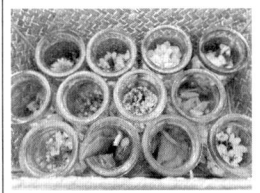	纸黏土、新鲜花草
材料价值	• 了解春日里会开出各种颜色的花朵 • 尝试用搓、压、揉按纸黏土,将花草放在印泥上保存	
活动玩法		将白色纸黏土搓圆、压扁,挑选漂亮的花朵按压进纸黏土里
经验发展指向	• 初步了解花草的形状种类名称 • 感知用力可以将花草压在纸黏土上 • 辨别各种花草植物的基本、外显特征(如颜色、大小和形状) • 知道花朵是由不同的部分组成的(如植物有根、茎、叶子)	
活动后续	花草在玻璃瓶子中容易腐烂,为了让幼儿更好地完成花草印泥,需要及时更换新鲜花草	

　　亲历课程中需要大量的、丰富多样的实物材料,为了有效管理实物资源,我们专门设置了幼儿园材料资源室,资源室面积达 120 平方米,配有专职管理员负责材料的清洁、分类、整理、登记、发放等。除了新添置的材料,各班也都将更替下来的可再次利用的材料送回资源室,一方面减少班级闲置物品的堆积,另一方面能有效提高材料的利用率,减少资源浪费,节约材料经费。

三、亲历课程活动资源的开发与利用

(一) 节庆资源

节庆活动是生活的一部分,也是亲历课程的主要内容之一。作为一种传统文化,节庆资源开发先要按月份顺序梳理和收集信息,以一月为例(见表6-6),将该月中的所有节日进行检索,通过价值研判筛选适合幼儿活动的节日,收集可能成为课程资源的习俗信息,根据习俗信息,预设活动可能,为教师开发节日活动课程提供线索。

表6-6 节庆资源一览表(部分)

月份	节日	习俗	其他信息	活动可能
一月	元旦	迎新跨年,北方吃饺子,南方吃年糕、鸡蛋等	元旦是中国的"阳历年",是世界各国的新年,各国有不同的庆祝习俗	迎新游园会,尝试打年糕,了解各国新年习俗等
	节气:小寒	冰戏、吃菜饭、糯米饭、黄芽菜	小寒表示天气渐渐寒冷 小寒物候:雁北乡、鹊始巢、雉始雊	了解小寒物候,开展冰的探究等
	腊八节	喝腊八粥、泡腊八蒜、晒腊八豆腐、施粥、腊祭等	腊八节是过年的开始,中国各个地方腊八粥的食材有所不同	收集腊八食材,自制腊八粥、腊八蒜,体验腊八文化等
	节气:大寒	祭灶、吃消寒糕、除旧饰新、腌年肴、备年货、扫浮尘、迎接除夕和新年	大寒是一年中最寒冷的时节;大寒物候:鸡始乳、征鸟厉疾、水泽腹坚	探究大寒冰雪,开展除旧饰新、备年货、扫浮尘、迎新庆祝活动等

对节庆资源的利用是随生活而展开的,教师在计划每月活动时就要关注当月的节庆资源,将节庆资源转化成节日课程融入幼儿园生活中。我们每个班级的门口都有一张节庆桌,根据每个节日习俗而布置的节庆桌是幼儿开启节日生活的仪式和信号。在节庆资源利用中,虽然每个节日都有课程价值,但也要注意以下几点。

(1) 统筹整合,详略得当。经过梳理筛选,从《节庆资源一览表》可以发现从1月至12月,每月都至少有4个节日(含节气),如果每个都展开,那么幼儿的生活基本以节日为主,这显然不合理。因此一种方法是有侧重、有详略,有些着重展开,有些粗浅体验,有些简单了解;另一种方法是以主题形式整合,比如 1 月的 4 个节日可整合为"过新年"主题,从"阳历年"到"农历年",开展各种年俗活动。

(2) 重视经验,避免形式。节庆活动不能一味追求形式和热闹,要聚焦经验发展。对习俗活动的体验也是如此,教师在利用资源开展活动时要关注幼儿的兴趣、幼儿的经验生长点,不能只满足于活动本身。比如幼儿在进行"腊八节"习俗体验中对"绿色的腊八蒜"产生了好奇,"蒜真的会变成绿色吗?""蒜是怎么变成绿色的?"这是幼儿最想知道的问题,教师于是顺应幼儿兴趣将"腌腊八蒜"的体验活动发展为"让腊八蒜变绿"的探究活动。

(3) 体验多样,减少重复。利用节庆资源开展节日课程时还要注重内容的多样性、体验的多元性,也就是说要减少同质化的活动内容,不能总用同一种活动形式开展节日课程,比如一过节就游园。还是要充分研讨每个节日的意义、挖掘每个节日的资源、开发每个节日的活动价值,不同的节日不同的课程内容,让节日活动丰富多彩。比如"妇女节"开展"妈妈体验日"等活动;"植树节"开展"班级树种植认领"等活动;"六一节"开展"勇敢者之夜"等活动;"国庆节"开展"民族大联欢"等活动。

(二) 社区资源

亲历课程主张师幼走出幼儿园走进大社会,去利用更广泛的社区资源来丰富课程内容,拓展生活与学习空间,充实经验。我们借助手机软件以幼儿园为起点扫描周边社区环境,筛选可能被开发利用的资源,进而对可开发利用资源的特点、价值、作用进行研判,并将资源根据距离分档梳理,大致分为"500 米、1 000 米、1 500 米、1 500 米外",之所以要按距离分档,主要考虑幼儿获取资源的便捷性,距离近的资源更方便幼儿开展常态性探究活动。表 6-7 是我园和平分园 500 米内的部分社区资源情况。

表 6-7 和平分园社区资源一览表(部分)

资源名称	资源特点	资源价值	资源距离
和平街	两街和两路都是华士镇主要的商业街,分别位于本园的东西南北,距离本园不足 500 米,其	1. 可开展"城市漫步"活动,探访商业街上的店铺,对感兴趣的店铺进行重点探究	5 米

续表

资源名称	资源特点	资源价值	资源距离
自由街	中和平街就在幼儿园东门口。四条商业街都有较宽的人行道，除了人民路，其他三条都是单行道，车速不快，比较安全。四条商业街店铺种类齐全，与幼儿的生活息息相关，包括衣食住行、家用电器等，是人们生活购物的主要区域，其中和平街后还保留着和平老街，有华士传统美食老店(拖炉饼、烧饼等)；人民路上有菜场、大零食超市、义乌小商品市场等，还有多家银行	2. 可开展店铺分类等活动，探讨不同店铺与人们生活的关系 3. 认知商业街上的其他信息，如门牌、交通标志等，理解这些信息的作用 4. 关注商业街上的人，通过采访等了解不同人的工作内容，知道商业街需要不同的工作人员 5. 根据课程需要灵活利用店铺资源，如进行"开理发店"游戏就可以去参观理发店 6. 利用节日契机探寻传统特色美食文化，如拖炉饼、马蹄酥等	100米
人民路			300米
文星路			50米
街心广场	位于本园南门口，广场空间较大，有一些树木，有停车场、一个篮球场和一些健身设施，晚饭后健身的人较多，白天人不多	1. 可用广场空间，开展亲子市集等需要较大空间的活动 2. 可开展关于汽车、车牌等的探究活动 3. 认识园内没有的植物 4. 晨间运动骑行活动场地	5米
华士和平小学	与本园相邻，是华士实验小学分校区，本园大部分幼儿将就读该小学	1. 开展幼小衔接、参观小学、课堂体验、访问小学师生等活动 2. 建立长期合作关系，利用小学物质、人力资源助力各种课程活动	30米
华士河	镇主河道，汇通长江，20世纪80年代是内陆航道，有客运、货运码头，现无航道功能，经过景观改造，河两岸有柳树、垂丝海棠等植物，河中有一些水生植物，水面常有水鸟，河上有九座桥	1. 探究华士河的作用，了解华士河的历史(文化中心有老照片) 2. 探究华士河上的桥，统计比较，知道桥的名字，了解桥的故事，建构设计桥 3. 探究华士河的水，采样、观察、实验、对比，注意到水质变化	300米

续表

资源名称	资源特点	资源价值	资源距离
老电影院	现已废旧关闭,电影院广场是修补鞋子等的手艺人聚集地,另有一家花店,原华士食品厂也在边上,制作华士特产马蹄酥、月饼等	1. 通过修补摊的参观访问,引发幼儿对生活中的老手艺的兴趣,尝试旧物改造 2. 了解老电影院的历史,与新电影院对比 3. 利用节日契机探寻华士传统美食,如拖炉饼、马蹄酥等	500米

上述梳理帮助教师建立了课程与社区资源之间的链接,也让教师对幼儿园周边可利用的社区资源有了一定的了解,但实际利用还是要根据幼儿的兴趣和课程需要,不是梳理出来的都会用到,未梳理到的就没有价值。社区资源在亲历课程中发挥着多种作用。

(1) 作为探究主题。有些社区资源中会生发出探究主题,教师以主题活动形式组织幼儿进行探究。比如上述社区资源表中就已经形成"探访和平街""你好,小学"等主题活动,还有在诸如"由站台开始的公交探秘之旅"活动中,幼儿对园门口的公交站台产生了兴趣,教师先带着幼儿研究园门口的公交站台,又发动家长协助幼儿研究小区附近的公交站台,再带幼儿访问镇客运站,满足他们乘坐公交车的愿望,指导幼儿设计从家到幼儿园的公交线路。幼儿对公交站台的探究,从整体感知(站台有什么)到重点关注(站牌),从一个(幼儿园门口)到多个(家小区附近),从比较异同(不同车站调查)到设计创造(心中的站台)。教师巧妙利用不同地点的公交站资源,呈现了多个深度学习的场景,增进幼儿对公共交通的了解,也带给幼儿很多在园内无法获得的有益经验和体验。

(2) 作为活动场所。有些社区资源因环境优势可以成为幼儿园的活动场所。比如幼儿园的多功能厅小,每次组织超过200人的家长培训活动时就要借用小学的报告厅或镇文化中心的会场。比如上述资源中的街心广场就在和平园门口,而和平园园舍小,教师便将广场利用为晨间运动场地,将骑行游戏移到此处。再如离幼儿园不到一公里的华士主题公园,不仅是幼儿的远足目的地,也是我们每年秋季举办"华幼教育集团微微马"的活动地,环公园步道全长1 300米,比较适合开展此类活动。

(3) 作为实践基地。有些社区资源可以成为幼儿园的实践合作基地。

比如每年的消防活动日前后,我们都会组织幼儿去消防中队实地参观,消防队员给幼儿讲解消防设施装备、演示消防救援、对幼儿进行消防安全教育。比如重阳节时,我们会组织幼儿去敬老院慰问老爷爷、老奶奶,给他们表演节目。比如秋收时节,我们会组织幼儿走进华西稻米种植基地,看割稻、捡稻穗、参观稻米自动化加工过程。

(4) 作为材料来源。有些社区资源能为幼儿园提供活动材料。比如幼儿园中用于户外运动的 PVC 管、纸管都是来自社区中的生产厂家。再如义乌小商品市场、大江商贸城中也有很多可用于区域活动的材料。

(5) 作为课程助力。有些社区资源有助于课程的深度研究,这些资源会随着课程活动的发展而被开发利用起来。比如幼儿在"迎新年"主题活动中,提出了想去电影院看电影的新年愿望,于是幼儿园联系了附近的影城,影城不仅免费请全园幼儿看电影,还配合开展对电影院的探究活动,让幼儿得以自主完成选影片、定放映厅、自制电影票、制订观影规则等活动,不仅实现了幼儿的愿望,还生发了课程。比如在"中秋节"节庆活动中,教师带幼儿去月饼加工厂参观传统月饼的制作方法。再如在"种植月"活动中,教师带幼儿去华西现代农业园、园所附近的番茄种植大棚、花木种植基地等参观,拓展种植知识。

(三) 艺术资源

艺术资源的开发与利用一般与活动主题有关。教师在制订主题活动计划,预设主题活动内容时就要去搜索相关的艺术资源。比如在"幼儿园的树"主题活动中,教师找到了以下一些艺术资源。

油画:凡·高作品如《不同寻常的秋》《橄榄树》等、克里姆特《生命之树》、莫奈《白杨树系列》、卢梭作品如《The Walk in the Forest》《Woman Walking in an Exotic Forest》、毕加索《三棵树》《树上的鸟》。

水墨画:张大千《松风行吟高士图》、王希孟《千里江山图》、齐白石作品《柿柿如意》《一树梅花》《古树归鸦》等、李可染《万山红遍》、吴冠中作品《石榴》《秋趣》《江南水乡》《松与雪山》等。

雕塑:《会唱歌的铃声树》。

中国古典名曲:《春江花月夜》《梅花三弄》《茉莉花》。

世界名曲:《杜鹃圆舞曲》《维也纳森林的故事》《森林狂想曲》。

儿童歌曲:《柳树姑娘》《大树妈妈》《玩树》《椰子树下》。

舞蹈欣赏:《两棵树》《只此青绿》。

诗歌：艾青《树》、贺知章《咏柳》。

艺术资源的开发与利用还与区域中的幼儿活动需要有关。幼儿在美工区活动就需要教师提供并更换欣赏作品，如在剪纸时提供了剪纸作品欣赏；画校园里的花时提供了加拿大插画家 Carolyn Gavin 的插画作品。在音乐区活动时提供舞蹈视频，比如适合幼儿模仿的民族舞、儿童舞等。建构区活动需要教师提供一些建筑作品，如世界十大著名现代建筑图片、中国古典建筑图片等。

四、亲历课程信息资源的开发与利用

（一）人力资源

人力资源是课程中的关键资源，是不可或缺的课程助力。在亲历课程中，从班级教师到园长都要发动一切可发动的人来为课程服务。教师首先要意识到自己是课程资源，自己的专业学识、对事物的好奇、对课程探究的热情、与幼儿的互动关系等在很大程度影响课程的走向与质量。教师要意识到班级的每一位家长都是课程资源，家长的作用除了为课程提供物质材料，还可以为课程研究提供专业支持，比如开展种植地活动时，由擅长种菜的爷爷奶奶来指导种植；比如开展幼小衔接活动时，在小学当教师的家长来给幼儿上小学生体验课；比如国庆开展"军事节"活动时，当海军的爸爸来给幼儿示范走正步，介绍海军的本领。因此，教师要对本班幼儿家长的职业、特长、爱好等情况有所了解，以便邀请，或者在课程活动需要时征求家长当助教。除了家长，社区服务机构中的专业人士都可以是课程资源，比如在幼儿开展"探秘水的世界"课程活动时，就邀请了江南水务华士营业所的工作人员来给幼儿答疑解惑；在开展"生活中的交通标识"课程活动时，也邀请了交警中队的叔叔阿姨来给幼儿讲解交通标识。因此，幼儿园要与社区服务机构建立积极、友好的合作关系。

（二）专识资源

专识资源的开发实际上是对课程主题的预研究。虽然亲历课程强调幼儿的自主探究，但教师仍然是有准备的，否则很难推进深度学习。亲历课程内容的多样性要求教师有丰富的认知，比如研究动物时，要对动物的生活习性、生长特点、身体结构等有所认知；研究植物时，要对植物的形态特征、生长特点、养护要求等有所认知；研究光影等自然现象时，要对其形成原理有所认知。这对教师提出了很高的要求，要求教师主动学习，随着不同主题课程的开展而去搜集相关资料。专识资源的开发并不难，作为一种信息，只要教师有意识、有需要都能从网络上获取，因此，此类资源的开发与利用关键在于增强教师的预研究意识。

(三) 电子资源

电子资源的开发和利用分为两方面，一方面是将课程实践形成的成果分类整理保存为电子版本，并以资源的形式为所有教师可用。我们的实践成果有多类，如管理制度类、环境创设类、主题活动类、生活活动类、评价工具类等，每个学期末，教师会将本学期课程实践成果按照统一的格式要求整理成电子文档，上传至幼儿园共享网络办公平台，由业务管理人员将这些成果资源整理汇总成方便教师查阅的目录。共享网络办公平台需有专人管理，负责后台维护、分层设置文件夹、审核成员、分配权限等，以使成果资源能得到很好保存和有效利用。另一方面是有助于课程活动的 APP、视频号、公众号、网站、软件等资源的适当挖掘和利用；一些质量较高的教育类公众号也应该关注；还要去利用的是一些工具性的 APP、软件、网站等。

　　一切的现在都孕育着未来,未来的一切都生长于它的昨天。充实地度过"现在"的过程中,就在改变过去,并从中产生出未来。和孩子们在一起,充实现在的时光,未来就此展开。

第三部分

亲历课程的实施、评价

第七章 亲历课程的实施

第一节 亲历课程实施概述

一、亲历课程实施的取向

幼儿园课程实施是把静态的课程方案转化为动态的课程实践的过程,是教师以课程计划为依据而组织幼儿的活动的过程。教师对课程计划与课程实施的关系的不同处理方式,反映着教师不同的课程实施取向,也体现出教师对课程实施过程本质的不同认识及支配这些认识的相应的课程价值观。根据美国课程学者辛德尔、波林和扎姆沃特(J. Snyder, F. Bolin & K. Zumwalt)的归纳,课程实施有三个基本取向,即"忠实取向""相互适应取向"与"课程创生取向"。[1]

课程实施的忠实取向指的是把课程实施过程看作忠实地执行课程计划的过程;课程实施的相互适应取向指的是把课程实施过程看作课程计划与班组或学校实践情境在课程目标、内容、方法、组织模式各方面相互调整、改变与适应的过程;课程创生取向指的是把课程看作教师与学生联合创造的教育经验,课程实施本质上是在具体教育情境中创生新的教育经验的过程,而课程计划只是供这个经验创生过程选择的工具而已。

课程实施的忠实取向、相互适应取向与课程创生取向构成了一个连续体(见图 7-1)。

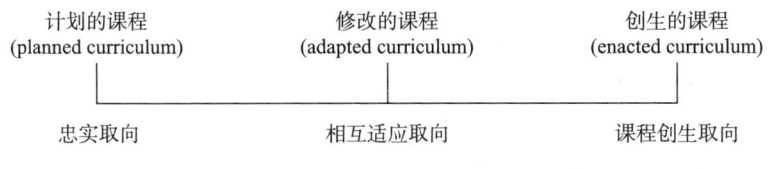

图 7-1 课程实施三种取向的连续体[2]

---

[1] 转引自张华.课程与教学论[M].上海:上海教育出版社,2000:336.
[2] 张华.课程与教学论[M].上海:上海教育出版社,2000:344.

连续体的一端是"计划的课程",对应课程实施的忠实取向。忠实取向把课程实施视为忠实地、一丝不苟地实现"计划的课程"的过程,因此,"计划的课程"成为课程实施的唯一标准和尺度。连续体的另一端是"创生的课程",对应课程实施的课程创生取向。课程创生取向把课程变革视为变革的参与者——学生与教师的个性变化、发展与成长的过程。因此,个性发展才是课程实施的标准。课程实施的过程是教师与学生共同创造适合学生个性发展需要的积极的教育经验的过程。连续体的中间是"修改的课程",对应课程实施的相互适应取向。相互适应取向把课程实施视为计划者与执行者之间相互改变、相互适应的过程。因此,根据特殊情境的需要把"计划的课程"变成"修改的课程"是成功的课程实施的基本要求。

亲历课程中,教师有极大的课程自主权,幼儿也享有课程自主权,课程在具体的生活、游戏情境中,因幼儿的兴趣需要而发生并发展,因此,亲历课程偏向创生取向,是师幼共同创生的课程,有时还是幼儿自发创生的课程。也就是说,亲历课程的实施不是将预先设计好的课程计划在实践中落实的过程,而是一项包含了改变和创生的过程,即便在课程实施前,教师已经充分了解幼儿的兴趣需要,充分研判幼儿在课程中的发展可能,充分挖掘各种课程资源去预设课程行动蓝图,但在真正实施过程中,还是会遇到各种各样的问题,幼儿的一些兴趣也会发生改变,因此,教师要根据实际情况不断调整课程行动蓝图,重新支架幼儿的学习,规划新的活动内容,使课程更好地促进幼儿经验生长。

二、亲历课程实施的路径

(一)亲历课程实施的途径是多类型活动的交互

生活活动、区域活动和主题活动是亲历课程实施中最基本、最主要的活动类型。这三类活动在实施过程中常常发生交互、融合与转化,比如生活问题和区域活动中的发现都可能会变成主题探究的话题,生活技能练习可以成为区域游戏内容;主题活动的部分内容是通过区域活动形式去进行。需要说明的是,亲历课程的主题活动中常常会生发项目活动,当幼儿对主题活动中的某个问题或现象进行持续探究时,就是以项目活动的方式在进行深度学习。

活动的组织形式有集体、小组和个别化,每一种组织方式都有其独特的教育价值,不能只偏向于一种,而应该根据课程的内容、幼儿的探究需要及学习特点选择适宜的组织形式。比如大班"幼儿园里的树"主题课程中,关于树的实地观察、统计、测量等活动多以小组方式进行,利于教师组织指导并观察记录幼儿的活动情况;关于树的一些话题讨论多以集体教学方式进行,利于教师帮助幼儿将各自的发现进行梳理和整合,让幼儿的个体经验成为团体思维的一部分;关于树的"枝、干、叶、花、果、皮"的研究,多在区域活动中以个别化方式进行,利于幼儿根据自己的兴趣和需要开展各种活动,进行多样化的探究与表征。当然,即使是个别化学习为主的区域活动,也需要通过集体交流方式去提升幼儿的游戏经验。

多类型活动的交互可以让教师在面向全体幼儿时,也充分关照到个体。对组织方式的研究也促使教师认识到每个幼儿都是有思想的独特个体,虽然兴趣、能力、学习方式等不尽相同,但都在积极地进行富有成效的个体学习、同伴学习和群体学习,活动样态也有自主探究、教师指导、同伴帮助及家长参与等多种。由此可见,课程实施的最佳途径是打破活动壁垒,灵活运用各种活动类型和活动形式使课程实施达到最佳效果。

(二)亲历课程实施的逻辑是基于经验的丰富、拓展、巩固和提升

亲历课程的本质是获得多样经验,达成教育目标,实现完整生长。这就要求教师在课程实施中要牢牢把握幼儿的经验:基于已有经验,丰富、拓展经验,巩固、提升经验。也就是说,教师在课程实施时要先了解幼儿的经验现状,在此基础上创造对应的活动机会让幼儿去探索、学习,以丰富、拓展经验,还要组织展示、讨论、分享等活动来帮助幼儿梳理、巩固、提升经验。不管是生活活动,还是区域活动,更勿论主题活动,都必须遵循这一逻辑。在生活活动中,幼儿的生活自理能力就需要不断基于已有水平,去增加、增强;在区域活动中,教师从环境创设到区域观察与指导,都是在帮助幼儿经验的丰富、拓展、巩固和提升;在主题活动中,各种课程资源的开发利用与课程探究活动的不断深入开展,其目的也是促进幼儿经验的丰富、拓展、巩固和提升。

(三)亲历课程实施的过程是从幼儿的兴趣与需要出发的探索之旅

亲历课程的实施过程也是幼儿的亲历探索过程,既然是幼儿的亲历探索过程,教师就要尊重幼儿的主体权利,贴合亲历的特点,遵循亲历学习的逻辑。课程一定是从幼儿的冲动、好奇、问题等兴趣与需要出发的;课程中一定有幼儿自主的探究思考与充分的感知体验,当然也有来自他者的支持;课程中也一定会鼓励幼儿自由地表达表现。亲历课程的实施过程可以概括为"兴趣需要→感知探索→表达表现"。如此来说,教师在课程实施中首要捕捉的是幼儿在一日生活各个场景中表现出的兴趣和需要;当兴趣和需要确定时,教师要做的是提供活动空间、活动资源、活动机会让幼儿自主地感知探索并适当导引;幼儿在感知探索后会产生各自的体验感受,有表达表现的需要,教师要鼓励幼儿进行多样表征。幼儿的表征不仅是课程的过程痕迹,更是教师了解课程中的幼儿的一种重要工具。

三、亲历课程实施的原则

(一) 有目的活动的原则

"有目的的活动就是富有目的性的活动,某一目的贯穿活动始终,或某一目的指引着活动。"[1]这是克伯屈的观点。他还提出,儿童若要学得最好,必须自己确立目的。亲历学习的主体是幼儿,幼儿是行动的主体,但只有有目的的行动,才能真正成为行动主体,才能真正激发幼儿的兴趣,让行动变得有意义,让幼儿愿意为了达成目的而不断努力。克伯屈认为,在有目的的活动中典型的步骤有四个:确立目的,制订计划,执行计划,做出判断。[2] 倘若在学习过程中由学习者自己采取每一步骤的活动,那么按照克伯屈的说法整个过程也可以定义为完整的行动。

亲历课程中的教师重视激发幼儿行动的目的性。目的与计划有关,幼儿首先要知道做什么,接下来要计划怎么做,然后去实施计划,最后判断是否达成目的。因此,教师首先要帮助幼儿明确要做什么,然后引导幼儿制订行动计划,帮助幼儿实施计划,总结行动效果。比如,中八班的小池塘里收到了园长送来的四只小鸭子,孩子们非常喜欢,但随即面临的问题是:鸭子住在哪里?孩子们觉得鸭子需要一个漂亮的房子,他们先是尝试自己制作,使用了纸箱,很快纸箱就变形破损了;他们又想到画设计图请有木工区的大班哥哥姐姐帮忙制作,哥哥姐姐答应了却没完成;他们决定还是买一个,可是钱从哪里来?在教师的提议下,他们动员爸爸妈妈一起搞了亲子集市,用摆摊的钱成功买了一个鸭舍。这就是一个有目的的行动,孩子的目的始终很明确——帮鸭子造房子,他们的计划不断失败,不断调整,最终成功。目的与兴趣有关,兴趣可以引起目的,目的也可以增强兴趣。因为喜欢鸭子,孩子们在饲养

---

[1] [美]威廉·赫德·克伯屈.教学方法原理[M].王建新,译.2版.北京:人民教育出版社,2016:165.

[2] [美]威廉·赫德·克伯屈.教学方法原理[M].王建新,译.2版.北京:人民教育出版社,2016:177.

过程中遇到的很多挫折,比如鸭子生病、死亡都变成了探究活动,这时候,孩子们的目的始终很明确——让鸭子健康长大,他们的所有计划都是探究生病的原因和治病方法。

(二) 多通道感知的原则

具身认知心理学的一些观点认为,我们对世界的认知并不是一个抽象的命题,而是在根本上取决于我们对世界的多种感觉经验,其中包括运动、事件以及有关空间和温度维度加工的身体经验。[①] 每一种感觉,每一个概念,都是对事物的关系、作用和原因的感知,是不可分割的。在实际的心理活动中,感知觉是一个统一的、相互联系的复杂过程。多通道感知能促进同一感觉之间的相互联系,也能促进不同感觉之间的相互联系,帮助建立和提升自我效能感,即对自己的行动与某种结果之间联系的理解,比如主动采取行动获得某种结果、协调行动与结果之间的联系、觉察行动与结果之间的联系等。幼儿的心智发展处于动作性思维和具体形象思维阶段,幼儿对世界的感知更是具体的、感性的、直观的和个体的。亲历学习强调行动与体验,是身体、大脑与心灵的对话,亲历学习就是具身学习,是调动幼儿的多感知通道,支持幼儿在生活和学习情境中通过多种感官参与活动。

多感知通道的表层意思指人的感官通道。首先,在创设资源环境时,就要充分考虑调动幼儿的各觉知通道,注重资源类型的多样性。比如美工区偏重发展幼儿的视觉、生活区偏重发展味觉和嗅觉、沙水区偏重发展触觉、音乐区偏重发展听觉。为了补充一般环境中嗅觉和味觉的刺激不足,我们在园内开辟香草园,种植可食用香草;开辟班级种植地,开展"全收获"种植活动;开辟果园,种植多种果树。同时,在幼儿探究环境资源时,教师更加要有意识地利用资源特性去引导幼儿多通道感知。比如幼儿在探究橘子树时,通过触摸橘皮、闻橘皮味道、观察橘子颜色、品尝橘子味道等来感知、判断橘子是否成熟。多感知通道的深层意思指人的身心灵合一。教师不仅要引导幼儿通过多种感官感知,更要引导幼儿进行深层觉知,思考行动与结果之间的关系,再以橘子为例,教师引导幼儿将摸、闻、看、尝的经验与橘子的成熟情况对应起来,幼儿因此建构出判断橘子是否成熟的标准。

(三) 完整性思维的原则

什么是思维?有意义的思维应是不断的、一系列的思量,连贯有序,因果

[①] 陈巍,殷融,张静.具身认知心理学:大脑、身体与心灵的对话[M].北京:科学出版社,2021:15.

分明，前后呼应。思维过程中的各个部分不是零碎的大杂烩，而应是彼此应接，互为印证。思维的每一个阶段都是由此及彼的一步——用逻辑术语说，就是思维的一个"项"。每一项都留下供后一项利用的存储。① 这种思维不是自然形成的，需要教师引导并提供机会不断练习。这种思维的逻辑包含五个步骤：① 感受到困难；② 困难的定位和定义；③ 想到可能的答案或解决方法；④ 对联想进行推理；⑤ 通过进一步观察和实验肯定或否定自己的结论。② 杜威称之为完整性思维行为。克伯屈将其在活动层面进行了进一步的操作性解释：① 一种情境激发起进行某种行动的冲动或倾向；② 出现困难，不知如何继续这一行动，没有已知的或现成的适当反应方式；③ 对环境进行考察，以便更准确地找出和确定困难；④ 提出解决办法，形成假说，提出行为模式；⑤ 从提出的每种解决方法和假说中，得出（一种或几种）内在含义；⑥ 进行实际试验，看推论是否成立；⑦ 依据所进行的检验，接受某一种解决办法。③ 我们将其理解为幼儿积极主动地进行问题式探究的全过程，是实现幼儿自己满意的、有意义行动的努力过程。

  亲历课程强调行动的有始有终，反对零碎的学习，追求思维的完整性，是完整性思维活动。即使是小班幼儿，也应该且可以进行这样的完整性思维活动，比如有幼儿以为树屋的一面攀爬墙也是滑梯，由此引发了争论和研究。教师引导幼儿先玩再讨论，幼儿自己发现攀爬墙上有疙瘩（攀爬钉）挡着滑不下来，由此判断不是滑梯；教师又引导幼儿总结玩过的滑梯的特征，而后用这些特征发现了幼儿园里不是滑梯的滑梯，比如山坡的斜面等。经过这一系列的探究性学习，幼儿对滑梯的认知理解已经从具象的发展到特征化的了，这个过程我们可以称之为完整性思维的学习。再如，大四班幼儿在自然角的芋头叶子上发现很多虫子，他们先是提出问题：虫子为什么要在叶子上？它们从哪里来？它们为什么长得不一样？教师先鼓励幼儿逐个问题讨论猜测，再利用网络查找资料，幼儿通过将芋头叶子上的虫子和网络图片中的对比观察，确定是蚜虫、小黑飞和白粉虱，知道这些是害虫。那么如何赶走这些害虫呢？幼儿制订出了八种他们认为可行的除虫方法，逐一实施，直到虫子完全被清除，最后他们总结了八种方法的效果，得出最有效的除虫方法是"自制大蒜辣椒水喷在叶子上"。这也是典型的完整性思维活动。

---

① ［美］约翰·杜威.我们如何思维［M］.伍中友，译.北京：新华出版社，2015：5.
② ［美］约翰·杜威.我们如何思维［M］.伍中友，译.北京：新华出版社，2015：81.
③ ［美］威廉·赫德·克伯屈.教学方法原理［M］.王建新，译.2版.北京：人民教育出版社，2016：202.

(四) 连续性经验的原则

经验既可以指幼儿与他人或事物相互作用的过程,也可以指幼儿在相互作用的过程中获得的感悟、认识、能力和情感等。[①] 注重幼儿的经验,是《纲要》的基本立场之一。《纲要》在总则部分指出:"幼儿园应为幼儿提供健康、丰富的生活和活动环境,满足他们多方面发展的需要,使他们在快乐的童年生活中获得有益于身心发展的经验。"在组织与实施部分指出,教育目标要"结合本班幼儿的发展水平、经验和需要来确定"。教育内容要"既贴近幼儿的生活来选择幼儿感兴趣的事物和问题,又有助于拓展幼儿的经验和视野"。在教育评价部分指出,教育过程应为幼儿提供有益的学习经验,并符合其发展需要。由此可见,幼儿的发展即经验的生长,经验是幼儿园课程的核心。亲历课程从幼儿的已有经验出发,追随并导引幼儿的兴趣,不断生发新的学习生长点,不断推进关联性的、连续性的学习探究,获得与已有经验相互联系着的新经验,从而实现经验的深化与扩展。

亲历课程的经验在幼儿的行动中生发,随着探究行动的深化与扩展而不断生长。为了促进幼儿连续性经验的获得,教师从幼儿的已有经验出发,追随并导引幼儿的兴趣,不断生发新的学习生长点,不断推进关联性的、连续性的学习探究。

大班的幼儿在种植地里种了南瓜,他们经历了南瓜栽种、生长、开花、结果、收获的全过程,学习也伴随着全过程。其中既有对南瓜的生长节律的探究,也有对收获后的南瓜的探究,教师充分利用南瓜资源,帮助幼儿建构了关于南瓜的完整的经验,也发展了科学探究、数学认知、表达创造等多方面经验。例如南瓜探究学习这种追随和导引的过程是幼儿的自发性和教师的计划性的融合,为了有准备地支持幼儿,我们采取先预设和后追随的课程设计实施办法:课程实施前,教师根据幼儿的已有经验、问题兴趣、发展可能等预设课程方案;课程实施的过程中,教师根据幼儿的兴趣和需要调整活动目标、进程和走向,使学习不断发生和发展,经验不断发生和发展。

综上,亲历课程的实施形成如图 7-2 所示的图谱。但是,我们也要清醒认识到,课程的实施除了上述观点,还受到诸多因素的影响,不同活动类型中的课程实施还各有侧重点。

[①] 虞永平.学前课程与幸福童年[M].北京:教育科学出版社,2012:12.

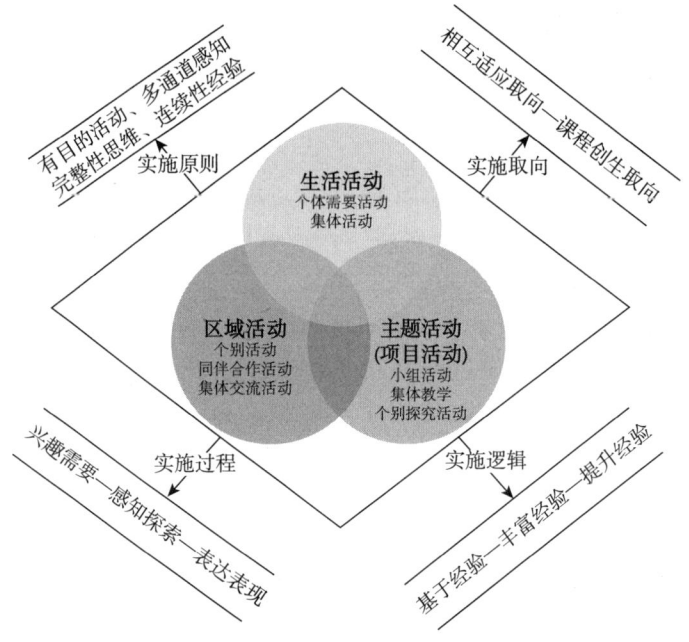

图 7-2 亲历课程实施图

第二节 生活活动的实施策略

一、生活教育环境创设

幼儿在园时光中的大部分时间都在班级中度过,班级是幼儿的另一个家,班级生活环境在一定程度上影响幼儿的生活质量。班级生活环境包含很多内容,比如空间、设备、材料等显而易见的物质环境;再如师幼关系、同伴关系等众所周知的心理环境;除此以外,具有教育功能的生活环境也应引起重视。我们在创设生活教育环境时主要考虑以下几个功能。

(一) 艺术性环境

为了培养"生活艺术家",教师应该为幼儿创设具有艺术性的生活环境。什么是具有艺术性的生活环境?我们认为是整洁有序、温馨柔和、美观意趣的环境。

没有人喜欢脏兮兮、乱糟糟的环境,整洁有序是幼儿生活环境中的基本要求。幼儿园阶段是养成良好生活卫生习惯的重要时期,也是幼儿秩序感发展的关键时期。秩序感还是装饰艺术的本质,英国的 E. H. 贡布里希用其著作《秩序感——装饰艺术的心理学研究》诠释了秩序感与美感之间的关系,指明了秩序感就是美感的来源。因此,教师在摆放班级物品、活动材料时就要讲究秩序感,可以通过色系、物品属性、材料特征等细化物品、材料的分类,通过适合美观的容器,通过错落有致的摆放呈现视觉艺术,幼儿对活动环境、材料一目了然,便于取放。

(a)　　　　　　　　　　(b)　　　　　　　　　　(c)

图 7 - 3　整洁有序的环境

生活环境应给人舒适平和的感觉,能让幼儿静下心来专注活动。因此,环境的基调应是温馨柔和的,避免强烈的色彩冲击让幼儿兴奋。我们的班级环境以白色和原木色为主色调,为幼儿留白,将色彩留给幼儿。

我们珍视幼儿的表征作品,将幼儿作品精心布展,利用幼儿作品创设班级中的一个个艺术角落。我们重视生活意趣的培养,通过布置与节气、自然、节日等有关的生活展台,让幼儿感受生活仪式、体验生活艺术。

(a)　　　　　　　　　　(b)　　　　　　　　　　(c)

图 7 - 4　班级艺术角落

(二)提示性环境

幼儿的在园生活是自主、流畅、有规律的,教师创设必要的提示性环境来辅助常态性活动指令或提醒，引导幼儿自主展开幼儿园生活，在潜移默化中形成良好的生活常规与习惯，最常见的是各种图标，如玩具归放图标、洗手步骤图、私人物品标记、饮水示意图等。除了这些还应有活动提示图，如小班一日生活流程图。教师认为即便是小班幼儿，也要掌控一日活动节奏，而不是被动等待。教师将一日活动各个环节拍摄照片布置成生活小火车，直观形象地呈现一日生活流程，进入哪个环节就在那张照片上做标记，多次下来，幼儿清楚幼儿园一日生活内容，知道自己接下来要做什么，这有助于幼儿主动做好活动准备。而到了大班，一日生活流程图的每个环节都注明时间，教师在教室内投放了电子时钟，在一日活动中培养幼儿看时间做事情的习惯，这不仅让幼儿在潜移默化中进行时间感知学习，更有助于幼儿自己把控自主游戏时间，自己调节节奏，建立时间观念，合理安排自己的游戏活动。

图7-5　小班一日生活流程图

图7-6　大班一日生活流程图

在小班来园、离园活动图中也隐含多种教育内容，教育从幼儿进到幼儿园的那一刻就已经开始，直到幼儿离开幼儿园的那一刻才结束。教师利用图示提醒幼儿早上来园后要"问好—整理书包—签到—劳动—自选桌面游戏"，离园前要"回顾一天表现—盥洗—整理书包—排队—说再见"，并在每天的生活中去观察引导幼儿，强化他们良好的行为习惯。

9月13日来园活动，沫沫和乐乐一起来到教室，我上前和他们打招呼，沫沫笑着挥手说："吴老师，早上好！"乐乐有些拘谨地看着我，没有和我打招呼。

餐前活动时,我给孩子们阅读绘本《你好》,引导孩子们跟随小熊一起学习与他人打招呼。我问孩子们:"打招呼给你的感受是什么?"灵儿说:"今天老师说灵儿早上好,我就说吴老师早上好!"沫沫说:"老师和我打招呼,我很开心。"希希说:"小熊有礼貌的。"我说:"是的,小熊很有礼貌的,它和每一个小动物都打招呼了,我们也要像小熊一样,做一个有礼貌的小朋友,今天早上来园时,我和小朋友们都热情地打招呼了,很多小朋友也和老师打招呼。从明天开始,小朋友早上来园都要和老师主动打招呼哦!"

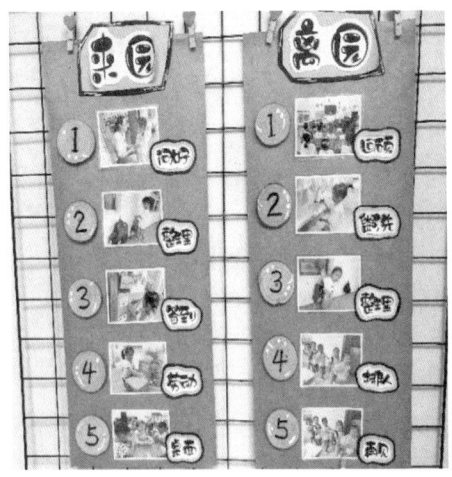

图7-7 小班来园、离园活动图

接下来的几天中,有孩子开始主动和老师打招呼,婷婷刚走上楼梯看见我,就迫不及待地大声说:"吴老师,早上好!"部分孩子也会在整理好自己的物品后来到我面前,小声地说:"吴老师,早上好!"

(三)互动性环境

互动性环境要求幼儿操作,教师根据班级幼儿的年龄特点与发展需要,将教育意图融入其中,通过幼儿与环境的持续互动,促进幼儿经验获得、能力提高、习惯养成,实现教育目标,这可以视为隐性的教学活动。以天气播报为例,小班布置此环境的作用在于让幼儿初步感知天气,尝试感受气温变化与自己穿衣的关系。因此,幼儿要关注的信息较为粗浅,只有日期、天气、穿衣三个主要信息,且这些信息比较抽象,幼儿与环境的互动需要在教师的引导下进行,如小班天气互动图。而大班幼儿随着认知能力的增强要关注的信息更为深入具体,如大班天气互动图上要记录详细日期、每日天气及气温、判断穿衣指数、做出健康提示,并以月为单位形成天气和气温的统计图表,促进幼儿加深对自然气候的感知,形成气温与季节关系的深度认知,提高根据气温变化自主增减衣物及健康保护的意识和能力。

幼儿园亲历课程

 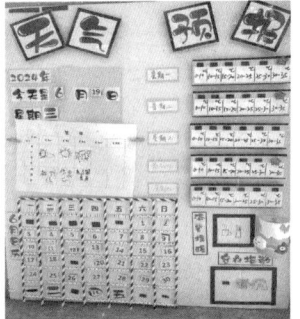 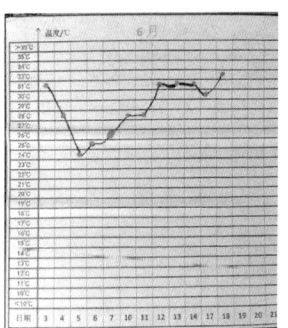

图7-8 小班天气互动图　　图7-9 大班天气互动图　　图7-10 气温统计曲线图

再看入园签到，不同年龄班在创设此类环境时各有发展倾向。小班幼儿，尤其是入园适应阶段，签到的意义在于帮助幼儿认识小组同伴、班级同伴，感知自己是集体中的一员，也在于帮助幼儿感知自己的入园情绪，学习主动调节情绪。

开学初，我们在墙面上布置了"今天，你心情好吗？"的情绪签到环境。根据小班幼儿年龄特点，我们准备了"开心"和"难过"这两种情绪挂牌。通过介绍，幼儿知道黄色笑脸代表快乐、开心的心情，而蓝色哭脸代表难过、伤心的心情。

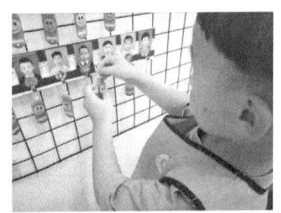  

图7-11 今天，我没有哭！　　图7-12 看，我挂的是笑脸！　　图7-13 这个人怎么是哭脸？

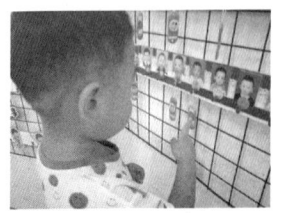  

图7-14 我哭了，挂了难过的情绪牌　　图7-15 还是想哭，老师抱抱我！　　图7-16 你和我一样的，挂的哭脸！

情绪挂牌让小班幼儿开始去感受、认识不同的情绪,帮助幼儿了解自己的情感需求和情绪变化。具体表现为幼儿每天早上来园挂牌,教师通过引导使幼儿去思考、确认自己当前的情绪状态;还可以增强幼儿的集体认同感,从关心自我开始去关心他人情绪,增进与同伴的交流;也能帮助教师清楚地了解班内幼儿情绪状态,方便教师及时采取措施进行干预和引导,避免幼儿情绪失控和不良行为的发生,逐步培养幼儿的自我管理能力。同时也让家长及时了解幼儿的情绪变化,教师根据幼儿一个阶段的挂牌情况,及时与家长进行沟通,引导家长与教师共同关注幼儿的情绪问题,促进家园合作,共同为幼儿的心理健康提供有力支持和充分及时的帮助。

而大班幼儿的入园签到则与幼小衔接的适应准备密切联系,比如学习书写自己的名字、认识时间、早睡早起按时到园等。教师根据每个幼儿的签到情况不断调整签到表及支持性环境,最终形成如图7-17的环境,并通过日统计和月统计,促使幼儿关注出勤信息,养成良好的上学习惯。

(a) 入园签到桌

(b) 每日到园统计

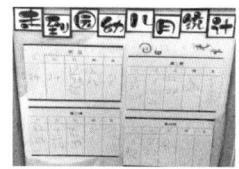

(c) 每月到园统计

图7-17 大班入园签到

案例:签到表的"进化史"

- 无固定框架签到表

开学第一天,我在教室门口布置了签到表,陆续来园的孩子写下自己的名字。通过这些签名,可以发现大多数孩子已经会写自己的名字了,但也有些孩子只写了名字中的两个字,个别孩子写了学号。写学号的孩子经询问有三种原因:不会写、来不及写和不知道要写名字。

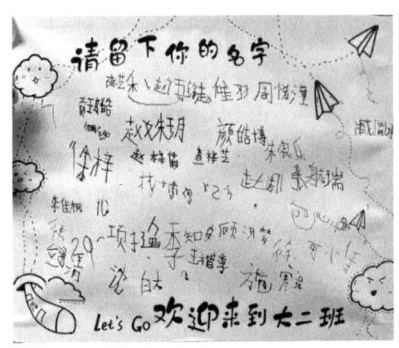 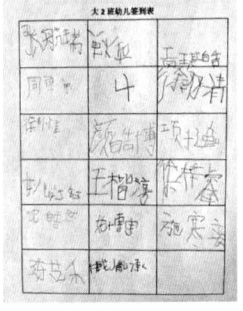

图 7-18　签到表 1　　　　图 7-19　签到表 2

- 大格子签到表

鉴于孩子刚开始签名,名字写得都比较大,有些孩子还不会书写自己的名字,我这一次投放的签到表格子比较大,目的是让孩子练习签名,且针对不会写名字的孩子,我为他们制作了姓名提示牌。

大格子签到表投放了近一周,孩子们基本都能把名字写到规定的格子内,我引导孩子们一起改进签到表。

小语:我们在名字前面写学号,这样就知道这是谁了。

承承:桌子上有闹钟,可以写一下自己几点来的。

可惟:可以写一下我们有没有迟到。

…………

- 两个层级签到表

(a) 层级一　　　　　　(b) 层级二

图 7-20　两个层级签到表

根据孩子们的想法,我设计了两个不同难度的签到表:第一层级只有姓名和学号;第二层级在前面的基础上增加了时间。孩子们自主选择任一表格签到,教师鼓励孩子挑战高一层级的签到,两个月下来,孩子们几乎都用第二层级签到表了。

- 个人专属签到本

图 7-21　个人专属签到本

寒假过后,承承对签到表提出了新的想法,希望每个小朋友都有专属签到本,这样就不用等别的小朋友签完再签了。承承的想法得到了所有孩子的支持,玥玥说这样就能知道自己一共迟到了几次,请假了几次,潼潼还说学期结束了要把签到本带回家留作纪念。我回应孩子们的需要,为他们制作了个人专属签到本开始新学期签到。

(四) 激励性环境

激励性环境顾名思义是具有鼓励性的、榜样性的、赞扬性的,能唤醒幼儿内在发展动力的环境。幼儿生活习惯、生活能力等培养是一项长期的工程,不可能一蹴而就,需要教师采取多种措施和手段,其中正向激励也是常用的方法。对于幼儿来说,他们对事物的价值判断都是受成人的影响,因此,对幼儿的教育引导应以鼓励为主,让每个幼儿都在自己原有的水平上努力进步,让每个幼儿都有机会成为榜样。图 7-22 中的 4 张图都是典型的激励性环境,图(a)是小班教师为了培养幼儿良好进餐习惯创设的环境;图(b)是大班教师为了鼓励幼儿主动练习跳绳创设的环境;图(c)是大班教师为了引导幼儿主动关爱同伴创设的环境;图(d)是中班教师为了帮助幼儿认识自己,建立成长自信的环境。

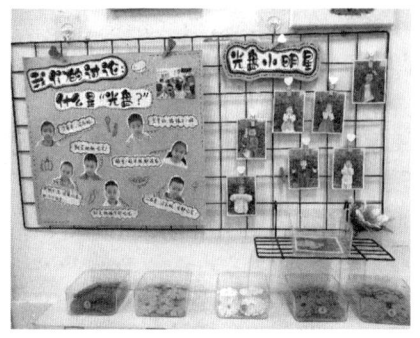
(a) 光盘小明星

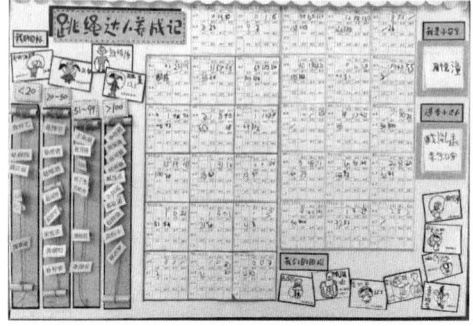
(b) 跳绳达人养成记

(c) 有你就幸福

(d) 我的新本领

图 7-22 激励性环境

一次谈话讲到了"本领",我问孩子们什么是本领。孩子们说:本领就是饭菜全吃光、人多的时候会等待、排队不插队、在学校好好睡觉、高高兴兴上幼儿园,本领就是会让人变聪明、会看书、会拍球、会玩魔尺、会系鞋带、会整理玩具,坚强也是一种本领……原来这些都是本领,孩子们发现自己已经有了很多本领。

我将这个话题进行了延伸,鼓励孩子和家长一起把把自己的本领,用思维导图记录下来在班级里介绍。每天的餐前活动时间,孩子们轮流介绍自己的本领,介绍过后将导图放到语言区汇编成了一本很受欢迎的"本领书"。孩子们说着本领,也在自发比本领:卓卓的本领最多,城城的本领真厉害,宁宁的本领我不会……我提议大家一起来学习一些新本领。

我为孩子们制作了一张《我的新本领》计划表,每个孩子自己定一个目标贴上去。每天离园前的回顾环节,我都会引导孩子评价当天的目标有没有达成,达成了贴上一个贴纸,没达成第二天继续努力。如果在一个星期里每天都达成了目标,达成度里就贴一个笑脸,可以拿到一张荣誉卡,得到四张荣誉卡就可以定下一个目标。布置了这张《我的新本领》计划表后,孩子们都很努力想要达成目标,很多孩子完成了2个以上目标,虽然也有几个孩子因为各种原因未能完成目标,但也在原有基础上有了较大进步,且孩子们自己感悟到学习新本领最重要的是要敢于尝试,要坚持不能放弃,多向别人学习多练习。

二、师幼共建生活秩序

幼儿园生活是教师和幼儿共同创造和经营的生活,教师要重视幼儿的"生活精神""生活态度"和"生活实践"[①],即教师首先关注的是幼儿可以做什么,然后才是自己可以做什么。幼儿以生活主人的姿态参与班级生活的计划和管理,教师尊重幼儿的意见和想法,引导幼儿为了班级共同的美好生活而努力。

(一) 师幼共同策划特别生活

我们希望幼儿满怀对生活的热情和期待,这种热情和期待源自对班级生活的共同策划。幼儿园除了日复一日的常态性生活,还应该有充满乐趣、具有挑战、十分新鲜的特别生活,如种植活动、节庆活动、担任主持的升旗仪式等,以及幼儿希望进行的一些班级活动。特别生活需要提前策划,教师会在每个月初和幼儿一起讨论确定当月的重大活动,制订月生活计划,便于幼儿做活动准备。

根据9月生活计划,孩子们知道9月最后一件事是迎接国庆节的庆祝活动,在制订计划时他们就知道庆祝活动是像去年大班小朋友一样玩军事野战游戏,这是他们最期待的一个活动,很多孩子已经自发开始了解军事知识、准备军事游戏装备了。

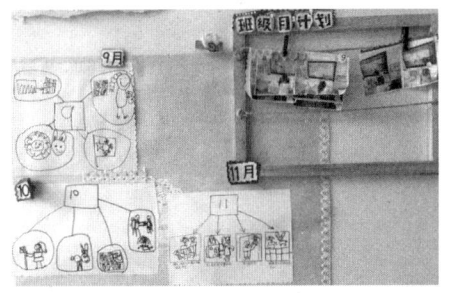

图7-23 每月生活计划

---

① 虞永平.学前课程与幸福童年[M].北京:教育科学出版社,2012:39.

启动军事野战活动后,师幼就"开展军事野战游戏需要准备什么?"这一问题展开了讨论,有的说准备好吃的,有的说要穿和警察叔叔一样的衣服,有的说要准备武器,还有的说要准备伤员看病的地方……孩子们将前期了解到的信息进行了表征交流。教师引导孩子将其表征进行了整合归类,最终将军事野战游戏需要准备的东西大致分为以下五大类:吃、穿、住、装备和装扮物,形成版面供孩子们在自主准备时进行参照。

图7-24 表征归类游戏准备

孩子们在服装准备上产生了很大分歧,教师借助网络查找了海陆空三套具有代表性的服装,孩子们通过分辨、对比后知道:白色代表白云里飞行的空军,蓝色代表大海里航行的海军,绿色代表草地上打仗的陆军。有了"三军"服装的经验后,孩子们提出以投票的形式对服装进行自主选择,少数服从多数。经统计汇总,陆军军服以16票略胜一筹,成为班级的军服。

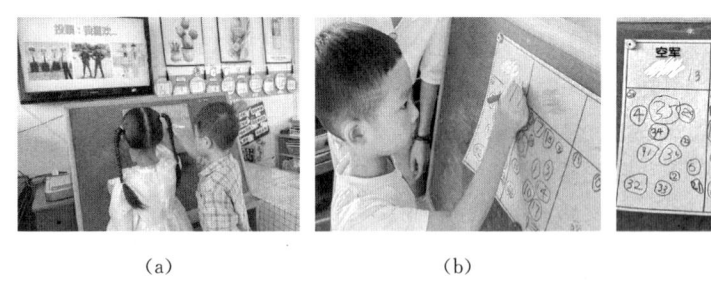

(a)　　　　　　　　　　(b)　　　　　　　　　　(c)

图7-25 投票选择班级军服

解决了装备材料的问题,教师又引导孩子针对如何规划分配营地展开了讨论。孩子们根据军事野战游戏需要准备的吃、穿、住、装备和装扮物这五大类东西,将帐篷分为装备营、医疗营、装扮营和能量补给营四大帐篷营地。他们还尝试列出了各营地所需准备物品的详细清单。

第三部分 亲历课程的实施、评价

(a)　　　　　　　　　　　　(b)

图7-26　装备营（机关枪、哨子、手榴弹等）

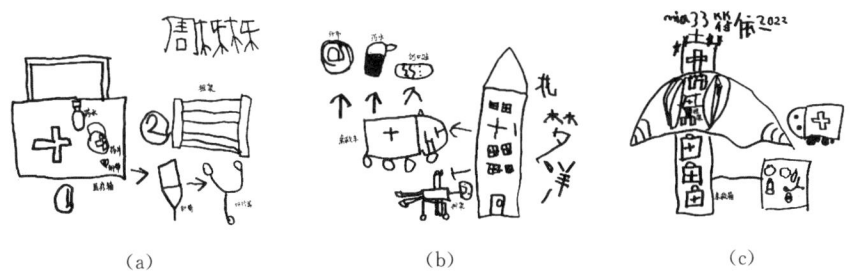

(a)　　　　　　　(b)　　　　　　　(c)

图7-27　医疗营（医疗箱里面有纱布、听诊器、消毒药水等以及担架）

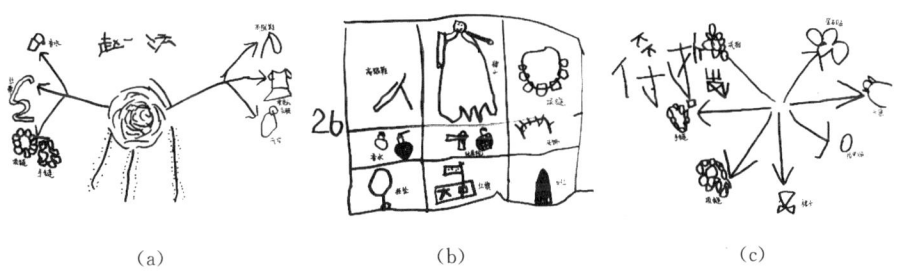

(a)　　　　　　　(b)　　　　　　　(c)

图7-28　装扮营（丝带、手链、项链、漂亮的衣服、红旗、口红等）

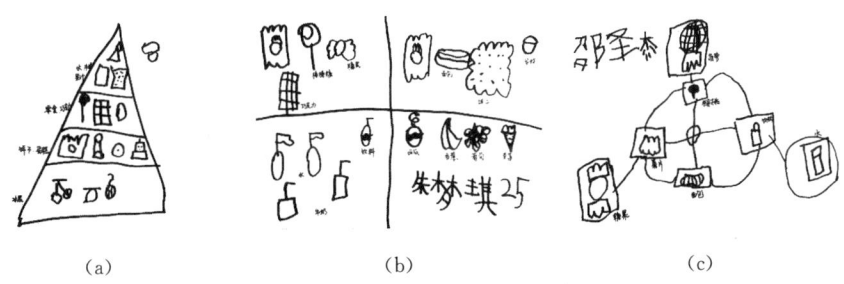

(a)　　　　　　　(b)　　　　　　　(c)

图7-29　能量补给营（水、干粮、零食、水果）

孩子们将列出的物品清单进行分享交流，教师充分尊重他们的想法，支持孩子与孩子之间展开语言思维交流的碰撞，从中更清晰地梳理出四大营地所需准备的物品。

(a)   (b)   (c)

图 7-30 交流讨论

知道了营地分类和物品清单，每个孩子自己又拟定了一张"计划清单"，方便自己根据"计划清单"准备各个营地的物品材料。

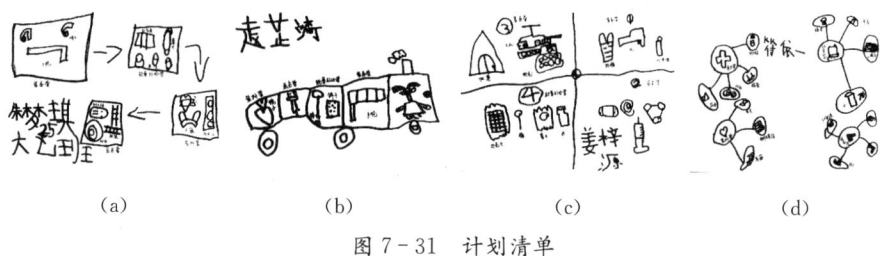

(a)   (b)   (c)   (d)

图 7-31 计划清单

临近活动日期，梓豪问："老师，东西都准备好了那我们在哪里打仗？能先去看一看吗？"教师利用户外活动时间和孩子一起去认识了各班的军事场地。回到教室后，有孩子便提出在打仗前也得像画地图找班级一样先画好路线，这样可以防止打仗时敌人来突袭，于是"作战路线图"便应运而生了。

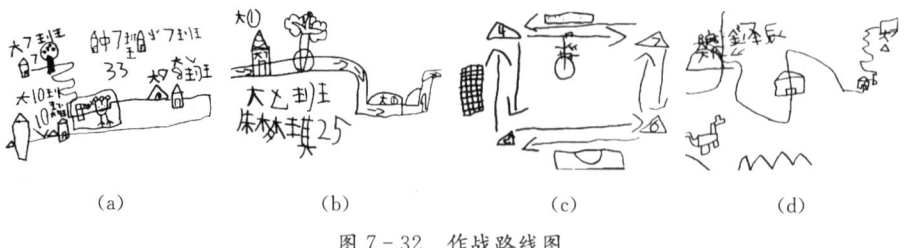

(a)   (b)   (c)   (d)

图 7-32 作战路线图

在一切准备就绪后，9月29日孩子们穿着陆军服，迈着整齐的步伐，雄赳赳、气昂昂地进入操场。当嘹亮的国歌声响起,军事野战活动便正式开幕。

(二) 师幼共同制订生活规则

帕森斯1959年在《哈佛教育评论》上发表《班级为一种社会体系》一文,以社会学的观点分析美国中小学班级教学的主要功能。他提出中小学班级是一种微观的社会体系,现代社会中,班级拥有两个核心功能:一是使学生完成社会化,二是在学生间实现社会分化。幼儿园班级同样是一种微观的社会体系,幼儿从家庭进入幼儿园就已经开始社会化生活了。哈贝马斯说:"我把社会称之为合法的秩序,交往参与者通过这些合法的秩序,把他们的成员调节为社会集团,并从而巩固联合。"①在哈贝马斯看来,社会体现在制度化的秩序、法律规范或由规范调整的实践活动中。幼儿在班级中生活也要有必要的制度和规则,大到班级公约、值日生规则,小到点心约定、奖贴兑换制度、区域中的具体活动规则等,都是为了班级的共同生活更加和谐美好。制度和规则不是越多越好,一般随着班级生活中出现的问题而产生,也不是全由教师制订,而是师幼共同讨论的产物。教师要知道,幼儿在参与制度和规则讨论时就是在反思自己的行为方式,理解制度和规则的意义,也在形成自己的行为价值观念,且幼儿自己参与制订的制度和规则更容易内化为幼儿自己的行为规范。

小班新生入园一个月,班上孩子基本适应了幼儿园生活,我将统一组织的点心改为自主点心,创设"流量加油站",引导孩子从"被动等待"到"主动自觉",但在实施过程中,出现了问题。上午的点心活动接近尾声,孩子们已经随着音乐开始慢慢收拾自由活动游戏材料了,但是点心区还有三份点心没人吃。

我与孩子们进行了谈话。我说:"总有小朋友会忘记吃点心,怎么办呢?"

晨晨说:"我每次都第一个跑去吃。"蕊蕊说:"我不要老师点名,自己去吃的。"锘锘:"谁没有挂点心牌就是谁没吃,我去提醒他。"妙彤:"我可以叫我的好朋友一起去吃,就不会忘记了。"……

孩子们已经有了解决问题的意识,《指南》中指出:"幼儿园应多为幼儿提供自由交往和游戏的机会,鼓励幼儿自主选择,自由结伴展开活动。"于是,我和孩子约定,自己寻找好朋友,相互提醒去吃点心,三个好朋友是一组,看到点心区空着就要赶紧一起去吃,还要相互提醒插上点心牌。

(三) 师幼共同管理生活事务

作为幼儿园生活的主人,教师还要引导幼儿关心班级生活,让幼儿担负

---

① 李佃来.公共领域与生活世界——哈贝马斯市民社会理论研究[M].北京:人民出版社,2006:252.

起班级生活的职责,知道自己是班集体中的一员,要为班级的共同生活而负责。教师就班级生活经常征询幼儿的意见,不断加强幼儿的主体意识,去主动发现班级生活中出现的问题,共同想办法解决问题,以值日生等方式参与班级生活的管理,使自己的生活更加自主、流畅,充实。

案例:增加餐具管理员

自主进餐有一段时间了,教师发现餐前准备的时间还是比较长,随着天气逐渐转凉,如果等待时间长,饭菜就会变冷,这不利于孩子的饮食健康。教师将这个情况告诉孩子们,并组织他们进行讨论。恩泽说:"我做餐具管理员的时候已经很快了,一点也没偷懒。"小费也说:"我觉得做餐具管理员最忙了。"珈禾说:"一个餐具管理员来不及,要增加餐具管理员,这样就能加快速度。"

孩子们都觉得增加餐具管理员是最好的办法,但问题是现在班内已经设置了7个值日生岗位,每个孩子每周刚好都是一天的值日生任务,教师询问是否需要进行值日生岗位的调整,有孩子就指出,植物管理员可以去掉,小朋友可以自己照顾植物;卫生管理员也可以去掉,因为卫生管理员经常没事情做。

经过表决,师幼商定把卫生管理员和植物管理员撤掉,餐具管理员增加2个,这样每天都有3个餐具管理员,加快餐前准备的速度,同时保持每周每人一天的值日生任务不变。增加餐具管理员后,他们会自觉进行分工合作,餐前准备时间明显缩短。

(a)

(b)

(c)

图 7-33 餐前准备

三、生活活动中的学习

幼儿健康领域学习与发展的大部分目标都与日常生活中的吃、住、行、玩等方面有着密切关联。幼儿生活中的每个环节都包含着许多学习与发展的机会,在此过程中渗透生活教育内容非常自然,也很有效,幼儿可以在日常生活中经常反复地体验、学习、练习和实践,逐渐习得有益健康的行为,获得能力上的发展。教师应充分认识到日常生活就是幼儿学习与发展的内容和途径,幼儿生活习惯与生活能力等的培养都是在生活中进行的,但如果只是单纯的吃、喝、拉、撒、睡等日常生活环节的重复,教育意义与发展价值就不明显。因此,教师不仅要组织好一日生活环节,为幼儿提供适宜的学习与发展机会,更要善于发现、把握生活活动中的教育契机,以课程视角提高日常生活的质量。

案例:餐具归放乱糟糟[①]

午餐时间,餐具桶、菜盆等放在教室正中间,方便孩子餐后归放餐具,问题来了:吃得快的孩子已在中间玩玩具,慢的孩子陆续来倒餐余、放餐盘,不时有人泼了、撞了……餐后的场面非常混乱。教师将这乱糟糟的场面拍了下来,将问题抛给孩子:昕昕说倒垃圾的时候要弯下腰,慢慢倒;恩恩说每天请一个值日生看好小朋友;一月说走路的时候两只手要端好盘子;熙韫说放餐盘的时候要排好队,不能插队。

从讨论结果看孩子们已经有了一些分析问题、解决问题的能力了,他们认为造成这种情况的原因是小朋友的问题,因此想了合理的解决方法,但没有发现最根本的问题,即"摆放餐具的地点是否合适"。于是,教师引导他们重新认识问题,梳理问题,让孩子们意识到摆放餐具和餐后活动两者同时开展是会互相干扰的,那么摆放餐具的地点是不是要换? 哪里更合适呢?

这个问题孩子们讨论得非常激烈,个别孩子说把餐具放到走廊里去整理,也有部分孩子认为放到盥洗室门口。两种方法相互比较下,大家都比较认同第二种,因为盥洗室门口比较宽敞,而且离大家吃饭的地方又近。于是第二天,教师和阿姨就将摆放餐具的地点"搬家"了。经过几天的试行,我们发现这个地方避开了餐后活动的孩子,加上孩子们都能按照之前的讨论有序排队归放,所以,现在孩子们整理餐具有序多了。

(a) (b)

图 7-34 调整前后对比图

[①] 赵春霞.行动中的儿童[M].南京:南京师范大学出版社,2023:82.

正在做餐后整理的值日生恩恩有了一个大发现：每个小朋友归放餐具的顺序不一样，速度也不一样，有的小朋友速度很快，有的小朋友速度比较慢。教师鼓励恩恩将她的发现和孩子们再次讨论，孩子们认为原因是有的顺序好，有的顺序不好，他们提出可以制订一个最好的顺序。

恩恩说可以先放勺子、碗，然后倒垃圾，最后放餐盘。梓凡的想法不一样，他认为先倒垃圾、放勺子，然后放碗和餐盘。翊翊觉得是先放碗，然后倒垃圾，最后放餐盘和勺子。而思涵的看法是先放勺子、倒垃圾，接着放碗和餐盘……看来，孩子们都能积极参与讨论，并且各有各的想法，那么到底哪种顺序才是最方便的呢？孩子提出这些方法他们都想试一试，于是，四个孩子将四种不同的方法表征出来方便大家依次进行观察和操作。

方法一：放勺子—放碗—倒垃圾—放餐盘
方法二：倒垃圾—放勺子—放碗—放餐盘
方法三：放碗—倒垃圾—放餐盘—放勺子
方法四：放勺子—倒垃圾—放碗—放餐盘

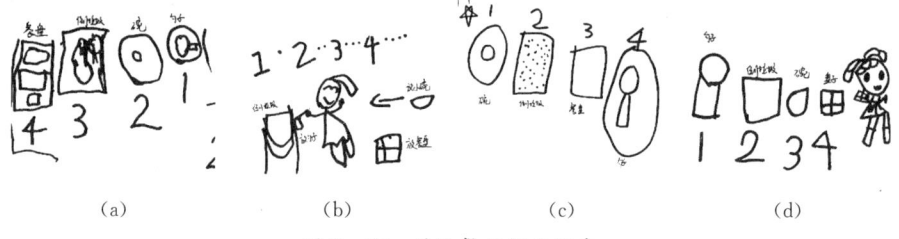

(a) (b) (c) (d)

图 7-35 讨论餐具归放顺序

在实际验证中，孩子们慢慢发现他们之前的想法并不都是最好的，也开始意识到各个餐具之间似乎是紧密联系着的。例如：先放了勺子，餐盘就没法刮干净了；先倒餐盘垃圾，就得把碗放在地上，不然碗很容易掉到桶里。这些对孩子们来说都很不方便。经过反复的试验，孩子们终于找到了又快又好的办法，他们开心地说原来方法三才是最好的。

新问题的不断涌现使孩子们探究的兴趣越来越大，整理餐具这个活动看似简单，却体现着整理的逻辑性，他们在"解决问题—发现新问题—再解决问题"的过程中，思考的深度、学习的能力等均得到了提升。

第三节 区域活动的实施策略

一、观察幼儿与环境材料互动情况

区域活动的实施从教师创设环境、投放材料就已经开始了。教师将教育意图融于环境材料之中,幼儿通过游戏形式与环境材料互动自主建构经验。教师通过观察幼儿与环境材料的互动情况,给予适宜的支持回应,提高区域活动质量,实现教育目标,促进幼儿经验生长。为了促进幼儿不断获取新经验,区域中的活动材料要始终贴合幼儿的最近发展区,要始终保持对幼儿的吸引力。

以大四班语言区的实施为例,语言区活动材料投放后,教师一直观察幼儿在语言区的活动,首先关注到了幼儿对语言区的选择情况。

表 7-1 语言区选择情况统计

一个月的进区次数	人数	姓 名
6次	1人	翁＊钰
4次	4人	李＊怡、周＊甜、贡＊源、赵＊玥
3次	5人	贡＊匀、龚＊雅、查＊凌、周＊贤、曹＊文
2次	12人	赵＊梦、郭＊臣、陈＊欣、陶＊宜、高＊伊、刘＊吉、赵＊宁、何＊哲、赵＊铖、陆＊涵、邵＊晗、蔡＊佳
1次	10人	朱＊臻、缪＊轩、范＊宇、邱＊宸、贡＊元、蔡＊均、陶＊鑫、沈＊伦、司马＊韬、赵＊茜
0次	4人	贡＊宸、徐＊怡、赵＊凯、朱＊仪

班级共有 13 个活动区,一名幼儿要将所有区都玩过一遍至少需要 2 周半的时间,所以在 1 个月 4 周内 2 次选择语言区已经超过了平均次数。因此,教师关注一个月进区 1 次的幼儿,并重点对进区 0 次的幼儿进行了访谈。

表7-2 幼儿一个月从未选择语言区的原因

一个月从未进区的幼儿	不选语言区的原因	是否喜欢语言区	在语言区只玩自己喜欢的、会玩的材料,下次是否愿意选
贡*宸	要写很多字	喜欢	愿意
徐*怡	不想玩,不知道怎么玩	不喜欢	愿意
赵*凯	不好玩,不会玩	不喜欢	不愿意
朱*仪	不想选,不知道怎么玩,不好玩	不喜欢	不愿意

表7-3 一个月从未选择语言区幼儿的具体因素

	贡*宸		徐*怡		赵*凯		朱*仪	
书写小课堂	会	喜欢	不会	不喜欢	不会	不喜欢	不会	不喜欢
我认识的字	会	喜欢	不会	不喜欢	不会	不喜欢	不会	不喜欢
制作图书《幼儿园的旅程》	会	喜欢	不会	不喜欢	不会	不喜欢	不会	不喜欢
编故事、自制图书	会	喜欢	不会	不喜欢	不会	不喜欢	不会	不喜欢
因为所以	会	喜欢	不会	不喜欢	不会	不喜欢	不会	不喜欢
故事列车	会	喜欢	会	喜欢	不会	不喜欢	不会	不喜欢
故事骰子	会	喜欢	会	喜欢	不会	不喜欢	不会	不喜欢
故事小聚会(听故事)	会	喜欢	会	喜欢	会	喜欢	不会	不喜欢
手偶和指偶	会	喜欢	会	喜欢	会	喜欢	不会	不喜欢
立式玩偶	会	喜欢	会	喜欢	会	喜欢	不会	不喜欢
故事盒(故事表演)	会	喜欢	会	喜欢	会	喜欢	会	喜欢
名字大挑战	会	喜欢	会	喜欢	会	喜欢	会	喜欢
说相反	会	喜欢	会	喜欢	会	喜欢	会	喜欢

表7-4 一个月内从未选择语言区幼儿的活动偏好

幼儿	喜欢活动区的排序	语言区的喜欢排序
贡*宸	音乐区、科学区、沙水区、乐高区、木工区、语言区	第6喜欢语言区

续表

幼儿	喜欢活动区的排序	语言区的喜欢排序
徐*怡	音乐区、地垫区、乐高区、沙水区、留白区、生活区、科学区、益智区、语言区	第9喜欢语言区
赵*凯	音乐区、地垫区、木工区、建构区、科学区……语言区	最不喜欢语言区
朱*仪	地垫区、留白区、科学区、建构区、沙水区……语言区	最不喜欢语言区

从以上的统计数据可以看出教师真正关注到每个幼儿,并站在幼儿的立场了解幼儿的想法,给予幼儿选择权,充分尊重幼儿的选择但不是放任幼儿。教师同时也关注了幼儿与语言区操作材料的互动情况。

表7-5 语言区材料投放情况

预设性材料	生成性材料	主题相关材料
• 听故事 • 书写体验区 • 故事列车 • 故事骰子 • 因为所以 • 说相反 • 故事盒 • 手偶、指偶、立式玩偶	• 名字大挑战 • 我认识的字 • 根据绘本《云朵面包》续编、创编故事并自制图书 • 记录生活趣事、创编笑话,做成图书《漫画哈哈哈》	• 自制图书《幼儿园的旅程》 • 阅读关于小学的绘本

表7-6 语言区材料使用频率情况

每次必有人玩的	经常有人玩的	不常有人玩的
• 听故事 • 书写体验区 • 故事骰子 • 故事盒 • 立式玩偶	• 手偶、指偶 • 自制图书《幼儿园的旅程》 • 根据绘本《云朵面包》续编、创编故事并自制图书 • 记录生活趣事、创编笑话,做成图书《漫画哈哈哈》 • 故事列车	• 因为所以 • 说相反 • 名字大挑战

通过观察和与幼儿谈话,教师及时发现了不常有人玩的材料的原因,并进行了有针对性的调整,让材料更贴合幼儿的兴趣和需要。

表 7-7 不受欢迎材料调整情况

	因为所以	说相反	名字大挑战
不常有人玩的原因	• 有的卡片上的图案意思有歧义,导致幼儿猜测的意思与答案中的意思不一样 • 幼儿根据图片无法推测出因果关系	• 有的幼儿觉得对应的卡片很难找 • 对于多数幼儿来讲比较简单,一开始玩有新鲜感比较好玩,后续没有及时更新材料,生成多样玩法,就觉得不好玩了	• 字卡太多,幼儿觉得太难找了 • 有的幼儿觉得撕贴不方便,撕下来时觉得手痛 • 部分幼儿并不知道所有同伴的学号,只知道部分同伴的学号,有的幼儿甚至很多同伴的学号都不知道 • 教师观察到名字大挑战的墙面旁边就放着语言桌,操作空间较小,也有可能导致幼儿想不到去那里玩
调整策略	• 调整材料,图案表达意思不明确的游戏卡片拿出来,引导幼儿讨论如何调整 • 增添材料,根据幼儿的生活经验、感兴趣的话题来设计新的因为所以的事件 • 鼓励幼儿观察发现生活中事情的因果联系并讲出来,鼓励、支持幼儿自制游戏卡片 • 增添新玩法,投放多种多样的事件卡片,幼儿根据自己的想法在卡片中找出有因果联系的两张卡片,并按照自己的想法讲述出来	• 将正确的答案打印出来,幼儿不会时可参考学习,也可以在贴好后对照 • 每一对反义词卡片有两张,其中一张背后贴苹果标记,一张不贴;觉得卡片太多、难找的幼儿操作时,可先将有标记的卡片贴好,再从剩下的一半卡片中依次寻找它们的反义词 • 投放自制反义词卡片的材料:同样大小的卡纸、水彩笔、刺毛皮贴,鼓励幼儿通过多种方式搜集更多反义词,并绘制成卡片,与同伴猜一猜、玩一玩、说一说	• 在每个字后面贴上学号,幼儿可根据学号快速找到相应的名字 • 进一步教幼儿撕贴刺毛皮的技巧 • 投放全班幼儿的照片,并在照片背面附每个人的学号 • 游戏时,无论是否有人要玩,都在名字大挑战的墙面旁边铺两张地垫,并在地垫上摆放好材料,这样准备好的环境有利于吸引幼儿去玩
受欢迎度	35.7%→60.7% (调整前后)	40.8%→75% (调整前后)	28.5%→62% (调整前后)

根据以上情况可见,材料的难易程度影响着幼儿对材料的喜爱程度,幼儿会玩就会喜欢;不过大班幼儿也会出现因材料过于简单而不喜欢的现象,这主要是材料未及时更新升级,幼儿玩厌玩腻了,或是材料本身的玩法过于单一,幼儿没有自身发挥的空间。

幼儿在游戏中出现的问题,教师要及时观察发现,且对于大班幼儿应鼓励引导他们主动将问题和困难讲出来,并通过幼儿讨论来自主解决。教师尤其要关注不会玩的幼儿,关注游戏的细节,完善材料的细节,尤其要考虑如何通过材料让幼儿自主解决问题,让不同水平的幼儿都会玩、爱玩,都能在原有的经验上获得新经验的发展。

二、催化幼儿经验生长的指导回应

"幼儿喜欢由自己来选择参加什么活动。但是仍然需要成人的引导,以保证其主动性的发挥能带来积极的、富有成效的效果。"[1]区域活动中,幼儿与材料对话,与同伴对话,也需要与教师对话。教师适时适宜的指导与回应更能帮助幼儿获得新认知,促进已有经验进行整合、重组,生长成新经验。

餐前欣赏环节,教师为幼儿阅读了语言区的绘本《云朵面包》,幼儿被有趣的故事情节所吸引,绘本讲完仍意犹未尽,追问:那后来呢?教师意识到幼儿有创编的兴趣,于是鼓励他们到语言区进行创编,在幼儿自发创编故事的过程中,教师根据创编作品进行有针对性的引导,帮助幼儿不断完善故事结构、丰富故事情节、完善故事语言,让幼儿的每一次创编都有经验进阶,创编故事的经验越来越丰富。

表7-8 教师指导幼儿创编《云朵面包》情况

创编次数	创编情况分析	创编推进
第一次	幼儿能够说出故事的主要内容,对故事的感知理解还未到进行续编或创编的程度。复述了原本的故事情节,细节稍有变化	引导幼儿讲述完整

---

[1] [美]盖伊·格朗兰德、玛琳·詹姆斯.早期学习标准和教师专业发展[M].刘昊,译.北京:北京师范大学出版社,2014:40.

续表

创编次数	创编情况分析	创编推进
第二次	幼儿沉浸于由云朵展开的想象,仅列举云朵还能做哪些东西相互之间无联系。对于幼儿,仅仅"飞"就已经很神奇很好玩,还未想到使用这些云朵物品后会发生哪些故事	引导幼儿与同伴想象使用这些云朵物品会发生哪些奇妙的事情
第三次	幼儿由事物进一步想象到了还可以做哪些事情,这可以成为故事的重要情节,下一步可引导幼儿就此具体讲一讲:谁在沙发上看星星、摘月亮?在沙发上看到的星星和月亮是什么的,和在地上看到的一样吗?看到的星星具体是什么样子的?是怎么摘月亮的?又在流星上许了什么愿……	通过提问,引导幼儿具体描述,从而逐渐编成一个故事段落,后续再引导幼儿讲一讲故事的发生和结尾
第四次	一句话讲出故事,包含了故事的发生、发展、高潮、结尾。幼儿将人物吃了面包之后的所有变化全部都表征出来了	首先肯定幼儿生动形象的表达,其次引导幼儿把做面包的细节部分也用语言表达出来,最后引导幼儿将画面绘制得更清晰,方便其他人看懂
第五次	一段话讲述故事,能连贯、有序、清楚地讲述故事发展的过程 • 将故事最主要的内容画出来,画在一起 • 依据故事发展将内容分为2—3块,依次画出,用线条分割 • 依据故事发展将内容分为3—5块,依次画出,用箭头表示发展顺序	幼儿在讲述过程中,始终使用第三人称,可引导幼儿给人物取名字
第六次	一大段话讲述故事,讲述详细具体,有细节、人物、对话、形容词等	开展讲故事比赛,全体幼儿一起来评价。幼儿会自然而然向同伴学习,幼儿也能从中反观自己的不足之处,进一步完善自己的故事

从以上六次幼儿创编故事的指导记录中可以看出,教师善于观察分析幼儿,对创编故事的相关经验能力有清晰的认识和准确的判断,能引导幼儿不断去发现创编故事存在的问题,并通过分享、交流、评价等方式让幼儿主动参与,主动发问,主动思考。教师每一次支持,都使得幼儿的原有经验和新经验不断重组、整合、内化,再重组、整合,再内化,使幼儿创编故事的经验不断生

长、不断丰富。

为进一步发展幼儿的想象和创造能力,拓展幼儿的经验,教师鼓励、引导幼儿继续完善创编故事,将创编故事制作成图书。在自制图书的过程中产生了许多问题,这些问题又转化为经验,幼儿在创编故事的经验上又增加了对图书的认知及制作经验。

表7-9 教师指导幼儿自制图书情况

幼儿制作图书的想法	已有经验	存在问题	教师推动
选择将单幅图画的故事扩展开来,画成一页一页的绘本	读过绘本,知道绘本是由一页一页组成的	怎样将故事进行分页	1. 当幼儿将多个故事情节画在一起时,教师引导幼儿观察思考,这样的画面呈现是否能让别人看清楚、画面是否拥挤。幼儿就形成分页画故事内容的习惯 2. 教师引导幼儿观察图书架上的绘本,引导幼儿意识到要给故事画面画上场景
模仿《父与子》制作漫画形式的图书	1. 将两个情节分成两个内容表述 2. 知道漫画有趣、搞笑	用"有一个人"给画面角色命名	1. 直接将故事中的人物和班级中相似的同学定位,增加故事的趣味性 2. 班级同伴讲述,分享有趣的漫画故事
装订成书	了解图书要制作封面和封底	这个一条一条的线是什么?这上面的小数字是什么意思?这是"元",这是多少钱?为什么图书的第一页不是故事?怎么里面还有一个封面?	1. 对图书的结构和基本要素产生了兴趣,教师引导幼儿观察其他图书上有没有这些东西 2. 和幼儿一起梳理、总结图书的结构和基本要素:封面、环衬、扉页、故事内容、环衬、封底 3. 集体阅读自制图书,提出疑问,完善故事情节,调整故事画面
印制图书	提出复印,像真的书一样可以印出很多很多本	怎样复印?	带幼儿到文印室一起将故事画稿扫描进电脑里,再通过彩打机打印出多份图书页

幼儿制作图书的想法	已有经验	存在问题	教师推动
装订图书	知道使用订书机装订图书	页数较多,订书机订不起来	1. 老师带他们到文印室借大的装订机 2. 漫画故事纸越来越厚,幼儿也提出要印刷、塑封、装订起来,制作成漫画故事集

后续:
  幼儿将自制图书投放到语言区,过了几天,他们又主动提出,自己录制故事,请老师将故事放到"故事小聚会"的手机里。其他幼儿不仅可以阅读他们自制的图书,还可以边听他们讲故事边阅读。幼儿创编的图书在班级里得到了广泛传播,他们感到特别有成就感。

  对于游戏质量的评价,有一个重要标准是确定游戏活动中"儿童经验的连续性",从幼儿创编故事到自制图书,都体现出了"儿童经验的连续性"。在开展过的"留白区"游戏活动研究中,我们发现幼儿在没有成人干预的游戏情况中也会出现经验的连续性,因此高质量游戏不代表一定要教师介入指导。是否需要指导,如何适宜指导,是教师在实施区域活动时不断要进行自我提升的专业能力。

三、促进区域中个体多元和谐发展

  亲历课程尊重幼儿的个体差异,认识到每个幼儿都是独特的个体,以加德纳的多元智能理论来看,每个幼儿都有自己的优势智能和弱势智能,这就要求教师去发现每个幼儿的优势,关注每个幼儿的弱势,促进每个幼儿在原有水平上发展,也要促进每个幼儿不同的发展领域在原有水平上发展。亲历课程中之所以精心创设丰富多元的活动功能区,就在于激发幼儿的多元潜能。教师尊重幼儿自发的区域选择偏好,在满足幼儿活动兴趣的基础上加以引导,鼓励幼儿尝试很少去或没有去过的区域,教师也要善于在幼儿感兴趣的区域中利用幼儿的优势领域去带动他们的弱势领域。总之,充分利用区域活动的个别化学习特点,去引导每个幼儿基于自身的多元和谐发展。

(一) 丰富每个活动区域的发展功能

  幼儿的发展是一个整体,要注重领域之间、目标之间的相互渗透和整合。虽然每个活动区域都有其显著的发展功能,但任何一个区域本身就不可能是单一的发展功能,比如建构区活动至少有以下发展功能:一是在搭建中促进动作发展,二是在与同伴一起建构中促进社会性发展,三是在完成作品的过程中促进情绪情感发展,四是在搭建过程中会涉及数学、科学的认知发展,五是在建构呈现不同作品中促进创造力发展。

同时,为了促进幼儿的整体发展,教师在创设某个区域活动环境、投放区域材料时也要尽可能融入其他领域的发展内容。如在角色区的超市游戏中加入"糖果工厂","包糖果"的动作主要发展的是小肌肉的协调灵敏,加入了"糖果定制卡",幼儿可以根据糖果图片或点数提示匹配装糖,促进了点数等数学经验的发展。如在数学区中投放贝壳、石头、坚果、树枝、树叶、干花等自然物,幼儿按一定的模式拼摆,在进行模式学习的同时也在进行自然体验及审美创造。如在美工区投放扎染、水拓画等材料,幼儿在进行艺术创作的同时也是在进行科学探究。

(二) 尊重幼儿选区自由亦适当引导

在亲历课程中,幼儿自主选择区域活动,教师尊重幼儿的意愿,但是也会鼓励、引导幼儿每个区域都要去。比如用"区域推荐"的方式,我们发现幼儿在选区时会受教师影响,教师重点介绍哪个区哪个区就会更受欢迎,因此每天重点介绍一个区域,让幼儿了解该区域的游戏和学习内容,这在一定程度上能影响一部分幼儿的选区倾向。对于中大班的幼儿,教师也会组织他们进行自主评价和反思性讨论,比如让幼儿统计自己的选区情况,就自主选区统计结果进行讨论,重点讨论"经常玩同一个区"或"从来不玩某个区"这两种现象,让幼儿自己发现问题、自行价值判断、自发调整选择。

(三) 关注"偏区"幼儿给予针对性支持

只要教师留心观察,不难发现几乎每个幼儿都有选区偏好,当有些幼儿的偏区情况特别明显时,教师应重点关注,给予针对性的引导与支持,让不同能力水平的幼儿都能在区域活动获得原有基础上的提升。

案例:不想去益智区的晨晨

开学至今,晨晨还没去过益智区。第三周周四,在我邀请下,晨晨第一次进入益智区,选择的活动材料是"野餐订单",他不知道怎么玩。和他一起玩的是熟悉玩法的亦可,亦可跟他讲了几遍,晨晨还嘟着嘴嘟囔着"我不会,这个太难了",然后就在地垫上躺着、趴着,一会儿又去小便,接着去各个区域晃,晃了一圈回到益智区拿"野餐订单"的游戏材料扔上扔下。我过去和晨晨进行了简短交流,他告诉我看不懂照片上的数字,不会玩。我意识到这个游戏玩法需同时对应纵轴和横轴找房间号,对晨晨来说难度有些大。于是,在幼儿午睡时段,我将房间号舍去,制作了只有幼儿照片的简易版"野餐订单"游戏材料,能力稍弱的幼儿只需要按照提示找到照片送到对应的"房间"即可。

  我将简易版"野餐订单"介绍给孩子们,离园前单独给晨晨讲解,但没有要求他去玩。但第二天早上,我发现晨晨的游戏插牌插在了益智区,且在活动中又选择了"野餐订单"。他找到了新投放的简易版材料,按照我讲解的方式进行操作。和他一起玩的是熙熙,晨晨主动邀请熙熙跟他一起玩简易版,教他怎么看、怎么放。活动共持续了28分钟,两名幼儿终于把所有照片都送到了相应的位置。更为惊喜的是,我看着晨晨拿着图卡好久不动,便问了一句:"你怎么不进行第二步啊?"晨晨告诉我他在检查有没有放错的。

  在区域交流环节,我特意邀请晨晨分享游戏经验。起初,他什么也不说,只是低着头玩自己的手指。接着,我采取"我说他补充"的方式和他共同完成了分享,给予他肯定,还奖励他一张"表扬卡",晨晨非常开心,跳着回到自己的座位。

  第四周周一,大概是尝到了益智区"甜头",晨晨又选择了益智区,这是他连续在益智区的第三天,他选择的活动材料是"野餐路线"。这对于晨晨来说又是新材料,这一次,他先看着旁边的姝辰玩,看了好一会儿,也去盒子里取了一张小朋友的照片,还低下头挨着旁边姝辰的脑袋,轻轻问了一声:"拿了照片以后干什么?"姝辰回答:"在纸上找到这个小朋友的起点和目的地就行了。"晨晨似懂非懂,整个游戏时间都在探索游戏玩法。

  当天的区域交流,我又邀请了晨晨,晨晨主动说了自己的困难:"不知道'野餐路线'上的数字是什么意思。"晨晨说完,其他孩子争先恐后想把自己知道的都告诉晨晨。我鼓励他马上再试试。开头很顺利,走迷宫的时候遇到了一点困难(路线有多条,只有一条是正确的,需要不断重来)。第一条路线错误时,他扭过来看我,我示意他换一条路线,结果第二条还不行,观看的孩子们纷纷说再换一条路,他又换了一条,这一次对了,班上响起了热烈的掌声,晨晨又蹦跳着回到了自己的座位。

  周二,晨晨来园选区时自言自语了一声:"今天来晚了,益智区满了呀。"周三、周四晨晨请假了,周五他很早来到幼儿园,毫不犹豫把自己的游戏牌插在益智区,他对益智区的伙伴说:"我想玩迷宫(野餐路线),你们先让我玩吧,下次让你们玩。"他基本掌握了游戏玩法,专注于探索迷宫路线,直至准确完成所有游戏任务。当其他伙伴玩这个游戏遇到困难时,他还主动去帮助。

晨晨在益智区的这几次活动,让我对区域活动的个别化学习有了新的理解,区域活动要想更好地支持每个幼儿的发展,就要使每个区域都适配每个幼儿的需要,教师要在材料的提供和活动的引导上更具个体发展意识。

第四节　主题活动的实施策略

一、捕捉幼儿的探究兴趣和需要

亲历课程中的主题活动因幼儿的兴趣和需要不断生长,课程活动的发生与发展都基于幼儿的兴趣和需要,因此,亲历课程尤为重视观察活动情境中的幼儿,课程实施中,教师富有建设性的作用体现在发现和判断、激发和导引幼儿的兴趣和需要。以"可以养蜗牛吗"[1]为例,看教师如何通过不断发现和判断、激发和导引幼儿的兴趣和需要来促进课程不断生长,幼儿经验不断生长。

片段一:餐前故事欣赏时间,小华推荐了绘本《蜗牛的日记》,也许是孩子天生对小动物的喜爱和好奇,也许是对蜗牛有一些经验,绘本讲完后孩子们便议论开来。天佑说:"我抓过蜗牛的,在我们家的丝瓜藤上。"小华说:"老师,蜗牛能放到我们植物角吗?我们可以观察观察。"……我问道:"你们都想让蜗牛进我们中四班吗?"孩子们异口同声地说:"想!"

教师认为照顾和观察蜗牛的过程可以引导幼儿探究动物生长变化,也可以帮助幼儿建构多种经验,于是同意在教室里饲养蜗牛。

片段二:当天下午起床后,孩子们迫不及待地到他们认为有蜗牛的地方去找,但都一无所获,于是我让他们回家再找找,和爸爸妈妈一起研究研究。第二天,晓婷带来了一只蜗牛,大家激动不已,由此引发了"哪里能找到蜗牛"的讨论猜测……为了便于之后的经验交流和整理,我制作了一张《寻蜗牛调查表》,并约定了一周的找蜗牛时间,孩子们个个充满信心,觉得自己肯定能找到。

饲养蜗牛遇到的第一个问题是"找不到蜗牛",教师以此问题为课程展开契机引导幼儿讨论,调整方法、验证猜测,并邀请家长共同参与幼儿的探究,

---

[1] 赵春霞.行动中的儿童[M].南京:南京师范大学出版社,2023:133.

鼓励幼儿记录方法、交流经验,在此过程中幼儿对蜗牛的生活环境有了初步了解。

片段三:蜗牛来到班级后,孩子们每天都会去观察。天佑很早就来到了教室,书包还没放下就跑去看蜗牛,娅楠、晨睿也来了。娅楠:"小蜗牛饿了吗?怎么动也不动?"天佑:"对呀,它都没有吃的。"晨睿:"它不会死了吧?"天佑:"它肯定是饿了。"娅楠:"那它喜欢吃什么呢?我觉得它应该会喜欢吃青菜、叶子吧。"天佑:"它可能也喜欢吃橘子、苹果。"晨睿:"它应该喜欢吃石榴。"三个人讨论起来,陆陆续续来的孩子都加入了他们的讨论中……

"蜗牛吃什么"是饲养蜗牛过程中的一个必然问题,教师在幼儿自发讨论的基础上"推波助澜",生成喂食实验活动,幼儿探究蜗牛爱吃的食物,在观察蜗牛进食的过程中了解了蜗牛的齿舌,还意外发现蜗牛的大便与食物的颜色有关。

片段四:晓婷看到蜗牛的触角一直在晃来晃去,她用手去轻碰触角,触角马上缩进去;等到触角慢慢伸出来,再去碰,又缩了进去。她把这个发现告诉了其他小朋友。娅楠问:"你碰的是它的长触角吗?"晓婷回答说:"我碰了长触角和短触角,长触角缩得很短,短触角只缩一点点。""蜗牛的触角为什么会缩进去呢?""蜗牛的触角为什么是一长一短的?""蜗牛的触角有什么用?"……

蜗牛触角是幼儿特别感兴趣的一个身体特征,教师知道触角的作用,但如果直接告诉幼儿又不是有效的认知学习,于是引导幼儿先进行猜想,对猜想进行初步推论,并对可能性大的猜想进行验证,由此生发了"触角探路实验"活动。

片段五:浩洋和淇豪将几只蜗牛放在了玻璃瓶里。玩了几分钟,浩洋说:"蜗牛爬得太累了,都累出汗了。"他告诉大家:"我看见蜗牛爬了很高以后,这个瓶子上有水,可能是蜗牛爬的时间太久了,出汗了。"淇豪说:"我拿放大镜看到了,有一点点,但是一会儿就没有水了。""这个水是没有颜色的,就像自来水一样,但是摸上去有点滑滑的。"淇豪继续说。梦涵反驳:"那个是蜗牛的黏液,我妈妈买的绘本上说的,蜗牛身上会有黏液的,每一只蜗牛都有的。"几个孩子的观点不同,其他人对此情况也缺乏经验。

教师意识到这又是引导幼儿进一步探究的契机,于是马上追问"谁有方法能看出来到底是出汗还是黏液",引导幼儿通过实验和阅读绘本验证水渍是蜗牛的黏液,并了解黏液的作用。

片段六:一天早上,梦涵拿着饲养盒喊:"老师、老师,有一只蜗牛的壳碎了,受伤啦!"其他孩子听见后都围了过去。果真,一只小蜗牛的壳破了一块,细心的孩子还发现不止一只受伤,还有两只大蜗牛的壳也破了。

"蜗牛的壳破了"完全是一个偶发事件,教师及时捕捉偶发契机,引导幼儿讨论,激发幼儿的情感共鸣,促生护壳行为,也由此记录、见证了破壳修复的变化过程。

片段七:转眼间一个多月过去了,天气逐渐变冷,孩子们还是每天都给蜗牛喂食、清理。今天轮到韵菲照顾蜗牛,她跑过来说:"老师,今天蜗牛没有吃我带过来的香蕉,我观察了很久它还是不吃,一直躲在壳里,怎么回事呀?"

"蜗牛不吃食物了"对幼儿来说是一件很严重的事情,他们都认为是天气太冷,蜗牛不愿意出来,所以要给蜗牛取暖。教师在饲养前的预研究中已知蜗牛会冬眠,但当幼儿出于爱护的目的要给蜗牛取暖时,教师并没有打击幼儿的热情,"给蜗牛取暖"探究活动得以形成。为了知道蜗牛喜欢的温度,他们自发查阅资料,知道蜗牛不喜欢太冷、太热和太干燥的环境,所以蜗牛不仅会冬眠,还会夏眠和旱眠,这个知识为幼儿更好饲养蜗牛提供了依据。

片段八:经过了长时间的冬眠,到了4月份,蜗牛的活动逐渐频繁起来。天佑发现一只大蜗牛躲不进壳里,他说:"这只蜗牛是生病了吗? 它怎么躲不进去?"旁边的嘉嘉说:"可能它不想躲进去,想出来玩。"天佑说:"平时一碰,它就会躲进壳里保护自己,我刚才碰了它好多下,只躲进去一部分身体,还有一部分躲不进去了。"梦涵说:"你看它这里鼓鼓的,不会是肚子里有宝宝了吧?"我顺势引导:"你们觉得这只蜗牛是怀孕了吗?"逸洲说:"我妈妈怀小妹妹的时候,她的衣服也嫌小了,可能蜗牛是怀孕了所以壳也嫌小了躲不进去。"……

蜗牛是否怀孕,教师也不能确定,但教师意识到这是一个有趣的新话题,可以引导幼儿自己来揭晓答案,因此提议可以继续观察看看蜗牛是不是怀孕了。幼儿将这只蜗牛单独放在了一个饲养箱里照顾,惊喜的是,这只蜗牛在14天后真的产卵了。幼儿亲自照顾、见证并记录了蜗牛怀孕、产卵到蜗牛宝宝成功孵化的全过程,生长出"蜗牛生宝宝了"如此难能可贵的课程活动。

二、支持幼儿发起的项目式学习

项目是儿童对真实世界中感兴趣的话题、物体或经验进行的深度学习。[①]
项目式学习的前身可以追溯到克伯屈的"设计教学法",克伯屈提出的

---

① [美]玛乔丽·J.科斯泰尼克,等.发展适宜性实践 学前教育领域活动的设计与实践[M].郑福明,等译.北京:教育科学出版社,2021:442.

"设计教学法",把建立在儿童兴趣和需要之上的"有目的活动"作为教育过程的核心,以及一切有效学习的根据。他说:"我采用'设计'这个术语,就是专为表明有目的的行动,并且特别注重'目的'这个名词。"概括地说,就是由儿童根据自己的兴趣决定学习内容,在自己设计、自己负责的单元活动中获得有关知识和解决实际问题的能力。[①] 亲历课程将幼儿视为有能力的、积极主动的学习者,注重激发幼儿在活动中的主体性、主动性。在主题活动的实施中,幼儿享有课程的决策权和行动的主导权,幼儿被鼓励与教师一起讨论、决定课程的研究主题及行进方向,被鼓励自主选择、确定自己的活动内容和活动形式。因此,主题活动中常常会产生由幼儿发起的项目式学习,教师指导并帮助幼儿进行有目的的学习。

例如,在过新年的主题活动中,大七班的幼儿发起了"新年联欢会"的项目活动,他们先讨论"新年联欢会"要有哪些活动。每个幼儿都贡献了提议,经过讨论、投票表决及最后商议,制订了活动流程:装饰教室、搭建小舞台、选出小主持人、确定才艺表演节目、商定小游戏、互送祝福,并邀请家长观看。幼儿分工合作、自由组队,根据任务分成"环境装饰组""主持人组""才艺表演组"和"游戏策划组"进行筹备。每个任务组在筹备过程中都遇到了挑战。环境装饰组在搭建舞台时遇到了困难,他们认为舞台应该很漂亮,但具体什么样没人说得清。欣赏过网络图片后,他们选中了湖南卫视的舞台来模仿搭建,经历了找合适的搭建舞台的材料、拼接背景板、固定背景墙、装饰舞台等过程,终于搭好了舞台。主持人组遇到的问题是台词,在教师的引导下,四个小主持人自己编台词,表征记录台词,解决了台词问题。选择才艺表演的幼儿最多,他们跃跃欲试、信心满满,觉得表演是一件很容易的事情。但在彩排的时候出现了各种状况:有的跟不上音乐,有的很紧张,有的动作不齐……作为观众的幼儿提出了一大堆建议。才艺组的幼儿纷纷表示:要回家练习,每天练,直到熟练。通过努力,第二、第三次彩排时的表演越来越好。游戏策划组一共经历三次波折。第一次,幼儿和家长一起收集游戏,在全班讨论时发现有的可行,有的不可行,于是把不可行的去掉留下了四个游戏。第二次彩排时发现,四个游戏还是太多,游戏时间太长,于是又通过投票去掉两个。第三次觉得剩下的两个游戏规则还不够清楚,比如缺少奖励和惩罚。就这样,游戏组的幼儿根据建议不断调整游戏内容和规则,直至大家都满意。经过共

[①] 参见威廉·克伯屈"设计教学法":项目学习的理论渊源,见北师大项目学习公众号,2024年3月25日。

同努力终于完成筹备工作,幼儿自制家长邀请函,布置家长观众席,"新年联欢会"顺利进行,获得了家长的阵阵掌声。教师在联欢会结束后介绍了该活动的整个筹备过程,家长们纷纷惊叹幼儿的能力,梓鹏爸爸忍不住说:"以前在家对儿子没有耐心,他一跟我说话,我就叫他走开,今天看了儿子在活动中的表现,发现他很有自己的想法,实践能力也很强,我以后要好好改变教育模式,多倾听儿子的心声,多支持儿子。"

"新年联欢会"是幼儿发起的项目活动,他们目的明确,为了达成目的,在教师的引导下制订筹备计划,在实施计划中遇到问题会想办法解决,遇到困难会坚持;他们自信主动,能自发地分工合作,通过讨论协商解决分歧,能接受他人的建议和意见不断优化自己负责的任务。这既是有目的活动,也是完整性思维的活动,幼儿的诸多能力和学习品质也得到很好的锻炼和提升。正如家长所言,幼儿的能力让人惊叹,教师充分放手、全程陪伴、适时引导,让幼儿真正成为活动的主人,成为越来越自信、有能力的学习者。

三、丰富自主探究中的多样经验

课程的意义并不在于做了什么,而是幼儿获得了什么;课程的目的是帮助幼儿获得多样的经验,促进幼儿全面的发展。因此,教师在实施主题活动时,既是陪伴者也是引导者,始终关注并尊重幼儿的兴趣和需要,及时满足他们自主自发的行动,在必要时给予启发,引导幼儿不断深度探究,不断丰富活动内容,提高亲历学习的过程质量,促进幼儿经验的不断生长与丰富。

案例:我们的香草棚

实施时间:2022.9—2023.6　　实施班级:中六班　　课程记录:程晓蓉

(一)秋天:香草初体验

1. 这里的草香香的

9月某日的午后散步时间,孩子们在操场上闻到了一股香味,在好奇心的驱动下,循着香味找到了一处大棚。进入大棚后,他们更加兴奋,鼻子闻闻、小手摸摸,宇涵:"我闻到了一股薄荷糖的香味。"安安:"我闻到的也是薄荷糖。"妍妍:"我跟你们的不一样,我闻到的好像是甜甜的,像糖果的味道。"振硕:"对,我闻到的是口香糖味,我吃过哥哥买的口香糖。"俞丞:"我好像闻到的是柠檬的酸酸味。"……

(a) (b)

图 7-36 香草棚里闻香

回到教室,孩子们仍在一边闻着自己手上残留下的香味,一边谈论着香味的由来。柯菲问:"老师,为什么这些草是有香味的?"柯菲的问题引发了大家对香味的猜测,有的猜是有瓶香水撒在草上了,也有的说是泥土下面埋着有香味的糖果,糖果融化被香草吸收了。

为了验证猜测,我们再次回到棚里。孩子们开始仔细翻找泥土,期望发现一些糖果的踪迹。同时,他们也仔细闻了不同植物,检查了浇水的龙头,甚至放了点水,看看是否真的有香水味道。他们很快排除了泥土中有糖果和水中有香水的猜测,并且也知道了香味是从植物叶子上、茎上散发出来的,这个棚里面种着不同的香草,后来大家便称之为"香草棚"。

2. 这些都是香草

神奇的香草棚成了幼儿每日餐后必去的地方。今天来到大棚后,晓沐指着第一堆香草跟柯菲说:"这个叫薄荷,是凉凉的,我外婆家也有。"柯菲指着另一堆香草说:"那这个香草你外婆有吗?"晓沐摇摇头回答:"这个没有,我也不认识。"大家都认为这个大棚里的香草有很多种,孩子们找了五种香草的叶子带回教室。

回到教室后,我们一起记录发现,创建思维导图。通过手机软件查询,孩子们知道了这五种香草的名称(苹果薄荷、芳香万寿菊、艾草、香蜂草、薄荷)。这一次探究让孩子注意到不同的香草除了香味不一样,形状也不一样。

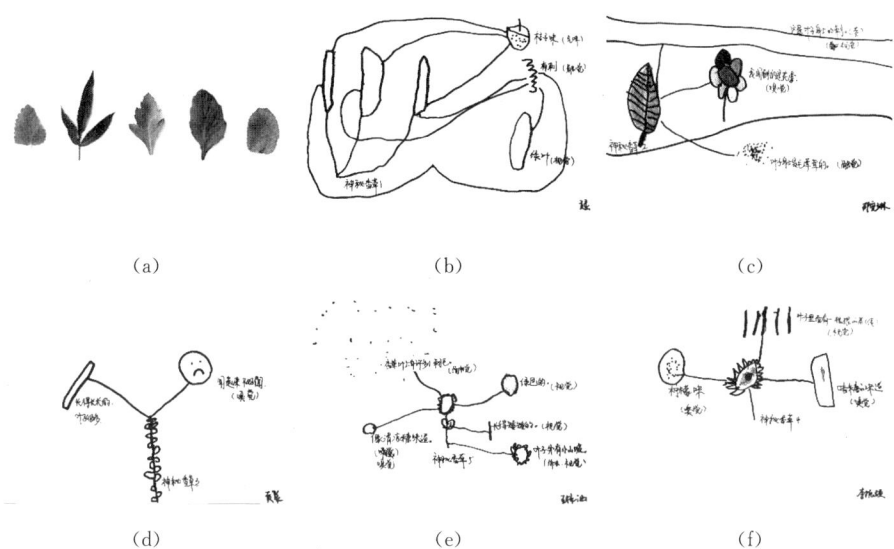

图 7-37 香草和关于香草的思维导图

一个下雨天,区域游戏时间,浩宇、妍妍趴在阅读区窗户旁看着楼下的香草棚在交流。浩宇说:"下雨天会不会把香草上的香味洗掉了呢?"妍妍回答:"不知道。"两个孩子十分关心雨天中的香草,于是,待游戏结束后,浩宇、妍妍再加上也对此问题感兴趣的佩妤、振硕四个人穿上雨衣或撑起雨伞便出发了。进入香草棚,浩宇和振硕在薄荷香草旁蹲下,用小手摸摸薄荷,然后鼻子凑近闻,发现薄荷的香味依然存在,并没有被雨水洗掉。佩妤走到万寿菊附近,蹲下身去直接闻香味,并告诉我:"老师,味道没有被洗掉,还是和原来的味道一模一样的。"回到教室,四个孩子将自己的发现表征下来,并且告诉班级的其他孩子:香草的香味不会被雨水洗掉。

图 7-38 雨中闻薄荷

3. 我认识了薄荷

孩子们对薄荷香草表现出了浓厚的兴趣,因为他们发现薄荷在生活中也被广泛使用着。有的提到自己的生日蛋糕上装饰了薄荷叶;还有的说外婆种的盆栽里有薄荷,可以用来制作薄荷茶;有的指出在去饭店用餐时发现菜肴上也常常放有薄荷叶。因此,全体孩子对薄荷展开了更深入的感官体验活动。

孩子们采摘了薄荷带回教室,每人手里拿着一片薄荷叶仔细观察,发现叶子上有很多的花纹,像水滴形状,叶边像小牙齿,叶子的表面看起来有一根根的小毛毛;观察过薄荷的形状之后,说到了薄荷叶子在手里触摸的感受,薄荷叶上面毛茸茸的,上面有很多小孔,有点像沙池里的沙子,一粒一粒的;又把清洗过的薄荷叶靠近鼻子反复闻,觉得有薄荷味的口香糖味道,凉凉的;小炀在闻薄荷叶后说:"薄荷叶吃起来也是清凉味的,我吃过的。"好几个孩子把薄荷叶送进了嘴巴里。彬彬立马吐舌头,笑着说:"太凉了,太凉了。"懿博更是直接把薄荷叶吐在了地上,连忙去拿纸巾擦嘴巴,说:"我感觉像吃了冰块,有点冷。"陈妍尝完薄荷叶后则说:"薄荷是一种中药,可以改善感冒。"子恒也说:"薄荷可以治疗喉咙痛,我奶奶喉咙不舒服的时候会泡薄荷茶喝。"

在看、闻、摸、尝等一系列操作之后,孩子们对薄荷香草的认识逐渐加深。亨亨出了一个主意:"我们可以用剪下来的薄荷叶制作薄荷茶吗?"大家都赞成这个主意,于是在生活区开始了制作薄荷茶的活动,准备制作好后送给家人。热心的家长搜索了制作薄荷茶的小视频发到班级群,孩子们看过了,了解制作薄荷茶一共有四个步骤:采摘—清洗—晾晒—装罐。经过一番努力,制作出来的薄荷茶清凉宜人、微甜可口,受到了所有孩子的喜爱,连之前不太喜欢薄荷味道的懿博,也喜欢上了自制的薄荷茶。

4. 香草棚里还有声音

又一次走进香草棚,孩子们听见了"不一样的声音"。高谌说:"好像有窸窸窣窣的声音,有小虫子!"随后,大家便"静悄悄"地听着。高谌:"你们听,吱——吱,是不是小虫子的声音?"振硕:"我也听见了。泥土里肯定有昆虫。"子恒:"会不会是小蜜蜂钻进去了呀,会嗡嗡地叫?"妍妍:"啊,那还有小瓢虫了!"懿博:"肯定是毛毛虫。"

孩子们一边猜测,一边扒开香草堆去寻找。振硕兴奋地指着一只在泥土里爬行的昆虫说:"我发现了臭屁虫,肯定是它发出的声音!"虽然我们无法确定是否真的是臭屁虫,但整个香草棚里传来的声音让我们毫不怀疑——是香草的味道吸引了很多的小虫子前来,这说明香草确实非常有吸引力。

(a)   (b)

图 7-39 寻找虫子

（二）冬天：劳动正当时

天气渐渐冷了，为了保持香草棚的温暖，幼儿园的工人师傅用塑料膜将棚包裹起来变成暖棚，幼儿也因此知道了很多香草是怕冷喜暖的。

1. 万寿菊居然开花了

一天进入棚里，孩子们惊呼："香草开花啦！香草还可以开花呢！"他们边喊着边走到开花的香草旁。沌沌："这个是万寿菊（香草），居然开花了。"乐乐："万寿菊开出来的是黄色的花。"小昝："还是有香味的，没有消失。"

子恒："我发现这个黄色的花瓣和万寿菊的叶子一样的形状，长条形的。"彬彬："黄色的花也是原来（万寿菊）的味道。"丞丞："好神奇哦，我是第一次看见香草花，它是冬天里开花的。"

孩子们惊奇地猜测万寿菊开花的原因，并将保暖的塑料膜与开花联系在一起。他们认为暖棚的保温效果使得万寿菊不畏寒冷，以为春天已经到来，因此开花了。同时，他们也发现了其他香草并

图 7-40 万寿菊开花了

没有开花，这让他们疑惑万寿菊是否是唯一开花的香草。（实际上，9月份时有些香草还有些残花，但当时孩子并没有关注，可能以为是杂草）热心参与活动的家长也纷纷在网上搜索，让孩子了解到不同种类的香草开花有特定的时间，我们记下各类香草的开花时间，并约定在那个时候仔细观察它们的开花模样。

2. 重新整理香草棚

对香草的探究一度因寒假中断，寒假过后多数香草枯萎了，孩子们重新整

理香草棚。在清理枯萎的香草时,有孩子发现部分香草表面虽然枯萎,但根部仍然存活(这时孩子知道有些香草枯萎是生长的自然现象);有孩子发现有些香草都长到一起去了;还有孩子注意到有些香草的根系非常长,长得到处都是。

孩子们认为这种混乱生长的状态不利于香草生长,因此在我的引导下重新规划香草种植区域,邀请保安伯伯协助挖沟填埋控根器,又补充种植了一些不同品种的香草,香草园逐渐恢复了秩序和生机。

(a)   (b)   (c)

图 7-41   清理香草棚

(三)春天:香草在生长

1. 我们都有香草啦

经过重新整理和种植,香草棚里一下子多出了许多不同品种的香草,如何照顾这些香草?经过热烈商讨,孩子们决定每个人认领一种香草。按照学号顺序,孩子们逐一认领了自己喜欢的香草。为了标识归属,每个孩子都为自己的香草做了两个插牌:号码牌和介绍牌。通过认领和标识,孩子们清楚地知道自己负责的香草是哪一种,进入棚里便能快速找到它。

(a)   (b)   (c)

图 7-42   认领香草

2. 澳洲甘菊枯萎了

认领后,孩子们开启了每日的照料劳作。

3月某天的上午,进入香草棚不久,一群孩子就急匆匆地来找我,其中涵涵似乎有些不安地站着没动,原来她认领的澳洲甘菊死掉了。我走近后,涵涵急忙说:"老师,是澳洲甘菊自己死掉了。"我安慰并引导涵涵和其他孩子,告诉他们:"我们种植的香草有时会茁壮生长,但也有可能会不太顺利,甚至会死。涵涵的澳洲甘菊就是遇到了这样的情况。现在,我们一起想一想,为什么澳洲甘菊会枯萎呢?"

在我提出问题后,孩子们热烈地交流他们对这株澳洲甘菊的印象。佩妤说:"我的薰衣草就在澳洲甘菊旁边,涵涵每天都给澳洲甘菊浇水,所以它应该不会干死的。"振硕也表示:"我能证明我们每天都有按时浇水。"乐乐补充说:"涵涵每天要给澳洲甘菊浇一整桶的水呢!"听到这些,我进一步追问:"那会不会是水太多了呢?"涵涵听后思考了一下,然后表示:"好像是的。"她蹲下身体,掀开了澳洲甘菊周围的泥土,抬头说道:"这里的泥土非常湿,澳洲甘菊的根都烂掉了。"

我意识到需要给他们一些照料建议,使他们了解如何照顾自己的香草,于是建议幼儿进行深入的问题收集与照料细节讨论:植物确实需要水分,但并非所有植物都喜欢湿润的环境;有些植物喜欢水多一些,而有些植物则不喜欢太湿润的环境,浇水要适量。讨论之后孩子们开始感到担心,纷纷跑去检查自己香草的根是否也像澳洲甘菊一样腐烂。

图 7-43　寻找原因

当天放学,孩子们带着自己设计的"香草喜不喜欢水"的问题调查清单回家了,期待从爸爸妈妈那里得到更多的答案。

(a)

(b)

图 7-44　亲子调查研究

第二天,孩子们便将调查结果进行了分享交流,得出结论:香草棚里有 27 株香草是喜水的,有 5 株香草却不喜欢太多的水,还有 3 株香草只需要少量的水,是喜干旱的植物。这个发现意味着他们要分别关注不同香草浇水的频率和水量,也让孩子了解到同类植物因品种不同也有差异性,激发了他们对香草生长习性的研究兴趣。

 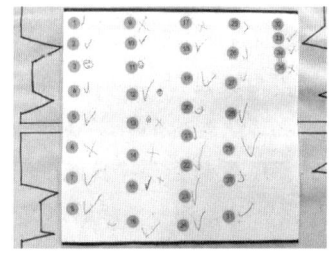

(a) (b)

图 7-45 分享调查结果

这次调查之后,孩子们照顾香草更加有目的、有计划了。他们会根据调查统计表上的提示,有针对性地给自己和同伴的香草浇水。渐渐地,孩子们都记住了 6 号肉桂天竺葵、9 号德国洋甘菊、17 号迷迭香这三种是不喜水的香草,两周浇一次水就够了。再到后来,孩子们逐渐记住了每一株香草的喜水特点,能够脱口而出什么香草应该怎么浇水。

3. 苹果薄荷的"新朋友"

4 月里的一天早晨,雨晨观察自己的 1 号苹果薄荷,发现里面还藏着三种看起来不太一样的草。起初,雨晨以为这是杂草,打算将它们拔掉。但当她摘了一点叶子闻了闻后,很确定地告诉我们说:"这三种也是薄荷,都有凉凉的味道。"听到这里,懿博一本正经地说:"我知道,苹果薄荷变异了!"浩宇仔细观察后反驳道:"这根是留兰香,和我的 19 号(留兰香)是一样的。"而其他两种香草,孩子们都对它们一无所知。

(a) (b)

图 7-46 发现"新朋友"

第三部分 亲历课程的实施、评价

其实这些是上一年种下的薄荷品种,枯萎清理后现在才长出来,我就着孩子们的讨论引导他们进行观察和比较,并借助手机软件确定它们的名称。

表7-10 不同品种薄荷比较

薄荷品种	幼儿发现	特点
		苹果薄荷:椭圆形、脉络交错像方块、叶片上有毛绒
		天妇罗:叶尖、脉络清晰、叶子颜色最深,尝过后发现最像口香糖的味道,故孩子称为"口香糖薄荷"
		斑叶金钱薄荷:叶边像波浪线条、外形类似圆形硬币
		留兰香薄荷:叶片椭圆、脉络较粗、摸上去光滑

在对这四种薄荷进行观察和比较后,他们总结:"这些是苹果薄荷的新朋

友!"原来,这里还藏着我们没发现的薄荷,孩子们激动于自己的发现,也想把这个发现让别人知道,因此发起了一项名为"寻找宝藏香草"的活动,邀请每天来香草园的小朋友一起参与。为此,佩妤、柯菲等几个孩子自发在早上入园时段为香草棚担任活动解说员,热情邀请路过香草棚的孩子一起寻找、辨认苹果薄荷的新朋友,并为每个成功找到新朋友的孩子送上一枚香草贴纸,孩子们的交往也从班级扩大到了园内。

(a) (b) (c)

图7-47 寻找宝藏香草

4. 香草长高了

随着春天气温的升高,香草蓬勃生长。每次隔了一个周末后进入香草棚,孩子们都能发现变化,妍妍:"我的芳香万寿菊长高了。"花花:"你别看我的芝麻菜细细的,也在长高呢!"涵涵:"我的柠檬香蜂草长胖了,盖住了34号的牌子。"辰辰:"涵涵,你的香蜂草真的变胖了,需要三个人手拉手了。"佩妤:"这个琉璃苣长到了我的肚子这边了。"

(a) (b) (c)

图7-48 发现香草长高了

如何能够更准确地知道香草长得多高呢?在我抛出问题后,孩子们马上想到了科学区里的直尺、皮尺、小木棒等工具。利用自选的工具,孩子们开始了一次次自主测量:迷迭香长到数字3和8(38)那里;已经给迷迭香做了三次标记了;芸香长得好大,一根皮尺围不起来了;香蕉薄荷跟小木棍差不多高……

(a)　　　　　　　　　(b)　　　　　　　　　(c)

图 7-49　测量香草高度 1

在自主测量中,孩子们以自然工具为主,结果是非标准的。一段时间后,我决定提升一下他们的测量方法。于是,组织了一次讨论:在用工具测量的时候有没有遇到问题?孩子们纷纷说出了自己的问题:测量时直尺不知道摆放在香草的哪里,不知道哪里是开始测量的地方;直尺上有些数字不会读;测量后不会记录。

了解到问题后,我们认为孩子缺乏对标准测量工具的认知,也缺乏标准测量的经验,应利用这次契机引导孩子学习使用标准测量工具,学习正确的测量方法,丰富测量经验。我们鼓励孩子们在自由活动时间里用尺子练习测量教室里的桌子、椅子等,并自制了两把等长度的卡通尺和数字尺提供给他们。

在这一阶段的测量活动中,孩子们已经会先通过目测来判断选择合适的测量工具,如香茅草、留兰香、迷迭香、芝麻菜、艾草等比较高的香草会选择长工具,普列薄荷、凤尾蓍、薰衣草、草莓薄荷、奶油浆果薄荷等矮些的香草则用短工具。有些香草超过了尺子的长度,他们就用自己的身体去测量,沉浸于自己照料得好香草才长得这么高的喜悦之中。在持续的测量中,大家发现长得最快的是浩宇的留兰香,每个礼拜都能够长至少 5 厘米。

(a)　　　　　　　　　　　(b)

图 7-50　测量香草高度 2

(四)夏天:玩香草游戏

香草全身都是香香的。

5月过后,进入香草园便能闻到一股浓浓的花香味。这时欣辰的芸香开花了,上学期通过查资料知道芸香会开花,现在果然开花了。孩子们围着芸香的花看着、闻着、摸着,还剪了一些带到教室里继续研究。欣辰发现:"我的芸香叶子和根都是香的呢!"这是一个有意思的发现,其他孩子也在猜测自己的香草是不是也全身都香。于是,每人都去拔一根自己的香草研究研究根须。妍妍:"芳香万寿菊的花很香很香,它的叶子揉碎了也有一样的味道。"浩宇:"留兰香从头到根都有味道,闻上去都是凉的,我的鼻子里有凉气。"涵涵:"柠檬香蜂草的根里有柠檬的味道,叶子上也都是柠檬味,好好闻。"汭汭:"迷迭香的根是干的,有清香味,小叶子也有清香味。"

原来香草的全身都是有香味的(香草科植物都会散发出较浓或偏淡的气味,多存在于植物的花朵、叶子、茎和根部等部位进行散发),这是跟其他植物不同的地方,其他植物只有花是香的。

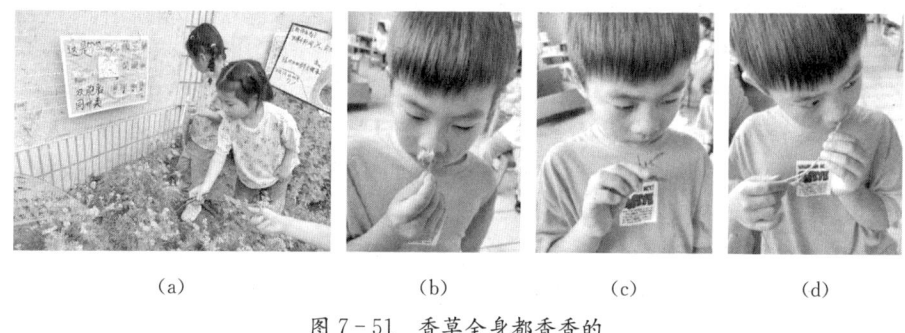

(a)　　　　　(b)　　　　　(c)　　　　　(d)

图 7-51　香草全身都香香的

陆续的,德国洋甘菊、琉璃苣、薰衣草、凤尾蓍……都开花了,孩子们也及时将开花的香草进行了记录。原来真的不是只有芳香万寿菊会开花,很多香草都会开花呀!开花的香草花香浓郁、花型奇特,更加吸引孩子,孩子们都不由自主地说"香草花好漂亮啊!""香草花真香呀!"为了加深孩子们对香草形和味的审美体验,我与孩子们开发了一些香草游戏:比如"留住香味",把香草浸在水里制作香水;比如"香草拓印",在白布或陶泥上拓印香草,留下香草形状;还有"闻香识草""香草拼画"等。孩子们通过各种香草游戏进一步加深眼、耳、鼻、舌、手等身体感官的体验,在这个过程中,他们已有的香草经验得到迁移、总结、提升,也去主动探索其他不同品种的香草,从而丰富自己关于香草的认知经验。

"我们的香草棚"这个主题活动,探究贯穿了整个中班学年,经历了秋、冬、春、夏四季,幼儿亲身参与了香草的劳作,也见证了香草的生长变化,问题由此产生,探究由此展开。课程是随着自然流淌的生活、自然生长的生命、自然变化的季节应运而生,对于幼儿来说,照料香草、研究香草既是生活又是学习。在这个主题课程中,教师采用以下策略来丰富幼儿经验。

1. 多样感官体验,丰富幼儿对于香草的认知经验

幼儿获取经验的最有效方式是实际操作、具体感知及亲身体验,因此,要尽可能调动幼儿身体的所有感知觉器官去与学习对象互动,多通道感知。香草资源与其他植物资源相比,有着显著的生物特征——气味和味道,且每一种香草的气味和味道都是不一样的。教师鼓励并引导幼儿时常进入香草棚,去看、去闻、去尝、去摸、去发现、去比较、去思考、去交流、去倾听,由此丰富对各种香草的形、色、味、根、茎、叶、花的感知,获得关于香草的各种深刻的、综合的认知经验。

2. 多元发展指向,增长幼儿在探究香草过程中的能力

在对香草的照料与探究过程中,教师始终有明确的多元发展指向,在尊重幼儿兴趣的基础上,引导幼儿进行多种形式、多种内容的活动。在照料香草的过程中通过对一个个真实问题或现象的探究进行猜测、推理、调查、交流、总结、测量、合作等探究行动,获得数学、科学、社会等领域发展经验;教师还特别重视幼儿的表达表现,鼓励幼儿积极表征、交流分享,促进幼儿语言及审美能力的发展。

3. 多种劳动价值,提高幼儿在照料香草过程中的劳作技能

香草棚中的学习也是劳动的学习。幼儿随着季节变换照料香草:秋日里,他们学会了制作香草茶;冬日里,他们在清理枯萎香草、重新规划、栽种香草时了解了控根种植;春日里,他们给认领的香草浇水、拔草、松土、除虫,知道了每种香草的养护方法;夏日里,他们给长得过于茂盛的香草修剪,理解了修剪是为了植物更好地生长。在此过程中,幼儿不仅获得各种具体的劳作经验,也激发了责任意识,获得了劳动成就感。

4. 多类师幼互动,促进幼儿在香草棚活动中的深度学习

幼儿的探究学习需要教师的支持,积极适宜的师幼互动能提高幼儿的探究质量,促进深度学习。在香草棚活动中,有效的回应建立在教师对幼儿行动的持续观察之上,教师利用儿童表征来促进幼儿与同伴的对话交流,拓展

经验;教师带着研究视角陪伴幼儿亲历,与幼儿共同探讨发现的问题和现象,引导幼儿尝试用各种方法自主解决问题,自己获得结论;教师以合作者的身份与幼儿一起参与香草棚劳作,时而让幼儿打下手,时而为幼儿打下手,与幼儿一起摸索香草的养护方法;教师亦像幼儿那样关注香草的变化,共同的情感使师幼能同频共振,让幼儿更积极主动地投入其中。

第三部分　亲历课程的实施、评价

第八章　亲历课程的评价

第一节　亲历课程评价概述

一、亲历课程评价的观念

在哲学的视野中,评价是价值判断。就评价的内涵来说,它与价值这一概念密切相关。评价就是引出和阐发价值或进行价值判断,是人类的一种特殊认知活动,即揭示世界(个人、社会、自然)的价值,构建价值世界的认识活动。①②

杜威认为教育并不是谋生的手段,而是在经营一个活得更有收获、更有意义的生命,因此,我们可以定下的终极价值只在于生命过程的本身。这个价值是一个整体,所有课程与活动都是组成要素。杜威还认为,评价的一个意义是欣赏。它指珍视一个事物的态度,觉得事物本身有价值。但是,评价也指一种有特色的理智行为——一种比较和判断行动,来估量事物的价值。③ 因此,评价是一种与价值标准、价值判断相关的活动,课程评价必然与课程价值观有着内在的一致性。

一些对于评价的研究可以帮助我们更为全面地理解课程评价。泰勒认为:"评估的过程,从本质上讲,就是判断课程与教学计划在多大程度上实现了教育目标的过程。"④美国心理学家、教育学家克隆巴赫把评价定义为收集和使用信息,以对某个教育项目进行决策的过程。毕比认为评价是系统地收集和解释证据,并以此作为评价过程的一部分,进而以行动为取向进行价值

---

① 霍力岩.学前教育评价[M].北京:北京师范大学出版社,2000:1.
② 李雁冰.课程评价论[M].上海:上海教育出版社,2002:30.
③ [美]约翰·杜威.民主主义与教育[M].魏莉,译.武汉:长江文艺出版社,2018:214,222.
④ [美]拉尔夫·泰勒.课程与教学的基本原理(汉英双语版)[M].罗康,等译.北京:中国轻工业出版社,2021:113.

判断。它凸显了评价的决策定向,使教育决策和实践活动得以优化。① 提出CIPP模型的斯塔弗尔比姆强调评价最重要的意图不是为了证明,而是为了改进。就是说,评价最重要的目的不在于为评价对象的优劣提供证明,而在于改良评价对象,使评价对象更富成效。美国著名评价专家斯太克在《教育评价的外貌》一文中提出,评价不应局限于预定的目标和计划,而应该对课程所涉及的各个方面和全过程进行描述和判断。②

如此来看,所谓课程评价,就是带着价值标准、价值判断以一定的方法、途径进行系统的信息收集和解释,对课程的计划、活动以及结果等有关问题的价值或特点做出判断的过程,以优化课程实践,为课程决策提供依据,不断提升课程质量。而幼儿园课程评价是针对幼儿园课程的特点和组成要素,通过收集和分析系统、全面的相关资料,科学地判断幼儿园课程的价值和效益的过程。

幼儿园课程评价是课程建构、生成与发展必不可少的内在组成部分,在整个课程建设系统工程中占有十分重要的地位。它从课程建设的"起点"出发(对课程方案的评价),伴随课程运作的全过程(对课程实施过程的评价),直至课程运作的"终点"(对课程效果的评价),进而为下一轮的课程建设与实施奠定更好的基础(基于评价结果的课程调适与改进)。③

《纲要》第四部分教育评价部分的内容也是幼儿园课程评价的重要依据。《纲要》指出:

(1) 教育评价是幼儿园教育工作的重要组成部分,是了解教育的适宜性、有效性,调整和改进工作,促进每一个幼儿发展,提高教育质量的必要手段。

(2) 管理人员、教师、幼儿及其家长均是幼儿园教育评价工作的参与者。评价过程是各方共同参与、相互支持与合作的过程。

(3) 评价的过程,是教师运用专业重新审视教育实践,发现、分析、研究、解决问题的过程,也是其自我成长的重要途径。

(4) 幼儿园教育工作评价实行以教师自评为主,园长以及有关管理人员、其他教师和家长等参与评价的制度。

(5) 评价应自然地伴随着整个教育过程进行。综合采用观察、谈话、作

---

① 转引自王烨晖,等.课程评价的理论、方法与实践[M].北京:北京师范大学出版社,2020:2.
② 李雁冰.课程评价论[M].上海:上海教育出版社,2002:23.
③ 王春燕,秦元东.幼儿园课程概论[M].3版.北京:高等教育出版社,2019:114.

品分析等多种方法。

（6）幼儿的行为表现和发展变化具有重要的评价意义，教师应视之为重要的评价信息和改进工作的依据。

基于以上有关评价理论与观点的学习，我们认为亲历课程评价是一种提升课程质量的价值行为，是由多主体共同参与、协作的，在整个教育过程中进行的，关注真实活动情境中的幼儿的行为表现的，用多元发展的视野去支持幼儿发展的价值判断活动，最根本的目的是促进幼儿获得更多的经验和完整发展的过程。亲历课程的评价具有过程性、表现性、多元性、发展性的特点。

二、亲历课程评价的结构要素

幼儿园课程评价要解决的基本问题是：为什么评价，评价什么，谁来评价，以什么为标准评价和怎样评价。这几个问题构成了课程评价的结构要素。[①]

在亲历课程中，评价目的在于不断改进课程质量以促进幼儿经验生长，使幼儿获得完整发展。随着学前教育课程改革的推进，教育评价越来越倡导发展性评价，从评价的功能、目的角度出发，强调有效发挥评价的发展性功能。评价不是给幼儿贴标签、分优劣，而是为了促进每一个幼儿在其原有基础上持续、全面地发展。因此，亲历课程明确：评价是为了精准了解幼儿的发展需要，以便提供更加适宜的帮助和指导；是承认和关注幼儿的个体差异，避免用统一的标准评价不同的幼儿；是以多元发展的眼光看待幼儿，既了解幼儿现有水平，更关注其发展的速度、特点和倾向，为每个幼儿搭建进一步发展的支架。

评价内容包括对课程方案评价、课程实施过程评价及课程效果评价。其中课程方案指具体的课程活动规划，即亲历课程的主要活动形式——生活活动、区域活动、主题活动，也包括主题活动中的教学活动设计。实施过程即是将这些方案计划转化为具体教育行为的过程。生活活动、区域活动和主题活动组合成一日活动，因此，实施过程评价实际上是对幼儿整个一日活动过程的关注。课程效果指幼儿和教师通过课程实施获得发展，尤其是幼儿基于课程学习所获得的发展是衡量课程实施效果的最好证据，因此，幼儿发展评价是课程效果评价的重要内容。

评价主体有教师、幼儿、管理者和家长，但教师和幼儿是亲历课程中极为

---

① 冯晓霞.幼儿园课程[M].北京：北京师范大学出版社，2000：113.

重要的两个评价主体。教师是最重要的课程评价主体,亲历课程强调教师的自主评价,教师在与幼儿共同生活的过程中关注幼儿的经验发展,判断一日活动组织与实施的适切性,并据此改进自己的教育行为。幼儿也是亲历课程中重要的评价主体,幼儿通过在活动中的行为表现反馈活动效果,也通过反思自己的活动过程进行自我认知、自主调节与主动成长。幼儿园管理者和家长都是评价主体,从不同的视角参与评价,反馈信息和建议。教师、幼儿、管理者、家长等形成多元视角的共同参与、相互沟通、相互支持的评价合作群体。

"评价"这一术语指的是几乎任何形式的对幼儿所知所会的测量和评估,包括来自已知资源和其他途径的测验、观察、访谈和报告;也可以用来特指通过多种形式收集的关于幼儿的信息,并对这些信息进行整理和说明的过程。[1] 亲历课程的评价方法多样,包含量化方法及质性方法在内的所有适当的方法。不同评价主体适用的方法不同,比如教师评价有观察记录、作品分析、谈话等,幼儿评价有表征、儿童会议、投票、记录、拍照等,家长评价有问卷、约谈、影音记录等,管理者评价以调研、质量分析会等。收集信息数据的方式也很多,如轶事记录、检核表、评量表、频率统计、影音记录、典型行为描述、连续记录等,根据具体的活动情境及信息类型采用最简便有效的策略工具。

课程评价要有评价标准,评价标准是衡量课程方案设计、课程实施状况及其效果的"标尺"。在亲历课程中,首先确立的是"价值标尺","价值标尺"是衡量课程价值导向的尺度,其内涵是课程所依循的观念、理念等,亲历课程的"价值标尺"可以概括为"以经验论水平、以过程论质量、以适宜性论效果、以生活性论专业"[2]。在课程方案从设计到实施的整个过程中,教师都要以此来指导行动并自检。在开展课程评价时,还需要更具体化、可操作性的"评价标准",亲历课程目标体系是在《指南》基础上,融合学科领域核心经验及本园幼儿发展情况制订形成的,是亲历课程中幼儿发展性评价的重要指标。此外,我们也注重学习和参考,在对某个具体项目进行评价时,尽可能地从国家文件(如《幼儿园保育教育质量评估指南》)、省市标准(如《江苏省优质幼儿园评估标准与细则》)、专业书籍(如《走向优质——中国幼儿园教育质量评价标

---

[1] 转引自[美]Oralie McAfee, Deborah J. Leong, Elena Bodrova. 怎样评价幼儿才有效[M]. 李冰伊,等译. 北京:中国轻工业出版社,2021:4.

[2] 虞永平教授于2018年11月7日在江阴市华士中心幼儿园"无锡市课程游戏化建设项目现场展示活动"中的发言。

准》《高瞻课程评价体系》)等中借鉴相应评价工具,根据需要进行一些调整,以保证评价的科学性和有效性。

综合以上要素,亲历课程评价的结构流程如图8-1所示:多元主体协同观察与收集幼儿和教师在各种活动过程中的行为表现等信息,分析与识别幼儿的发展经验及课程目标达成情况,评估与判断影响幼儿发展的各种因素,如课程目标制订是否适切,内容选择与组织、环境资源、实施策略、师幼互动等的质量,以便有针对性地调整改进课程实践,促进幼儿经验生长、多元发展,实现课程目标。

显而易见,在亲历课程的评价中,如何进行过程评价、如何了解幼儿、如何运用评价结果改进实践是最核心的三大问题。

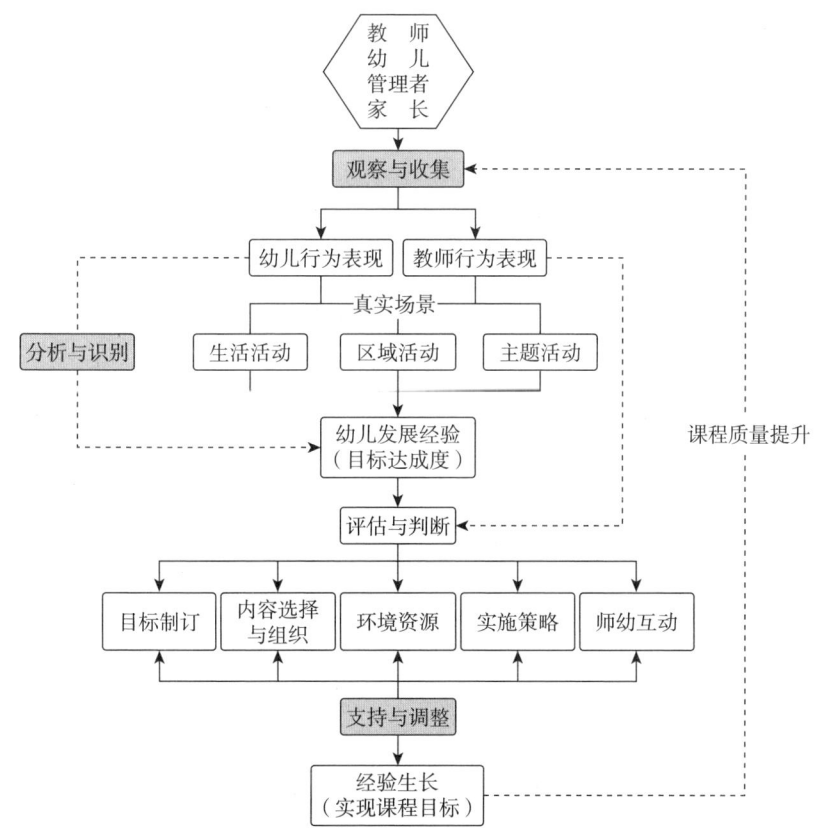

图8-1 亲历课程评价结构流程

第二节　亲历课程环境与方案评估

一、亲历课程环境评估

(一) 生活环境评估

生活环境是幼儿在园生活的底色,也是幼儿亲历学习的基础。亲历课程鼓励幼儿自主生活、自发探索,幼儿的生活环境应该是"安全友好""发展适宜""经济环保""动态优化"①的。关于幼儿园生活环境,国家有相关标准,如《托儿所、幼儿园建筑设计规范》,省市也有相关评估标准,如《江苏省优质幼儿园评估标准及评价细则》,这些国家标准及省市评估标准在不断更新,幼儿园也应随之进行必要的环境改造,以符合规范要求。建设适宜的生活环境需要以园长为首的幼儿园管理者和班级教师共同努力,其中管理者是硬件环境的主要建设者和评价者,而班级教师则是动态环境的主要建设者和评价者,我们借鉴相关评价标准制订了符合本园实情及亲历课程特点的生活环境评价项目(如表8-1),以便管理者和班级教师建设、审视、改进幼儿的生活环境。

表8-1　生活环境评量表一②

	等级一		等级三		等级五
1	活动室面积不足,空间拥挤,幼儿行动不便	等级二	活动室面积充足,空间结构安排合理,幼儿行动方便	等级四	活动室空间结构能够随着幼儿学习与发展需要做动态调整
2	卫生间远离班级活动室,面积不足,设施配备不足,保洁情况差,或存在明显安全隐患		卫生间位置便利,面积充足,设施配备充足,便于幼儿使用;卫生间保洁状况良好		卫生间设施有利于保护幼儿隐私

---

① 中国学前教育研究会.走向优质——中国幼儿园教育质量评价标准[M].南京:江苏凤凰教育出版社,2024:34.
② 该表借鉴《走向优质——中国幼儿园教育质量评价标准》质量领域二/项目9"班级空间与实施"。

续表

	等级一		等级三		等级五
3	基础设施匮乏,或存在明显安全隐患	等级二	水电、采光、照明、通风、温控等基础设施配备良好,符合国家现行标准且运转正常	等级四	有适宜的隔音、吸音设施,教室里的活动不受噪声干扰
4	饮水设备存在明显安全隐患,或饮用水不卫生		有安全、卫生的饮用水;饮水设备有保温功能,便于幼儿自主使用		饮用水温度有选择性,或可由幼儿自主调节
5	家具和教学设备数量不足,不能正常使用,或存在明显安全隐患		家具和教学设备数量充足,维护状态良好,功能正常;家具符合幼儿的身高尺寸		家具和教学设备能够满足幼儿的多样化需求,便于幼儿独立自主使用
6	环境色调杂乱、布置破旧,毫无美感		环境色调协调,布置舒适、温馨		环境具有美感,根据节气、节日等变化,具有启发性、引导性、教育性
7	环境中无支持幼儿一日活动及习惯养成的各类规则和提醒标识		环境中有一些支持幼儿一日活动及习惯养成的各类规则和提醒标识		幼儿参与制订一日活动及习惯养成的各类规则和提醒标识,且张贴在幼儿易见的地方

生活环境中还包括心理环境。亲历课程是立足于积极互动关系的课程活动,幼儿与同伴的关系、幼儿与教师的关系,甚至教师与同事的关系等都会成为影响幼儿亲历学习的因素,幼儿在一个充满友好、尊重、鼓励、信任、包容、支持的氛围中才能真正展开亲历学习。班级教师是营造和谐友好心理环境的关键,也是心理环境的主要评价者,教师对心理环境的评价一般体现在活动反思中,为了加强教师进行心理环境的自我评价与建设,我们也参考相关评价标准制订了一些评价表(如表8-2)。

表 8-2 生活环境评量表二[①]

	等级一		等级三		等级五
师幼关系	1. 幼儿的需求一般会得到教师的回应 2. 幼儿与教师相互尊重，互动氛围友好愉快 3. 幼儿完成任务或取得明显进步时能得到教师的肯定	等级二	1. 教师能识别和回应幼儿的需求 2. 教师与幼儿常有积极的言语交流和适宜的肢体互动 3. 幼儿能够获得教师积极、中肯的反馈，反馈指向具体行为和学习内容	等级四	1. 教师能主动识别和有针对性地回应幼儿的个别化需求 2. 幼儿能够获得教师及时有效的反馈，反馈指向幼儿的认知、语言、情感、社会性和学习品质等方面的发展
同伴关系	1. 大部分时间里同伴间的互动是友好愉快的 2. 必要时教师会介入幼儿间的冲突，并协助解决冲突		1. 幼儿在各类活动中有多种机会与同伴进行交流与合作 2. 冲突发生时，幼儿能在教师引导下自主解决		1. 幼儿间自发的亲社会行为经常可见；同伴间互相接纳、友好协商与合作 2. 幼儿间的互动总是积极的，或冲突发生时幼儿能用恰当的方式自主解决
同事关系	1. 保教人员之间平等友好相处，经常进行工作和专业上的交流 2. 保教人员之间工作分配基本公平合理		1. 教师间经常就班级的课程计划与实施进行讨论，并达成规则执行的一致 2. 保教人员之间配合默契，共同支持和促进班级幼儿的学习与发展		1. 教师间经常就幼儿学习发展状况共同探讨，研究支持与促进幼儿学习和发展的教育计划与策略 2. 保教人员之间彼此分享经验与资源，相互肯定与支持，取长补短，合作探究，共同获得专业成长

（二）户外环境评估

户外是幼儿亲历学习的一个主阵地，承载着无数的学习契机和发展可能。在亲历课程实践过程中，户外环境一直在持续改造、动态优化，每一次改造和优化的背后是管理者和教师对环境资源价值认识的再一次深化，是对环境现状的再一次审视。由此可知，对户外环境评估不能拘囿于某份标准，标准是变化的。比如我们承认户外环境首先是安全的，但也认为安全不等于剥

---

① 该表借鉴《走向优质——中国幼儿园教育质量评价标准》质量领域二/项目11"心理氛围"。

夺幼儿冒险与挑战的权利,从儿童发展的意义上说,绝对无风险的环境和活动并不是最理想的。幼儿的天性是喜欢冒险和挑战,幼儿的活动中不能没有冒险和挑战,否则,就缺乏了情趣、缺乏了努力、缺乏了新的体验、缺乏了获得新的能力的机会。因此,我们在评估和改造户外环境时,将"具有适度的冒险和挑战"作为标准之一,但我们同时会对具有挑战性的环境材料进行风险评估,排除安全隐患或增加防护措施,不让幼儿处于明显的危险境地。

既然环境评估与环境资源价值认识息息相关,那么我们就从提高教师对户外环境的发展价值认识着手,比如教师一致认为户外环境的首要功能是促进幼儿发展身体动作,尤其是大肌肉动作发展。我们从文献中获取了3—6岁幼儿基本动作技能发展要求,组织教师分组评估每个户外场地中的动作发展情况,然后汇总评估整个户外环境中的动作发展情况。经过评估发现,运动环境中上肢力量、平衡动作的锻炼机会较为缺乏,于是添置了攀爬架、吊环、人体陀螺、平衡木等运动器械。户外环境还要能促进幼儿多元经验的发展,我们组织教师评估各个户外场地中的发展经验,对照五大领域发展目标发现在户外环境中缺少阅读,且音乐和美术活动都相对不足,于是改造了户外故事屋、音乐区、涂鸦墙,购置了方便幼儿自主搬运的绘画工具材料。对于亲历课程来说,自然资源也是户外环境的重要组成部分,我们用自然资源引发幼儿亲历学习的兴趣,将自然探究作为亲历课程的一个主要内容,因此评估户外环境中的自然资源也是必要的。通过对自然资源的多样性、探究性、适应性、性价比等方面的评估,我们逐渐改造了水生动植物区、建造了暖棚、调整了小动物饲养区、扩大了果树种植区等,园内动植物资源品种不断得以丰富。

(三)区域环境评估

区域环境同样是幼儿游戏和学习的主要场所,对幼儿自主建构经验有着重要作用。区域环境的评估主要围绕区域空间设置、区域材料投放及区域表征作品展示等进行,管理者、教师和幼儿都应该参与评估,其中管理者是通过评估进行环境指导,教师是通过评价进行环境改进,幼儿是通过评价参与环境建设。我们认为区域设置应做到空间利用充分,发展指向全面,区域布局合理,规则标识清晰,包含多种功能类型,能够支持幼儿各个领域的学习与发展;材料投放应做到丰富多元、分类有序、摆放美观、利于取放、更替及时,能引发幼儿进行多样化、创造性的探究活动,对课程内容形成有力支撑;表征作品展示应做到每个幼儿都有展示机会,展示作品体现幼儿学习的过程,有助于幼儿交流和拓展经验。

我们每学期都会组织教师进行班级区域环境的观摩研讨评估活动,通过这种观摩研讨式的评估让教师不断加深对优质区域环境的认识和理解,总结提炼优质区域环境的特点,不断修订区域环境的评估标准。我们将不断修订完善的区域环境评估标准给到教师用于自评,以帮助教师自主优化区域环境。作为区域环境的使用者,幼儿经常被邀请参与区域环境评价,他们通过选区、投票、儿童会议、访谈、照相等方式直接参与对区域环境的评价,也通过与区域材料的互动被教师观察而间接参与评价。表8-3是教师在一段时间内对班内幼儿自主选用科学区材料的观察记录,通过图表呈现,教师和幼儿都可以直观看出该区域最受欢迎的是1号和7号材料,不太受欢迎的是3号和4号材料,这有助于幼儿表达观点,有助于教师了解材料投入效度,改进和调整材料投放。

表8-3 小班综合科学实验区材料选择观察记录

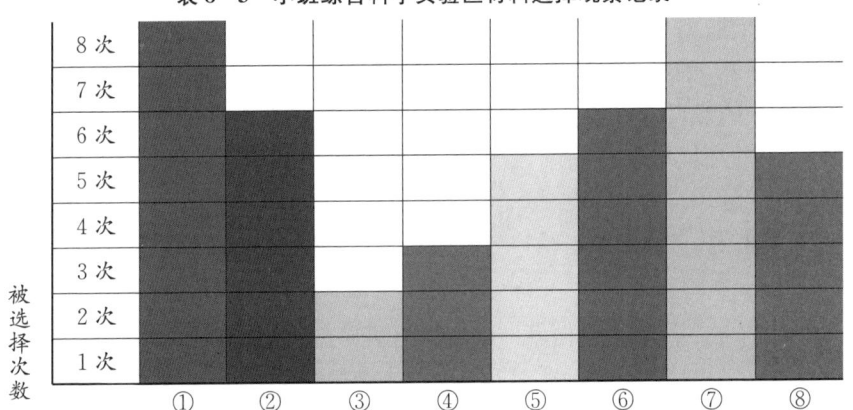

说明:1. 材料内容1—8项目相对应活动材料依次为:① 大自然拟音师;② 造风行动;③ 会跳舞的小蛇;④ 春分立蛋;⑤ 花草拓印;⑥ 彩虹雨;⑦ 许愿瓶;⑧ 花草印泥;2. 此表格为直柱表。观察者根据幼儿选择该材料的行为在相应的格子里涂色(有一名幼儿进行选择,即涂一次)。

二、亲历活动方案评估

这里所述活动方案主要指亲历课程的三大活动类型(生活活动、主题活动、区域活动)的活动方案,其中生活活动方案包括一日生活作息安排、一日生活环节设计等;主题活动方案指的是某个主题活动计划;区域活动方案主要是区域环境规划与材料投放,区域环境与材料变化与主题活动息息相关,部分内容与材料随着主题课程的变化而变化,因此主题活动计划中包含了区域活动内容设计。

（一）生活活动方案评估

1. 生活作息安排评估

一日作息一般由园级层面制订，班级层面实施，在实施的过程中进行应用性评价，以调整为最有利于幼儿自在生活、自主游戏、深度学习的一日活动安排。教师是生活作息最有发言权的评价者，随着课程理念的转变与加深，教师会主动指出不合理的安排，当然，管理者在执行新的作息安排时，也必须征询教师的意见。以小班春秋季作息安排为例，课程建设初期的上午半天环节多、时间紧（见表8-4），教师反映每个环节都着急忙慌得像赶场子，且幼儿的游戏时间不足，扣除过渡、准备、整理、转场时间，实际活动时间更是所剩无几，这显然与亲历课程所倡导的幼儿活动的理想样貌不一致。因此进行了调整，将点心融入来园活动中，增加幼儿的自主游戏时间，实施一段时间后教师认为点心时间不合理，因为幼儿入园前刚吃过早餐，这样安排不符合幼儿的生理需要。于是再次进行调整，将集体教学从上午挪到下午，整合了一些活动，减少了不必要的过渡环节，最终形成支持亲历课程开展的作息安排。

表8-4 小班春秋季半日作息对比表

初期		中期		后期	
7:30～8:00	来园活动	7:30～8:10	来园活动 自主点心	7:30～8:00	来园活动（签到、劳动、交流、桌面游戏等）
8:00～8:50	户外运动	8:10～9:10	户外运动	8:00～9:10	户外运动游戏
8:50～9:20	点心、晨谈	9:10～9:30	集体教学	9:10～9:40	点心、盥洗、自由活动
9:20～9:40	集体教学	9:30～9:40	自由活动	9:40～10:40	区域游戏活动
9:40～9:45	自由活动	9:40～10:30	区域游戏	10:40～11:00	分享活动（绘本阅读、艺术欣赏、主题交流等）
9:45～10:30	区域游戏	10:30～10:50	班本活动	11:00～12:00	午餐、餐后活动、散步等
10:30～10:55	餐前活动	10:50～12:00	午餐、餐后活动		
10:55～11:30	午餐				
11:30～12:00	餐后活动				

2. 生活环节设计评估

生活环节设计指的是教师组织某个具体生活环节(如来园活动、午餐活动等)的想法。亲历课程将日常生活活动也视作幼儿的学习场,通过对生活环节的设计,让幼儿在日复一日的生活中得到锻炼和发展。生活环节设计的评价主要是考察设计目的与课程理念是否一致,设计内容是否与目的匹配,设计目的与内容是否适宜幼儿年龄特点,一般由班级教师自评和年级组评议。

如来园活动的设计:在生活环节变革的实践研究中,大班组内认领来园环节的教师提交了这样的设计想法:以往幼儿早上来园要么随便拿一把椅子,要么找有自己标记的椅子,现计划在来园环节中融入数学游戏,将课程目标中的"能通过实物操作或其他方法进行10以内的加减运算"设计成"取卡片、找椅子"的游戏,幼儿早上进班先抽卡片,根据卡片内容算出答案,找到对应的椅子,在此过程中练习数的运算。

年级组教师分析与评议:《纲要》和《指南》都强调在生活中感知数学的有用和有趣,用数学方法来解决生活中的一些问题,但应该是生活过程中自然产生的问题,而不是人为设置的问题,比如分发碗筷、领取点心、统计班级出勤人数等,就是幼儿在真实生活中,运用数概念,完成真实任务,解决真实问题。而"取卡片、找椅子"看似是生活游戏,实则是利用生活的运算训练,这显然是教师想象的逻辑,而非幼儿兴趣和需求的逻辑。来园活动是一天的开启,每个幼儿都应该受到来自教师和同伴的欢迎和接纳,意识到自己是这个班级的一员,做自己能做、需做的事情,轻松、愉悦开始一日生活。因此,这个设计不适宜。

根据年级组的分析与评议,该班级教师重新设计了来园环节的活动,主要有五件事:一是和班级教师、同伴相互问好;二是放好书包和自己的物品;三是入园签到,学写自己的名字并记录来园时间;四是晨间劳动,清洁和整理自己负责的班级活动区域;五是自选桌面游戏。

年级组教师再次分析与评议:这次设计较好地把握了来园活动的教育意义。与教师和同伴的问候培养幼儿的礼貌习惯,增进互动交往;归放自己书包和晨间劳动培养幼儿的劳动意识和整理能力;入园签到帮助幼儿树立时间观念,养成规律作息、按时上学的习惯,为大班幼儿升入小学做准备。来园环节活动虽多,但顺应生活节奏,是自然流畅、轻松愉悦的。因此,这个设计是可行的。

(二)主题活动计划评估

亲历课程是基于幼儿兴趣需要又指向经验生长的活动过程。为了支持幼儿探究学习，主题活动计划涉及多方面准备思考，主要评估"它对于幼儿的学习提供了哪些可能性？""幼儿可能获得哪些经验？""它需要哪些资源，如何获取这些资源？""幼儿对于该课程的经验和兴趣程度？""预设方案是否适合幼儿的能力及学习逻辑？"实际上，为了确保主题活动适配幼儿发展，从主题活动构想到主题活动计划至少要进行二轮评估审议。

1. 主题活动可行性评估

主题活动可行性评估主要是对主题活动是否适宜可行进行分析判断。这个阶段的评估一般先由班级教师自评，自评过程中会组织幼儿参与讨论，与幼儿园业务园长或某个有相关课程经验的教师进行交流，还可邀请一些家长代表也参与进来；当班级基本确定开展该主题课程后，就要预设主题课程的行动方案，并提交年级组进行课程审议，进行进一步的可行性评估，这个过程有利于完善课程行动方案。好的选题是好课程的起点，好的选题能让课程有很多生长可能，为了便于教师自主评估，我们提炼了一个好选题的"六个"可行性特征：① 与幼儿生活相关，符合幼儿的兴趣；② 建立在幼儿的已有经验基础之上；③ 能不断衍生出复杂性和关联性的系列活动；④ 有利于幼儿感知、观察、探索、操作；⑤ 有利于幼儿建构多样化的经验与能力；⑥ 有较为丰富的资源可以加以利用。

以一个中班的主题课程"我们种了向日葵"为例。该向日葵主题起源于幼儿意愿，幼儿认为上一年种植地里最漂亮的植物是向日葵，因此也准备种向日葵。教师对照六个可行性特征分析，认为该主题本就来源于幼儿生活和兴趣，可利用的资源类型（艺术作品、文学作品、种植资源等）丰富，且向日葵的生长过程中蕴含着多种学习机会，用"全收获"理念开展种植能给幼儿带来多样化的活动、多方面的经验，因此确定了这个研究主题，年级组和园级层面审议时均认可该主题。

2. 主题活动网络评估

预设主题活动网络是教师有准备的支持，是为幼儿的亲历活动绘制的行动蓝图。如果行动蓝图的导向出现了价值偏差，活动质量会受到很大影响，因此要对行动蓝图进行审议。教师在预设主题网络前必须再和幼儿讨论该主题，以进一步了解幼儿的已有经验和兴趣。

幼儿对向日葵的已有经验：知道向日葵的外形特征；见过向日葵；知道向日葵的种子就是平时吃的瓜子；了解向日葵品种多样。从幼儿的经验可以分析，向日葵这一植物贴近幼儿的生活，幼儿对向日葵的经验来源于家庭以及生活中的观察。

幼儿对向日葵的问题:向日葵的颜色有多少种?向日葵的花为什么这么大?向日葵可以种在水里吗?为什么有的向日葵长得高,有的长得矮?向日葵有香味吗?向日葵真的会跟着太阳转吗?向日葵的花瓣可以吃吗?为什么葵花籽可以变成油……从幼儿的问题可以看出,有的幼儿关注的是向日葵的外形特征,有的幼儿开始探究向日葵的内在特征。

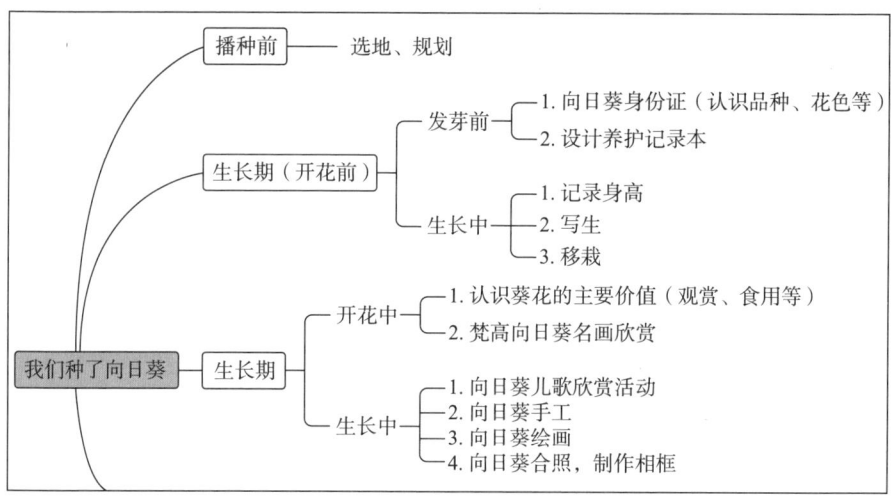

图 8-2 教师第一次预设的活动网络(部分)

从这张网络图(图 8-2)可以看出,教师并没有真正追随幼儿的兴趣和需要,重视的是种植活动中的知识导向。因此,网络图反映出的是教师本位,而非幼儿需要。

审议评估时,我们让教师回看自己记录的幼儿的兴趣和问题,让教师思考要不要回应以及如何回应。第一个问题是让教师审视原有的课程逻辑是否符合幼儿的兴趣和需要。第二个问题是让教师思考幼儿的兴趣和需要怎样在课程中落实。比如幼儿想要探究"向日葵是怎么长大的?"一个教师说可以让幼儿全程参与种植活动,从一棵小种子开始,育苗、抽芽、长叶、开花、结果。另一个教师补充说要和幼儿一起观察种植的变化,制作植物成长日记。

可以看到,第二次的网络图(图 8-3)已经从幼儿感兴趣的问题情境出发进行调整,我们认为,这样的课程才可能是幼儿喜欢的,能促进幼儿主动学习、经验生长的。

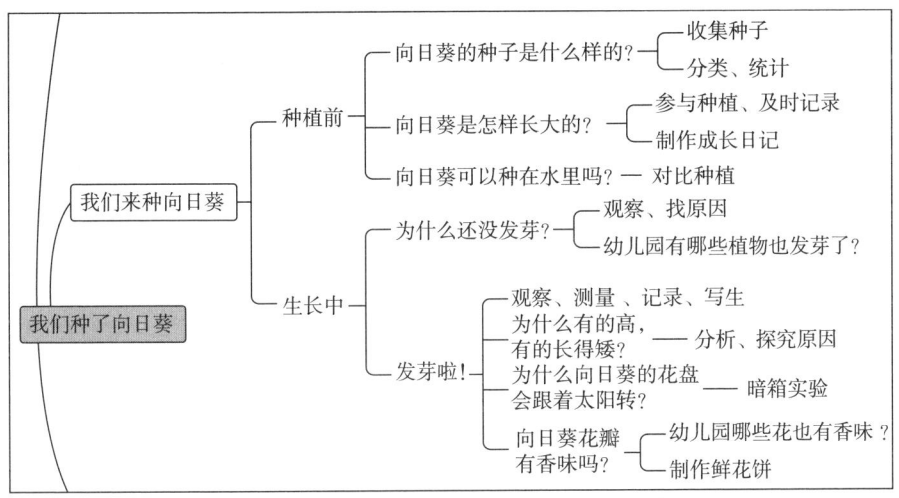

图 8-3 教师第二次预设的活动网络图(部分)

第三节 亲历学习过程与幼儿发展解读

一、关注一日生活,了解每个幼儿

幼儿从走进幼儿园的那刻起,他们在园的一日生活便开启了。一日生活是幼儿在幼儿园一天的全部经历,幼儿随着作息环节的转换进行各种活动,既是生活,又是游戏,也是学习。这就要求教师要去关注一日生活,关注一日生活的每个环节,关注一日生活中的每个幼儿,以此了解一日生活的质量和每个幼儿的发展需要。

(一) 不同活动有选择观察

幼儿园的一日生活由多种类型、多种形式的活动组成。在亲历课程中,主要是生活活动、区域活动和主题活动这三大类活动串联成日常,形成如流水般自然顺畅的一日生活,教师的观察也随着一日生活的展开而展开,且观察是有目的、有选择的,不同类型、不同形式的活动,其观察视点也不同。

1. 对生活活动的观察

幼儿一日生活的质量以生活活动为基础,幼儿的良好生活习惯及生活能力等养成也以生活活动为基地。幼儿在一日生活环节中的活动状态、行为表现是评估幼儿生活习惯、生活能力的依据,也是教师进行指导、与幼儿有效互动的依据,因此,对生活活动的观察主要是去观察各个生活环节中的幼儿状态与行为表现。当然,不同的生活环节对应着不同的生活需求与生活技能,为了便于教师有目的、有选择地观察,我们根据一日生活中各个生活活动的内容要点梳理了观察要点,以小班生活活动为例来看(见表8-5)。

表8-5 小班一日生活活动观察要点

生活活动	生活要点	观察要点
来园	主动表达上学情绪,在引导下关心同伴上学情况;对应标记挂自己的书包,擦自己的椅子	入园情绪;能否主动问好、放书包、擦椅子
户外运动	乐意参与锻炼,能主动表达身体需求,在提醒下休息、喝水、增减衣服	运动强度;动作技能;感知身体需要(休息、喝水、穿脱衣服)
区域整理	活动结束在提醒下按标识归放玩具材料	是否主动整理、完成整理
餐点	自己进餐,不喜欢吃的也能尝一点,餐后漱口	卫生习惯、饮食习惯、就餐技能、交往行为
如厕盥洗	学习如厕方法,愿意在园如厕,餐前便后能洗手	如厕意愿、技能、次数;洗手意识与方法
饮水	在教师组织下愿意饮水,取水量适中	饮水次数及饮水量
午睡	适应在园午睡,知道睡不着不能吵到别人;学习自己穿脱衣服和鞋袜	午睡习惯、午睡质量、穿脱衣物能力
离园	学习整理自己的着装和书包,认得自己的物品	能否主动整理衣物与书包、主动道别
生活交往	乐于交往,主动表达自己的需求和想法,积极回应教师与同伴	生活情绪与态度、交往主动性

上表中的观察能帮助教师掌握每个生活环节的基本情况,也将目光投向每一个幼儿,了解每一个幼儿的在园生活情况,掌握每一个生活环节中有特殊需求的幼儿。比如教师通过观察幼儿的入园情绪,能快速识别班内幼儿的入园适应情况;通过观察户外运动,了解每个幼儿的动作技能情况;通过观察幼儿如厕,了解每个幼儿的如厕习惯与技能,对如厕异常的幼儿重点关注;通过观察区域整理,了解班内幼儿的整理意识;通过观察幼儿就餐,了解每个幼儿的就餐情况,清楚班内就餐困难及饮食过敏的幼儿;通过观察幼儿饮水,了

解每个幼儿的饮水习惯,知道班内哪些幼儿饮水少;通过观察幼儿午睡,了解每个幼儿的午睡情况及穿脱衣物的能力;通过观察一日生活中幼儿的情绪态度、与教师同伴的交往情况,了解幼儿的适应情况、交往能力。

2. 对区域活动的观察

对区域活动的观察一方面要去观察幼儿自主选区的情况,通过对幼儿自主选区进行统计和访谈,教师可以知晓每一个幼儿喜欢的区域和不喜欢的区域,从而对其智能发展的优势项与弱势项有所了解;另一方面要去观察幼儿与区域环境材料的互动行为、幼儿与同伴及教师的互动行为,以此了解幼儿在区域活动中的游戏水平、游戏经验、发展差异等,为支持个体发展提供依据。亲历课程中的区域活动是一种指向幼儿多元智能发展的、自主性的、开放性的、个性化的游戏活动,区域活动的这些特点给观察带来了挑战,似乎幼儿在区域活动中可能产生各种各样的行为和经验,教师要如何去观察幼儿的行为?观察哪些行为?我们认为要架构一个基本的区域活动幼儿行为观察框架,为教师进行区域观察提供指引(见表8-6)。

表8-6 区域活动幼儿行为观察框架[①]

观察要点	观察要素	观察的可能性
好奇心与兴趣点	选择游戏材料的原因	•教师建议 •幼儿建议 •模仿他人 •自发的 •没有其他可选材料……
	所选游戏内容和材料	•大小 •类型 •数量……
	选择游戏材料时的态度	•急切 •犹豫 •果断 •思考过的……
	调整游戏材料的原因	•前一活动结束 •操作后不感兴趣 •同伴邀请……
	已有知识和经验	•已有经验的应用 •关联与类比……
想象力与创造力	创新行为及其动机	•创新原因的识别 •新颖构想的提出 •创新行为的影响……
	创新探索时的状态	•情绪状态 •参与程度 •探索深度 •同伴合作情况……

[①] 该观察框架参考王萍,陈万针.幼儿园区域活动质量评价指标体系的构建与初步应用[J].学前教育研究,2022(12):55-74;唐平.幼儿园区域游戏活动质量评价指标体系研究[D].长沙:湖南师范大学,2019;蔡盈.幼儿园区域活动质量评价指标构建研究[D].长春:东北师范大学,2018;徐华.幼儿园区域活动中教师的观察与评价[M].南京:南京师范大学出版社,2019.

续表

观察要点	观察要素	观察的可能性
	创新探索时的方法	•观察、比较、分析•实验和试错过程•使用多样化的材料和工具•跨领域的探索……
自我管理	自主计划的情况	•目标设定•游戏内容、材料和伙伴选择•时间管理•资源利用•计划的调整•反思和评估……
	规则意识的表现	•规则遵守•规则解释•规则应用•规则调整•规则争议的处理•规则创设……
	专注力的展现	•持续操作的时间•对外界干扰的反应……
问题处理	问题类型的识别	•人际交往冲突•达成目标遇到困难•资源限制•规则理解……
	问题情境的判断	•问题相关因素的分析•前因后果的理解•求助与自主决策……
	对待问题的态度	•积极思考•依赖他人•退缩•果断•犹豫•自信……
	同伴互动的情况	•忽视•协作•竞争•沟通……
	解决问题的策略	•寻求帮助•使用工具或资源•替代方案的探索……
	解决问题的结果	•学习与成长•同伴关系的影响•情绪和态度的变化……
情绪表现	对周围刺激的情绪反应	•平静的•喜爱的•害羞的•谨慎的•沉闷的……
	情绪表达的表情与动作	•一蹦一跳、拍打等大动作•卷衣角、抠手指等小动作•斜眼看、抿嘴等小表情……
	引起情绪变化的原因	•教师或同伴的干预•活动的难易程度•期望与现实的差异•疲劳与健康……
社会交往	交往中的角色类型	•主动发起者•主动参与者•被动参与者……
	交往中应用的方式	•眼睛注视•身体动作•语言表达……
	交往中表现的神态	•专注•漫不经心•大声•柔和•兴高采烈•吞吞吐吐……
	交往中的内容类型	•情感交流•信息分享•意见交换•请求与应答•纠纷处理……

观察框架有助于教师带着多元发展的意识去观察游戏中的幼儿,了解每个幼儿基本的游戏情况,在热闹的游戏现场中去捕捉幼儿有价值的游戏行为。如表8-7是根据观察框架设计的小班幼儿在光影区游戏的基本情况观察表,可以看出,幼儿对光影游戏具有浓厚兴趣,大部分幼儿持续时间较长,也愿意选择多种材料进行互动,遇到问题时部分幼儿能自己解决,或找教师、同伴解决,但也有小部分幼儿直接放弃。

表8-7 小班幼儿光影区游戏基本情况观察表

时间	对象	指标						
		1	2	3	4	5	6	7
4.1	杨＊	a	a	40分钟	3	c	35分钟	9
4.2	胡＊琳	a	b	40分钟	1	c	35分钟	1
4.3	周＊橙	a	a	25分钟	2	a	20分钟	4
4.7	黄＊宁	a	b	22分钟	4	ac	17分钟	6
4.9	范＊晗	a	a	40分钟	1	d	30分钟	6
4.11	季＊琪	a	a	30分钟	2	cd	25分钟	5
4.12	赵＊匀	a	a	35分钟	1	c	25分钟	4
4.15	唐＊歆	a	a	35分钟	2	d	28分钟	5
4.16	杨＊	a	a	45分钟	1	a	40分钟	9
4.17	顾＊沫	a	a	30分钟	1	d	20分钟	3
4.19	徐＊沅	a	b	30分钟	2	a	20分钟	2
4.22	陈＊一	a	a	25分钟	2	cd	20分钟	3
4.23	李＊煜	a	b	20分钟	3	c	18分钟	1
4.24	王＊诺	a	a	35分钟			22分钟	2
4.26	熊＊瑄	a	b	20分钟	2	a	18分钟	3
4.30	陈＊一	a	a	40分钟	2	ac	30分钟	5

指标参照:
1. 对象(a 主体,b 客体) 2. 游戏意愿(a 主动选择游戏,b 教师分配或同伴邀请)
3. 完成操作时间 4. 遇阻碍次数 5. 阻碍解决方式(a 放弃,b 向同伴求助,c 向教师求助,d 自己解决) 6. 兴趣持续时间 7. 操作游戏材料种类

3. 对主题活动的观察

亲历课程的主题活动是随着幼儿的兴趣需要不断发生发展,以增长幼儿新经验为目的的活动过程。对主题活动的观察主要围绕幼儿经验建构的相关因素,首先要去观察每个幼儿在活动过程中的活动兴趣和活动状态,并不是每个幼儿都兴致勃勃,总有幼儿游离在外,教师应注意到这些幼儿,并做适当引导。随后要去观察每个幼儿在活动过程中做了什么、说了什么,从中了解幼儿产生了哪些新兴趣,遇到了什么问题,有哪些探究性行为,使用了什么学习策略,获得哪些经验,并以此为证据来评估每个幼儿在主题活动中的发展及主题活动的实施质量。

教师去观察活动中的个体,能帮助自己认识到幼儿的发展固然有普遍性规律,但每个幼儿还有其发展的独特性,教师要去发现他们在不同的主题课程中所表现出来的各自的优势与弱项,尤其要去关注在活动过程中能力突出的幼儿,这些幼儿往往出乎意料,他们同弱势幼儿一样也需要更为有力的支持,否则他们的经验得不到提升,他们需要被教师发现识别,并为他们创造更有挑战性的活动机会,实现个性化的发展。例如,在进行"幼儿园的水生植物"这个主题课程探究时,教师发现航航对植物特别感兴趣,很多幼儿连水生植物区里种植的植物名字都记不全的时候,航航已经对每一种水生植物分别叫什么、有什么用途如数家珍,教师进一步观察发现航航的植物知识超过了一般成人。通过与家长沟通,得知航航对植物有特别强烈的兴趣,他在家里阅读了许多植物类书籍,平时也爱去户外观察植物。还是这个主题课程中,在幼儿改造小池塘的工程中,教师发现了计算能力惊人的楷楷,楷楷在帮助同伴计算挖土重量时准确进行 100 以内的口算如"$21+15=36$";在统计班级总挖土重量时通过将百位数相加得出"727";楷楷运算能力强且思维灵活,总能在解决真实运算问题时找到有效的方法,这是远超同龄幼儿的能力。

(二) 根据需要系统观察

对一日生活进行观察是教师的工作常态,就是教师要带着观察意识和幼儿共同生活每一天,这种观察相对松散,但如果在常态性观察中发现了需要进一步关注的问题或现象,那么教师就要准备开展系统观察了。比如新小班的周老师发现班上的朱宝宝经常发脾气且有攻击性行为,为了解朱宝宝发脾气的原因和规律,她便进行了为期 2 个月的个案观察,通过事件取样等方法得出朱宝宝发脾气最多的时段依次是集体教学、区域游戏、户外活动,导致发脾气的原因主要是限制了其自由行动和与同伴争抢玩具。基于观察,教师与家长进行约谈,了解到朱宝宝的家庭教养方式,也清楚了朱宝宝发脾气的根源,为有效应对朱宝宝发脾气提供了依据。

不止如此,当教师在一日生活中发现幼儿对某些事物、问题、现象等产生好奇与兴趣,自发进行持续探究时更要重点关注、系统观察,比如幼儿在区域游戏中不断创新吸管、石头、树枝等材料的玩法;在户外建构中不断升级滚球赛道的搭建;对山楂树上的瓢虫、雨后爬出来的蚯蚓、栀子花叶上的蜗牛等兴致勃勃;对班级树上的橘子怎样才算成熟的持续探究;对班级种植的南瓜苗怎么会死的研究等等。不难发现,教师要聚焦的是幼儿在真实场景中的学习活动,这类活动是亲历学习的内核,是亲历课程最重要的活动,通过对这些学习活动的观察记录,去解析幼儿的学习兴趣、学习过程、学习策略、学习经验,为幼儿提供及时有效的支持。

二、聚焦学习活动,记录探究过程

20世纪50年代中叶,认知心理学把"学习"界定为"能动地解读信息、以自己的方式建构意义的动力性过程"[①]。在认知心理学看来,学习者是一个能动的存在:能够通过了解自身的认知观察,展开自我调整的学习;能够借助自身的能力,主动地改善固有的环境。到了20世纪80年代中叶,社会建构主义主张,学习不是个人头脑中产生的活动,而是浸润在社会文化情境之中的活动。认知科学家把这种"真实的实践"视作深度学习的基本原理。有些学者认为深度学习是"理解与批判、联系与建构、迁移与应用"的学习过程;有些学者认为是"主体性学习、对话性学习、协同性学习";也有些学者认为幼儿深度学习是指幼儿在教师的引导下,在较长的一个时段,围绕着富有挑战性的课题,全身心地积极投入,通过同伴间的合作与探究,运用高阶思维,迁移已有经验,最终解决实际问题的有意义的学习过程。

聚焦学习活动,主要是聚焦那些反映幼儿深度学习的、有意义的学习过程,我们将这些学习过程记录下来变成"课程纪录",来让幼儿的学习看得见,让教师和家长都来理解幼儿在学些什么或者是如何学习的,也让幼儿对自己的学习过程负起作为学习主体的责任。在亲历课程中,纪录是一个理想的载体,通过这个载体,幼儿学习的经历能得以阐释和重温,还能被用以诠释和反思,纪录不仅能帮助人们去回顾过去,更重要的是能帮助人们去创造未来的

---

① 钟启泉.深度学习[M].上海:华东师范大学出版社,2021:1.

学习情境。① 从观察记录到纪录,是教师进行价值判断、意义赋予的过程;是教师探索有效的观察方法和工具的过程;也是教师与幼儿相辅相成、共同创造课程纪录的过程。

(一) 观察记录中的价值判断

观察记录并非看到什么记什么,事实上教师不可能也没必要将整个学习活动过程事无巨细、面面俱到地记录下来,教师要对观察到的活动现象进行价值意义的判断和选择。在亲历课程中,幼儿对感兴趣的事物持续探究的过程、幼儿去积极解决探究中发现的问题的过程,以及那些能反映幼儿在各个领域关键经验发展、良好学习品质的行为表现更值得被记录。教师要在活动初期就快速识别该活动是否具有较好的价值意义,以便做好准备,更全面系统地进行观察记录。以南瓜种植活动为例②,从栽种南瓜苗到照料直至结果成熟的 6 个月时间里,幼儿有很多关于南瓜生长变化的观察发现和问题,教师着重记录了幼儿对南瓜叶的观察,对南瓜长出了小尾巴(南瓜蔓)的好奇,对南瓜爬藤很快的验证,对南瓜开花结果的期待,因为这些变化是南瓜基本的、独特的生物特征,且有利于幼儿进一步探究,比如因对南瓜小尾巴好奇,幼儿在校园中展开了寻找植物小尾巴的探究活动,从而自主构建了对藤蔓植物的认知经验;再如因对南瓜花的持续观察而发现了解南瓜雌雄同株的独特生物性。在种植管理南瓜的过程中,幼儿也遇到了不少问题,比如其他南瓜苗越长越大,但大南瓜苗却越长越小,怎样给贝贝南瓜和板栗南瓜搭棚架,本来长势很好的板栗南瓜得了白粉病,南瓜花开得多结果却不多,暑假期间由谁来照顾南瓜等等,这些问题中教师着重记录了幼儿对大南瓜苗越长越小的猜测、验证、迁移经验的探究过程,记录了幼儿讨论搭棚架方案、寻找材料、同伴合作、不断尝试的搭棚架过程。因为这两个问题有层层推进的探究可能且符合幼儿的探究能力,而板栗南瓜得了白粉病、南瓜花开得多结果却不多等问题的探究性不强,因此略过。

教师在进行观察记录时还应强调的一个价值观是去发现幼儿的发展进步,而非盯着他们的不足与差距,即教师要以发展性评价的理念去观察幼儿,刻画幼儿作为"有能力的、积极主动的学习者"这一形象,努力去捕捉活动中的"哇"时刻,从幼儿的活动中去定格反映经验发展、良好学习品质的行为表现。还以

---

① [英]零点方案,[意]瑞吉欧儿童.让儿童的学习看得见:个体学习与集体学习中的儿童[M].朱家雄,等译.修订版.上海:华东师范大学出版社,2022:2.

② 赵春霞.行动中的儿童[M].南京:南京师范大学出版社,2023:164.

南瓜种植活动为例,在南瓜收获之后,教师为幼儿创造了充分的自主探究机会,因此观察并记录到了幼儿利用南瓜进行多样化自主学习的许多活动,如统计收获的南瓜、玩南瓜分类游戏、通过测量称重寻找南瓜大王、研究南瓜腐烂的现象、学习制作南瓜美食、计数不同品种南瓜中的籽等,充分展现了幼儿积极主动的学习者形象,也清晰呈现了幼儿在数学认知、科学探究、倾听表达、社会交往等方面的经验发展。再如在小班幼儿进行瓢虫饲养活动中[1],教师感受到了幼儿对瓢虫的喜爱,记录下幼儿兴致勃勃观察瓢虫、小心翼翼呵护瓢虫的好奇与善意,也记录下幼儿探究瓢虫孵化的坚持努力、最终得见瓢虫孵化全过程的欣喜,建构出纯真友善的更为丰富的小班幼儿学习者形象。

(二)有效的观察策略与方法

没有教师会否认观察记录的重要性,但要在幼儿学习过程中同时担任好互动指导者与观察记录者的角色,也并不是一件容易的事,要在有限的时间内提高观察记录的效率,教师还需要探索记录幼儿行为的适宜策略,找到在观察时最适宜捕捉幼儿行动的方法。

1. 与搭班教师分工合作

教师在做观察记录时要始终明确,观察记录的根本意义在于为理解和促进幼儿学习与发展提供更丰富的信息。因此,教师在观察时,要进一步聚焦幼儿的学习行为,尽可能全面地捕捉幼儿的学习行动。这里的"全面"有三个指向,第一指向全体幼儿,即尽可能捕捉每一个幼儿的学习行动;第二指向完整学习,即尽可能捕捉从问题产生到解决的完整行动过程;第三指向全面发展,即尽可能捕捉到多样化学习经验的行动。

保教人员是相互支持、配合默契的研究伙伴,班内所有保教人员分工合作,能大大提升观察记录的全面性。具体实施时先根据活动内容和地点来确定观察内容和形式,然后进行分工,一般有以下几种分工形式:① 分人。即每个教师在活动过程中各自观察记录一部分幼儿,这样能确保每个幼儿都被关注到。② 分组。比如探究和平街长度时,女孩组探究和平街前半段,男孩组探究后半段,班级教师可以各带一组观察指导。③ 分区。如果是在区域中进行的学习活动,则教师可以各负责几个相近区域的观察记录。④ 分项。如果一个课程活动有多个活动项目,教师可以分项目观察,以保证记录的连续和完整。

---

[1] 赵春霞.行动中的儿童[M].南京:南京师范大学出版社,2023:29.

2. 适宜的行为观察与记录方法

观察是实施亲历课程评价中最基本、最核心的因素。归结对亲历学习观察与记录的经验,常用的方法主要有:轶事记录、持续性记录、典型行为描述、时间取样、检核表和评定量表,其中轶事记录和持续性记录是形成亲历课程纪录的基础。

(1) 轶事记录。轶事记录是一种简短的叙事性观察方法,指教师在自然情境中,将自己感兴趣的、自己觉得重要的、有意义的事件的经过和情境,以文字描述的方式进行记录。古德温(Goodwin)和德利斯科尔(Driscoll)(1982)曾举出轶事记录的五个特性:① 直接观察幼儿,而不以道听途说为记录的依据;② 针对某特殊事件作迅速、正确和详细描述的记录;③ 提供了幼儿行为发生的前后关系,说明了行为的背景及情境,这种前后关系包括了幼儿活动其他参与者说的话;④ 如果观察者要做任何推论或解释,则无须再作客观的叙述,因为记录本身已非常清晰;⑤ 所观察的行为可以是一般的或特殊的行为,如果是特殊不常见的行为则须作说明。[1]

轶事记录易于学习,新手教师也能掌握,其开放、灵活、简便的优势成为教师最主要的观察方法。教师可以用它观察个体幼儿或者群体幼儿的学习行为,可以观察任何发展领域或者任何课程活动场景。但轶事记录极易受先入为主的主观判断影响,因此教师在记录时要掌握的技巧是客观、翔实、依序、简要。

轶事记录一

2024 年 4 月 2 日上午

光影区,小琳在材料车里挑选了一盒玻璃纸(玫红和橙色),她把玻璃纸一片一片摆放在灯桌上,第一排放了 11 片,第二排对应第一排,也放了 11 片,随后又开始放第三排。第三排排好后,她看着作品思考了一会。只见她把已经排好的玻璃纸拿起来放在盒子里,重新排。这次她把相同颜色的玻璃纸放在一起,三排 10 片。

轶事记录二

2023 年 4 月 25 日　星期二　晴

在第三次测量向日葵的过程中,澄澄发现有一棵向日葵的顶上长出一

---

[1] 蔡春美,洪福财,邱琼慧,等.幼儿行为观察与记录[M].2 版.上海:华东师范大学出版社,2020:103.

个特别的"叶子",细细的、长长的。澄澄:这个"叶子"好奇怪,像是章鱼的爪子。

诚诚:我觉得像海星。子钧:老师,这是不是花苞呀?教师:到底是叶子还是花苞,这个答案需要你们自己去观察哦。澄澄:那我每天早上来看一看。

轶事记录可以在活动过程中即时记录,教师使用便签快速记录关键信息,通过拍照、录像来记录有意思的活动片段和活动过程,使记录更直观;轶事记录也可以在活动结束后进行回顾记录,教师根据回忆、照片和录像来整理记录。一般情况下,教师先在活动过程中进行及时记录,再事后回顾进一步修正完善记录,如此来提高轶事记录的质量。

(2)持续性记录。持续性记录是一种较长的叙事性观察方法,是比轶事记录更长的观察记录形式。如果轶事记录是一个简短的故事,那么持续性记录则是一个长故事,它是教师长时间观察一个幼儿、群体或活动的结果。[①]在亲历课程中,教师以"先前行为—行为—后续事件—记录"的过程记录方式,将一个个轶事记录连成持续且完整的记录,来记录幼儿持续深入的学习发展过程或面对问题解决的学习探究过程,为解读幼儿学习提供更为丰富的信息。所以,尽管持续性记录也是一种开放的方式,但它并不是随心所欲的,有效、连贯的持续性记录要有重点。

持续性记录一

观察对象:陈﹡一	观察者:吴﹡瑜	观察区域:光影区
时间	探索性行为描述	
2024.4.22 (9:35)	隽一打开手电筒照着彩色的线,他调整着手电筒的位置。他手指着后面挡板上出现的影子对我说:"这里有很多颜色的线,它还会变大变小。"我指着影子中蓝色和红色相交的地方说:"你看,这里发生了什么?"隽一看着,说:"变成了紫色。"随后,他开始新一轮的观察,不断调整手电筒照射的距离,观察这些彩色影子中重叠部分的颜色。	

[①] [美]Marian Marion. 观察读懂与回应儿童[M]. 刘昊,等译. 北京:中国轻工业出版社,2021:68.

续表

时间	观察记录	
2024.4.22 (10:00)	隽一用手电筒照在镭射纸上,发出很亮的光,他又在材料柜里拿了一个漏勺,把镭射纸放进漏勺里,拿起手电筒从上往下照,漏勺的影子在灯桌旁出现,他左右、上下晃动手电筒,投影随着他的晃动忽大忽小。他边操作边说:"它会变成紫色的。"	
2024.4.30 (9:40)	隽一来到材料柜旁,把网纱拿出来放在光影桌上,用手电筒照来照去。他又把新材料——上春山搬到光影桌上,用手电筒不停地照着。持续了大概10多分钟。	
2024.4.30 (9:55)	隽一拿起手电筒坐回椅子上,把手电筒对着地板照射,他拿着手电筒一直照着地面,忽高忽低,低头一直看着地面的光斑。	
2024.4.30 (10:04)	隽一又拿起漏勺和镭射纸,用手电筒对准了照,不断变化手电筒的高度,地面出现的光斑忽大忽小。由于放了镭射纸,光斑中出现了紫色光影,紫色光影随着手电筒照射距离的不同而不断改变大小。隽一高兴地抬头让我看:"你看,这个紫色会变大变小。"	

该持续性记录是教师观察幼儿在光影区使用开放性材料的情况,教师从幼儿的游戏行为中捕捉到了他对材料有比较浓厚的兴趣,发现他在探究游戏材料的过程中创造自己的玩法,精准捕捉了该幼儿在前后两次的光影游戏中对光影的连续性探究,记录了该幼儿使用手电筒感知光源照射的光斑大小与照射距离有关的经验发展。

持续性记录二

南瓜苗种下后的第20天,孩子们发现大南瓜越长越小了,叶子变黄,卷起来了,还有一层白色的东西,有的叶子感觉就要掉下来了。"大南瓜怎么啦?是生病了吗?"浩宇问。"是不是有虫子?"余凡一边说一边仔仔细细地看南瓜苗。琪琪和博文也凑上去看,没有发现虫子。"是不是我们浇水浇得的太少啦?"一一猜测。"肯定是太干了,你们看,叶子都卷起来了,我家里的花太干了,叶子就卷起来了,浇点水就好了。"墨墨说。孩子们决定先试试墨墨的办法,每天来给大南瓜苗多浇点水。

连续浇了三天的水,大南瓜苗的叶子一点也没有展开,还是蔫蔫的。孩子们都觉得大南瓜肯定是生病了,他们想到最多的办法是回家问爷爷奶奶,或者请爷爷奶奶来帮忙治病。一一提出:"我们去问问保安爷爷,保安爷爷很会种菜。""那么,谁愿意去请一下保安爷爷?"教师问。一一和几个孩子自告奋勇,教师则带着其他孩子在南瓜地等候。看过大南瓜的保安爷爷说:"南瓜上面有白色,可能是白粉病,打点药水看看会不会好转。"还表示等太阳下山的时候他会帮忙打药,现在打的话因为太热可能会加重病情。听了保安爷爷的话,孩子们很开心,觉得大南瓜肯定会好起来的。

大南瓜打药后一周了,看起来更小了,叶子还在不断萎缩,孩子们更按捺不住了:"保安爷爷不是打过药了吗,怎么还不好?""要不我们挖出来看看吧,可能下面有虫子在吃它的根。"皓宇问:"老师,可以挖出来吗?"在孩子们的注视下,教师小心地刨开土,把大南瓜苗挖了出来。孩子们围在一起仔细地观察瓜苗,并没有发现虫子,但是发现大南瓜苗的根茎有了变化。

凡凡说:"我发现这个根特别细,还很干,肯定是没有水分就枯萎了。"

琳琳说:"我摸摸它的茎都硬邦邦的,你看都裂开了。"

墨墨说:"我看到我妈妈把快死的绿萝放进水里,它很快就活过来了,要不我们也把它放水里试试吧。"

孩子们都觉得墨墨的办法很好,于是,找到一个玻璃罐子,装满水,把大南瓜苗插了进去,希望瓜苗喝饱了水能好起来。但是,两天后,大南瓜苗彻底死了,孩子们有点难过。

该持续性记录历时约两周,完整记录了幼儿从发现大南瓜苗有问题到开展拯救行动最后拯救失败的探究全过程。记录重点突出,聚焦于活动,涉及多种不同的行为和经验,教师用客观的描述性词汇详尽呈现了一个个清晰的、生动的学习活动画面,以便所有人读该记录时能够清楚地了解发生了什么。当然这只是南瓜种植课程中的一个片段,整个南瓜课程纪录有20个这样的片段,教师的观察记录持续了南瓜栽种、生长、开花、结果、收获、品尝等全过程,系统呈现了南瓜种植活动中的学习。我们有很多这样系统的课程纪录且还在不断形成,对于教师来说,这不是轻松容易的事情,除了有专业的敏感、掌握一定的观察方法,最重要的是用心。

(三) 幼儿作为学习主体参与记录

亲历学习的其中一个特质是自由的表达表现,幼儿通过自由的表达表现呈现作为探究主体对生活世界的认知,呈现作为学习主体对学习过程的体验,幼儿使用图像、符号等记录、交流在活动过程中的发现、问题、想法等,这些图像符号记录见证了幼儿已经走过的学习路径和过程,是幼儿学习的证据,也是解读幼儿的又一把密钥。因而,幼儿在学习过程中进行表征是学习主体视角的记录,形成的表征作品是课程纪录的重要组成部分。

我们鼓励幼儿积极表征,幼儿表征的动机无外乎两种,一种是教师发起的表征,这种表征活动计划性、目的性更为明确,注重通过精心设计与适时引导,让幼儿对表征主题有充分、多元的感知,增强认知体验。另一种是幼儿自发的表征,这种表征主题具有随机性与创造性,表征作品更能反映幼儿独特的感知体验和学习策略。显然,两种表征都是必要的。幼儿的表征形式是多样化的,比如在主题探究活动中,幼儿表征对探究主题的问题、想法及已有经验;对探究对象的观察、发现及思考;对探究问题的猜测、操作、验证的过程及结果;对探究主题的认知体验成果等。因而,表征作品类型多样,不止有记录纸、图画,也有建构作品、美工作品,还可能有自编的故事、自创的舞蹈或歌曲等。

教师在收集表征作品时,必不可少的步骤是倾听、记录幼儿的阐释,瑞吉欧教育实践认为,当儿童向他人展示自己的心智形象时,他们也向自己展示了心智形象,从而发展了一种更清晰的内部自我意识(内部倾听)。《评估指南》也提出,"重视幼儿通过绘画、讲述等方式对自己经历过的游戏、阅读图画书、观察等活动进行表达表征,教师能一对一倾听并真实记录幼儿的想法和体验"。这有助于教师理解幼儿的学习过程,也有助于教师看见、听见每一个幼儿,更有助于教师发现幼儿在学习活动中的个体差异和个体发展需要。

三、着眼幼儿发展,多元视角解析

在亲历课程的评价中,教师尤为关注幼儿的学习行为,理解行为的成长意义。教师通过观察幼儿的外在表现去推断其内部的所感所思、遭遇的困难和解困的直觉智慧,发现他们探索周遭世界的成长力量及取得的点滴进展,识别他们的经验发展需要。那么,如何准确解析幼儿行为?从"看"到"看见"再到"看明白",我们认为教师要有多元视角,要参照学习情境,对应学习任务,识别发展线索,运用理论观点等进行综合的解释判断,必要时还要向家长、向观察对象本人进一步收集信息,来帮助理解幼儿行为表现。

(一) 在情境中探寻行动意义

教师通过幼儿的外在表现来判断其学习兴趣与需要、个性特征与发展水平。幼儿的发展是与环境双向、渐进的适应过程,幼儿的行为是对具体情境的反应。情境既包括微观的时间、空间、人物、人际交往、规章制度等,也包括宏观的社会文化、历史背景等。情境不仅影响幼儿所表现出的行为,也影响幼儿赋予某种行为的意义,我们只有置身于情境之中,才能理解幼儿表现的真实意义。① 例如,单纯从一个幼儿把班级饲养区的蚯蚓切成两段的行为来判断,我们可能会认为该幼儿的行为是消极的破坏性行为。但实际的情境是该幼儿看到书上说蚯蚓有再生能力,他想看看蚯蚓怎样再生,这显然是一个积极的探究性行为。又如,某小班教师反映幼儿都只喜欢角色区,轮不到角色区才不情不愿去其他游戏区,那么,幼儿是真的不喜欢其他区域活动吗?如果将幼儿的选区行为置于该班级区域活动的特定情境中,我们可能会为幼儿的行为找到更合理的解释:该班级教师为了培养幼儿常规,规定整个区域活动时间不能换区,也不能随意进出。这种外在限制对于注意持久性本就不长的小班幼儿来讲就是束缚,而相对自由的角色区就成了幼儿应对束缚的方法,也就是说,幼儿的行为表现可能并无问题,问题可能出在教师所创造的制度性环境上。幼儿的学习在真实的生活情境中进行,置身于情境能让教师理解幼儿行动的策略。因此,教师在观察评价幼儿的行为表现时,不能脱离情境对其进行抽象的判断。

(二) 从行为中识别发展线索

真实的学习情境是整合的、综合的,而非按照学科或领域割裂的。在分析与解释幼儿的实际表现时,教师需要剥离情境,识别与各领域相关的发展线索,即幼儿有怎样的行为表现意味着他在哪个领域有怎样的学习与发展水平。

---

① 潘月娟.比较、解释:观察评价的关键[J].幼儿教育,2016(31):8-10.

表 8-8　幼儿游戏行为观察分析表

行为观察		整个游戏时间,幼儿A(男)和B(女)都在一起制作树,他们使用了锅垫、棒冰棍、玉米粒、彩色吸管等9种材料。A主要制作棒冰棍树,B主要制作吸管树,最后他们一起用三个锅垫将两种树组合在一起,并用玉米粒等进行装饰,完成作品
领域目标	健康	A和B通过剪、捏、贴、撕、按、接、绕、捆等精细动作完成树的制作(体现了手的动作灵活协调,能使用简单的用具)
	语言	A和B在制作树的过程中一直有交流,请求对方的帮助和把自己的制作想法告诉对方(体现了愿意与他人讨论问题,别人讲话时能积极主动地回应)
	社会	A和B达成共同的制作主题,且进行分工合作,B在连接吸管时多次让A帮忙(活动时能与同伴分工合作,有困难能一起克服) A和B都能尊重对方的作品,有装饰想法时,会征求对方的意见(体现了能有礼貌地与人交往;珍惜别人的劳动成果)
	科学	A使棒冰棍在锅垫上竖起来时,先用了双面胶,失败后用了纸黏土,成功了(体现了能用一定的方法验证自己的猜测)
	艺术	A和B一起共使用了9种材料来制作树(体现了积极参与艺术活动,有自己比较喜欢的活动形式;能用多种材料来表达自己的感受和想象;艺术活动中能与他人相互配合,也能独立表现)

识别线索是指辨识活动情景和幼儿行为中预示幼儿在某一领域的学习与发展水平的线索。幼儿在活动中实现自己的学习与发展,活动是促进并呈现幼儿学习与发展的情景。因此,在观察评价幼儿时,一方面教师要识别某一活动蕴含了哪一领域的学习与发展。比如小琳在灯桌上摆玻璃纸的游戏片段(轶事记录一),她先是用随机颜色的玻璃纸一一对应摆了三排11片,完成后又用相同颜色的对应摆了三排10片。虽然该幼儿是在科学区活动,但表现出了数量感知和分类模式等数学领域经验。另一方面,教师应能识别幼儿在某方面学习与发展中的具体表现。进一步分析小琳的游戏行为,可知该幼儿能熟练运用一一对应的方法,准确点数至少11以内,进行了颜色分类并制作简单的视觉模式。而同样是在光影区玩灯桌材料的隽一(持续性记录一)表现出的就是科学探究方面的经验,具体表现为喜欢摆弄材料,对感兴趣的事物能持续探究,通过仔细观察发现光影变化的一些特点,且能用语言表达自己的发现。

儿童发展理论所讲的"幼儿"通常是抽象的、一般的幼儿,现实生活中的幼儿是具体、生动的个体,幼儿在同一领域的学习与发展中的表现是丰富多样的,对比小班幼儿的相关经验水平,还可知小琳对数量的认知发展较好。还有前面提到的对植物特别敏感、植物知识丰富的航航,以及计算能力惊人的楷楷等。可见,幼儿的学习与发展遵循着相同的规律,但具体表现千差万别。教师必须意识到这种个体性,识别幼儿的具体表现,并将这种表现与某个领域的学习与发展建立联系,才能看到并看明白幼儿在某方面的学习与发展水平。

(三) 对应学习活动发展任务

学习活动发展任务指的是学习活动的目标,《纲要》在第二部分教育内容与要求中指出,各领域的内容相互渗透,从不同的角度促进幼儿情感、态度、能力、知识、技能等方面的发展。学习活动的目标一般围绕这几方面制订,教师在观察评价幼儿的行为表现时,可以去对应预设的目标,来提高价值判断和意义识别的效率。例如,在"你好呀,小兔子!"主题课程活动中,幼儿主动承包了照顾兔子的任务,为了更科学地饲养,他们通过调查、实验兔子的食物及量,了解兔子可以吃的食物和不可以吃的食物及兔子食物的量,帮助兔子设计健康食谱。他们经常自发去观察兔子的外形、动作,基本了解兔子的形态特征,如:眼睛的颜色、毛的颜色、尾巴的长短、牙齿特点等,发现了兔子会打洞、兔子要磨牙、兔子会跳等行为特征。他们注意到兔舍里一棵被篱笆围起来的无花果树枯萎了,猜测是兔子所为并通过实验证实了这一猜测。幼儿在活动中的这些行为及获得的经验对应主题预设的三个目标"通过观察探究知道兔子的外形特征、生活习性和生长特点""主动探究、交流对于兔子的好奇与问题,验证自己的猜测""喜欢兔子,学习饲养兔子的好方法,培养长期的责任意识",也证明目标达成了。

(四) 借助儿童发展理论分析

儿童发展理论为教育者理解儿童的成长和社会性、情感、认知、身体的发展提供了理论基础。这些理论有助于解释儿童是如何思考和学习的,如何发展运动技能的,如何交友和与其他人一起学习的,以及如何获取自尊和自我认同感的。[1] 每一种理论在不同侧面为理解儿童的成长和发展提供了一个视角,这有助于教师更好、更深入地解释幼儿的行为。亲历课程在建构和实

---

[1] [美]Miriam Beloglovsky, Lisa Daly. 让早期学习理论看得见[M]. 赵红霞,译. 南京:南京师范大学出版社,2018:1.

践的过程中就运用了较多理论,更提醒教师要有意识地把理论与幼儿学习联系起来,在观察幼儿活动的同时从幼儿身上寻找某种理论的具体行为和能力。例如,用加德纳的多元智能理论来分析对植物特别感兴趣的航航,可以识别这个幼儿的优势智能是自然观察智能;而计算能力超强的楷楷的优势智能则是逻辑数学智能。若教师仔细观察幼儿的行为表现,就能在每个幼儿身上找到其优势智能。又如,拯救大南瓜苗这个课程学习活动中体现了做中学。做中学是杜威的理论,他认为教育的作用就是创造学习共同体并使他们在真实的有意义的任务中学习。拯救大南瓜苗的学习开始于发现瓜苗异常,他们不断猜测原因、制订解决方案、验证结果,他们积极与同伴讨论、寻求有经验的成人帮助。这个过程他们就在从事着真实的任务,他们在真实的任务中学习,他们解决大南瓜苗生病的经验因验证失败而不断被重组和再造,这也体现了杜威的教育即经验改造的理论。教师在整个拯救过程中未贸然干涉幼儿的想法,杜威提倡的民主教育体现在教师充分尊重幼儿尝试用自己的方法解决问题的行动。再如隽一在光影区的探究行为就体现了皮亚杰的认知发展理论。皮亚杰认为认知发展是一种建构的过程,是个体在与环境不断的相互作用中实现的,该幼儿在探究过程中尝试了很多材料,认识了这些材料及其特性,也建立了自己的操作图式,即照射行为。从各种照射行为到出现光影变大变小现象再到主动探究光影变大变小,最后形成结论的过程是认知发展理论中的同化和顺应的过程,新信息不断地与原有的认知相融合,幼儿自己建构了手电筒照射距离与光影大小关系的理论,就是把新信息顺应到他原有的认知结构中,改造了原有的认知图式,形成适合新经验的新图式,引起认知结构的不断发展变化。

第四节 基于评价的反思与改进

评价是教师在实际教育教学活动中理解评价理念、实施评价过程和运用评价结果的专业性行为。泰勒认为:"评价是教学的一部分。"亲历课程中的评价是为了促进幼儿更好地学习。进行这种评价的目的,是发现幼儿相对于过去的成长,思考教师适合以什么方式发生作用,协助幼儿继续成长。教师将评价和教学整合到连续且支持与回应幼儿需求的课程中,在观察分析幼儿的行为表现的基础上,反思活动效果,判断影响幼儿学习的相关因素,发现幼儿经验发展的新机会,继而改进或优化实践策略,提高活动质量,促进幼儿经验不断生长。

一、使用评价信息进行反思

美国教育评估专家斯蒂金斯（Stiggins，2002）提出："教师对于评价信息的运用十分重要。教师评价素养的结构主要分为两个方面，其一是收集可靠的关于学生发展和成就信息的能力，其二是有效地运用这些信息将学生成就最大化的能力。"由此可见，教师对于评价信息的合理有效使用对幼儿发展与学习最大化至关重要。在这之前，教师要对评价信息进行反思。

（一）反思相关支架的作用

幼儿的学习需要支架，所谓支架指的是教师、材料、同伴或幼儿与其他人的互动所提供的帮助幼儿完成一项学习任务的支持。教师应根据幼儿的行为表现及经验发展来总结活动成效，分析相关支架的作用。例如，隽一在光影区的探究活动，他通过操作材料自主建构了光源照射的光斑大小与照射距离有关的经验，其中有准备的游戏材料发挥了重要的支架作用，如果要让他探究其他光影现象，就要考虑增添其他的隐含发展可能的材料。再如，在幼儿拯救大南瓜苗的探究活动中，支架幼儿学习行动的主要是教师以及幼儿与他人的互动，其中，教师的支架作用是组织对大南瓜苗的定期观察，关注大南瓜苗的生长变化；有目的地引导幼儿观察，如比较观察、从细节到整体的观察，发现大南瓜苗的苗情特点；充分尊重幼儿的猜测和想法，鼓励幼儿通过自己的经验去尝试拯救大南瓜苗。然而在得知大南瓜苗可能得了白粉病后，教师的支架有所欠缺，如果及时引导幼儿去了解白粉病，幼儿就能运用了解到的信息去观察、对比、辨别大南瓜苗是否真的是得了白粉病，继而开展一些力所能及的拯救与对其他南瓜苗的预防保护行动，获得更加具体的南瓜白粉病的防护经验，后期的板栗南瓜或许就不会也得白粉病了。

（二）反思学习契机的把握

亲历课程中的学习契机有些是教师根据计划预设的，有些是在活动过程中生发的，需要教师去敏感捕捉，及时把握。学习契机把握得越好，学习内容越丰富，幼儿的活动体验越丰富，获得的经验越丰富。教师反思学习契机的把握来提高自己的课程意识，提升幼儿学习的深度与广度。例如，幼儿在测量向日葵时发现了一个特别的"叶子"（轶事记录二），并产生了自主的观察与猜测，这就是学习契机。教师意识到了这个契机，没有直接告诉幼儿答案，而是鼓励幼儿自己去发现答案，从而生发了之后的观察活动，最终确认是花。

再看这一段记录,如果回到现场,教师其实可以更好地利用这个契机展开学习活动,比如教师可以组织幼儿找找其他的向日葵有没有这样的变化,引导幼儿对比观察并表征记录下这个特别的"叶子"与其他叶子的异同,说说自己猜测的理由,观察思考第一棵长出特别"叶子"的向日葵有什么特别之处。以上活动过程中就包含了对比观察、猜测、推论、表征记录等基于真实情境的科学学习,使原本的学习活动更加充实、有内涵。

(三)反思经验发展的质量

幼儿园课程就是引导幼儿获得有益经验的过程。经验是亲历课程的核心追求,亲历课程最关键的就是要让幼儿获得经验、增长经验。评价课程活动目标的达成情况,就要去看幼儿在活动中的经验情况,获得了相关经验就是达成了相应目标。评价课程活动质量,同样要去关注活动经验发展的情况,经验发展越好,课程活动质量越高,反之亦然。当然,这并不是要求教师在一个课程活动中求全,还是要以幼儿的兴趣和需要为契机,否则又是教师主导的活动拼盘。但教师应该要有经验发展的均衡性、完整性意识,在课程活动过程中注重经验发展的适当引导,不能总是偏向某些领域,忽视某些领域。因此,教师要在观察分析幼儿行为表现的基础上去反思活动经验发展质量。例如,一个中班开展了"快递来了"主题课程,教师根据幼儿实际获得的活动经验绘制了雷达图帮助反思,见图8-4。

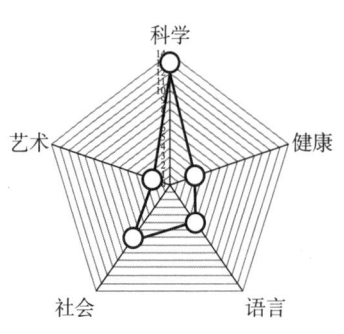

图8-4 "快递来了"课程活动经验雷达图

从这张图中可以发现该课程中的经验比较侧重于科学探究和社会交往领域,而未能充分发掘和利用在其他领域如艺术、健康、语言和情感发展等方面的教育契机。在艺术领域,教师还可以设计一些与快递相关的创意活动,如让幼儿设计自己的快递车辆、绘制快递包裹的插画、创作关于快递员工作的故事画等。在健康领域,可以将快递活动与健康教育相结合。例如,通过模拟快递员送货的过程,让幼儿进行体能锻炼,搬运"包裹"(可以用安全的物品代替),进行短途跑步或搬运比赛等。同时,还可以教育幼儿如何在忙碌的送货过程中保持安全和健康,如注意交通安全、保持正确的搬运姿势等。在语言和情感发展方面,可以利用快递活动的主题,引导幼儿进行故事创作、角色扮演和情感表达。比如,让幼儿创编关于快递员与收件人之间的小故事,扮演快递员和收件人玩游戏,让幼儿在情境模拟中体验情感交流的重要性。总之,关于"快递来了"的课程活动还可以更加丰富多样,活动经验也可以更加丰富多元。

(四) 反思幼儿发展的需要

对幼儿行为表现的观察分析让教师了解幼儿的发展情况,在此基础上,教师可借助儿童发展常模(3—6岁儿童学习与发展目标、核心经验、关键能力等)去思考幼儿现在所处的发展阶段,并确定下一个可能的发展阶段,也可称之为最近发展区。例如,教师发现幼儿在数柿子树上摘下来的柿子数量时(幼儿将柿子排列在桌子上数),小部分幼儿已经能目测30以上的数量,一部分幼儿数到25以上需要借助手指点数,个别幼儿无法数清20以上的数量。在随后的唱数游戏中,教师又观察统计出有18%的幼儿只能唱数至40,15%的幼儿能够唱数至70左右,67%的幼儿能够唱数至100。对照幼儿数学领域目标发展水平可以发现,大部分能够进行100以内唱数的幼儿处于水平五,唱数至70左右的幼儿处于水平四,能够进行50以内唱数的幼儿处于水平三,处于不同发展水平幼儿的下一阶段发展目标也已清晰。需要强调的是,每个幼儿都是生动的、独特的个体,每个幼儿都存在性格、认知发展、学习倾向、社会技能以及其他方面的差异,教师在观察和反思幼儿发展需要时,既要看到群像,更要看到个体。例如,自然观察智能发展强势的航航在班级生活中比较内向,不善主动表现,其人际交往智能相对他自身而言是弱项,教师在看到航航发展优势的同时,也注意到了他的发展弱势,航航的自然观察智能有进一步发展的需要,人际交往智能也有发展的需要,愿意主动分享自己的植物研究就成为他的下一阶段发展目标。而对于经常发脾气且有攻击性行为的朱宝宝来说,学习与他人一起玩、学习控制自己的情绪,减少发脾气的频率是他的发展需要。

二、基于反思改进教学策略

在观察、分析、反思的基础上改进教学策略就能对症下药,精准优化幼儿学习的支架,最大效度提高课程活动质量,促进每个幼儿不断在自己原有发展基础上得到进步。我们虽强调基于反思去改进教学策略,但也并非毫无章法。归结长期的实践经验,可以发现主要集中在环境材料资源的改进、师幼互动的改进、课程研究内容的调整、课程实施策略的改进,具体的改进方法则依据具体的观察对象及评价信息而定。例如,当发现班内幼儿的唱数能力差异后,教师一方面利用餐前活动时间经常组织幼儿玩唱数游戏;另一方面在数学区提供了百数表游戏,来提高幼儿的唱数能力,帮助幼儿理解数系统的规则,理解数词意义。又如,教师通过观察分析及反思,认为航航对植物的认知兴趣需要更加有力的支持,同时还要给他提供表达表现的机会,增强他的交往自信,于是教师在进行"幼儿园的水生植物"课程探究时,为航航提供了更多、更有挑战性的探究任务,让航航成了班上的"植物学家"。

案例:"植物学家"航航

升入大班,孩子们对大班楼区域中的水生植物产生了好奇,他们大都不认识这些种在水缸里的植物,挨个问老师叫什么,而航航却在一旁轻声地告诉小伙伴它们都是水生植物,分别叫什么,有什么用途。老师惊奇地发现航航对植物的了解超过了同龄人乃至不少成人。通过了解,航航对植物有特别强烈的兴趣,他在家里阅读了许多植物类书籍,平时也爱去户外观察植物。于是,航航成了班级里的"植物学家",随时解答大家对植物的疑问,孩子们甚至对航航产生了崇拜,因为他的植物知识太丰富了。在航航的影响下,班级里刮起了一阵"水生植物风",孩子们对水生植物更加有兴趣了,争相观察、了解,特别爱听航航介绍、爱向航航提问。

荷叶、慈姑叶下面都有一条长长的绿杆子,孩子们都以为是茎。航航纠正大家这不是茎,这些绿杆子连着叶片,是它们的叶柄。孩子们很惊讶,问道,那它们的茎在哪儿呢?航航说,它们的茎在泥土下面,叫地下茎。孩子们感叹这些叶柄好长呀,比树叶的叶柄长多了,随后它们还发现芋头、紫芋、泽泻等的叶柄也都是长长的。但孩子们仍然有疑问:那它们的地下茎长什么样呢?通过相关绘本、相关科普视频,孩子们了解到原来莲藕是荷花的地下茎,芋头、慈姑、荸荠等食用的部分都是地下茎,而泽泻的地下茎部分可以制成中药。又有孩子问:那它们的茎为什么要长在地下面呢?航航说,因为它们适应了水田或淤泥的生长环境,茎长在地下,可以帮助它们储存养分、抵抗寒冷,还能更好地吸收土壤中的水分和营养。在这过程中,航航纠正同伴的错误认知,解答同伴疑问,引发并带动同伴观察、了解、比较植物的地下茎,促使全班孩子积极投入、持续探究。

在和同伴们深入研究过幼儿园里的这些水生植物后,航航在教师的提议下绘制了《幼儿园水生植物图鉴》,用植物图鉴将大家的研究发现进行了经验表征,并和其他小伙伴一起去其他班级做介绍,带他们认识幼儿园里的这些水生植物。

第三部分　亲历课程的实施、评价

图 8-5　幼儿园里的水生植物

图 8-6　可食用地下茎的水生植物

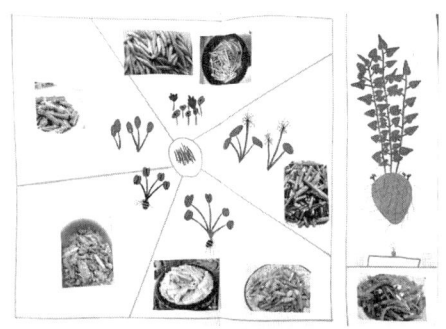

图 8-7　可食用叶柄的水生植物

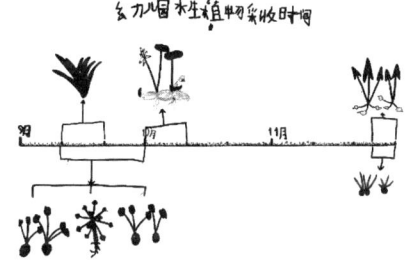

图 8-8　水生植物采收时间轴

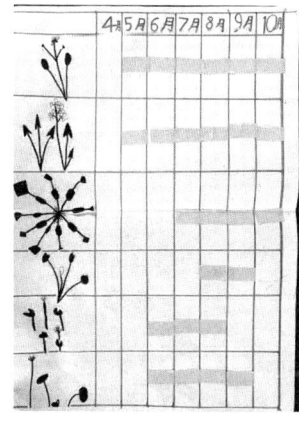

(a)

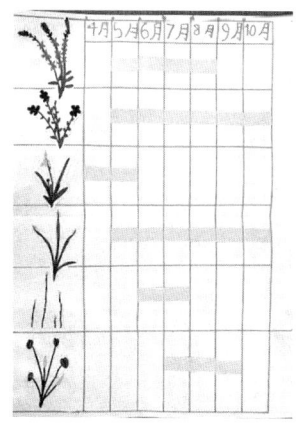

(b)

图 8-9　水生植物花期表

可以发现,航航在该课程实施中获得了很好的发展支持,教师的策略是推动航航成为班级的"植物学家",自己退后,让航航当了植物知识小老师,这一身份一方面极大提升了航航的自信,增加了航航交流表现的机会;另一方面也促使航航以更高的热情投入水生植物的研究,主动去探究相关知识。为班级绘制水生植物图鉴,是位于航航最近发展区的一个挑战任务,航航在绘制的过程中展现出了复杂的、高阶的思维能力,这些水生植物描绘细腻,细节形象生动,可见他对这些植物观察的细致入微;将植物以生态特征分类,体现了他对这些植物的认知经验的系统;这些经验以图鉴的方式呈现经过了艺术加工,又提升了航航的艺术表现与创造能力。

显然,不是每个幼儿都能成为这样的航航,但是每个幼儿都能成为自己的"航航",教师应该在不同的学习活动中发现一个又一个的"航航",支持他们获得更好的发展。

现在,每个孩子都是成长的主角,我们不能反其道行之。为此,教师、家长和每一个与孩子成长有关的人都需自我修炼,更新智慧,携起手来,形成为了孩子着想的情怀。

第四部分

亲历课程的协同保障

第四部分　亲历课程的协同保障

第九章　亲历课程的管理

第一节　问题导向的教研行动

一、亲历课程的教研定义

"教研",顾名思义指教育教学研究。园本教研应是将幼儿教育放在具体的教育背景中考察,着眼从教育实际出发解决教育实践中存在的问题而开展的教研活动。[①] 亲历课程的教研是以亲历课程为基地,以课程实践中的实际问题为研究内容,以教师为研究主体,以提升课程质量,促进师幼共同发展为目的而开展的教学行动研究。

(一) 一种"以人为本"的教研

对于幼儿来说,亲历课程是幼儿主动建构发展经验、探索自己生命成长的活动过程;对于教师来说,亲历课程的教研是教师主动研究实践问题,实现自己专业成长的行动过程。教师不仅是幼儿亲历学习过程的陪伴者与引导者,同时也是研究者,研究自己的教学情境中所存在和所遇到的问题,研究师幼相互作用、相互生成中产生的教学现象,以及自己力所能及地解决问题的策略和方法,从这样的过程中获取经验,提升属于自己的理论,形成缄默性知识,从而在态度、知识与技能上均发生变化。诚然,我们将幼儿置于课程教研的核心,为教研提供了内容上的引领,同时也强调"以教师为本"的重要性,在教研活动过程中充分尊重教师的主体性价值。某种程度上认为,教研的根本目的不在于传达一些现成的研究方法,而在于把教师的创造潜能诱导出来,将教师的生命感、价值感从沉睡的自我意识和心灵中"唤醒",增强其自我意识和问题意识。[②] 可见,亲历课程的教研是一种"以人为本"的教研。

[①] 朱家雄.幼儿园园本教研再议[J].教育导刊(幼儿教育),2006(6).
[②] 赵振国.从质量话语到意义生成话语的转变——园本教研与传统教研的生态学视角比较[J].学前教育研究,2007(11).

"以人为本"的教研意味着要尊重"人"的需要,即"幼儿"和"教师"的需要。在教研活动的内容上实现"以幼儿为本"的转变,将重心从研"教"(教师的教学行为)转向研"学"(幼儿的学习过程),更加关注幼儿的需求和发展。同时,在教研活动的过程中,也应体现"以教师为本"的原则,认识到教师同样是需要成长和发展的个体,尊重和服务于教师的专业发展与个人成长。[1] 也就是说,教研的内容是"以学定教"中的问题,即幼儿学什么和怎么学的问题,以及教师如何支持的问题。因此,亲历课程的教研从研究教材文本转向研究幼儿的兴趣、行动、经验,研究引发幼儿探究行为、促进幼儿亲历学习的环境材料;从研究集体教学活动转向研究幼儿园一日活动的各个环节,研究幼儿多种形式的活动,充分发掘并利用每个环节、每个活动的学习与发展价值。

教研的核心是教师"自我涉入"的研究,即研究教师自身实践的经验积累、自主生成和创造性表达,其着眼点和归属点都是教师自身的实践和创造,是真正有助于教师自我经验的反思、生成和表达的方法。亲历课程的教研重视教师从理念到实践的连通,重视教师的教研诉求与教研体验,引导教师对自己的专业实践、专业发展进行反思性的探寻。因此,教研的方式和方法是灵活多变的,而非固定教条的,其标准是有助于教师的研、思、行。课程建设早期,为了改善"教师不肯放手"的现象,我们组织过"睁眼人闭眼人"的体验式研讨,教师轮流扮演睁眼人和闭眼人,由睁眼人指挥闭眼人行进,其中会经过一些障碍。游戏结束,组织教师从自己对两种角色的游戏体验出发讨论教师和幼儿谁是睁眼人,谁是闭眼人。教师纷纷表示睁眼人是掌控者,有很大的自主权和决定权,对前途有自信、有把握、有规划;而闭眼人是被掌控者,心里是紧张的,行动是不确定的,对接下来的事情缺乏安全感与掌控感。继而分析目前的教育现状中,大部分时候幼儿是闭眼人,教师是睁眼人,幼儿在教师的掌控中,无法决定并确定自己的行为。教师意识到真正"自由、自主、创造、愉悦"的教育,必然要改变这种关系,让幼儿成为"睁眼人",将计划与掌控的权利还给幼儿,虽然幼儿的行动与发展会有很多不确定性,但应以期待的心态等待幼儿。

(二)一种"问题导向"的教研

"问题导向"是一种务实的、发展性的、行动性的教研思维,教研的本质就是研究和解决实践问题,亲历课程的教研强调研究和解决真实课程场景中的

---

[1] 张柏萍,等.基于人本视角的园本教研转型研究[J].黑龙江教师发展学院学报,2024(4).

真实问题。问题的主要发现者一个是教师,毫无疑问,教师是最能发现问题的人,教师在陪伴幼儿亲历学习的过程中、在自己组织和实施亲历课程的过程中会发现无数个困惑自己的、未能有效解决的问题,这些问题一般都十分具体且反映教师个体的教育观念。如"幼儿区域活动偏区,要不要干预?""音乐区应该怎样指导?""怎样解读幼儿的游戏行为?""幼儿挑食偏食,提醒和奖励收效甚微怎么办?""主题探究中游离在外的幼儿怎么办?"等等。问题的另一个主要发现者是幼儿园管理人员,管理人员是必须要去发现问题的人,要善于从教师反馈的问题中去提炼具有普遍性的问题、难题、困惑;也要善于在常态化的保教现场发现课程实施中的真实问题,将其中的个性问题及时解答,将其中较为普遍的、具有典型意义的共性问题筛选形成系列问题。如生活环节的教育性问题、环境材料的支持性问题、师幼互动的有效性问题、课程资源的利用率问题、幼儿行为观察与分析的科学性问题等等,形成教研主题,通过反思实践探寻解决这些问题的内在要素。围绕问题所形成的研究成果又为进一步科学规范地开展课程实践提供了参考,也为教师创造性地使用成果、提高课程质量提供了基本经验。

"问题导向"的教研可以借鉴完整性思维模式,即"发现或产生问题—预设并计划解决方法—实施、检验、调整方法—反思并分享经验"的过程,将发现问题、讨论问题、思考解决方案、尝试解决的权利还给教师,激发教师对问题的敏感性和解决问题的意愿。通过在解决真实教育问题的过程中的积极参与和实践,教师不断积累经验,实现专业成长和能力提升。在这里也需要清醒地认识到,很多问题并不能依靠一次教研活动就彻底解决,每一次教研活动实际上更重要的功能是唤醒意识行动,梳理归纳经验。因此,教研过程并不只是一次教研活动,而是问题解决的整个研究过程。

"问题导向"的教研还可以借鉴问题链教学方法。所谓"问题链",是教师为了实现一定的教学目标,根据学生的已有知识或经验,针对学生学习过程中将要产生或可能产生的困惑,将教材知识转换成为层次鲜明、具有系统性的一连串的教学问题;是一组有中心、有序列、相对独立而又相互关联的问题。[1] 这一策略对于幼儿园教研的启发在于,要学会用系统的问题观把每一个问题放在整体中考量,用系列问答步步深入,像一条锁链,把问题和教研目标紧紧地连在一起,每一问都使教师的思维产生一次飞跃,通过解决问题,不断改进方法、提升课程质量。比如,区域环境创设研究的初级阶段,为了促使

---

[1] 王后雄."问题链"的类型及教学功能——以化学教学为例[J]. 教育科学研究,2010(5).

教师转变观念,形成正确的创设思路,我们设计了这样的教研问题链:①"区域空间规划方便谁?"②"区域内容架构依据什么?"③"区域材料设计关注什么?"④"制订区域规则给谁使用?"问题①促使教师思考班级区域空间利用的合理性,从教师本位转向儿童本位,将班级空间尽可能还给幼儿;问题②帮助教师从幼儿全面发展、多元发展需要的逻辑出发思考区域内容架构,依据《指南》发展领域重新规划设置功能区;问题③引导教师思考区域材料与幼儿经验的关系,充分开发材料属性促进幼儿相关认知经验的发展;问题④提醒教师进一步认识到区域活动主体是幼儿,区域规则应是幼儿真正需要的、幼儿能看懂的、幼儿自己参与制订的。

(三) 一种"对话协作"的教研

从文化哲学的视角看,教研就是一种特殊的文化,是一种特殊的"人的自我生命存在及其活动",而教研作为教师的一种文化活动,同时教研又是有关"教与学"的研究,教学离不开人,教学是为了人,教研不仅仅是一种制度、一种方法,更是一种人与人之间平等的合作和精神交流的方式,是一种"对话合作"。亲历课程的教研需要教师与课程对话、教师与自身对话、教师与教师对话、教师与幼儿对话、教师与专业研究人员对话。对话双方不是传统意义上的对象关系,而是一种交往关系和意义关系,即在对话中实现精神的交流和意义的分享。① 也就是说,教研过程是教师个人的自我反思、教师团队的同伴互动和专业研究人员的专业引领的三位一体。

诚然,"对话协作"的教研共同体根据研究内容、研究范围的不同有多种组合的方式,一个班级的二教一保是教研共同体,一个年级组中的教师是教研共同体,整个幼儿园的全体教师是教研共同体,还有项目教研共同体、专题教研共同体、结对教研共同体等,对话方式也有多种样态,问题式对话、引领式对话、交流式对话、展示式对话等。比如在解决"区域观察如何积极、客观、全面地认识幼儿?"问题研究中,仅园内资源已不足以支持教研,我们就聘请专家教授来与教师对话,这就是一种引领式对话。再如在"区域活动中的深度学习"研究中,每个班级自选一个功能区,打破年级组界限组成××区域项目教研共同体,每两周研讨一次,通过小、中、大班的纵向联系和年级组内的横向联系加深对各区域功能价值与幼儿各领域发展规律的认识,关注幼儿兴趣、行为与经验,开展促进幼儿深度学习的区域研究。同盟教研中,教师有共

---

① 胡庆芳.我国校本教研理论与实践研究的综述[J].中小学教师培训,2005(4).

同的研究兴趣和话题,通过交流式对话、展示式对话能相互启发,比起集体研讨与单枪匹马的研究,这种教研共同体的对话效果更好。

二、亲历课程的教研模型

(一) 亲历课程教研的理论模型

英国科学哲学家卡尔·波普尔说:"科学和知识的增长永远始于问题,终于问题——愈来愈深化的问题、愈来愈能启发新问题的问题。"问题之所以是科学和知识的来源,是因为问题不仅仅是问题,对问题的解释非常重要,换句话说,问题的背后有更重要的东西,我们必须要去认识和理解,也就是现象学所说的透过现象看本质。正如现象学的现象不是指同实在或本质严格区分的、仅仅通过感官才获得的经验,而是指包括感觉、回忆、想象和判断等一切认知活动的意识形式。我们认为,教研中的问题也不是仅眼睛看到的表象,而是指问题成因、指向、可能等所有相关信息,根据是什么、为什么、是怎么样的思维结构,探寻解决这些问题的内在要素。问题解决或改进还要经历一个完整性思维的过程,这个过程是教师进行反思性实践的过程,教师立足于特定的教育情境,解决特定情景中的问题,在行动中进行反思,从经验中进行学习,获得自我和实践的新见解。因此,亲历课程的教研回归问题本质,关注问题解决与研究的过程,让教师成为反思性实践者,养成主动反思实践的能力和习惯,使教研真正产生"教育生产力"。

课程实践过程中会形成各种形式的实践案例,如课程故事、观察记录、课程方案等,我们将实践案例和问题现场都作为开展教研的主要平台和载体,以行动研究和教育叙事为基本方法。行动研究并不是一种独立的研究方法,而是一种教育研究活动,是一种教师和教育管理人员密切结合本职工作,综合运用各种有效的研究方法,以直接推动教育工作的改进为目的的教育研究活动。威尔福德·卡尔这样描述行动研究:"选择行动研究是基于你的教育信仰,所担负的重任……行动研究不是具体的东西,它不是一种方法。它是一种理想,我们应探索如何在实践中达成理想。"行动研究的一个特点是"反思性实践循环",即"反思—行动—观察"的循环。行动研究的过程中,还需采取适当的技术策略,如与能给予指导、启发、支持的人展开对话、协作;采用循证方法,通过对相关文献、数据信息的收集、分析得出可用于指导实践的二次证据;更要善于利用信息技术及研究工具辅助研究,提高教研效率。

教育叙事作为行动研究法成果表述形式,既指教师在研究过程中用叙事的方法所做的文本记录,也指教师在研究中采用叙事方法呈现的研究成果。教育叙事即是讲有关教育的故事。它是教育主体叙述教育教学中真实情境的过程,其实质是通过讲述教育故事体悟教育真谛的研究方法。教育叙事并非为讲故事而讲故事,而是通过教育叙事展开对现象的思索,对问题的研究,是一个将客观的过程、真实的体验、主观的阐释有机融为一体的一种教育经验的发现和揭示的过程。亲历课程中,教师撰写并讲述课程故事就是一种教育叙事,把作为叙事者的教师自身的思维触角引向自我教育生活的深层。

可见,亲历课程教研是以现象学、完整性思维、反思性实践为理论依据,秉持回归问题本质、关注研究过程、主动反思实践的基本理念,将教育现场和实践案例当作主要平台,以教育叙事和行动研究为基本方法,采用对话、协作、循证、信息技术、研究工具等技术策略来形成的理论模型。

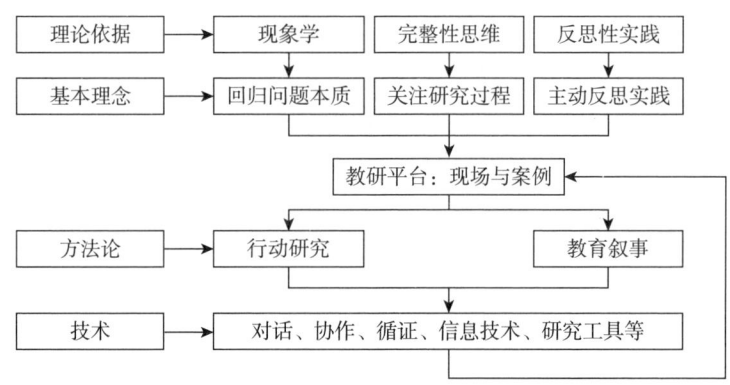

图 9-1 亲历课程教研的理论模型

(二)亲历课程教研的操作关键

1. 关键一:教研主题的确定

问题是教研主题的来源,将问题转化为教研主题是启动教研活动的关键第一步。我们先要思考并解决两个问题:问题从哪里来?什么样的问题适合做教研主题?第一个问题,无须再赘述,问题来自课程实践,来自课程活动现场,主要由教师和管理人员从各自的视角去发现问题、反馈问题。为了培养教师的问题意识,我们制订了问题收集机制,一种是定期收集,年级组教研时有问题反馈环节,教师反馈自己在课程实践中的问题和困惑,由年级组长汇总给教研管理人员;一种是定向收集,教师通过问卷形式反馈课程实践中的某方面问题。教研管理人员将教师反馈的问题及自己发现的问题归类和提炼,确定需要解决的核心问题、主要问题,形成教研主题。

教研主题的确定还是一个从大体到具体、从预设到生成的过程,学期初制订的教研计划预设了教研主题的大体内容,而具体内容则要从当下的课程实践中来。这就要求教研管理人员对课程理念内涵有深刻理解,有课程质量发展意识,深入班级、深入课程实践现场,对幼儿的发展目标和发展规律基本掌握,有敏锐的问题意识,这也是形成教研主题的关键。

2. 关键二:教研活动的设计

教研活动的成效很大程度上取决于教研活动的设计,设计好教研活动是关键的第二步。教研活动设计的重点是教研的组织方式、教研的方法策略,目的是要调动教师沉浸式教研、主动思考、积极改进自己的教育教学行为。如果教研中的教师表现出置身事外的状态,这一定不是有效的教研。教研的组织方式、方法和策略无固定范式,根据问题涉及的人群确定教研组织范围,小组教研、群体教研或全体教研;根据问题呈现的实践短板确定教研支持方式,依靠园内力量或邀请专家指导;还要思考什么样的教研形式能调动教师的身、心、脑。比如在进行"课程资源的开发与利用"教研时,我们组织教师从园内植物资源开始,通过认植物、找植物、用植物的活动与讨论,形成园内植物资源清单及利用提示。再如在进行"一日活动过渡环节的优化"教研时,我们采用项目式教研,将一日生活环节划分成为若干个项目,每个班级认领一个,通过自主研究(班级)、小组共研(同项目)、成果发布(全园)等形式有效改进各年龄段的一日活动过渡环节质量。

3. 关键三:教研效果的跟踪

教研效果即问题解决的效果,教研的根本目的是解决问题,提高教师实践能力,提升课程实践质量。因此,一个教研活动是否有效,不能只看教研现场,还是要回到问题现场去看问题是否真正得到了改善和解决,只有形成了闭环,教研才是有效的,这也是完整性思维的体现。而在教研效果的跟踪中,还会发现两种情况,一种是问题解决不理想,那么就要再次分析问题,重新组织教研活动;另一种是解决了老问题,发现了新问题,那么就要形成新的主题教研活动。可以说,教研就是不断发现问题、解决问题的过程,教研在解决老问题的同时,又会生发出新的问题,问题解决的过程也成为亲历课程内涵持续不断深化的过程。正因如此,对于影响课程实践质量的几个关键内容,如环境资源创设、课程活动审议、幼儿行为观察分析等,我们坚持系统的、螺旋上升的长线教研,使亲历课程质量得以不断优化。

三、亲历课程的教研行动

(一) 教研行动例一:区域环境创设

区域活动是亲历课程的主要活动类型之一,区域环境直接决定幼儿区域活动质量,持续改造区域环境是亲历课程实践的一个重要内容,也是教研长期关注的一个主题,迄今已历经十年。十年间,我们的班级环境发生了翻天覆地的变化,为幼儿亲历学习注入源源不断的动力资源,实现这种变化的正是持续十年的区域活动环境教研(见表9-1)。

图9-2　2013.12.21 大二班　　图9-3　2014.12.11 大二班　　图9-4　2016.5.16 大二班

图9-5　2018.10.18 大二班　　图9-6　2023.11.13 大二班

表9-1　室内区域活动环境教研历程

教研阶段	教研主题	教研成果
2014	主题背景下的区域环境架构研究	充分利用空间,区域设置合理;梳理主题核心经验并在各区域落实
2014—2015	区域材料的适宜性研究	提炼出区域材料设计的四个关键指标,即"安全性""情境性""多元性"和"动态性"

续表

教研阶段	教研主题	教研成果
2015	区域材料的有效性研究	了解幼儿自主选择材料的逻辑,提炼出幼儿喜欢的材料的共性特征
2016	低结构材料的开发与指导研究	形成低结构材料的投放指南,在"幼儿自主"与"教师指导"之间形成基本的互动模式
2017	材料超市创设研究	梳理出"材料超市"的创设线索与材料目录,区域材料资源得到极大丰富
2017—2018	"留白区"研究	大班开设留白区,从另一个视角理解"支持性的环境",进一步促进幼儿自主学习、主动学习、创造性学习
2018	区域活动中的深度学习研究	以经验线索关注幼儿与材料的互动,以课程视角助推幼儿在区域活动中的深度学习
2019	全面发展导向的区域环境创设研究	强化区域活动的全面发展功能,划分区域主要发展功能,形成全面发展导向的区域环境创设基本思路
2020—2022	核心经验导向的区域环境创设研究	梳理出各区域对应的学科领域核心经验,环境材料更体现发展效能,形成了经验导向的区域研究指导手册
2023—2024	支持个体发展的区域材料研究	从关注整体到关注个体,基于每个幼儿的发展状况创设适配每个幼儿需要的材料资源

以上教研历程主要解决了区域环境材料创设实践中的六个关键问题。

1. 解决问题一:区域材料多为集体教学活动的延伸

起始阶段,我们审视区域材料,显而易见的问题是材料少且单一,材料主要有两类,一类是雪花片等,另一类是集体教学活动操作材料,可以说是集体教学活动在区域中的延伸。这样的材料对幼儿无疑是缺乏吸引力的,怎样打破现状?我们先从拓宽教师视野着手,分批组织教师去上海、南京及本市等以区域活动见长的幼儿园参观学习,教师们大开眼界,发现区域活动可以那么有趣,区域材料可以那么丰富。我们接着进行了区域材料设计比赛,教师们摒弃了原来的做法,开始思考幼儿的兴趣,区域中多了很多好玩的材料。

2. 解决问题二:区域材料多从网络或他园照搬回来

这个阶段,我们发现教师很善于将外出参观学习见到的新颖材料搬回来,也善于在需要增加区域材料时,到网络上搜索,然后进行复制,这样的材料看上去比较有趣,实际上很多材料与幼儿当下的经验是无法连接的,也不能形成有效的互动。我们分析,教师对投放区域材料有热情,但不知道如何设计材料,我们认为要给予教师区域材料设计的基本思路与方法。于是以主题为线索,进行了"主题背景下的区域环境架构"研究,这个研究分两步走,第一步是每个年级组确定一个实验班先实践;第二步是实验班成果研讨并全园参加。

第一步,领头羊式的研究。考虑到当时从上到下都没有经验,与其所有教师盲目行动,不如集中精力做样本班。于是在每个年级组选定了一个实验班,开始了"主题背景下的区域环境架构"研讨。我们从研讨"主题上什么课?"转而研讨"主题可能发展幼儿的哪些核心经验?""这些核心经验能否(如何)通过区域活动由幼儿自主获得?"实验班的研究取得了很好的效果,最终形成了"梳理主题核心经验"→"筛选能通过区域活动达成的经验"→"根据经验在各个区域设计相关游戏材料"的主题背景下的区域环境设计思路。

第二步,全园参加的研究。在研究过程中,当实验班的区域环境有了较大改变时,我们就组织教师观摩研讨,这使得教师都跃跃欲试,有些已经开始跟着行动起来。新学期初,我们组织了全园参与式培训,先是实验班介绍主题背景下的区域环境创设的过程,再是全体教师分三个年龄段,每个年龄段围绕一个主题,用主题背景下的区域环境设计思路进行研讨,形成设计方案。然后由各班实施并调整设计方案,保教管理者跟踪指导,并开展组内研讨。由此,全面推开了主题背景下的区域环境创设。

3. 解决问题三:区域材料多就是好,适宜性较欠缺

主题背景下的区域环境创设为教师开启了灵感之源,教师很快掌握了这种设计思路与方法,班级中的主题氛围浓厚了,区域中的材料满满当当的。可是,材料多就等于好吗?教师自己也发现有不少材料是不适宜的。那么,好材料的标准是什么?我们又进行了材料的适宜性研究。这次我们采取了案例式研究,收集各个班级中幼儿喜欢的材料,提炼共性特征,形成材料设计的四个关键性,即材料的安全性、情境性、多元性和动态性。

有了材料设计的四个关键性,教师设计材料的能力有了很大提升,他们也越来越有想法,我们又趁热打铁再次组织教师回顾、梳理、分析自己班级中的区域材料。教师先罗列自己班里的材料名称,标明结构类型,然后按幼儿的喜欢程度分三个等级进行统计,统计后每位教师选择幼儿最喜欢和最不喜欢的材料各一份来分析原因,大家共同收集关键词,再次提炼共性特征。

表 9-2

		小班	中班	大班
材料类型	高结构	27.01%	21.86%	20.16%
	低结构	60.95%	56.28%	57.26
	无结构	12.04%	21.86%	22.58%
喜欢程度	三 星	低结构	低结构、无结构	低结构、无结构
	二 星	低结构、高结构	低结构、高结构	低结构、高结构
	一 星	高结构、无结构	高结构	高结构
材料特点	喜 欢	材料多、情境直观、有熟悉感、可操作探索、规则简单易成功	新颖多元、开放多变、有情境性、有成功感、可操作验证、连接经验	新颖多元、开放多变、可猜测验证、有挑战性、有成功感、连接经验
	不喜欢	规则太多、材料单一、难度过高、无成功感、全无提示、重复练习	规则太多、材料单一、难度过高或过低、重复技能练习、脱离幼儿经验	规则复杂、难度过高、无挑战、无创造
	其 他	平行游戏、动作感知	合作游戏	合作或竞赛游戏

4. 解决问题四:教师主导为主,幼儿的主体性不强

对材料的梳理让教师更为清晰地认识了幼儿对材料的喜好,教师对幼儿的年龄特点也多了些理解,教师的儿童观与教育观不断更新。我们意识到虽然区域中有很多低结构材料,但如果设计者是教师、导入者是教师、推动者是教师,那么本质上仍是教师的游戏。如何进一步从教师本位走向儿童本位?

我们先是进行了"低结构材料的开发与指导"研究,来平衡"幼儿自主"与"教师指导"之间的关系。每月由 2—3 个班级使用同一种材料,每周反馈游戏活动情况,交流幼儿作为有能力的、积极主动的学习者的活动片段,分析师幼互动情况,判断教师是否体现了儿童本位意识。月底梳理研究的得与惑,与其他班教师分享。我们分别开展了"夹子区研究""石头区研究""吸管区研究"等低结构材料研究,并提炼经验形成了材料投放与教师指导的基本行动模式,即"预设—等待—追随—支持"的循环模式,这个模式中的预设不是指设计材料玩法,而是对幼儿的兴趣与经验(已有经验与还可能引发的经验)的预研究。

"低结构材料的开发与指导"研究让教师真正认识到了幼儿是一个有能

力的、积极主动的学习者的形象。这种认识让我们再度反思是否还可以更放手?随后,我们进行了"材料超市创设"研究,以进一步鼓励幼儿自由选择材料、自主生发游戏。我们提出,幼儿不仅是环境的享用者,同样是环境的共建者,因此,"材料超市"应由师幼共建而成。材料超市打破区域设置,有着丰富的、多样的材料,是一个有序的、开放的区域环境。幼儿参与材料的收集、整理、分类与归放,这个过程的参与让幼儿与材料之间建立了很好的联系,有利于生发幼儿自由选择材料、自主生发游戏的主动行为。随着"材料超市"中不同属性、不同材质材料的加入,教师发现多样化的材料能刺激幼儿的多种感官,生发幼儿的多种体验,获得更多的发展可能。于是,我们通过教研活动和教师进行了材料收集的梳理,整理出了"材料超市"的创设线索与材料目录,供教师参考,以便为幼儿提供尽可能丰富多样的材料。

为了发现幼儿对材料的自主使用情况,在创设"材料超市"后我们又进行了"留白区"研究。"留白区"是一个完全由幼儿主导的区域,这个区域没有教师预设的游戏,没有教师投放的材料,"玩什么""怎么玩"幼儿完全自主。我们也希望通过一个完全属于幼儿的游戏区来进一步加深对幼儿学习兴趣、学习能力、学习方式的了解,同时探索在这个强调"儿童本位"的游戏区,教师"如何抱着使幼儿的状态达到幼儿希望的状态这一愿望与幼儿互动"[①]。"留白区"研究先只在大班选了一个班级作为项目班,由教科研管理者协同班级教师共同参与形成项目小组,并对留白区游戏全程录像,用于项目小组教研分析。一学期研究下来,项目组得出结论:幼儿完全有能力自己决定玩什么,以及怎么玩;当幼儿有充足的自主权后,会有大量创造性行为产生;幼儿发起的活动,其活动状态是热情投入的。作为教师也要从另一个视角理解"支持性的环境",在认识幼儿方面,教师始终处于探索状态。"他们是怎样萌发想法的?怎样建构自己的知识?用这些知识来做什么?他们已有的想法是怎样转变的?又怎样将不同的经验联系起来?……"教师要怀着这样的好奇陪伴幼儿成长。项目研究成果发布后,所有的大班都开设了留白区。

5. 解决问题五:区域材料与幼儿发展的关系不清晰

此时的区域呈现的是幼儿专注、投入的生动画面。据非正式统计,在我们的小班区域活动中,91.18%的幼儿能以较好的状态持续30分钟,而我们知道小班幼儿的有意注意时间一般约为15分钟。那么,这就是高品质的区

---

① [日]河边贵子.以游戏为中心的保育——从保育记录出发进行解读[M].朱英福,等译.上海:华东师范大学出版社,2009:156.

域活动了吗？区域活动的目的究竟是什么？是幼儿有兴致地玩？还是促进幼儿的发展？大家会说当然是为了促进幼儿发展，然而，实际上往往满足于幼儿在区域中有兴致地玩的表象。再深入剖析，我们发现，教师对于材料与幼儿发展关系的认知是模糊的，究其原因，是教师缺乏课程意识，缺乏对幼儿发展的整体性、连续性的认识。

我们进行"区域活动中的深度学习"研究，每个班级认领一个区，相同区组成研究共同体，每两周研讨一次。各组先重温了《0—8岁儿童学习环境创设》一书中的相关区域内容，教师发现书中的教师在区域创设前后、在指导策略中都有对区域功能与常识、幼儿年龄特点与领域发展规律等的清晰的认知。这是我们最欠缺的。除了《0—8岁儿童学习环境创设》，我们主要运用《指南》进行观察与分析，这样的研究促进了教师对幼儿发展的整体性、连续性的认识。

6. 解决问题六：区域环境不足以支持幼儿完整发展

基于对幼儿完整性、连续性发展的认识再来审视并改造区域环境，首先要解决的是对具有完整性发展功能的环境的认识。我们先收集教师的认知，将教师分成三个年级组进行研讨，研讨结果进行集体交流；梳理提炼的成果由教师去实践，实践一段时间后再交流研讨。如此循环半学期后达成以下共识：一是参考《指南》规划区域发展功能，比如身体动作发展、交往和建立自信、认知与探究、阅读与书写、艺术感受与表现；二是每个功能区要涵盖学科领域主要经验，比如科学区中应有沙水、自然生命、科学小实验等；三是要随着幼儿的发展需要进行变化，可将环境创设分两步走，先创设基础性环境，随着主题发展及幼儿活动兴趣逐渐创设发展性环境，因此，创设环境时也要倾听幼儿想法，让幼儿参与，这样才能更好地满足他们的兴趣和需要。

在创设完整性区域环境的实践中，教师纷纷提出对幼儿学科领域核心经验不甚了解的问题。显然，这是创设难点。为了解决这个问题，我们随后进行了"核心经验导向的区域环境创设"研究，组建了骨干教师团队梳理各个领域的核心经验、发展规律，形成文本提供给教师作为研究支架。结合教师的实践经验，我们形成了经验导向的区域研究指导手册。手册对接了核心经验的区域环境，材料更加丰富，发展效能明显。

但随着对幼儿区域活动的深入观察，教师发现幼儿存在偏区情况，经过与幼儿的交谈及对幼儿行为动机的分析，教师认为一方面原因是人的智能本就是多元发展的，要尊重每个幼儿的智能发展差异，尊重每个幼儿的兴趣爱好;另一方面也了解到不喜欢去的原因都是幼儿觉得很难,自己不会。我们引导教师思考,区域活动是个别化学习,应该要能促进每个个体发展,区域材料除了要符合普遍发展规律,还要符合每个个体的需要,让每个个体在每个区域中都有喜欢的材料,都能获得成功体验,如此才能和谐发展。我们又开展了"支持个体发展的区域材料"研究,以数学区材料为突破口,通过区域观摩、材料分析等教研方法来研究材料的层次性、适配性。在研究中,教师也发现支持个体发展的基础是了解个体发展,因此,观察了解幼儿是教师重要的专业技能。

(二) 教研行动例二:幼儿行为观察

"观察"是教师要长期修炼的教学基本功,亲历课程中尤其重视对幼儿活动行为的观察,通过观察,去发现幼儿独特的特点。去看到幼儿能够做些什么,他们怎样接近问题,怎样尝试解决问题;去了解幼儿已经达到了什么水平,他们的行为动机等;也让教师从儿童视角理解事物,为幼儿提供更适宜的活动支持。

"幼儿行为观察"也是一项需要持续跟进的教研活动,以帮助教师不断提高观察能力。在进行"观察"教研时,我们主要聚焦两个内容。

1. 增强观察意识

我们认为教师的观察能力是在长期的观察行动中提升的,只有教师愿意观察才会用心观察,因此,培养教师的观察意识是教研先要解决的问题。早在 2016 年,我们便将传统备课改革为观察式备课,从备集体教学改革为去观察发现一日活动中的问题,然后分析解决问题,直至问题得到有效解决或改进。而产生这样的改革想法是前期对教师进行的"关于对美工区活动的问题调查",调查共收集了 53 个问题,其中关于环境创设的涉及 25 个,"材料"作为关键词出现 18 次;关于活动指导 25 个,"创造"作为关键词出现 12 次;而关注活动中的幼儿,希望更好地解读幼儿的仅为 1 个,说明这个阶段的教师的观察意识还比较薄弱。我们希望通过观察式备课促使教师去主动观察活动中的幼儿。每周年级组教研时让教师讨论自己发现的问题与对策,我们发现,这样的研讨内容更能引发教师的共鸣,年级组教研的氛围比以往更为热烈。观察式备课一直持续到现在,这也是亲历课程实践中能够积累无数案例的主要原因。我们还尤为重视培养年轻教师的观察意识,一个年轻教师如果善于观察,那么其专业能力就能快速提升。我们规定三年内的年轻教师做半日活动观察记录,每月就观察记录组织展示研讨,针对年轻教师的观察视角和观察方法给予指导,帮助年轻教师逐渐养成主动观察的习惯。

2. 改进观察方法

在增强教师观察意识的同时,也要帮助教师改进观察方法,利用观察工具来提高观察质量。我们邀请专家定期来园进行"幼儿观察与分析"方面的培训与指导;我们将《指南》目标搬进区域,学习运用《指南》进行观察与分析,每周进行视频案例研讨;我们组织教师在区域活动中采用定点观察法和定人观察法进行观察练习;我们鼓励教师观察记录并分析在实际情境中的幼儿学习与发展,建立多元发展的观察量规。

为了帮助教师建立多元发展观察量规,我们以"尊重差异,多元发展"为核心理念,以多元智能理论中的关键能力为基本划分依据,结合幼儿园的评价参考资料库进行深度的园本化开发,形成根植华幼实际的观察指南。观察指南包括自我认知、语言、运动、社会、美术、科学、音乐、数学八个领域,不同领域也细分了子领域。观察指南的设计是为了给教师提供观察思路和支架,促使教师更加有效地观察。观察指南形成后,我们并没有直接把所有东西一股脑抛给教师,而是进行了一系列的教研活动,有计划有目的地让教师进行内化,同时教师也在使用过程中提出一些建议,便于项目组进一步改进。

第一阶段,我们致力于帮助教师熟悉指南中的各个指标并建立共同的理解规范。首先,教师阅读观察指南后,随机选两名幼儿作为重点观察个案。其次,组织教师每周关注观察指南中的一个领域,每天上传一张照片或视频至微盘,命名包含观察内容与指标。接下来,周五的时候教师点赞带给他们触动的教育情境,并将照片汇总排名。最后,在下周一教研活动中分析排名靠前的照片,讨论拍摄背景、与观察指南的联系及点赞理由。同时,分享使用观察指南的疑惑与建议。

在第一阶段的基础上,第二阶段的重点是帮助教师理解幼儿发展差异并关注个体领域发展的不均衡。这样有助于发现优势,弥补不足,激发潜能。因此,教师需对指南中的各个指标进行水平分层并内化,以便更好地评估和指导自己班级幼儿的发展。我们进一步修改教研流程并形成了以下循环式的操作步骤。

回顾交流:请每个年级组点赞排名靠前的教师谈一谈上一周的观察记录与指标的关系,具体佐证了哪条指标,其他教师谈谈给他点赞的原因。

指标修订:教师根据上周的观察实践对照评价参考资料库相关资料,对上周预设的各个指标水平进行讨论和修正。在这个过程中,教师再次将评价参考资料库的内容与实际教育情境进行结合,是一个再学习的过程。

水平预设:教师参考评价参考资料库相关资料结合自己班级幼儿的实际情况对本周新的观察领域各指标中幼儿可能出现的三个水平进行讨论预设。

为了便于教师的后期分析,我们将观察对象分为两类:"个案"和"差异"。其中,"个案"指的是教师从教研开始就选择的两个观察对象,而"差异"则包括班级中其他幼儿。通过比较"个案"与"差异",教师可以为每个指标制订基于班级实际情况的水平分层,这将比观察指南的简单描述更具针对性。同时也能帮助教师为幼儿提供更适当的支持,并准确找到其最近发展区。

需要说明的是,我们将观察指标进行分层的目的并不在于将班级中的幼儿分成不同水平,而是为了让教师更有效、更快速地形成教学策略,从而推动幼儿更好地发展。换句话说,当教师判断一个幼儿处于某个水平时,他们应立即思考幼儿下一阶段的发展水平,并形成相应的支架。

为了深化教师观察的多元视角,我们在组织教师研讨的基础上,参考了各种专业的观察评估表,开发了基于亲历课程应用实际的一些观察评估量表。例如:幼儿表征记录表、区域活动观察表、多元智能便签观察表、生活活动观察检核表等工具。

对幼儿行为观察的教研让教师实现了从"被动观察"到"主动观察"的观念转变,也实现了从"看见儿童"到"看懂儿童"的专业进阶。

第二节 效率取向的课程管理

课程管理是决定课程成效的一个重要因素,甚至从一定意义上说,课程管理的成效决定了课程的实际成效。就幼儿园课程来说,课程管理是指在一定法规和政策的背景下,各级政府或幼儿园本身对幼儿园课程的建设和实践过程进行的规范、引导和帮助,也就是通过一定方式介入并适度控制幼儿园课程的设计、实施和评价过程,其根本目的是提升课程的成效,更好地促进幼儿的发展,同时促进各类教育者自身的发展。[1] 为提高亲历课程开发及实施的质量,我们在课程建设和实践的过程中,重视对课程运行过程的管理、对课程保障机制的建设、对课程改革实践的引领。

---

[1] 虞永平. 在课程管理实践中提升幼儿园课程建设的质量[J]. 课程改革探索,2005(10).

一、亲历课程运行过程的管理

亲历课程是教师主动根据幼儿的兴趣、需要和发展现状,利用幼儿生活世界中的各种资源,创造性地开发和实施相应的课程活动,以有效促进幼儿多方面经验增长和建构,实现幼儿全面、主动又富有个性的发展的过程。它是一个动态的开发、实施过程,是一个不断完善的过程,我们从课程计划制订开始,到计划执行至总结,进行全过程的调控、监督和引领,以保障课程质量。

(一)课程计划阶段的管理

《规程》指出教师的主要职责之一是观察了解幼儿,依据国家有关规定,结合本班幼儿的发展水平和兴趣需要,制订和执行教育工作计划,合理安排幼儿一日生活。《幼儿园教师专业标准(试行)》也将教育活动的计划与实施作为教师专业能力的一个主要内容,可见,计划对于教育教学的重要性。亲历课程采用预设与生成相结合的编制方法,预设课程一般是幼儿在园生活中必须要经历的活动,是必要的保留课程。例如新学期适应性课程"幼儿园里真好玩""我升中班了""我是大班哥哥姐姐",还有国庆、元旦、中秋、端午等节日课程,以及"结伴日""勇敢者之夜"等幼儿园自创的传统活动。预设课程大都已历经一轮又一轮的实践检验及修正,活动方案比较成熟,质量有保证,教师在计划预设课程时应在原有活动方案上进行创新与优化。生成课程是教师基于幼儿的兴趣需要而创生的活动,教师有充分的课程自主权和决策权,但自主状态下的课程质量可能参差不齐,因此,这个阶段课程管理的主要任务是解决生成课程的计划问题。

1. 促进课程生发

生成课程从幼儿对生活事物的好奇和问题中产生,只有幼儿与生活事物产生联系互动才会引发兴趣。我们从管理上推动这种联系互动,例如,在一日生活作息中安排户外自然活动,将果树、种植地、香草园、小池塘、鸭子、兔子等自然资源分配给各个班级照顾管理,通过这些举措来促进幼儿亲近园内的自然资源,在观察、照顾、管理中产生探究,引发课程,"小瓢虫变身记""橘子熟了""樱桃保卫战""我们种了大米饭"等很多自然课程就是这样产生的。为了促进幼儿对社会事件的关注,我们在一日生活作息中还安排了分享活动,大班幼儿会利用其中一点时间开展新闻热点播报,引发幼儿热烈讨论的就可能变成课程进行探究,比如"厉害的中国空间站""我喜欢的奥运冠军"等课程。

2. 规范计划流程

从兴趣到课程要经过价值判断，为了帮助教师进行价值判断，我们分析课程案例、提炼实践经验，形成了判断一个兴趣话题是否具有课程价值的思考要点，比如：该兴趣话题是否有利于幼儿亲历学习？可否形成持续深入的学习？能否给幼儿带来新经验？确定兴趣话题后就要制订课程活动计划，为了提高计划的质量，我们改进计划文本，给教师提供计划模板，计划模板中的备课要点依次为"幼儿已有经验—幼儿的兴趣点—课程目标—预设发展经验—课程预设网络图—区域活动材料—课程相关文学、艺术作品资源—课程教学活动—家长活动"，我们利用模板规范计划流程，引导教师思考课程计划的关键内容，使计划具有实操性。

3. 组织计划审议

为了提高计划的质量，不管是预设课程还是生成课程，都要对计划文本进行审议。对课程计划的审议主要在年级组内进行，由年级组长主持，园长或业务副园长至少要有一位参与指导，组内教师从适宜性、可行性、发展性等方面对课程的计划文本进行讨论，从各自视角提出改进建议、提供拓展思路，教师从中得到启发，修改优化计划。

（二）计划执行阶段的管理

计划执行阶段也就是课程实施的阶段，制订得再好的计划如果执行不到位，课程质量就会大打折扣。这个阶段课程管理的主要任务是监督计划执行、指导实施过程、提高课程实施的质量。

1. 监督计划执行

课程计划要落实到一日活动中才能被执行，我们要求教师将课程计划分解到周日计划中，每周五，教师须制订完成下一周的周日计划并打印张贴在班级公示栏，管理人员通过检查周日计划可以了解课程计划的执行进度。在课程实施过程中，我们规定教师要进行观察记录，将有意义、有价值的亲历学习过程变成课程纪录，这是教师教育教学工作中的一部分。在这里，课程纪录不仅是幼儿学习的证据，同时也是课程计划执行的证据，教师每月上交课程阶段性纪录，管理人员通过查阅课程纪录去了解课程实施情况，实时掌握课程计划执行情况。我们倡导自主创新的课程管理文化，对教师的管理比较宽松，正如认识幼儿所持的积极态度，我们在认识教师时同样持积极态度，事实上，我们的教师的确在以积极主动的状态投入到亲历课程的建设与实践中。但我们也明白,课程计划的有效落实不能全凭教师自觉,为了保证计划执行,也为了提高计划执行的质量,还需要制订必要的奖惩条例来约束、规范教师的课程行为,激励实践创新。例如我们将制订周日计划、每月上交课程阶段性纪录等纳入月工作考核,对完成情况和完成质量进行考核。

2. 审议执行过程

亲历课程在实施取向上偏向课程创生,教师在执行课程计划的过程中不能照本宣科,而要根据幼儿的兴趣和需要去调控计划,调整活动内容和活动进程。因此,在课程计划模板中,除了有"课程预设网络图",我们还设计了一个内容——"课程生成网络图",就是提醒教师虽有计划,但计划只是行动蓝图,在计划实施过程中还会出现各种各样的"意外",教师要对这些"意外"进行识别筛选、价值判断并作出恰当回应。教师灵活调控计划的能力与课程实施能力息息相关,这对教师专业能力的挑战极大,为了帮助教师,我们不仅组织计划审议,还组织课程实施过程审议。为了使审议更有成效,在课程实施阶段,审议不一定在年级组内进行,我们会打破年级组界限,将进行相似研究的课程归在一起,比如研究动物的归为一组,研究植物的归为另一组。之所以改革,是我们发现年级组内的班级如果研究的课程主题各不相同,那么在审议时很难引起共鸣,效果也就可想而知了。而相似研究的课程中有很多思路可以相互借鉴、启发。例如在关于动物的课程中,学习都是在照顾动物的过程中产生的;而关于植物的课程中,学习则都是围绕植物的生长变化发生。

按照施瓦布的观点,"审议"就是在特定情境中做出决策。幼儿园课程审议是以幼儿园课程的建设与实施为目的,也就是对幼儿园课程的实施过程及相关情境进行深入考察、讨论和分析,以便对相关的内容、策略等做出选择。[①] 例如,在中班课程"我家是个动物园"实施过程审议时,教师提出,幼儿口中的爸爸都是"爱睡懒觉、抽烟、打游戏、不帮妈妈做事情"等一边倒的负面形象,这完全出乎预料,参与审议的教师都认为要进行干预,引导幼儿去发现爸爸也有能干的地方,有厉害的本领,也很爱自己的孩子,丰富爸爸的正面形象。班级教师一方面将幼儿的想法反馈给家长,提醒家长树立良好形象;另一方面设计了"我的爸爸"调查表,让幼儿按照提示去观察生活中的爸爸再进行交流;同时又组织了"爸爸陪伴日"活动,使课程向着更有利于幼儿发展的方向行进。

---

① 虞永平.幼儿园课程审议与教师的专业发展[J].幼儿教育,2005(3).

(二) 课程总结阶段的管理

总结是课程运行过程中的一个必不可少的环节,它不仅是对过去一段时间内课程学习的一种回顾与反思,更是对未来教育规划与实施的重要指导。通过课程总结,教师更深入地了解幼儿在学习过程中表现出的兴趣、经验、能力和发展需求,发现哪些课程内容受欢迎,进而对课程进行必要的调整和优化,确保课程内容更加贴近幼儿的发展需求;也让教师系统地梳理自己在课程设计、实施、评估等各个环节中的经验与不足,从而不断调整教学策略,提升教学质量和专业素养。利用课程总结,教师还可以向家长展示幼儿的学习成果和成长变化,增强家长对幼儿园教育工作的理解和支持,促进家园之间的合作与信任。课程总结也有助于管理者对课程建设与实践成效进行分析,归纳提炼课程建设与实践的经验,发现并解决存在的问题,不断完善课程体系,提升课程整体质量,为幼儿和谐发展、完整生长提供更加优质的教育支持。

1. 任务驱动,培养总结习惯

课程总结是教师在课程实践中的一种反思性行为,这种反思性行为需要培养,我们以任务驱动来促使教师进行课程总结,帮助教师养成反思总结的专业习惯。特别要提出的是,总结任务不是越多越好,过多会加重教师负担,使教师产生消极态度,效果适得其反。我们希望,总结任务能真正推动教师去思考和改进课程活动的质量。例如,教师每月有撰写课程案例的任务,每月的课程案例就是对课程计划与实施情况的阶段性回顾总结。课程实施结束后,教师要梳理课程经验图、课程活动图,撰写课程感悟,这些梳理和思考是对课程实施效果的分析总结。每学期,教师有撰写教育教学论文的任务,这是教师对课程实践经验的归纳总结。管理者也有总结任务,管理者要去梳理、提炼幼儿园层面课程建设与实践过程中的各种成果经验,比如课程资源建设的经验、课程内容组织的经验、课程实施的经验、课程评价的经验等等,也要通过总结去反思幼儿园层面课程建设与实践中还存在的主要问题,制订改进计划,不断完善幼儿园课程方案。

2. 过程引导,提高总结质量

课程总结体现的是教师的教育理念、教育视角及专业能力,是对课程计划与实施情况的综合分析。教师刚开始的课程总结,普遍存在课程案例像流水账、分析总结泛泛而谈的问题,总结的价值意义不大。为了帮助教师提高课程总结的质量,我们组织教师学习新西兰学习故事,看教师是如何在学习故事中建立"教育理念和实践之间的联结""知识、技能、心智倾向之间的联结""儿童、环境、关系之间的联结""儿童、教师、家长之间的联结""儿童的学习和发展、教师的学习和发展、幼儿园的管理和发展之间的联结"[1]。我们参照学习故事的模式在课程案例中加入"这里发生了什么样的学习""机会和可能性"的总结提示;我们学习瑞吉欧课程纪录,看教师如何在课程纪录中呈现幼儿的一百种语言的学习,如何在课程纪录中总结集体的学习和集体中的个体的学习;我们学习"五月的风""鸽子""甘蔗有多高"等课程故事,看教师如何运用建构经验、科学知识、测量概念等学科领域核心经验去总结课程故事中的幼儿学习;我们学习一些运用教育理论分析总结的课程故事,看教师如何从经验出发,理解皮亚杰、维果斯基、马斯洛等教育家的理论并驾驭理论,通过课程故事呈现出一种经验与知识的良性循环。这些循序渐进的学习不断拓展教师分析总结的视角,不断提高教师课程总结的能力,我们逐渐形成了自己的一些总结思路,课程故事的质量也在不断提升。

3. 成果运用,扩大总结效能

课程总结要被充分运用起来发挥其最大作用才更具意义。作为管理者,我们注重总结幼儿园层面的课程建设与实践经验,这些成果经验是幼儿园课程建设质量分析的重要依据,这些成果经验也被用于每学期的课程培训,帮助教师不断转变课程理念,加深课程理解。我们每学期都会举办课程故事会,将教师的课程实践的总结成果进行交流、研讨。先在年级组内交流,由年级组推选出一定比例的课程故事参加幼儿园的交流。每一个入选的课程故事都有其独特之处,这些课程故事的交流、研讨,能启发教师的课程思路、丰富他们的课程视角、创新他们的课程实践。我们每学期还会邀请家长参加班级的课程故事会,通过课程故事,教师让家长了解幼儿是如何进行亲历学习的,教师和家长们的支持起了什么作用,幼儿在课程中获得了哪些发展等等,使家长更积极主动地参与班级课程建设,成为幼儿园更亲密的合作伙伴。我们创造机会帮助教师转化总结成果,精选教师的课程故事出版,教师论文获奖和发表的数量逐年增多,省级以上发表三十余篇,多位教师将自己的课程故事或实践经验在外做讲座时分享。总结成果的运用转化有利于教师增长专业自信,以更大的热情投入到课程实践与总结中,形成良性循环。

---

[1] [新西兰]Margaret Carr, Wendy Lee. 学习故事与早期教育:建构学习者的形象[M]. 周菁,译. 北京:教育科学出版社,2015:总序 9.

二、亲历课程保障机制的建设

亲历课程在运行过程中会被教师的工作状态、专业能力、环境安全、资源材料等很多因素影响，为了保障课程高质量运行，提高课程实践成效，我们建设了一些课程保障机制。

（一）案头工作调节机制

亲历课程是一项极富专业性、创造性及挑战性的工作，需要教师用心观察记录、分析判断，去发现幼儿的兴趣和需要，这就意味着教师要有足够的时间陪伴幼儿。而现实是教师有大量的案头工作，案头工作包括各种备课、各种记录、各种APP互动、各种上级部门与其他部门的任务单等，当教师的时间和精力被过多的案头工作消耗掉后，很难全身心投入到课程建设与实践中去。因此，管理者要对教师的案头工作进行统计和取舍。我们形成了一种管理共识，要把时间还给教师，精简案头工作：一是挡掉一些与教育关系不大的任务；二是去掉无须动脑只要抄写的工作；三是整合同质性的文本工作；四是精选最利于课程实践研究的文本工作。以此为基准，凡新增一项案头工作，就要减少原来中的一项，不能只有加法没有减法，如此才能解放教师。

（二）课程实践激励机制

为了激发教师参与课程建设与实践的动力，我们通过教代会修订完善了一系列奖勤促优的制度，比如"教师工作考核制度"，在考核中加大课程运行过程的考评比重，通过管理手段促使教师重视课程质量，将课程实践研究变成教育常态；又如"教学成果奖励条例"，增设了园级的教学成果奖，对在幼儿园内组织的各类课程环境、课程案例、课程经验交流评比中获奖的教师进行奖励，并提高了论文获奖、发表等教学成果的奖励幅度，鼓励教师积极总结、提炼课程实践经验；再如"名特优教师考核奖励条例"，明确定位幼儿园内获评市级以上骨干教师荣誉称号的都是课程建设与实践的领头羊，我们在"名特优教师考核奖励条例"中将课程实践质量作为衡量骨干教师工作业绩的一项重要指标。

（三）课程审议机制

"课程审议"是提升和保障课程运行质量的一种有效途径。我们建立了"1234＋N"的审议机制："1"指课程审议的一个核心，即经验核心。我们在进行课程审议时始终关注幼儿的经验，在幼儿的已有经验和发展经验之间建立生长通道，只有关注幼儿的经验，课程审议才不会偏离方向。"2"指课程审议的两个目标。课程审议的一个根本目标是促进幼儿更好地发展,另一个重要目标是促进教师的专业发展,师幼结伴成长,是亲历课程的主要理念,也是课程审议过程中要遵守的原则。"3"指课程审议的三个阶段。我们的课程审议是过程性的,根据课程运行流程分为三个阶段,第一阶段是对课程计划阶段的审议,审议课程计划质量;第二阶段是对课程实施阶段的审议,审议课程实施过程质量;第三阶段是对课程总结阶段的审议,审议课程活动成果质量。"4"指课程审议的四个主体。一般情况下,参与亲历课程审议的主体主要有教师、管理者、幼儿和家长,其中教师是最重要的反思者,管理人员是审议中的专业引领者,幼儿作为课程的共建者表达自己的想法和愿望,家长则作为课程的协助者提供建议和帮助。参与课程审议的成员之间是平等、合作、共同成长的关系,我们采取对话、沟通的民主方式运作,努力形成"研究共同体"。"N"指课程审议的多种方式,为了达到最佳的审议效果,审议方式必须是灵活多样,有定期审议,也有随机审议;有年级组审议,也有项目式审议;有集中审议,也有在线审议等等。

(四) 教师研训机制

提高课程建设与实践质量的关键在于教师。我们重视园本培训,建立了研训一体的教师研训机制。所谓研训一体指的是将教研、科研和培训融为一体,我们以提高亲历课程质量为旨归,以促进教师课程实践能力发展为追求,以解决课程实践过程中存在的问题为核心,立足真实的课程现场,以科研为先导,以教研为中心,以培训为主线,扎实有效地开展教师研训。从前面提到的区域活动环境教研及幼儿行为观察研究能看出,我们坚持系统深入的研训,在制订研训主题和活动时,尽可能避免东一榔头西一棒,每学期聚焦课程实践中的一个主要问题层层递进;在制订具体研训内容时注重课程理论培训与实践方法研究同步,每两周至少开展一次研训活动。我们的研训方式也灵活多样,目的是让教师投入到研训活动中来。我们组织的讲座培训较少,每学期1—2次,主要是介绍课程理论,帮助教师理解课程内涵,更新教育理念;大部分是研讨互动,解决课程实践问题,研究实践方法。在我们的研训活动中,担任指导者的除了园外的专家教授,主要是幼儿园管理者,还有自己的教师。我们认为教师也是课程实践指导专家,每个教师在课程实践的过程中都有其独特的、宝贵的经验,我们给予足够的机会让教师成为培训的主体,例如课程故事会。

(五) 安全管理机制

在亲历课程中,幼儿被鼓励积极探索生活世界,与环境材料自由互动,一个安全的探索环境至关重要。但我们也认为,要从促进幼儿发展的立场理解"安全"环境,我们重视幼儿的安全问题,但仍坚持为幼儿创设具有适度挑战和冒险的活动环境。为了使幼儿得到必要的保护,避免幼儿处于明显的危险境地,我们设置了安监管理人员,制订了一系列安全管理制度,例如,定期检查活动环境材料的安全情况,尤其是不易察觉的风险细节,如建构梯是否有松动、木制品上是否有毛刺、游戏材料是否有尖锐的缺口、大型运动器械是否有裸露的钉子等。采取了安全保障措施,给一些活动提供必要的安全防护装备,如为木工区配备护目镜、台钳、防割手套,给建构梯系上防撑绳,为生活区配备幼儿专用安全刀具等。我们重视在实际的环境活动中培养幼儿的安全意识,利用实际环境活动让幼儿感受挑战,学习规避危险,从不懂危险到学会防止伤害。活动前,教师通过与幼儿讨论环境活动中可能存在的风险隐患及应对方法,形成一些安全预警;活动中,教师尽可能减少对幼儿活动的干涉与帮助,让幼儿遇到困难时能积极想办法解决问题,从而形成自己对危险的判断和应对方法;活动后,教师组织幼儿回顾交流活动体验,帮助幼儿总结解决问题、克服恐惧、保护自己的方法,形成一些安全规则与安全方法。

三、亲历课程改革实践的引领

对于教师来说,亲历课程只是一个概念,要将概念转换为行动,引领教师进行课程改革实践不能光依赖专家,主要还是要依靠幼儿园自己的专业引领。幼儿园管理者才是课程的引领者,尤其是园长,只有园长自己理解了、参与了、重视了、投入了、专业了,才能有效推动课程内涵不断深化,可以说,没有幼儿园管理者的引领,亲历课程改革实践就不能实现和成功。具体而言,这种引领表现在以下几方面。

(一)更新课程观念

课程改革,观念先行。亲历课程与传统的目标课程范式和忠实执行的课程取向有着本质差异,是一种全新的课程理念和理论,它要求园长及领导班子首先应不断学习,及时更新自身课程观念和课程管理观念。如将课程观由过去的"课程即教材"转变为"课程即经验";将课程目的观由过去的"三中心"转变为"以儿童发展为中心";将课程取向观由过去的"忠实执行"转变为"课程创生";将课程运作由"封闭静态"转化为"开放动态";将教师和幼儿的课程角色观由过去的"传授"和"接受"转变为"主动参与"和"共同构建";将师幼关系由过去的"控制"转变为"对话";将课程管理观由过去的"高度集权"转变为

"权力下移"。① 完成这一系列课程观念的转变,园长及行政领导班子率先进行了相关教育理论学习,除了向专家教授请教,还阅读了百余本中外哲学家、教育家、心理学家等的著作,有理论层面的,也有实践层面的,有哲学、教育人类学、社会学、心理学、诠释学、现象学,有建构主义、实用主义、多元智能理论,具身认知理论等与亲历课程理论相关的书籍。建立了读书制度,将阅读与实践融合,如管理者的溯源性阅读、骨干教师的研究式阅读、全体教师的应用型阅读等,不同的群体阅读不同类型的书。

除了理论学习,管理者也从未停止过实践思考,形成了"支持理论—实践循证—操作理论"的理论内化机制。这些学习思考增强了管理者的理论素养,拓展了管理者的课程视野,更新了管理者的课程观念,为亲历课程的理论体系建构奠定了基础,也为亲历课程的改革实践指引了方向。在亲历课程的实践培训中,管理者承担了主要的培训任务,每学期至少为教师进行一次课程内涵解读与实践方法讲座,推动教师课程观念与实践方法的更新。

(二) 引领课程实践

管理者自身的课程观和课程管理观的转变还仅仅是第一步,下一步即是对课程实践过程的引领,管理者要亲身参与到课程运行过程中去,否则课程实践难以取得成功。例如,园长积极参与课程审议,哪怕是年级组审议,若无特殊原因也必须参与,和教师一起探讨研究。从选题开始,园长就参与分析论证,提出指导性建议,对每一个班级的课程实施情况了然于胸,便于掌握课程改革实践情况。管理者要去积极回应教师反馈的困惑与困难。亲历课程的魅力在于课程的生长性,虽预设行动方案,但在课程行进的旅途中总会有一些因素影响课程走向,因此,亲历课程是随着幼儿的兴趣需要不断生长的。但亲历课程的难度也在于课程的生长性,怎样捕捉课程的生长点?怎样识别幼儿的兴趣和需要?这些问题是教师面临的现实困惑,也是阻碍课程质量提升的主要困难,而这些问题的解决在真实的课程情境中才最能被教师理解,因此,管理者要做教师的陪伴者,关心每一个课程实施过程,倾听教师在课程实施中遇到的具体问题,给予引导点拨。管理者还要充分理解和尊重教师的自主性、创造性和差异性,把课程的自主权和决策权还给教师。每个教师都是隐性的课程资源,每个班级幼儿都有各自感兴趣的事物,亲历课程的主体一定是教师和幼儿。

---

① 向海英.课程制度管理:学前课程创生之机制保障[J].学前教育研究,2010(5).

亲历课程是一种勇于走出舒适圈的自我突破,作为管理者要经常向教师强化一个理念:课程改革不是让我们的工作变得更复杂,而是让我们的工作变得更专业;不是为了增加教师和幼儿的负担,相反是以更从容的方式工作和学习。当教师真切地体会到课程改革的幸福,就不会抗拒。作为管理者还要积极去发现教师在课程改革中的亮点,哪怕是微光,用教师去影响教师的效果要比行政指令有效,管理者要做的是把这些好的做法和好的行为放大、扩散,为教师不断树立新的实践标杆。

(三) 营造课程文化

英国学者罗伯·高菲和盖瑞士·琼斯将文化比喻为隐形的存在物,但它能对幼儿园教学质量发挥决定性的支撑作用。文化氛围对人的行为具有潜移默化的"场效应",课程改革实践同样离不开文化氛围的影响。课程文化氛围不浓厚,会直接影响教师课程改革的积极性和创造性的发挥,进而影响到教师课程实践能力的提高和整个幼儿园课程开发与实施的质量。

课程文化的营造需要自上而下的管理制度,更需要合作共享文化。合作共享文化是指课程共同体的形成,是教师拥有共同的教育信念、价值、思维方式等精神层面的特质和行为习惯、行为模式等。哈格里夫斯认为:"真正的合作文化是深层次的、个人的和持久的,是教师日常工作的中心部分,它是渗透到日常教学中教师之间自发的、自然而然的合作。"[1]因此,有效的教师合作的本质是一种对话,一种基于双方平等地位的对话。对话有各种方式,正式的,如通过教研组织的专题讨论;非正式的,如日常对发现的课程实践问题的随机讨论。在我们看来,日常讨论更利于课程文化的形成。我们通过对话,相互启发、彼此激励,引导积极的课程创生文化,把全体教师"裹挟"其中。

课程文化的营造还在于观念、理念在课程建设的各个环节中得到充分实现。以幼儿为本是亲历课程建设与管理中的一个基本理念,以幼儿为本就是要承认幼儿学习的主体性和主动性,以幼儿为本就是要尊重幼儿的学习兴趣和发展需要,以幼儿为本就是要理解幼儿身心发展的规律和学习特点。这就要求教师在设计和实施课程时,将幼儿也视为课程的主人,充分尊重幼儿的想法、建议和愿望,充分发挥幼儿的主体性和主动性,充分了解幼儿的已有经验和发展可能。有些主题就是来自幼儿的,幼儿可以提出主题,也可以和教师一起寻找和选择主题。而教师在选择主题时,也关注幼儿,在倾听童声中

---

[1] 冯生尧,李子建. 教师文化的表现、成因与意义[J]. 教育导刊,2002(4).

产生主题,在观察幼儿中引发主题,考虑幼儿的兴趣,考虑幼儿的年龄特点。

管理者经常提醒教师让幼儿参与课程建设,注重幼儿的自主设计、自主探究、自主决策、自主交往。管理者经常问教师:你关注幼儿了吗?你选择这个主题前与幼儿讨论过吗?幼儿反馈了哪些兴趣和问题?在设计和组织活动时你关注幼儿的经验了吗?你注重挖掘幼儿已有的经验了吗?你观察到幼儿在活动中的经验了吗?你为整理、提升幼儿的经验提供了哪些帮助?你在有意识地帮助幼儿积累一些生活和学习的经验吗?通过这些问题强化教师对幼儿"行动""经验"和"发展"之间关系的认识,理解"亲历学习"的内涵。不止于提问,还落实到操作中,将以幼儿为本进一步化为具象行为,比如调整主题活动备课表,将"幼儿的已有经验""幼儿的兴趣问题"作为备课表中的必备内容;比如规范课程案例格式,课程案例主要观察幼儿在课程活动中的行为表现,主要分析幼儿在课程活动中的经验;比如固化幼儿在课程实施中的主体性活动,参与讨论、解决问题、自主表征、经验交流、回顾课程等。

文化的形成需要持之以恒,从文本课程到亲历课程,我们至今已研究了十年,教师已习惯课程改革实践,并从中体会到乐趣和成就,我们仍在持续推进。

第十章　园家社协同共建

第一节　课程中的家长伙伴

一、家庭是重要的教育力量

晨间入园时段,一个刚入园一周的小班幼儿吸引了门口很多家长和值班教师的目光:他的肩上背着书包,书包上横放着一张卷好的凉席,书包的两根肩带底端各系一个袋子,袋子的一边装着毛巾毯,袋子的另一边塞着一个枕头。这些东西挂在小小的身上,让这个孩子看起来像一只负重的小骆驼。值班老师上前询问是否需要帮助,孩子回答不要,孩子的爸爸也在门口表示他自己可以。这只"小骆驼"和爸爸挥手再见,自己朝着班级方向走去。

从史前文明到现代社会,家庭一直是儿童教育的重要社会机构。幼儿从家庭中来到幼儿园就带着各自家庭的烙印,他们在幼儿园生活中表现出的能力和技能、体验与感受,也体现着他们父母的观点、能力、知识和技能。杜威指出,一个明智家庭和一个不明智家庭的区别,主要在于家庭中盛行的生活和交往习惯是根据对孩子发展有利方面来选择的,还是根据大人的考虑来进行的。[①] 对儿童早期的脑科学研究也表明,家庭对儿童认知、社会性和情感发展有重要的影响作用。[②] 20世纪70年代,美国的"家庭开端计划"中得以证实家长参与儿童教育会有长期持久的积极效应。这种成功的影响不只是表现在儿童的课业成绩上,还存在于儿童成年后的职业生涯里。我国李生兰等人的实证研究证明,儿童的总体发展水平与其家长参与幼儿园家长活动的次数成正比,与家长援助幼儿园教学活动的程度成正比,与其配合幼儿园教育活动的程度成正比,与教师对家长满意的程度成正比。[③]

---

① [美]约翰·杜威.民主主义与教育[M].魏莉,译.武汉:长江文艺出版社,2018:18.
② [美]钱德勒·巴伯,等.家庭、学校与社区——建立儿童教育的合作关系[M].丁安睿,等译.4版.南京:江苏教育出版社,2014:37.
③ 李生兰.幼儿园与家庭、社区合共育的研究[M].上海:华东师范大学出版社,2003.

我们始终坚信家庭是教育过程中必不可少的要素。《纲要》中指出："家庭是幼儿园重要的合作伙伴。应本着尊重、平等、合作的原则，争取家长的理解、支持与主动参与，并积极支持、帮助家长提高教育能力。"幼儿教育工作不能缺少父母的支持和拥护，家长是基本的教育者，孩子的成长是家长和教师共同的责任，是合作的成果。家长将孩子送到幼儿园，不是其教育责任的移交，而是家长在教育孩子方面增加了专业的合作者。而作为教师，不是要家长做些什么，而是希望家长与自己合作做些什么，要让家长看到家长的努力与教师的努力的关系，看到家长的努力与幼儿成长的关系。2021年颁发的《中华人民共和国家庭教育促进法》（以下简称《家庭教育促进法》）提出家庭教育、学校教育、社会教育紧密结合、协调一致的要求。《家庭教育促进法》将"家事"上升为"国事"，明确了家庭教育的主体责任，鼓励幼儿园将家庭教育服务纳入工作计划和教师业务培训内容。

在亲历课程中，与家长建立积极的互动关系，引导家长参与课程建设是一个基本的课程理念。亲历课程是在真实的生活及具体的情境中发生、发展的，教育契机时刻发生在幼儿园与家庭生活中，幼儿园教育只有与家庭教育保持连续与一致时才能实现幼儿教育效果最大化。亲历课程就是联系幼儿园教育与家庭教育的桥梁，幼儿在亲历学习的过程中，不仅需要教师的陪伴，同样还需要家长的陪伴，因此，亲历课程也是幼儿园与家庭相互尊重、支持、接纳、分享中共同成长的课程，而家长作为特殊的课程参与者，在为幼儿的亲历学习提供支持的同时，自身也在成长，不断转变教育理念，提升教育方法。

二、家长在亲历课程中的角色定位

《评估指南》指出，家长有机会体验幼儿园生活，参与幼儿园管理，幼儿园要引导家长理解教师工作对幼儿成长的价值，尊重教师的专业性，积极参与并支持幼儿园的工作，成为幼儿园的合作伙伴，家长的角色定位应该从一个旁观者转变为参与者与合作者。在亲历课程中，家长的角色定位主要有以下八个层次。

（一）幼儿信息的提供者

要使课程对每个幼儿发挥作用，教师必须要先了解并理解幼儿，将课程建立在幼儿的发展需要之上。教师不仅要自己观察幼儿在园的行为表现，还要通过幼儿的父母或爷爷奶奶等家庭成员去获取相关的信息。最了解幼儿的发展状况和行为特点的人莫过于幼儿的家人，幼儿大量的时间是与父母及其他长辈一起度过的。从家长那里，教师可以获取很多信息来加深对幼儿的了解和理解。小班新生开学前，我们一定会通过家长问卷去了解每一个幼儿的基本情况，比如幼儿的生活习惯、兴趣爱好、体质状况、特殊需要等，还会去了解家长的教育理念和育儿方式，以便教师制订适合每个幼儿的教育方案，有针对性地开展个体课程。在开展生活课程时，为了理解幼儿在一些生活环节中的行为表现，教师同样需要家长提供相应信息，比如幼儿在家的午睡情况，以便教师理解幼儿在园的午睡行为。教师还会通过家长约谈等方式与家长交换信息，使教师和家长都能更全面、深入地了解幼儿，尤其是理解幼儿某些不同寻常的行为表现，避免片面的、主观的结论。

（二）课程资源的建设者

亲历课程的实施离不开资源，幼儿的亲历学习需要丰富多样的资源材料，家长也是课程资源的建设者之一。家长能为幼儿园提供材料资源，比如在端午节课程时，家长要为幼儿准备鸭蛋带到幼儿园自制咸鸭蛋；比如班级要布置自然生命角，家长要为幼儿准备绿植或小动物；比如教师在创设班级区域环境时会发动家长参与收集材料，教师罗列材料清单给家长，家长根据材料清单力所能及地提供材料；比如幼儿在生活区进行美食制作，需要新鲜的食材、调料、烹饪器具等，家长轮流带来；比如一个家长知道班级里正在开展蜗牛的研究，特意买了白玉蜗牛送到幼儿园给幼儿研究；还有一个做红酒生意的家长特意收集了各种红酒塞子给幼儿园作为游戏材料。为幼儿园的课程提供材料资源是家长参与幼儿园课程建设的重要形式，教师应将利用材料资源开展的活动反馈给家长，让家长了解材料资源之于幼儿的发展价值，更积极主动地配合教师。

家长自身也是课程资源，家长的职业不同，工作经验和工作环境各不相同，家长的工作经历和职业经验完全可以转化为有益的课程资源。比如幼儿发现幼儿园里的鸡吃自己下的蛋，他们在研究这个问题的过程中请教了班上身为生物老师的家长，家长告诉他们几个可能，为幼儿的护蛋行动取得成功起到了关键作用；比如"我要上小学了"主题课程中，身为小学老师的家长为幼儿上了一节一年级数学体验课，让幼儿体验到小学课堂和幼儿园课堂的异同；还有在"我的家"主题课程中，当幼儿对小区物业感兴趣的时候，班级中的物管家长积极来到班内与幼儿展开对话，帮助幼儿获得很多有益经验；就连幼儿的爷爷奶奶，都是宝贵的课程资源，有些擅长种菜，有些擅长种果，有些擅长做美食，这些都是有助于亲历课程实施的人力资源。为了有效利用家长资源,教师应了解每个家长的职业,并建立积极的互动关系,以便取得家长配合。

(三) 幼儿活动的陪伴者

幼儿在亲历学习的过程中需要成人的陪伴,成人的陪伴让幼儿获得安全感,建立探索周围世界的勇气和自信。在幼儿园里,教师是幼儿亲历学习的陪伴者,在家庭中,家长就是幼儿亲历学习的陪伴者。陪伴的意义在于支持幼儿自发的课程行动,比如"过新年"主题课程中,幼儿想要自己办一场新年联欢会,于是自发在家排练节目,家长纷纷化身导演、音响师和观众,给幼儿加油鼓劲。陪伴的意义还在于配合幼儿园拓展课程行动,幼儿在家长的陪伴下,进行课程的园外探究活动,比如"秋天的芦苇"主题课程中,幼儿在家长的陪伴下到公园、田野、江边等地去寻找芦苇,不同地方收集来的芦苇丰富了芦苇的品种,由此产生了比较研究。陪伴的意义也在于倾听幼儿,幼儿有强烈的表达表现愿望,总是迫不及待地讲述自己在课程行动过程中的有趣事情与发现收获,家长应满足幼儿的表达表现愿望,耐心倾听幼儿的讲述,分享幼儿在课程活动中的快乐与烦恼。家长的倾听能让幼儿感受到自己行动的价值,有助于幼儿建立自信,养成良好的学习品质。

(四) 课程活动的参与者

绝大部分家长乐意参与幼儿园课程活动,家长只有参与到课程活动中去才能真正对幼儿园课程有所了解,幼儿园应多创造机会让家长参与课程活动。家长参与课程活动根据体验程度可以分为两种:一种是粗浅体验活动,家长只是受邀参加活动,来体验与幼儿一起活动的快乐,如传统的三八节庆祝活动,家长看幼儿表演节目,和幼儿一起制作一样手工作品作为礼物。一种是深度体验活动,家长也要参与组织和设计,家长的体验感与自己的投入程度正相关。还以三八节庆祝活动为例,改革后的活动为亲子爱心市集,家长和幼儿一起摆摊,从决定卖什么到准备商品、定价、制作宣传海报、招徕客人、讨价还价、数营业额、捐爱心款,整个过程都是真实场景中的学习,学习的引导者从教师转换成了家长,这种活动中的参与就是深度体验。家长参与课程活动根据规模程度也可以分为两种:一种是常规参与,即面向所有家长的参与活动,如半日活动开放、节日庆祝活动等;另一种是特邀参与,即面向个别家长的参与活动,如家长助教等。

(五) 经验建构的支持者

亲历课程中强调幼儿经验的主动建构,但在幼儿经验建构的过程中,需要他者的支持,家长也是重要的他者,大量的亲历课程实践案例证实,家长是幼儿经验建构的支持者。一方面家长本身就是经验的输出者,每个家长都是信息库,幼儿在课程探究中遇到的问题有时通过询问家长就能获得解决方案。比如种植课程中的很多问题,咨询种植经验丰富的爷爷奶奶比查阅网络效果更好,幼儿将爷爷奶奶的方法进行实践,不管成功与否都会内化为自己的经验。另一方面家长配合幼儿进行资料的收集、课程的实践,支持幼儿自己建构经验。比如幼儿想在自然角饲养蜗牛,但在幼儿园里没找到蜗牛,他们在教师的建议下回家研究。在家长的帮助下,幼儿在菜地、花坛等地找到了蜗牛,有些幼儿还在父母的帮助下查阅了网络。通过找到蜗牛的环境推测和查阅的资料提示,幼儿自己总结出了蜗牛喜欢的生活环境,这为之后成功饲养蜗牛奠定了经验基础。显然,蜗牛生活环境的经验主要是在家庭中建构的,家长在幼儿建构这些经验时起到了重要的作用。此外,家长还会根据幼儿园课程需要,根据教师的课程配合提示,和幼儿一起关注相关课程内容,比如"公交站台的秘密"主题课程中,家长带幼儿在小区附近活动时,有意识地和幼儿一起寻找、关注小区附近的公交站台,有些家长甚至带幼儿坐公交车上幼儿园,这些都是家长在帮助幼儿丰富课程经验。

(六) 课程内容的审议者

家长参与课程审议,是课程民主的表现,幼儿园的课程审议吸纳部分家长参与,对于延伸教师的课程智慧、发现更丰富的课程资源具有重要的意义。比如在准备研究快递的课程审议时,一位家长认为要让幼儿了解快递的历史,比如古代的"八百里加急"就是快递;有家长由此话题想到古代有镖局运送货物,古代运送货物一用船二靠马,还有用信鸽送信;还有一位家长告诉大家幼儿园附近有很多快递点:邮局、申通、顺丰、极兔,还有一个圆通快递总部。家长的这些想法和提供的信息有效拓展了快递课程的资源和内容,让快递研究更加生动有趣。

家长参与课程审议,有助于提高家长的合作意识,有助于家长与教师在观念上的沟通,形成更多的教育共识,也有助于教师和家长发现自己对幼儿在认识上、教学策略上的问题和不足。比如"探访和平街"主题课程中,教师在家长群里发布课程公告不久,就有家长提出了一些质疑,比较集中的是出于安全方面的担忧和对街上能学到什么的质疑。教师认为要正视家长的想法,因此在组织幼儿探街活动时增强了安全教育和安全防护,及时发布幼儿探街活动照片、视频,并配以经验发展评价,家长很快消除了担忧和质疑,积极支持探街课程,在家长群里出谋划策,助力该课程得到了非常好的效果,也使该课程成为幼儿园的经典课程,吸引无锡市教育电视台来拍摄纪录片。

(七) 课程效果的评价者

幼儿的发展是检验课程质量的一个重要指标,而对幼儿的发展最关注、最敏感的莫过于家长,单从这一点上来说,家长也必须是课程效果的评价者。家长参与课程效果评价有正式和非正式的方式。正式的评价指评估表、评价问卷等,比如在一个家长开放日活动中,教师为家长设计了活动观察评价表,用于家长了解自己孩子的活动情况;比如一个主题课程结束,教师设计课程经验评价问卷,家长根据自己的观察判断完成对自己孩子的评价;再如一个学期结束,教师设计幼儿阶段性发展评价问卷,家长根据评价指标评估自己孩子的发展状况。家长视角中的幼儿发展评价可以帮助教师建立对幼儿更为全面、立体的认识,改进在课程中对于个别幼儿的发展指导策略。非正式的评价有很多,比如家长在家庭中为孩子所作的课程活动行为记录,家长对教师发布的课程活动照片、视频等的感受,家长对参加幼儿园的亲子活动、家长开放日活动等的反馈,家长参加班级学期末课程故事家长会的感想等等。参与这些课程评价有助于家长理解幼儿园课程,反过来说,家长对幼儿园课程活动参与得越深入,越有利于其对课程作出客观、公正的评价。事实上,家长对幼儿园课程活动参与得越深入,也越有评价课程成效的愿望。对幼儿园课程来说,家长不是旁观者,家长是当事人之一;对教师来说,家长不是完全的参与者,家长真实客观的评价能在一定程度上反映课程实施的真正成效。

(八) 课程建设的学习者

我们强调家长参与课程的重要,主要是从这样一个意义上讲的:只有当家长真正成为课程的参与者,家长才能从中获益,即得到发展。也就是说,幼儿园的课程不只是促进幼儿发展的,不只是促进教师发展的,也是促进家长发展的。[①] 这么来说,家长也是课程建设的学习者。首先,家长始终是幼儿发展的第一责任人,并不是幼儿上了幼儿园,家长就可以脱卸教育责任了,而是在教师的指导下更好地履行教育责任,与教师交换信息,接受教师的指导来改进自己的育儿理念和方法就是一个学习进步的过程。其次,家长参与课程活动也是在理解课程,作为一位非幼教专业的教养者,家长从对亲历课程的困惑到理解,从旁观到合作是一个学习进步的过程,正如一位家长在看了

---

① 虞永平.幼儿园课程中的家长参与和家长发展[J].学前教育研究,2006(6):18-19.

幼儿自己办的迎新联欢会,又听了教师讲述的整个"我们要办一个迎新联欢会"课程故事以后,情不自禁地表示,作为爸爸现在才发现自己儿子如此能干,以前对儿子没有耐心,对幼儿园的活动不关心,对教师布置的任务也嫌麻烦,以后要好好陪伴儿子,好好完成教师布置的任务。最后,家长在课程活动中有很多机会和幼儿一起研究,帮助幼儿收集信息,协助幼儿完成任务,家长也不是什么都知道,也需要学习,家长在这个过程中和幼儿一起学习,也在充实自己的经验,获得愉悦的课程体验。

三、家长参与亲历课程建设的措施

(一) 积极对话,达成教育理念的同步

家长只有了解幼儿园课程,才能理解与认同幼儿园课程的理念和目标,和教师一起建立共同的教育信念,从而形成教育合作,共同支持和促进幼儿学习。我们通过积极对话来引导家长了解亲历课程,达成与幼儿园教育理念的同步。对话让"主体—客体"范式转向"主体—主体"范式,主体之间的关系不是对立的,而是平等合作的。① 这种对话不是一方对另一方的强势问询或输入,而是平等互动。因此,教师和家长都要转变观念,将对方视为一起帮助幼儿更好成长的伙伴,任何一方的强势都不利于对话,尤其是教师,作为专业的教育工作者,要学会换位思考,学习共情家长,这是建立积极对话关系的一个关键。

建立积极对话关系的第二个关键是以幼儿的发展为目的。以幼儿的发展为目的就是要教师和家长就幼儿的发展问题交换信息和想法,共同探寻有助于幼儿发展的教育策略。诚然,有些对话并不受家长欢迎,比如当教师向家长抱怨幼儿的行为习惯差、能力差或者向家长反映幼儿可能存在某些发展障碍时。作为善于与家长对话的教师,要传递的是对幼儿发展的重视和期待,陈述的是幼儿发展中发现的问题现象,探讨的是幼儿发展问题的成因可能,并能给予家长一些专业的指导教育方法。要相信,当教师真正将幼儿的发展放在心里,为了幼儿的发展而想方设法时,家长一定能感受到教师的心意,愿意主动配合教师。

建立积极对话关系的第三个关键是开展多种形式的对话。在亲历课程中,除了日常随机的交流之外,根据对话群体的区别或对话内容的不同,家园

---

① 刘学.幼儿园课程生活化建设中家长深度参与机制及其实现[J].教育观察,2022(6):72.

对话主要有以下四种方式。

1. 家长群

这是指幼儿园借助社交软件建立的家长群,有班级家长群、园级家委会群等。家长群是教师与家长进行课程对话最常用的方式,也是最简便的通道。教师通过家长群发布班级课程活动通知、需要家长配合的内容、课程活动进程、课程活动情况等,家长也通过教师在群里发布的课程活动通知、幼儿活动视频、活动照片等,对自己孩子进行的课程活动有所了解和关注,参与课程讨论与资源建设等等。

2. 家长会

这里的家长会是指专门为家长精心组织的、主题鲜明的课程宣讲活动,比如小班新生家长会上,主题是介绍幼儿园的亲历课程,通过小班幼儿的一日活动直观形象展现亲历课程的活动样态,让家长初步了解自己的孩子即将接受什么样的教育。还有围绕亲历课程的不同活动内容组织的不同主题家长会,如以区域游戏为主题的家长会,教师先进行家长讲座,利用 PPT 介绍班级区域的设计意图、区域材料的发展价值,让家长知道游戏对幼儿发展的重要性,再邀请家长观摩幼儿的区域游戏活动,加深对幼儿通过游戏学习的认知。每个学期末,每个班级都会组织以课程故事交流为主题的家长会,教师通过图文并茂讲述课程故事,剖析幼儿在课程活动中的表现与经验,来加深家长对亲历课程的理解,促进家长对亲历学习理念的认同。

3. 家长沙龙

家长沙龙是部分家长自愿参加的深度对话活动,为了达到比较好的对话效果,通常会控制参与人数。家长沙龙是幼儿园与家长之间关于教育理念的思想碰撞,也是家长与家长之间关于教育方法的交流探讨。沙龙主题源自家长,主要是对家长育儿现象的讨论,比如"孩子需要的家长陪伴""孩子不想上学怎么办""应对孩子挑食""该不该为孩子报培训班""孩子在家庭中的权利和义务"等等。家长沙龙除了有家长、教师参与,有条件的话还可以邀请专家参与,不同的群体在沙龙中的任务不同,家长表达自己的真实想法,教师和专家传递正确的教育理念,引领家长转变育儿观念,给予幼儿更高质量的家庭陪伴和教育。

4. 家长约谈

家长约谈是教师与家长进行的一对一深度交流,目的在于促进双方交换信息,加深沟通合作,为每个幼儿制订适宜的个性化的教育发展方案。家长约谈一般由教师发起,也可能由家长提出要求,因对话时间较长,需约谈双方提前约定时间。约谈前,教师拟定约谈计划,常规约谈计划中包括向家长了解幼儿在家的各方面情况,从中教师能够得知家长的教育想法及教养方式等;也要向家长介绍幼儿在园的各方面情况,让家长对幼儿在该年龄段的发展现状有所认知;教师还需与家长就幼儿目前面临的发展问题,或表现出的发展智能倾向交换意见,达成一致的教育理念,形成一些具有操作性的教育方法。家长约谈的频率因幼儿发展需要而定,有特殊需要的幼儿,约谈频率比一般幼儿高,约谈的内容也更为聚焦。从实施效果来看,家长约谈是最受家长欢迎的一种对话方式,也是拉近家园关系最有效的一种对话方式。

(二) 因人而异,菜单式家长课程活动

我们希望每个家长都能积极参与幼儿园课程活动,但也知道不能一刀切。幼儿有个体差异,家长同样有个体差异,每个家长因学历背景、工作性质、育儿理念、性格特点等的不同,他们喜欢的或者说是适合的课程参与方式也不同。有些家长参与幼儿园课程活动的热情高、表现活跃,而有些家长则很少到幼儿园参加活动。我们因此设置了菜单式的家长课程活动。在家长课程活动菜单中,有需要到幼儿园参与活动的,也有在家庭中就能参与的;有邀请全体家长参与的,也有部分家长自愿参与的。以下四种即为家长课程活动菜单中的主要参与形式。

1. 课程体验

课程体验活动是面向全班家长,邀请家长到幼儿园参与的活动,包括家长开放日活动、节日庆祝亲子活动、班级课程展示活动等。此类活动的意义在于陪伴幼儿,在于欣赏幼儿,也在于为幼儿服务。在亲子中秋游园会活动中,家长与幼儿一起体验游园乐趣,感受中国博大精深的传统文化魅力;在公园微微马活动中,家长化身工作人员,有的在能量补给站,有的在加油助威区,有的负责给幼儿拍照,有的负责保管衣物,为幼儿顺利进行活动提供服务;在中八班"好看的汉服"主题课程展示活动中,家长又是幼儿展示表演的观众,虽然幼儿的展示表演非常稚拙,但家长必须是忠实的粉丝,给每个幼儿报以欣赏的、热情的掌声与夸赞。

2. 课程协作

课程协作是班级在开展具体主题课程的过程中需要家长配合的内容活动,包括需要家长提供的课程资源,以及幼儿回到家庭中进行的课程探究活

动。在主题课程开展前,教师会在家长群中发布主题课程活动通知,罗列所需课程资源清单,家长根据清单提供力所能及的资源材料。在主题课程进行中,随着课程研究需要,教师会设计一些适合在家庭中去完成的探究活动(非必要不布置手工作业),比如在"我们的香草棚"主题课程中,幼儿在家长的帮助下调查自己所认领的香草植物的生长习性;在"探秘水世界"主题课程中,幼儿和家长一起研究自己家中的自来水水表;在"我们种了大米饭"主题课程中,幼儿在家长的陪同下到超市里去寻找其他不同颜色的米;此外,还有课程研究调查表也是常见的需要家长参与的活动内容。课程协作活动以家长自愿为主,从幼儿的研究反馈能清楚了解家长对课程是否关注,对幼儿在课程中的发展是否关心。从亲历课程的实践情况来看,这种课程协作活动形式因活动地点在家庭中,绝大部分家长都会参与其中,帮助幼儿完成探究任务。

3. 课程助教

课程助教是我们幼儿园的传统家长活动,以家长自愿报名为主,有两种内容的课程助教,一种是特定活动的家长助教,为的是配合班级课程活动,比如在端午节课程活动中,需要会包粽子的家长来教幼儿包粽子的技能;在"好看的汉服"主题课程中,一位家长精心准备了中国服饰文化的演变PPT来讲给幼儿听;在"一公里社区徒步"主题课程中,家长轮流担任随行护卫,保障幼儿的活动安全。另一种是不限主题的家长助教,家长充分发挥自己特长自定教学内容,比如牙医家长来给幼儿讲"如何保护牙齿",安全生产执法队家长来讲"日常生活安全知识",咖啡师家长来介绍"咖啡的由来",游戏教练家长来讲"游戏知识与安全",服装产业的家长来讲"衣服是什么做成的",汽修厂家长来介绍"汽车结构"……活动内容多元,活动形式多样,大大丰富了幼儿的相关知识和经验,是亲历课程与家长资源的又一种有效融合。

4. 课程审议

家长参与的课程审议有两种形式,一种是联合审议,即家长代表参与由班级教师、其他相关教师和幼儿园业务管理人员等共同组成的课程审议活动,这类课程审议是对主题课程的可行性分析,对家长来说会有压力,不是所有家长都适合参加,因此教师会以个别邀请和自主报名相结合来确定参与的家长。另一种是在线审议,即教师将课程活动发布在家长群里由家长自主参与审议,这类课程审议旨在通过家长智慧补充课程资源信息,依靠家长力量进一步丰富课程活动内容,全班家长都可以参与。

(三) 深度合作,与家长形成教育合力

1. 家长参与幼儿的发展评价

幼儿园与家庭要形成有效的教育合力,就要达成深度合作。深度合作是一种建立在共同利益基础之上的长期的、稳定的、紧密的合作关系。幼儿园与家庭的共同利益是幼儿的发展,教师要让家长也看到幼儿的发展,才能催生长期、稳定、紧密的家园合作,因此,要让家长参与到幼儿的发展评价中来,要为家长创设去观察、记录、评价幼儿发展的机会。

(1) 邀请家长来幼儿园参与课程活动时,指导家长用发展指标看幼儿在活动中的行为表现。比如在家长来幼儿园观摩幼儿区域游戏时,不单单是以旁观者的姿态看幼儿游戏,我们为家长设计了区域游戏评价表(见表10-1),帮助家长从研究视角看见幼儿在游戏中的成长,看见自己为班级收集和提供的材料变成了用于幼儿探索学习的材料,也让家长"躬身入局"去体验幼儿愉悦的、有意义的亲历学习生活,感受幼儿专注投入的活动状态。

表10-1 家长观摩"区域游戏"反馈表

项目＼指标	A	B	C	评价
学习专注力	专心做自己的工作,很少转移注意力	不时停下工作左顾右盼	对工作不感兴趣,发呆或哭闹	
动作灵活性	熟练使用工具与材料,手的动作灵活	比较熟练使用工具与材料,有些时候需要帮助	工具与材料的使用比较费劲,手的动作迟缓不协调	
学习主动性	遇到困难自己先试着解决	遇到困难马上寻求教师或家长等的帮助	遇到困难就放弃不玩了	
学习坚持性	能完成自己的工作或一直玩选择的工作	未完成就离开	频繁更换材料或走动3次以上	
同伴间交往	一边工作一边与同伴、家长等就工作内容愉快交谈	偶尔交谈	没有交谈	
区域游戏观摩感想				

(2)督促家长关注幼儿的表征日记,从表征日记中了解幼儿的生活哲学。表征日记是中大班幼儿对自己在园生活的一种自我评价,教师定期组织幼儿用绘画符号记录下自己在幼儿园生活中值得记录的事情和想法,这些记录呈现的是幼儿认为有趣的、难忘的生活经历,从中不仅可以窥见幼儿的在园生活,还可以了解幼儿的生活思想、生活哲学。我们让幼儿将表征日记带回家,讲给爸爸妈妈听,由爸爸妈妈将幼儿的讲述记录下来,这个过程就是在帮助家长更好地认识和了解自己的孩子,也是在帮助家长加深对幼儿园课程的认识和了解。

图10-1 幼儿表征日记1

图10-2 幼儿表征日记2

(3)牵手家长共同记录幼儿的成长轨迹,从成长档案中发现幼儿的发展变化。我们利用现代化教育信息技术为幼儿制作在线成长档案,并邀请家长一起参与。教师用照片、视频、文字为幼儿记录在园的成长片段,包括幼儿在日常生活中的进步与在课程活动中的精彩表现等;家长则为幼儿记录在家的成长片段,也包括在日常生活中的进步与趣事,以及在家庭中进行的课程活动表现等。双方的记录可以同步共享,也方便以此为证据进行互动交流。在至少一学期的成长记录中,家长不仅可以了解幼儿在园的生活学习,还能发现幼儿的发展变化,加深对幼儿成长的感知与理解。

2. 突破时空界限的家庭亲历

亲历课程是利用生活的学习。幼儿在幼儿园和家庭中都是处在自己的生活世界中,在过着自己的生活。这种生活应该是完整的、丰富多彩的、相互融通的,幼儿乐意的、沉醉其中的,而不是成人强加的、割裂的、单调乏味的。幼儿在生活中展开的学习是基于幼儿已有经验,向着新经验行进的,是过程性的、持续性的,需要幼儿园和家庭共同的、长期的引导,因此需要连接幼儿园和家庭,让幼儿保持生活的一致性和学习的连续性。

案例:家庭情绪教育系列活动

在新生入园前的家长调查问卷中,本班25名幼儿家长,有18名提到了孩子的情绪问题,大部分家长都希望解决孩子的情绪问题,我们班因此开展了班级情绪教育。

两个多月下来,班级情绪教育已经形成基本的调节模式。在幼儿园一日生活中,孩子们都在巩固运用多种方式方法调控自己的负面情绪。我们还开启了家庭情绪教育的系列活动,希望家园合力,一起探索运用形式丰富的途径与方法,形成闭环,帮助孩子习得有效调控情绪的步骤与方法。

在此过程中,我们先向家长展示了班级情绪教育成果:教师现场与孩子就"情绪调控能力"的话题进行集体讨论,让家长直观感受孩子情绪调控能力的发展水平,同时由孩子带领家长参观班级情绪角的环境创设。

我们向家长发布各类关于情绪教育的通知信息,表达教师与家长沟通家庭情绪教育的迫切性。明确的信息内容与活动目的,让家长更易接纳教师提出的方法与教育理念。我们从一开学就有意识地选择了一些幼儿情绪教育相关的文章,如《入园大闯关,轻松摆脱焦虑》《孩子做事磨蹭拖拉怎么办》《巧用自然后果法,帮助孩子习得经验》《孩子乱发脾气,教你如何应对》《如何帮助孩子管理情绪》《培养高情商孩子,从接纳负面情绪开始》等等,让家长了解情绪教育对孩子终身成长的意义与价值,激发家长关注孩子情绪教育,并尝试一些方法在家庭中教育引导孩子。

我们利用成长档案的在线功能开辟了家庭情绪教育专栏,指导家长开展具体活动,如:

- 亲子活动"我的表情包"

目标与要求:帮助幼儿识别、感知自己和他人的情绪,并尝试表达出来;学习情境与情绪的关联;家长拍摄孩子生活中的各种表情;家长与孩子一起看图片认识各种表情;家长引导孩子说说自己各种表情是在什么情境下产生的。

第四部分 亲历课程的协同保障

- 亲子活动"情绪教育书籍材料大集合"

目标与要求：家长首先丰富自身情绪教育理论知识，拓展相关经验与视野，收集购买相关绘本、游戏材料并拍照分享，互相学习参考运用。

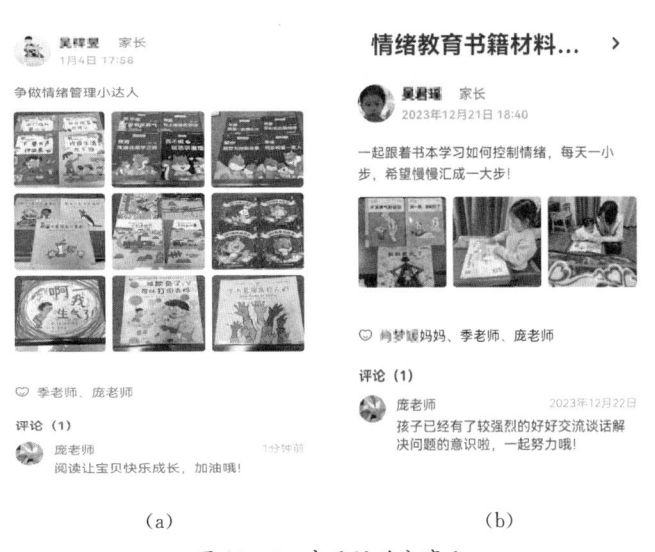

图 10-3 亲子活动分享 1

PS：我们发现上传图书的家长比较少（一周上传了四五个），于是及时进行调整，开展班级图书漂流活动，一是缓解家长不知道应选择购买哪些情绪图书的实际问题；二是将教师精心挑选的情绪图书能物尽其用；三是促进亲子阅读，让爸爸妈妈在与孩子一起看情绪图书时产生共情。

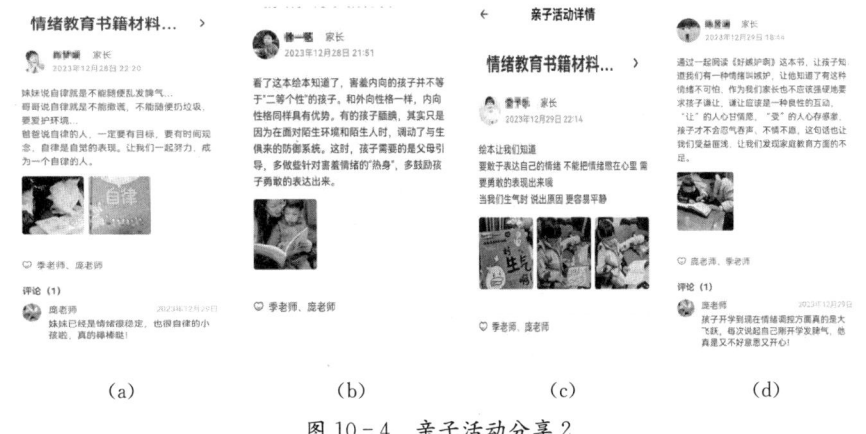

图 10-4 亲子活动分享 2

幼儿园亲历课程

- 亲子活动"我家的情绪小角落"

目标与要求：家庭中，爸爸妈妈可以与孩子一起商量设计，创设简单的家庭情绪角，帮助孩子有效调节情绪，形成全家好好说话、一起商量解决问题的良好习惯；拍摄家庭情绪角照片，供大家学习参考。

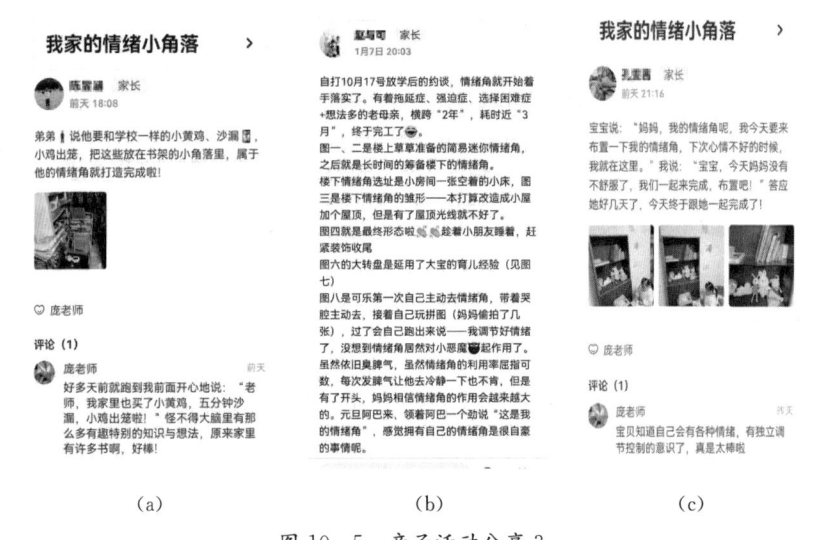

(a)   (b)   (c)

图 10-5　亲子活动分享 3

在家庭情绪教育活动进行至学期末时，我们又进行了一次调查，调查表内容可以家庭成员一起参与交流谈话，倾听孩子的想法与感受，然后填写。家长部分可以写自己在教育引导孩子的过程中自身情绪调控能力的变化，也可以写对孩子情绪教育过程中的想法、思考或困惑（见图 10-6）。

图 10-6　情绪教育调查表

☆**孩子们的表现**

妍妍:能很快控制调节好自己的情绪。

瑶瑶:在园情绪基本都很稳定,在家也有调控情绪的意识。

媛媛:不开心时,可以去情绪角发泄情绪。

昀昀:以前遇到事情就生气,现已合理控制自己不生气。

....

☆**爸爸们的表现**

范爸爸:从之前的大吼到现在能很好地与孩子沟通。(妍妍说,我听了这个话想笑,因为爸爸妈妈改正了,我开心)

瑶爸爸:在家情绪一直都很稳定,希望对孩子恩威并施。

肖爸爸:比以往更能控制住情绪。

季爸爸:会调节自己的情绪。

....

☆**妈妈们的表现**

范妈妈:和孩子一起学习如何控制调节情绪。

瑶瑶妈妈:在孩子的提醒下,也学会了调控情绪,和孩子多沟通。

肖妈妈:更重视情绪管理。

季妈妈:会思考自己情绪的来源,控制好。

....

从家长会启动家园情绪共育,我们形成了教师、孩子和家长的彼此影响,孩子带动家长,家长越来越积极配合,教师不断调整引导策略,使家园情绪共育获得满意效果,得到了家长的真心认可。

第二节　课程中的社区盟友

一、社区是重要的教育力量

对于幼儿来说,在家庭以外,接触到的第一个社会性界面就是社区。作为一个具有社会属性的平台,幼儿上学、就医等社会活动以及日常生活都是在社区中进行的,社区是幼儿从"自然人"成长为"社会人"的第一站。社会文化情境论的理论者维果斯基和布朗芬布伦纳都认为,要理解个体的发展,必须考虑其所在社会的文化和历史情境。幼儿与许多系统发生着互动,如家庭、学校、邻里之间、社区和社会主流观念等,正是这些系统间的互动形成了一个影响幼儿发展的结合体。社区里的不同组织持有不同的价值观,社区成员之间的互动也各有不同,所以社区对幼儿价值观的影响也是不同的。布朗芬布伦纳还提出,社区对儿童成长和发展的影响既来自正式的社区组织,也来自非正式的社区组织。正式的影响来自政治和社会制度、医疗和休养服务机构、公司企业、休闲娱乐节目及教育机构等;而非正式的影响则来自每个家庭与外人建立关系的社会网络。① 有研究表明,幼儿所处的社区环境以及其中的人际关系,影响着他们对于学习的态度。古时孟母三迁的故事早已论证了这个观点。教师也要清楚社区对幼儿成长的影响,在认识和理解幼儿时联系其更广泛的社区环境及生活。

20世纪60年代以前,欧美等国已开展了社区参与学校管理多项研究,内容涉及学校行政分散管理、社区压力、社区参与及社区控制等。② 在意大利的瑞吉欧·艾米利亚,全民参与早期儿童教育,教师、家长、市民相互尊重已经成为城市独特的一种内涵,成为这座城市亮丽的风景线。瑞吉欧市民带着强烈的参与意识关注教育服务质量,以社区为基础的管理模式使得瑞吉欧教育体系不仅仅存在于学校,而且存在于社区的公园、剧院和各个场所,与城市密切联系,相互往来,成为这座城市的一种精神。③ 在我国,近年来一些地方也在进行儿童友好城市、儿童友好社区的建设。2021年,国务院发布了《关于推进儿童友好城市建设的指导意见》(发改社会〔2021〕1380号),提出要坚持儿童优先发展,从儿童视角出发,以儿童需求为导向,以儿童更好成长为目标,完善儿童政策体系,优化儿童公共服务,加强儿童权利保障,拓展儿童成长空间,改善儿童发展环境,全面保障儿童生存、发展、受保护和参与的权利,让儿童友好成为全社会的共同理念、行动、责任和事业。

对于幼儿园来说,社区是幼儿重要的生活场所,幼儿园与社区的联系可以扩展他们的生活和学习空间。《纲要》在总则里提出:"幼儿园应与家庭、社区密切合作,综合利用各种教育资源,共同为幼儿的发展创造良好的条件。"在组织与实施中又指出"应充分利用自然环境和社区的教育资源,扩展幼儿

---

① [美]钱德勒·巴伯,等. 家庭、学校与社区——建立儿童教育的合作关系[M]. 丁安睿,等译. 4版. 南京:江苏教育出版社,2014:9.

② 转引自雷少波. 社区教育资源的开发及其价值思考——改善学校教育的教育社会学分析[J]. 教育理论与实践,2001(7):9.

③ [美]卡洛琳·爱德华兹,等. 儿童的一百种语言:转型时期的瑞吉欧·艾米利亚经验[M]. 尹坚勤,等译. 3版. 南京:南京师范大学出版社,2014:译者序2.

生活和学习的空间"。幼儿园是一个弱制度化的社会组织和弱学习化的场域,它在塑造幼儿日常生活和社会关系的同时,其自身与家庭、社区等社会主体的关系边界往往不是十分彰显。① 社区内的各种机构与文化都是幼儿园重要的教育资源,是幼儿园教育生态的重要组成部分,幼儿园应该积极主动地与社区形成良好的互动关系。我们始终认为幼儿与社会是一个整体,对于幼儿来说,他既作为他自己而存在,也作为社会的一员而存在。在亲历课程中,我们重视幼儿与社区的连接,积极开发与利用社区资源,引导幼儿更好地融入社区,把幼儿从"校园围墙内学习"引领到"社会情景中学习"。

二、与社区各方建立积极的合作关系

和平园区的幼儿在迎新年课程活动中发起了一个新年愿望——"去电影院看一场电影",他们选中了离幼儿园直线距离仅有600米的"华士新世界中宁国际影城",向园长提交了观影申请。为了满足幼儿的心愿,园长向镇政府中的相关人员寻求帮助,政府人员联系到影院负责人,影院负责人不仅热情邀请幼儿免费看电影,还同意在客流量不大的时候,配合幼儿开展课程活动。幼儿得以提前"考察"电影院,统计观影人数确定合适的观影厅,根据排片情况选择想看的动画片,参考影院的电影票设计专属电影票,并向影院工作人员了解观影规则等。历时两周的观影活动准备后,全园幼儿步行出发去电影院,园长提前联系了社区交警来帮忙保障幼儿的出行安全,最终圆满实现幼儿的观影愿望。

可以看到,在这个观影课程活动中,社区中的很多人提供了重要的支持:政府人员牵线搭桥,影院人员热情接待,社区交警保驾护航,幼儿的学习场域也从幼儿园拓展到了电影院。从中可以获得的启示是:要使社区为幼儿园课程助力,幼儿园就要主动与社区各方建立积极的合作关系。

(一) 与社区政府相关部门主动联系

社区政府对幼儿园具有属地管理责任,也有义务和责任促进幼儿园的教育质量提升。社区政府是整个社区的大脑,或者说枢纽中心,幼儿园在开展涉及社区资源的活动时,如果有社区政府帮忙协调的话就会得到更有力的保障,因此幼儿园要主动与社区政府相关部门主动联系。如前面提到的大班幼儿在公园里进行的微微马活动,园长提前与分管教育的镇长联系,幼儿代表

---

① 缪学超.幼儿园公共仪式的教育人类学研究[D].长沙:湖南师范大学,2016:97-102.

在教师的陪同下给镇长阿姨送邀请函,邀请镇长阿姨来给小朋友鸣枪开跑。虽然因工作冲突,镇长阿姨没有亲自参加活动,但是给予了极大的关注,叮嘱公园管理人员配合幼儿园做场地准备,协调了公安、交警、医护人员来维持秩序、安全救护,为大班幼儿公园微微马活动的顺利开展提供了有力支持。

(二) 与社区主要服务机构结成联盟

社区中的主要服务机构包括文化中心、派出所、消防中队、交警中队、医院、邮局等,这些机构都是重要的课程助力。我们依托党建联盟平台,与华士派出所、华士消防中队、华士交警中队、华士医院、华士村委、曙新村委、华士实验小学结成党建联盟,又先后与江南水务华士营业所、华士邮局、华士环卫所、华士敬老院等签订共建协议。联盟共建是一种长期的、稳定的合作,我们尝试通过建立社区教育基地的方式来建构和调整幼儿园与社区的关系。不同的社区教育实践基地也为幼儿提供了不同的活动体验:医院的医护人员会来园为幼儿上健康教育课,为家长上传染病防治课,为教师上急救培训课;交警队员来园为幼儿表演"铁骑进校园",向家长和幼儿宣传交通安全,也会在幼儿园外出活动时一路护航;派出所和消防中队是幼儿心目中最神往的社区教育实践基地,每年都会接待幼儿的参观访问;环卫所与幼儿园共同开展垃圾分类课程活动;江南水务华士营业所配合幼儿开展了"探秘水世界"课程活动;华士邮局和幼儿园一起开展了"小小报童体验日"活动;村委为幼儿园提供传统手艺展示等;而小学与幼儿园的合作更为密切,共同深入开展幼小衔接课程。不得不说,这些社区教育实践基地极大丰富了幼儿的生活体验,增长了幼儿的知识经验。

(三) 与社区中的企业商户进行合作

国外学者 Epstin(2011)提出,幼儿园开发利用社区教育资源可以最大限度地满足幼儿的需要,打破幼儿生活界限的藩篱。我们重视社区课程资源的开发和利用,以幼儿园为中心向外梳理可能成为课程资源的资源,方便师幼在开展相关课程时快速链接。社区课程的开展,让幼儿园与社区中的企业商户也建立起合作共赢的关系。幼儿在探访和平街时,和平街上的商户成为课程的支持者;幼儿对快递产生研究兴趣时,幼儿园附近的快递站成为课程的支持者;在3月8日爱妈妈课程活动中,幼儿去幼儿园周边的商铺为妈妈选购礼物时,这些商铺就成为课程的学习场所;幼儿开展关于眼镜的课程研究时,眼镜店成为幼儿园的课程合作者。随着幼儿探索社区资源的版图越来越大,与幼儿园产生合作、建立互动关系的企业商户也越来越多。企业商户非常欢迎幼儿的访问,也十分配合课程研究,一方面出于对幼儿的爱护,对幼儿园课程的好奇;另一方面也是对自己店铺的宣传。而幼儿也在探索社区资源的过程中,更加关心自己生活的社区环境,更加了解自己社区的文化,比如幼儿知道有一家"拖炉饼店"是华士的"老手艺",还有"马蹄酥"也是华士特产。除了吃的,华士还有一群修补鞋子、配钥匙的"老手艺人",教师带领幼儿探访这些老手艺,有助于幼儿根植于本土文化,激发爱家乡的情感。

三、课程视角下的社区助力

社区是一个超级资源库,能够给予幼儿园的课程助力是多方面的,不仅有社区环境,还有社区文化和社区中的人,有些社区资源已经被开发使用变成了课程助力,有些还待挖掘。我们要意识到,所谓课程助力是指为课程的开展提供便利与支持,为了课程更好地开展,为了幼儿更好地发展。在与社区各方资源共建的过程中,幼儿园要有价值判断和合作原则,更要清醒地认识到,对于一些逐利机构来说,幼儿代表的是商机,对于一些政府部门来说,幼儿是表演工具。因此,幼儿园要在合作中掌握主动,凡是损害幼儿利益或不能给幼儿带来有效发展的伪助力不要也罢。那么,什么样的才是有效助力?还以观影课程活动中的一个片段来看。

案例:"观影"筹备工作不简单

大二班的小朋友认领了观影的筹备工作。

通过前期调查,孩子们已经确定了幼儿园观影的人数。那么电影院能否坐得下幼儿园里这么多人呢?电影院有几个房间?怎么找到自己的座位呢?一部电影要放多久?……在筹备活动过程中,孩子们对于电影院及观影活动还存有不少疑虑,他们跟老师提出要提前去电影院"考察",并把问题画下来,准备带着这些问题采访电影院的工作人员。

为了帮助孩子们完成筹备工作,教师在与影院负责人取得联系、征得同意后带着他们来到电影院,进行实地"考察"。通过参观电影院以及采访电影院工作人员,孩子们知道:

(1)新世界电影院里有5个厅,可以容纳很多人。

(2)电影票除了在前台购买,还可以在手机上买,再到机器上取票。

(3)看电影的时候一定要按照电影票上的号码入座。

(4)看电影要遵守观影规则,比如不能大声吵闹。

(5)电影院里还有很多消防安全设施。

……

(a) 参观电影院　　　　　(b) 记录座位分布　　　　(c) 采访工作人员

图 10-7　实地调查电影院

电影院里有5个厅，那应该在哪个厅看呢？孩子们又对电影院的每个厅进行了统计，他们统计座位的方式各不相同，有的直接将观影厅座位的分布画了下来；有的一边数一边记录；有的是全部数完后总结性记录；还有的是先数单排，最后汇总。经过统计，他们发现不同的厅座位数不一样：1号厅可容纳154人，2号厅可容纳155人，3号厅可容纳155人，4号厅可容纳110人，5号厅可容纳110人。他们匹配幼儿园的人数，商讨出在"2号厅"和"3号厅"观看最为合适。

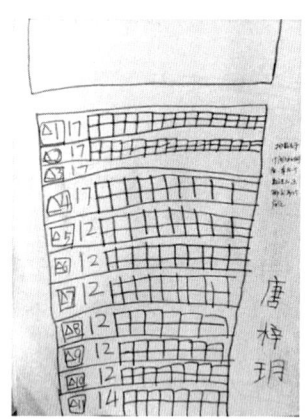 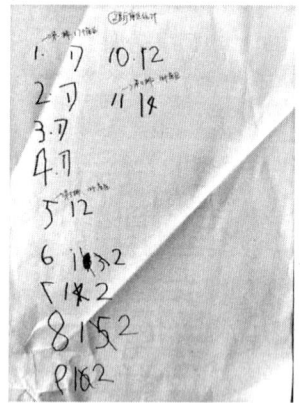 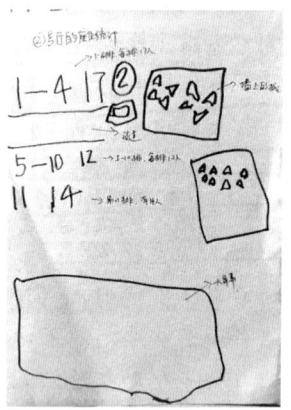

(a) 影厅座位图　　　　　(b) 影厅座位统计1　　　(c) 影厅座位统计2

图 10-8　统计观影厅座位分布

观影的"房间"都选好了，那要看什么电影呢？孩子们都有自己想看的电影，可是咨询过前台购票姐姐后，他们知道了去电影院看电影不是想看什么就看什么，要根据电影院的排片来选择，而本周正在上映的动画片是《汪汪队立大功电影2》，孩子们对这部动画片也非常期待。

既然去看电影，怎么能少了电影票呢，因为电影院免费请孩子们观影，所以不提供电影票。孩子们决定自制电影票。电影票上有些什么呢？有孩子带来了和父母一起去看电影的电影票，发现电影票上有电影的名称、电影开场的时间以及几排几座。

教师提问："2号厅、3号厅这么大，怎么安排座位呢？""我要跟我的好朋友坐一起。""我记得电影票上是有座位号的。""座位号在一起就好啦！像1、2、3、4。""对，数字要连着的。"……孩子们七嘴八舌地说。教师又问："怎样才能跟自己的好朋友坐一起呢？"瑞瑞说："我见妈妈是在手机上直接点，然后到电影院的机器上一扫，拿到的就是坐一起的票。"

为了满足孩子们想和好朋友坐在一起的心愿，教师将统计出的2号厅和3号厅的线上选座图放在电视机上，让孩子也体验了一把"线上"选座，他们将贴纸贴在想要入座的"方格中"，并将方格所对应的座位号写在电影票上。

(a) 选座　　　　　　　　　(b) 自制电影票

图 10-9　自制电影票、选座

制作完电影票后，孩子们还根据对电影院工作人员的采访制订了观影规则，并在各个班级宣传倡议。

(a) 宣传观影规则　　　　　(b) 观影规则

图 10-10　观影规则

观影的筹备工作基本完成了。

在整个观影课程中,政府人员、电影院、交警都是课程助力,但电影院是最重要的课程助力,正是因为电影院愿意向幼儿开放且工作人员热情配合,才能让幼儿不单单是去看了一场电影,而是利用电影院这个社区资源建构在幼儿园无法获得的经验。所以说,课程资源如何助力还是要基于课程,基于幼儿活动的兴趣和经验建构的需要来看。但教师也可以做一些规划,在第六章中已涉及一些,这里再补充几点。

(一)以幼儿的兴趣和需要为线索

幼儿的兴趣和需要是课程生发的现实基础,当课程内容与幼儿兴趣和需要相匹配时,不仅能够吸引幼儿积极参与,还能够让他们在愉快的学习经历中形成对学习的积极态度,加深对知识的理解和运用。因此,是否需要社区资源、需要什么社区资源,以及如何使用社区资源都要先关注幼儿的兴趣和需要,根据幼儿的兴趣和需要去筛选。

(二)将园内资源连接园外资源

将园内资源与园外资源连接,可以创造更加开阔的教育空间,为幼儿提供更多元化的学习机会。如幼儿在研究园里小池塘中的水生植物时,连接了距离幼儿园 200 米左右的一条人民河中的水生植物,拓展了探究内容。如水生植物的比较、了解了水生植物的作用、水生植物的净水实验等,增强了幼儿的环保意识,使课程内容更加完整。

(三)将社区资源融合区域游戏

幼儿的游戏活动也属于课程的一部分,并成为幼儿学习和发展的机会,幼儿园可以通过构建微型社区与模拟社区的方式加强幼儿对社区经验的延伸与扩展。如当班级开展快递课程时,幼儿和教师一起通过"资源地图"寻找幼儿园周边的快递站去参观快递站,了解快递员的工作;参观回来,班内的区域活动中开设了"快递站"游戏,创设快递接收区、分拣区、送货区、投递区等,幼儿在游戏中体验快递员的工作。

(四)根据节庆主题匹配社区资源

节庆主题是固定的课程活动,如果在开展节庆主题时能搜索社区中匹配的资源,不仅能丰富幼儿园节日教育活动的形式,还能加强幼儿对节日文化的了解。重阳节时,教师给幼儿介绍了"重阳节"的节日来源和文化背景后,幼儿不仅回家对爷爷奶奶进行了节日慰问;教师还带幼儿来到离幼儿园 800

米左右的"华士敬老院"开展慰问活动。幼儿查询地图并绘制去养老院的路线,表征、制作送给爷爷奶奶的礼物……幼儿通过和敬老院爷爷奶奶的互动,增加了一次与众不同的活动体验。

(五)将社区特色文化主动纳入课程

幼儿园可以通过邀请当地的文化传承人、艺术家等进园开展活动,让幼儿近距离感受本土文化的魅力,还可以组织幼儿参观当地的博物馆、文化遗址等场所,让他们了解家乡的历史和文化底蕴。经走访,我们调查了解到华士镇也有许多的非遗文化,例如,传统舞蹈《渔蓝虾鼓》、传统技艺酱油酿造、剪纸、传统美术江阴纸马、传统医药针灸、灶花等。幼儿园周边有传统手艺馆、书画工作室、抗美援朝的老兵介绍馆、戏曲表演馆等,这些社区资源都可以为幼儿园课程所用。我们还邀请当地会竹编、草编、酿酒、泥塑、剪纸、木刻、陶艺等手艺的民间艺人来幼儿园参与助教活动,让幼儿了解和学习传统手工艺,在动手实践中感受传统文化的魅力。

(六)在课程活动中整合社区资源

将不同资源进行联结整合,能促进课程内容优势互补,使课程内容更加多元,并且增进更多社区资源的参与与合作。资源与资源的联结整合能产生更多的作用、更大的价值。还以幼儿对园中小池塘的水生植物研究来说,幼儿对于小池塘的凤眼莲资源的利用中,将其与华士河中的水生植物资源、污水厂净水资源等整合起来,让小池塘水生植物向环保渗透,向爱护环境情感培养等方面拓展,避免了资源开发的单一性,拓展了其多样性、综合性。这种资源融合为课程活动带来更广泛的知识视野和更紧密的社区联系,有利于幼儿多方面经验的丰富。

后 记

亲历课程在建构和实践的过程中有幸得到了很多专家、领导的关心指导,时任省教育厅基教处副处长殷雅竹给予了我们极大改革信心,无锡市教育局、江阴市教育局、华士镇政府都非常支持我们。尤为幸运的是我们得到了南京师范大学虞永平教授的长期指导,本书的产生也源于虞老师鼓励。2022年5月25日晚,我将第九稿课程思考发给虞老师,虞老师很快做了批注并建议我们著书。直至出版,虞老师指导我们修改全书提纲及内容十余次;南京师范大学孔起英教授也多次给予宝贵建议。更幸运的是成尚荣先生在百忙之中为本书作序,成老的肯定减轻了我们的忐忑。感谢每一位关心和帮助华幼发展的人!

本书从动笔到完稿历时两年多,我们一边梳理提炼经验,一边展开一轮轮检验,使实践成果更具信度、效度和操作性。感谢每一个华幼人!本书是所有华幼人积极投身教育改革、努力探索实践的智慧结晶,许多教师为本书提供了生动、鲜活的案例,他们是:季钰轩、徐红、吴鲜瑜、陆至立、贡冬雯、王敏敏、吴佳希、程晓蓉、王春霞、顾艳、徐朦哲、贡澄圆、赵叶、彭丹、庞亚琴、季凯迪、孙咏薇、赵梦妤、李菁音、徐英、陈津、蔡淼、徐煜静、王菁华、贡蔚瑶、赵振亚、高怡、周琴、袁芳、顾芳、高菲菲、王婷、耿雪娇等。

本书能够出版还要感谢南京师范大学出版社给予机会,感谢编辑老师耐心细致的工作!